诗海水手飞白传

方素平　著

四川人民出版社

图书在版编目（ＣＩＰ）数据

诗海水手飞白传 / 方素平著. —— 成都：四川人民出版社，2022.2

ISBN 978-7-220-12512-6

Ⅰ.①诗… Ⅱ.①方… Ⅲ.①飞白—传记 Ⅳ.①K825.5

中国版本图书馆CIP数据核字（2021）第247608号

SHIHAI SHUISHOU FEIBAI ZHUAN

诗 海 水 手 飞 白 传

方素平　著

出 版 人	黄立新
责任编辑	王　雪
版式设计	戴雨虹
装帧设计	张 科 飞 白
责任印制	祝　健

出版发行	四川人民出版社（成都市槐树街 2 号）
网　　址	http://www.scpph.com
E-mail	scrmcbs@sina.com
新浪微博	@ 四川人民出版社
微信公众号	四川人民出版社
发行部业务电话	（028）86259624　86259453
防盗版举报电话	（028）86259624
照　　排	四川胜翔数码印务设计有限公司
印　　刷	成都兴怡包装装潢有限公司
成品尺寸	145mm×210mm
印　　张	17.75
字　　数	368 千
版　　次	2022 年 2 月第 1 版
印　　次	2022 年 2 月第 1 次印刷
书　　号	ISBN 978-7-220-12512-6
定　　价	70.00 元

飞 白

All creatures exist, just because they exist.

Only man, a special creature, exists, and isn't contented with his existence, but obstinately asks: why?

Thus, generation after generation, people seek for meaning in a meaningless world, and streams of their seeking form a boundless Sea of Poetry—a human world.

The Land we dwell upon borders the Sea of Poetry.

Thousands of streams and rivulets wash the salt from the Land into the Sea, making the sea water so bitter,

Yet it is the Sea of Poetry that soothes the overcrowded, arid and dusty Land.

一切存在物存在着，就因为它们存在着；

唯有人这种存在物，存在着，却不满足于他们的存在，偏要执拗地问：为什么？

于是，世世代代的人在一个没有意义的世界上寻找意义，寻找的涓涓细流汇成了诗海——人的意义世界。

我们居住的陆地濒临着诗海。

千水百川把陆地的盐分冲洗入海，使得诗海如此苦涩，

但仍然，我们靠诗海滋润着这拥挤而干旱的、红尘滚滚的陆地。

——飞白1990年在吉隆坡诗歌节的发言

目录

飞白，仍在航行

飞白老师全名汪飞白，是翻译多国名诗的著名翻译家，讲授世界诗歌、比较诗学与诗翻译学引人入胜，很受欢迎，媒体对他的昵称叫"诗海水手"。他的诗书源源不绝，就好比航海日志，只要水手仍在航行，航海日志就会不断出现。

飞白生于1929年，到2019年，"诗海水手"年满九十了。老水手经历极丰，故事甚多。知道飞白一生有丰富曲折而带传奇性的经历，许多朋友、学生和采访者都强烈建议他写回忆录，或写自传体小说。飞白回答说：

"我写小说材料倒很多，七天七夜说不完，够写自传体三部曲的。但可惜都已被人'占了先'：第一部若写出来就成了《小约翰》，第二部若写出来成了《基督山伯爵》，第三部则成了《老人与海》。我若要写，别人会怀疑我涉嫌抄袭了。再说，与其拉住行人来听老水手絮絮叨叨讲述惊悚往事，我觉得还不如随心漂泊于诗海美景。"

飞白最初作此回答是他五十岁时的事。初听他这么说以为是一种托词，岂知他说一不二，是当真的。

飞白不写，那么旁人不是也可以写《飞白传》么？历来表示过写作意愿的人不少，有作家和记者，也有同僚和学生，我也暗自有心，没敢说。可是曾有心记叙飞白的人都工作繁重，眼看着多年时间流去，还没有别人真写出《飞白传》或三部曲来，时间不等人，我终于鼓起勇气写这本书。

因飞白广泛翻译世界各国诗歌，出版了《诗海》《诗海游踪》等系列著译，从20世纪80年代以来媒体惯于称他"诗海水手"，已为人熟知。而这名水手还一直在不倦地航行，他20世纪80年代的学生姜一飞写报道称"飞白，仍在航行"，他21世纪初的学生安晓敏写报道又称"飞白，仍在航行"。

对水手的称呼飞白也基本认同，当别人称他"诗人兼学者"时，他曾说："其实，我这两种角色都不大像，还不如说是水手倒更像一点，我确实一生都在航行之中。不过水手应该掌握自己的航线，而我出海后被洋流推送风浪左右，实在很难掌控航线，所以准确说只是在漂流之中。"还有个悖论是这名水手戎马半生，可是参军"误"入陆军，结果陆上漂流多于海上。固然不论陆上海上，形成航迹的实质是一样的。在军队时，飞白常年奔走华南各部队驻防地，或和部队一起行军跋涉拉练，或乘军用吉普、卡车与驳船，典型场景是搭乘军用卡车时，因车厢被帆布车篷罩得严严实实，只能从敞开的后面看到外界，所以途中看到的总是一条灰土滚滚的路，一条向后飞逝的"航迹"，只从车身的倾斜和惯性中才能猜测到车是上坡还是下坡、左转还是右转。令人想起西班牙诗人安·马查多描绘的"路"：

走路的人，你的足迹
就是路，别无其他路。
走路的人，世上没有路，
人走路才形成路。
你走路才形成路，
当你回头看看背后，
就会看见一条小径——
一条你永不能再踏的路。
走路的人，世上没有路，
只有海上的航迹。

这是一首飞白译的而且喜欢的诗，直到现在，飞白梦中还会不时重现这一场景——后景中的一条不断生成又不断远去的路。搞笑的是这条"航迹"不是雪白的浪花而是迷眼的滚滚尘土——那年代没有高速公路，没有沥青或混凝土路面的路，只有狭窄而坑坑洼洼的砂土路。道路是他自己选择的，但路径的生成和航向却是他难以掌控的，一生所有转折中由自己决定的不多，更多是历史和偶然因素所决定，无法预见，只有回望才能看见背后那条"海上的航迹"。

飞白漂流的命运也曾有多次貌似停滞，像一片树叶顺着河水流到弯处就停滞了，但打了个转还来不及沾到岸边，一个浪头就又把它重新送上了旅途。仿佛宿命似的，飞白一生中每当进入一个貌似稳定状态，就会或主动或被动地放弃稳定，重新投入或被投入前途未卜的漂流。回头看看背后吧：

飞白出生九天就从杭州出发，随父母辗转多地后刚在浦东稳定下来，却在他达到学龄之年突遭日军入侵，全家从此逃难，流离失所；

在离乱九年后才回到杭州，飞白如愿考上浙大，但1949年杭州解放时立即投身革命洪流；

成绩出众的他在大三上学期离开浙大，先

飞白从军三十年，戎马半生。此照摄于他从军五年和开始译诗之时（1955）

北漂，再南漂；在部队初任军事翻译克服了重重困难，当他终于胜任翻译并且工作熟练时，遇中苏关系恶化而改行，成了训练参谋；

他在军训部工作已很熟练，突然奉命大跨行调到政治部去做报社工作，正巧在此敏感岗位撞上"文革"风暴，被卷入深不可测的漩涡；

"文化大革命"十年海难余生，飞白终于可享受落实政策晋升高干，但飞白辞谢官衔军衔和离休待遇，怀着远航诗海的理想挂冠而去；

飞白五十岁回到学校，在学科建设上白手起家，在杭州大学中文系创建外国诗研究基地，苦干十五年远探诗海、远访海外，为学科点打好基础交班给弟子后，漂流者只身再漂云大；

飞白六十四岁来到西部，在云南大学外语学院开设全新课程，年过八十才下课而转入比较诗学、比较文化学和翻译学的总结工作；

飞白十九岁参加革命，工作到九十岁未停止，其间立功三次获奖累累，带出研究生四十六人，出版专著译著编著四十六本，第四十七、四十八本也即将出版。

尽管水手锻炼有素，至今保持军人精神与步态，但毕竟难敌时间之力。如今他实际已不宜航行：脑动脉屡出意外，心肾功能衰退。由于往年工作从日出到日没常在野外烈日曝晒之下，眼底遭紫外线和蓝光伤害较重，黄斑病变近来发展加速，使左眼已完全不能阅读，三步外不能辨识来人面貌。"幸运"的是他幼年摔伤过右眼，于是历来在野外训练或劳作时他主要使用左眼，右眼反正看不清景物，在阳光下会不自觉地眯缝起来，结果反倒保护了眼底少受紫外线和蓝光伤害，从而使右眼稍存阅读能力。这样双眼"分期使用"，让飞白伤残的眼睛发挥了最大功效：左眼视力献给了三十年部队工作，右眼视力献给了四十年院校工作，如今还在以残存视力继续写书。

命定漂流者，回头不是岸，飞白译的丁尼生《尤利西斯》仿佛是为他写照：

我自己是我全部经历的一部分；
而全部经验，也只是一座拱门，
尚未经历的世界在门外闪光，

而随着我一步一步的前进，
它的边界也不断向后退让。
……
礁石上的灯标开始闪光了，
长昼将尽，月亮缓缓攀登，
大海用无数音响在周围呻唤。
来呀，朋友们，探寻更新的世界
现在尚未为时过晚。开船吧！
坐成排，划破这喧哗的海浪，
我决心驶向太阳沉没的彼方，
超越西方星斗的浴场……

那么，让我们就来说诗海水手的故事吧，虽然故事的末尾不是句号而是省略号。

第一章

少年漂流记

诞生和家世

飞白全名汪飞白，1929年12月21日生于杭州鼓楼袁井巷，是汪家的第二个孩子。袁井巷不是他家，是飞白的大舅租的房子，大舅是外科医生，舅母是产科医生，所以母亲在他们家生产。据母亲说，飞白出生九天就坐上了火车，跟随父母登上了漂流的旅途。这仿佛预示了飞白漂流的命运。

幼年飞白第一张照片，到照相店拍摄的
1930年夏

飞白生在诗人之家。父亲汪静之（1902—1996），安徽绩溪人，原名汪立安，生于黄山东麓下的上庄镇余村，和胡适的老家上庄不足半里之遥。飞白的祖父汪崇发、祖母胡月桂就在上庄开杂货店。静之不愿继承父业经商，在五四运动感召下开始写白话新诗，是中国新文化运动和白话新诗运动最早的一批参与者，后来成为中国第一个新诗团体湖畔诗社的代表诗人。母亲符竹因（1903—1986）生于杭州临平镇，飞白的外祖父符德胜、外祖母陈绿琴也在临平开杂货店。因浙江第一师范当时有"新文化运动南方中心"之称，汪静之慕名于1920年沿新安江顺流而下，来到杭州进浙江一师，后与同年进浙江女师上学的符竹因相识相恋。

汪静之的故事在诗歌界广为人知，但这里还是要概述一下这位新诗运动少年先锋的故事。

在新诗运动初期，汪静之的诗完全摆脱旧体诗的框架，天真烂漫，自然天成，使人感到耳目一新。1921年他在《新潮》发表诗作，影响扩大，引起应修人1922年4月从上海来杭州相会，并由应修人、汪静之、潘漠华、冯雪峰四人成立湖畔诗社。1922年夏汪静之的诗集《蕙的风》出版，因歌唱早春的爱情引起全国瞩目，但因冲击了旧社会的道德观念也激起了轩然大波，特别是其中只有三行的小诗《过伊家门外》：

我冒犯了人们的指摘，

一步一回头地瞟我意中人，

我怎样欣慰而胆寒呵。

一百年后的今日读者，已实在很难理解这样天真的诗句会有什么"冒犯"性，也很难理解作者为什么竟要感到"胆寒"了。但在刚刚爆发五四运动的中国，封建势力仍居统治地位，当年的汪静之尽管天真任性仍不免胆寒，是有严酷的客观背景的。他果然就遭到了"轻薄堕落""无赖文人""兽性的冲动""不道德的嫌疑"，乃至"变相的提倡淫业"等吓人的指摘。所幸鲁迅、周作人等挺身而出，驳斥卫道士，保护青年诗人。鲁迅写道："我看了很觉得不以为然的是胡梦华君对于汪静之君《蕙的风》的批评，……胡君因为《蕙的风》里有一句'一步一回头地瞟我意中人'，便科以和《金瓶梅》一样的罪，这是锻炼周纳的。""我以为中国之所谓道德家的神经，自古以来，未免过敏而又过敏了，看见一句'意中人'，便即想到《金瓶梅》，看见一个'瞟'字，便即穿凿到别的事情上去。"周作人则先引用路易士的话："社会把恋爱关在门里，从街上驱逐他去，说他无耻；扪住他的嘴，遏止他的狂喜的歌；用了卑猥的礼法将他围住；这样的社会在内部已经腐烂，已受了死刑的宣告了。"接着写道："所以我们要说情诗，非先把这种大多数的公意完全排斥不可。""静之的情诗……可以相信没有'不道德的嫌疑'。见了《蕙的风》里的'放情地唱'，我们应该认为诗坛解放的一种呼声。"

倡导白话新诗的胡适为《蕙的风》作序，称赞说："我读静之的诗，常常有一个感想：我觉得他的诗在解放一方面比我们做过旧诗的人更彻底得多。……我现在看着这些彻底解放的少年诗人，就像一个缠过脚后来放脚的妇人望着那些真正天足的女孩子们跳来跳去，妒在眼里，喜在心头。"而作者的老师朱自清评论说："汪静之氏一味天真稚气。他的新诗集《蕙的风》中，发表了几乎首首都是青年人感于性的苦闷，要想发抒而不敢发抒的呼声，向旧社会道德投下了一颗猛烈无比的炸弹。"

　　静之因父亲破产只得辍学谋职，虽然师范未毕业，凭他已有著作出版的资格，1924年到武昌教中学国文并和竹因结婚。他任教过许多中学和大学，因他每到之处都宣传五四新思想和新文学，遭到保守势力的激烈反对排挤，所以职位不稳，总是任职一两个学期就被解聘，不得不辗转各地过漂流生活。到飞白出生时他已任教过武昌、保定、芜湖等地的中学以及上海的暨南大学和建设大学，其间1927年国共合作时期还在北伐军总政治部工作过。飞白出生前几天，静之在建设大学因左倾嫌疑（他介绍共产党员夏衍来校代课）遭军警搜捕，从楼窗逃出，逃回杭州。

　　1930年初，静之竹因都到南京中学任教，带着刚出生的飞白和他快满三岁的姐姐。之后静之又先后任职于安徽大学、汕头一中、浙江省立女中、青岛中学、浦东中学和暨南大学等校。

　　静之任教的地方，除安庆、汕头外家属都同去，而且在一地也可能搬迁几个住处，所以飞白童年与少年时期住过的居所就已超过二十处，而飞白一生住过一个月以上的居所则超过六十处。家乡意识人皆有之，唯独飞白，由于流动不居，似乎从来没培养起"家乡"观念，漂流倒成了他的常态。

　　静之把飞白的籍贯定为杭州而不随绩溪祖籍，显示了五四时代青年静之反传统的开放观念，也表现了"湖畔诗人"汪静之的西湖情结。把飞白籍贯定为杭州有三重理由：第一理由是

飞白的父母亲汪静之、符竹因

杭州是湖畔诗人汪静之的情感故乡，静之自身除抗日战争中避难回过绩溪外，以后就再也不曾回绩溪；第二理由是籍贯可以随母亲，——姓随父，乡随母，公平合理；第三理由是出生地原则。不过杭州人飞白倒并未体现西湖情结。他因从小漂泊在外，五十岁以前在杭州住得太少，所以没牢固培养起杭州"本地人"的感觉，要论杭州家乡情，杭州人飞白远不如十八岁才来到杭州的绩溪人汪静之。

飞白早年在杭州住过多久呢？关于飞白"出生九天就离开杭州"的说法，考证起来并不是直接奔赴南京，而是先到临平外婆家待到满月后才去南京的。静之竹因去南京中学任教后，外婆家不幸因邻居火灾殃及，被一把火全部烧光，外公外婆只得到南京来跟静之竹因暂住。1932年静之竹因丢了南京中学和安徽大学的工作，于是全家回到杭州，租屋住在市内司马渡巷和法院路仁德里，直到1933年夏。这样，飞白早年在杭州一共只住过一年半，而且几乎没留下记忆。这之后就要等到抗战胜利后十六岁才回杭州了。

每个人的幼年记忆大抵都只有碎片，飞白的第一个记忆是这样的：

这天气氛不同寻常，没有人理会飞白。光线昏暗，飞白绊倒了，表弟的摇床下有两根圆弧形的弯木条，他就是绊在翘起的弯木尖端，摔了一大跤。小孩摔跤本来很寻常。他爬起来哭，没人理会，再边走边大声哭叫，仍没人理会，这就有点不寻常了。印象深刻。飞白获得了"孤独"的体验。这事发生在杭州司马渡巷36号，这天一切的不同寻常，是因为妹妹伊霓的诞生。全家都在紧张忙碌，当然无人过问飞白。然而之后飞白习惯了这种感觉，不寻常化为了寻常。因为从这天起，两岁多的飞白不再是"小宝宝"和关心重点，很多事要靠自己了。

第二个记忆：登上了轮船，初次漂洋过海，这件事非常新鲜。起初是在双层铺位的上铺，但又被人挤到甲板上，铺上毯子睡地铺，据说是来了日本乘客，中国人购了铺位票的也要让出来。这非常可气，但飞白对此还不理解。他觉得在甲板上好玩，而在那个上铺反倒憋屈，他在铺上站起时，头曾狠狠地撞在舱顶灯的铁条护笼上。

在一望无际的海上船遭遇了不期而至的台风，当年没有气象预报，否则该停航了。巨浪汹涌，船颠簸很厉害，对飞白而言这下子更好玩了。大人们都躺倒和呕吐了，而小飞白不晕船，兴奋地在甲板上跑，看到的海平面居然是倾斜的。印象深刻。飞白初次经历了"水手"的素质测试。这事发生在上海—青岛航线轮船上。1933年夏飞白三岁多的时候，汪静之和绩溪同乡章铁民因朋友卢叔桓介绍，到青岛市立中学教国文，1934年夏返回上海。他记得海上遇台风的景象，但到底是从上海赴青岛途中呢还是从青岛回上海途中？就说不清楚了。

汪家全家赴青岛时，竹因的妹妹（飞白的小姨）天恩也同去，她只有十七岁，在青岛上中学，由静之介绍已和卢叔桓建立恋爱关系。卢叔桓初次结识静之是在杭州的邮局里，那时静之还是浙一师的学生，卢偶见汪手里的信封上写着"汪静之寄"，便说："你就是汪静之吗？我喜欢你的诗。"从而交了朋友。在青岛卢叔桓和天恩结婚，成为飞白的姨父。青岛环境优美，1934年应静之之邀，郁达夫和王映霞带着五岁的儿子阳春（郁飞）也去青岛度了一个夏天。

因飞白年幼，在青岛的一年他记事不多，只记得他们住处出门左手边就是中山公园，前方不远可到青岛的海滩和水族馆，后山上也林木掩映环境优美，留下了朦胧如童话的美好印象。

因为静之到哪儿教书都职位不稳，到1934年又不得不转移到上海任教于浦东中学，并在暨南大学中文系兼课。章铁民也同到浦东中学任教，汪章两家一同租屋住在浦东六里桥的杨家花园。浦东当时基本全是田野，六里桥稍有点小街，房东杨家的房屋在六里桥南，是这里较好的建筑，为两层楼房，还有一座竹篱笆围的小花园，这处房屋也因此而得名，篱笆外就是农田了。花园里有些果木和一个小亭子，一侧是一小方草地，沿中间小道种着修剪得矮矮的冬青树。这是小飞白幼年的主要活动空间，虽嫌狭窄了些，但飞白在想象中能把它扩大，而且一个四岁孩子是按自己的尺度衡量世界的。其实小花园的长宽都不过十余米，花园周围的竹篱是一般竹竿编成，有一人多高。但在小飞白感觉中密密的竹篱起码有三人多高（三个小飞白那么高），在花园里跑一圈也算周游几个景点了。他特别喜爱的是草地一角的那棵槐树，四面枝条下垂形成绿色小棚，可以让他躲进绿光里，好像哈代描写的《蕨丛里的童年》：

> 雨过天晴，慢慢儿地晾干蕨丛，
> 清甜气息从地上软软的蕨叶蒸腾，
> 我说："我可以在这儿过上一生；"
>
> 并且坐在这绿光里，我问自己：
> "我为什么必须长入成年时期，
> 走进远方那个喧嚣不已的人世？"

在这里听鸟鸣令他神往，更兴奋的是槐树上还出现了一窝漂亮的鸟蛋，"鲜艳如石楠花沾着露滴/带绿的宝蓝点缀着斑点"（克莱尔《鸫鸟的巢》）。但是他未能盼到"接着我看到晴朗日子里/一窝自然的小歌手飞舞欢唱/快乐如同欢笑的蓝天和阳光"，因为鸟窝不幸终于被众人发现，从而注定了遭洗劫的命运。这让飞白在四岁时初次为自然感到心痛，并于八十年后怀着童年的记忆译出克莱尔的"鸟巢系列"诗。

在这里的一件大事，是四岁多的飞白居然上了小学。这不是他父母异想天开或拔苗助长，而纯属农村教育不规范带来的灵活方便。这时姐姐汪晴已到七岁学龄，要上学了，家里剩下个弟弟怎么办？那时是没有幼儿园的。妈妈要顾着一岁多的妹妹，飞白在家里有点像多余人。他自己想办法玩，会别出心裁弄出点另类的事

飞白四岁，在浦东

来。妈妈就会说："阿波一声不响但是眯眯笑，眯眯笑，一定是又搞什么名堂闯出什么祸来了。"

小学就在六里桥南，挺方便，姐姐上学如能把弟弟带去就最好不过，权充幼儿园，并不要求他学到什么。老师倒也通融，说只要孩子不吵就行。家长说，孩子挺老实，不吵的。这样就上学了。

这家农村小学叫新塘小学，一年级和三年级在同一间教室里上课，三年级坐左边，一年级坐右边，一位老师在这边教一会儿，然后叫这边的做作业，又到那边教一会儿。一般四五岁小孩儿是连十分钟都坐不住的，使老师啧啧称奇的是飞白和一般孩子不同，他果然不吵，上课时居然能安静地坐在班里。但飞白和同学相处却遇到了麻烦。学生属不同年龄段，七八岁到

十几岁的都有，俗话说"七岁八岁讨狗嫌"，本来就爱没事找事，班里来了个四岁的小不点，理所当然地便被淘气的男孩们用作了玩物。在班里，小不点的绰号叫"铅笔头"，大家变着法儿拿他取乐。一天放学回家时，妈妈见他脸上被盖了一个图章，好像是肉摊上摆卖的猪肉盖了个"已检"章，另一天回家，干脆满脸被墨笔涂成了花脸包公。

飞白既被玩弄也受嘲弄，受嘲弄是因他一只眼睛有点斜视。原来飞白在不满周岁时，被放在洗澡盆内玩耍（那时没有童车），摔倒了在盆边磕了一下。洗澡盆为木制，由多块硬木料拼接成圈，围住一块圆形的木盆底板，再用竹箍或铁箍箍紧。他这一跤，右眼角外侧近太阳穴处磕在硬而锐的木盆边上，磕坏了右眼外侧动眼肌，右眼珠的外侧失去牵引，就向内侧偏斜了。他因此常常被孩子们视为异类并拿来取乐，使小家伙心里很受伤，在"合群"问题上大受影响。他从小比较内向和不爱结伙打闹，与此有关。

人一生的漂流方向往往被一些偶然因素左右。一个浪头打来，稍稍改变了你漂流的方向，就可能产生终身的影响。假如被视为异类，结果就真容易成为异类，如拜伦因天生跛足而成为异类，卡夫卡因被严父训斥嘲讽而成为异类，飞白因幼年偶然磕伤眼睛并遭嘲弄，塑造了内向性格，对上学交友均不积极。这种内向，换个角度说也是另一种"外向"：飞白的目光时常向着外界和远方，向着大自然，向着广大的文学世界，观星、观海、观云以及云中的云雀和雨燕……

后来飞白参加革命队伍，得到包括免费医疗的供给制待遇后特别高兴，决定做的第一件事就是动眼科手术。他到华北大学报到后不久，就在校医院里做了手术。请校医做手术相当冒失，好在手术做得半成功，就是说，把右眼斜视的程度校正得轻了一点。术后他左右眼的视线还是不一致，给人目光漂移的奇异感觉。

静之和汪晴、飞白
1932年摄于杭州司马渡巷

没校正的轻度斜视造成的长期效果有二：一是因缺乏双目立体视力，飞白无法打球。打任何球类，都要靠立体视力才能准确判断来球的方向距离和速度，而飞白打不着球则使他沦为笑柄，并丧失"合群"条件。二是因飞白双眼的视线不一致，在他日后的人际相处中遭人反映"看不见人"；他试图避免与人对视，也遭人反映为"目中无人"，这使飞白非常困扰。而且，由于避免正面看人，飞白认人的能力非常差，即便是熟人也只知一点含糊的轮廓。其结果是使飞白的人际关系更加疏离，总有点似乎不属人间的气息。

回头再话当年。当"铅笔头"小飞白遭遇同学们嘲弄取乐时，也有一个例外，细心的老师告诉飞白妈妈说："别看他不声不响的，其实什么都懂，连三年级的课都悄悄地学了不少。"

飞白记不得当时他学到了什么，只记得会做四位数的加减法，还记得一次大雷雨时，他像在海上遇台风时一样兴奋，独自在杨家花园暗黑无人的厅堂和过道里奔跑，得意扬扬地高唱着从三年级课文里学来的词语："风雨交加！风雨交加！"当时他还不知道，喜欢这个词语是因为其中有"双声"的音乐效应。

汪晴、飞白和伊宽

饱受嘲弄的小飞白意外地获得老师肯定，对他的鼓舞影响深远，可说竟是持续了终生。遇到这位乡村老师是飞白的造化，他记住了启蒙恩师莫耕迁，记住了老师鼓励的眼神。虽然因上学屡遭玩弄欺负，又无法融入群体，"铅笔头"的初次上学终究失败了，难以为继，但是得到过启蒙教育和老师肯定，毕竟不一样了，为这孩子开启了今后的自学之门。

上学刚刚中断，飞白碰巧又交了一个好运，这次是叨姐姐的光。商务印书馆主办儿童图画比赛，姐姐汪晴（当年名叫汪伊甸）报名参加，当场出的考题是"哥哥提水妹妹浇花"，结果汪晴赢得了初级组第一名。获得的奖品是商务印书馆出版的《幼童文库》和《小学生文库》共四百本，其中有伊索寓言、安徒生童话、格林童话等，还有历史、地理、文化、科学的各种知识。这批图书的及时到来，使小"铅笔头"辍学后有事可做，并由此养成了阅读习惯，不懂处则问问姐姐。姐姐是爸爸"聘任"的小教师，静之宣布的"聘书"规定：今后由汪晴教弟弟飞白，飞白教妹妹伊霓。

我家的表叔

汪晴参赛，怎么能一举夺魁呢？这就要说到恩涛表叔了。胡恩涛是静之的表弟，当时在上海美术专科学校学习，每逢周末常来汪家，汪晴就是在恩涛表叔影响和指点下，对画画产生兴趣的。汪晴比赛获奖后也一直保持着对美术的热情，并将它传递给了妹妹们，后来伊霓和小妹妹伊虹都选择了美术专业，而且两位妹夫——上海美影著名导演徐景达（阿达）和著名花鸟画家祝焘及子女们也都从事美术。溯本求源，恩涛表叔是汪家美术世系繁荣的源头。

涉及的还不止美术，这里还要回溯一下飞白革命情结的源流。记者们常问飞白一个问题："你已进了名校浙大，为什么又会辍学而去投身革命？"飞白对此问题往往一时找不到话回答，因为他觉得这不是个问题，对他而言似乎势所必然，别无选择。究竟为什么呢？其深远的根源就在飞白的表叔们身上。

京剧革命样板戏《红灯记》里，李铁梅有一段著名的唱词："我家的表叔数不清，没有大事不登门。虽说是亲眷又不相认，可他比亲眷还要亲。爹爹和奶奶齐声唤亲人，这里的奥妙我也能猜出几分……"而恩涛却是飞白、汪晴他们的亲表叔，静之的三舅之子，他于1940年牺牲在震惊中外的綦江惨案中。

恩涛为抗战而参加战时干部训练团的忠诚剧团，宣传抗日，先在武汉后迁四川綦江。忠诚剧团在綦江和重庆演出话剧《李秀成之死》，通过太平天国的历史教训以古喻今，实际是直斥蒋介石消极抗日，批判自相残杀，而赞扬坚决抗战的共产党。公演在重庆引起轰动，取得了巨大成功，使国民党政府恼怒异常，并对战干团大举"清共"，酷刑逼供下残杀了忠诚剧团成员，并扩大至战干团进步学生，共计杀害三百余人，其中一些人甚至被活埋。

飞白的表叔为革命牺牲的不在少数，除了恩涛表叔，还有汪静之情逾手足的湖畔诗友们，他们虽无血缘关系却也"比亲眷还要亲"。虽然他们牺牲时飞白年龄尚幼，但长大后对他们永远心怀崇敬，这不是一般的敬仰，而是一种痛彻心扉的敬爱与亲情。

让我们用简洁的语言介绍几位吧。

湖畔诗人应修人。

修人表叔在湖畔四诗人中居长，他1920年从上海来杭州，会见汪静之等诗友并倡议成立了湖畔诗社。他原在中国棉业银行任出纳股主任，然而不像一个金融界的人，工作之余写诗，歌唱对青春、爱情和自然的真挚情愫，风格是如此的纯真无邪：

妹妹你是水——

你是温泉里的水。

我底心儿他尽是爱游泳，

我想捞回来，

烫得我手心痛。

　　他不但写青春诗，也针对社会现实抒发鲜明爱憎，他还创办上海通讯图书馆，组织青年读书运动，传播新思潮。尤其是到"五卅"运动后，见中国人民处于水深火热之中，这位温静天真得简直像个姑娘的青年诗人拍案而起，毅然放弃为人称羡的银行职位而当了一名职业革命家。修人受共产党派遣到广州黄埔军校工作，1927年参加北伐，在武汉国民政府劳工部工作，大革命失败后去苏联东方大学学习，1930年回国在中共中央军委和中共中央组织部工作，后任中共江苏省委宣传部长，当时上海也属于江苏省。

　　1933年5月的一天下午，修人到上海昆山路昆山花园七号四楼去找丁玲联系，不巧丁玲已被秘密绑架，屋内还潜伏着特务。修人进门即遭遇埋伏，奋勇搏斗寡不敌众，从窗口坠楼牺牲。这位满腔柔情的诗人牺牲时三十三岁，他衣袋里的记事本上写的是：

纵然天地一齐坍掉

可是从这败墟之内

依然有我的爱火飘飞……

　　湖畔诗人潘漠华。

　　漠华表叔取"漠华"之名，寓意是痛感当时中国有如荒漠，决心要在沙漠里开花。漠华在浙江第一师范和汪静之是同年、同班、同志趣的诗友知己，但个性和风格大不相同，老师朱自清对他们的评语是："汪静之氏一味天真的稚气"，而"潘漠华氏最凄苦，不胜掩抑之致"。漠华为诗集《湖畔》题的诗是：

1922年湖畔诗社成立时，
汪静之（左）和浙江第一师范同学
潘漠华（中）、冯雪峰（右）

　　我们歌笑在湖畔，
　　我们歌哭在湖畔。

　　漠华的诗是发自家庭坎坷和爱情悲剧的"歌哭"，小说抒写的是劳苦大众的苦难与不幸。考上北大读外国文学系时发生了"五卅"运动，漠华义无反顾地辍学参加北伐，大革命失败，漠华从武汉撤回杭州参加中共浙江省委，经历了被捕和营救出狱，到家乡组织农民起义又遭挫败，此后担任北方左联和北方文化总联盟负责人。他的战友和学生们深深铭记着诗人革命家漠华无私无我的形象：黝黑的脸戴一副白色无边的近视眼镜，简朴得不修边幅，口袋里老是装着当票，穿着不合季节的衣服和破皮鞋，而工作不舍日夜并以满腔热忱助人。漠华呵漠华!

愿海潮是我身底背景，
火山是我身底葬地。

1933年12月，漠华在任中共天津市委宣传部长时被捕，在狱中受尽酷刑，因组织难友进行绝食斗争引起敌人更大忌恨。1934年12月被反动当局用滚汤灌死，时年三十二岁。

前山森林里，鬼火忽隐忽现时，
母亲，你看见，当是我底归魂；
夜风扣我家底门环时，
母亲，你听见，也当是我底归魂。

在三十年代初年白色恐怖中牺牲的还有柔石表叔。柔石也是静之的同学诗友，原名赵平福，1921年与潘漠华、汪静之等发起组织晨光社，交情甚笃。1922年湖畔诗社成立时没有柔石在内，只是因为西湖游船限载四名游客，座位两两相对。修人想集四个人在湖上对座畅谈，便建议静之再邀二人，所以只邀了诗风相近的漠华、雪峰两位同学诗友，不能多邀朋友同游。柔石对此一直引以为憾，他牺牲后，诗友们追认他为诗社一员。

柔石一师毕业后曾在家乡参与农民暴动，失败后避居上海，和鲁迅交往甚密，在鲁迅指导下编《语丝》《朝花周刊》等刊物，译介外国文艺，同时创作了《二月》《为奴隶的母亲》等作品。1930年与鲁迅、宋庆龄、郁达夫等发起自由运动大同盟，筹建左联，同年赴中央苏区参加全国代表大会并入党。柔石于1931年1月被捕，2月被反动派秘密枪杀于上海龙华警备司令部，终年二十八岁，为血洒龙华的左联五烈士之一。

　　飞白的表叔都是心地如水晶般纯洁透明的青年，他们从"湖畔"的似水柔情走向了对天下苦难的担当。飞白自幼酷爱自然疏离社会，而日后也要汇入革命集体。这二者间当然有很大的张力，可是社会生活是回避不了的，随着飞白的成长，他对社会的关切也在逐日增长。他在十一二岁时初读《小约翰》受到强烈震撼，原因就在于《小约翰》呈现了人面对的存在难题，而小约翰选择的艰难的路也是飞白注定将要走的路，他别无选择。这条路的艰难在雪峰表叔身上得到充分体现。如果说修人、漠华们是轰轰烈烈的"被雷击死者"，那么从雪峰身上才看出这条艰难的路要求于革命者的韧性。

　　湖畔诗人冯雪峰。

　　雪峰表叔在浙一师比静之、漠华低一届，在湖畔四诗人中年纪最小，但他的经历却是四人中最丰富曲折并且也许是最令人扼腕的。他家世代务农，自己也从小上山砍柴下田种地，继承了中国农民的坚韧，就连他线条较粗的朴实面容也透露出这种艰难中的韧性：

雨止了，操场上只剩有细沙。

蚯蚓们穿着沙衣不息地动着。

不能进退前后，也不能转移左右。

但总不息地动呵！

雨后的蚯蚓的生命呀！

雪峰在"五卅"运动时到北大旁听并入党，为避追捕转移到上海，在鲁迅指导下译介文艺理论，编辑《萌芽》等书刊。后参加筹组左联，担任左联党团书记，在修人牺牲后继任江苏省委宣传部长。1933年转移到中央苏区任中央党校副校长，与遭王明路线排斥的毛泽东过从甚密。参加长征到达陕北后，为贯彻抗日民族统一战线政策，雪峰于1936年作为中共中央特派员再赴上海，住在鲁迅家里，日夜长谈介绍长征和中共情况，联络美国著名记者史沫特莱和斯诺报道边区和红军，还帮毛泽东在上海千方百计找到杨开慧牺牲后不知下落的两个儿子。

抗日战争中雪峰在皖南事变后被捕，在上饶集中营里写了深邃雄奇的诗集《真实之歌》和《灵山歌》。营救出狱后雪峰在重庆、上海做统战和文化工作；中华人民共和国成立后任中国作协党组书记和副主席、人民文学出版社社长、《文艺报》主编，但为时不久便连遭批判被解除职务。

雪峰在完成长征后，用三年时间写成描写长征的五十万字长篇小说，但因被捕丢失。新中国成立后他牺牲睡眠再以七年时间重新写成书稿，但在连遭打击并被告知他"不适宜写重大革命题材"后，再把十年心血投入炉火付之一炬。在折磨和病痛中，雪峰度过了漫长的不能进退不能左右的二十年，因癌症恶化于"文化大革命"结束前夕去世。即便对于坚忍如雪峰，这样的二十年，艰难也超过了被雷击死者，"在那一秒钟的千分之一的时间——光穿过了全身！"

哦，我梦见的是怎样的眼睛！……
怎样的我的烈性的理想被石灰色的水所冲淡！
可是怎样的灵魂的深视！

表叔们的情况，飞白小时候父亲绝口不讲，还一再告诫孩子们不要走这条路，太冒险。然而飞白还是渐渐知情得越来越多了，而且偏愿意走冒险的路。当然，走这条路将经受何种严峻考验需要何等的韧性，他还毫无概念，不可能在开始前就做好准备的。

难民漂流路

飞白学龄前阶段是日本对华侵略日益加紧的时期。1931年"九一八"事变、1932年"一·二八"事变，促使静之编注历代爱国主义诗文以加强爱国主义宣传教育。随着形势紧逼，他于1936年辞去教职，与竹因二人加紧编注，因为要筛选浩如烟海的历代诗文，选入的诗文又须作详细注解，工作量是很大的。至1937年卢沟桥事变前夕，已完成四卷《爱国诗选》交商务印书馆出版，四卷《爱国文选》还在编注中。然而

"八一三"事变日本侵略军已进攻浦东，静之全家于最后时刻才从浦东逃出，汇入难民流开始了八年流亡生涯。

在抗日战争中，中国大量难民从东部向西部流亡，数以千万计，这样大规模的难民流世所罕见，又是从较发达地区流向欠发达地区，怎么生活？怎么找工作？战事将持续多久？何时才能回乡？无数疑问缠绕在惶惶不安的人们心中。

1937年成为难民开始漂流时，飞白七岁正值学龄。从浦东上路时是方向不明的，后来历经杭州、安徽绩溪、武汉、广东德庆、广西宜山、贵州定番（今惠水）和独山、重庆，直至抗战胜利后的1946年才回到杭州，那时飞白已是十六岁的少年了。战乱年代与他的学龄重合，并构成了他的另类学历。

"八一三"事变在上海爆发时，静之还不知战事是否会像1932年"一·二八"事变那样得到控制，没有立即撤退。汪家在炮声隆隆中挨了四天，窗玻璃碎了一地，室内尘土飞扬，窗外火光映红夜空。到第五天即8月17日凌晨，一阵紧似一阵的机枪声已打到门前，夜色里已看到机枪吐出的火舌，才从浦东家中仓促出逃，静之手中提着一包正在编注的《爱国文选》书稿，腰间绑着他日后编为《六美缘》的诗稿，这是他视为最重要的，此外家里什么东西都没有带出。已没有任何交通工具，冒着小雨，步行三十里才搭上一条小船，全家饿了一整天肚子，到松江时已是晚上，但跑遍松江也找不到可夜宿的床位，夜里睡在地上。第二天总算在松江幸运地挤上火车，无数难民挤得车上难有立足之地，连火车顶上也挤得满满的。一家人筋疲力尽地捱到杭州，雇了几辆人力车来到飞白舅舅家。

大家安全见面，非常高兴，却把《爱国文选》书稿忘在了人力车上（在折叠到座位靠背后的篷布里）。发觉书稿丢失静之大惊失色，二舅骑自行车去追寻那辆人力车，但哪里还找得到！《爱国文选》文稿四卷一百万字，含注释六十万字，四千多元的稿酬是全家将赖以为生的唯一指望，哪能不着急？这时有人说："要是知道车号就好了。"飞白问："车号是不是写在车边的扶手（车轮上弧形的铁皮盖）上？"大家说："急都急死了，小孩子别吵！"但飞白执拗地缠着大人问。二舅便说："等等，等等。大波恐怕知道！"果然飞白准确地记得车号，并据此找回了书稿。静之便称飞白为"救命王菩萨"。这之后一段时间内，静之因找不到工作等原因情绪不佳，发起脾气来就打儿子出气，使飞白不由得心里暗想："救命王菩萨也好打的吗？"

静之打儿子是由于当时生活压力大心情很不好。他不打女儿（据汪晴说她也挨过打，但那应该极为稀有），他是五四青年尊重女权，在家里给子女制定的规矩就是"男让女，大让小"。不好打女孩子，那么发起脾气来就只好打飞白了，何况飞白又特别犟，倔劲儿上来了老是自己招打。这种局面从绩溪开始持续了大约三年。

在杭州待了十多天，起初大家对战局预测不定，考虑到杭州西郊的留下镇暂避，后来感觉不安全，在留下也不能"留下"，需要撤得更远。于是便决定向静之老家绩溪转移。舅舅们和外公外婆则随大舅任教的医专撤往浙东（浙东其实是指浙江的中南部，因钱塘江杭州段位于城东而流向偏北，所以杭州人习惯把江对岸称为浙东）。后来，上海和杭州分别于11月、

12月间被日军攻占。

　　这时的"铅笔头"还不会记叙，两年后飞白九岁时在广西宜山补记这段从杭州赴绩溪的历程，用的已经不是铅笔头而是毛笔了。现把开头一段抄录在这里：

　　往桐庐去的汽船，在滚滚的之江中前进了。江水映着金色的阳光，射出耀眼的光芒，船前的水被激起白色的浪花，渐渐向后移去，又恢复了

飞白记述杭州—绩溪途中见闻的原稿

平静。汽船在钱江大桥的阴影下钻了过去，两岸的田野山岭向后慢慢地退去，消逝。

　　到了桐庐我们换了公司船，继续向家乡航行。公司船是一艘拖船，由一艘小汽轮拉着，后面溅起许多浪花抛向拖船上。衔接着两艘船的绳索已浸得湿透了。天已不像以前的晴好，只板着脸下雨，在青山上面现出一道美丽的虹霓。

　　水渐渐浅了，汽船不能再走，现在是拖船单独地用人力撑着前进了。船夫们用篙尽力撑着，把篙抵着胸部，他们渐渐地向前倾倒下去，最后在地面上竭力爬着，他们大呼道："啊……啦啦啦啦啦……"船底擦着石子发出嘈杂的音响："格落！格落

落……格落！……"在重复的音调中我渐渐入睡了，单调的音响仍在继续："格落格落！……啊……啦啦啦啦啦……"

飞白童年写作的文字现存一些零星片断，描写的多是战时流浪转移的情形，这些文字都是他母亲细心保存下来的。

汪家乘船溯新安江而上，途中七八天，除富春江上的一段乘轮船外都是木船，换了四次船，水越来越浅，流越来越急，船越换越小。过滩时船夫与湍急水流搏斗，或撑篙或背纤匍匐着前进，船底与卵石碰撞的喧声宣告着角力的激烈和奋进者的坚韧，场景令飞白大为震撼。船夫们能量消耗殆尽就爬上船来吃大碗饭补充，因吃干饭没油水，一天需要吃五六顿之多。飞白走出篱笆围着的杨家花园进入了硬线条大开大阖的天地，顿时感到气概壮阔。夜间还看见江边山前有火把的闪闪红光连缀成一条长带，船夫说那是在祭拜玉米神。

汪家到了满山白茫茫芦花包围中的绩溪，暂住在县城白石鼓巷，后来县城遭日本轰炸，便回了老家余村。余村位于绩溪县极西端的黄山山麓，从县城到余村要走大半天，中间翻越一座海拔八百米的翚岭，这个"翚"字意为雉鸡，辞典读"徽"而本地人读"羽"，这个误读据传是乾隆南巡到此读错而传下来的。飞白在这段路上也有收获：在翻越翚岭的狭窄山路上初次见识了浩荡的马帮，还遭黑色肥硕的土蜂狠蜇一口而在腿上留下了永久疤痕，只摘到一批野栗子给自己作为慰问。

飞白在余村祖父母家住了近五个月。余村是个小村，全村不足百户全是汪姓。东面相隔半里就是上庄，上庄是大村或小镇，是胡适的家也是飞白祖母的娘家。上庄基本是胡姓，跟余村汪姓，还有旺川曹姓等互论婚嫁，到处都是亲戚关系。农民们吃饭时，常常端着个大饭碗边吃边走，一溜达就串门串到邻村去了。

　　静之少年时代给自己家写过一副春联："三面青山展画景，一条绿水奏琴音。"余村背靠的北到西北面一带山脊是竹根尖和上金山，坡较陡而林木不盛。森林繁茂的则是西面的群山，黄柏凹一带山高林密，林木以杉树为主，也有许多竹子。从余村往黄柏凹一路上坡，要爬十几里山路，再继续往西深入更是群山连绵，都属黄山山系，座座山峰海拔都达千米以上，但要到黄山中心地带即现在的黄山景区还有数十里，天气晴好时从黄柏凹山顶向西遥望便隐约可见，但高山峻岭无路可通，只可望而不可即，去黄山还须绕道从南面的屯溪上山。"三面青山"的第三面是南面竦岭一带，山比较矮些，翻越这些南山可到歙县即原徽州首府，绩溪本是属徽州府的。至于"一条绿水"呢，是流经汪家门口的常溪，余村就位于三面青山间的常溪河谷里。常溪是全村饮水用水的水源，除雨季外常溪的水流不大，但因来自山中，比临平外婆家门口的上塘河清澈得多了。每逢春季会山洪暴发，静之童年就曾落水遇险，若非乡邻猛追百米救起就被激流冲走了。

　　汪家平素是不过春节的，静之竹因都是五四新派青年，为破除传统风俗而不过春节，当时是叫作旧历年的。既是"旧"的就要革除，这表现了五四运动过激的一面。回到余村，飞白还是头一次过春节，很开心。绩溪春节的大菜是徽锅，或称一品锅，整锅上桌，用料丰盛，一层层铺叠而成，其中最有特色的是一层豆腐包（里面装满馅料的油豆腐）和一层蛋饺。家家还要拉麦芽糖，打谷花糖，切冻米糖，谷花是用稻谷爆的，爆好后还要把谷壳拣掉；冻米则是糯米饭晾干后再爆的。

　　绩溪和杭州都属新安江水系，一水相连，新安江上下游自古联系紧密，所以当地人外出经商一般都到杭州，从来没有到合肥的。绩溪属徽州地区，风俗和方言都有浓厚地方特色，飞白他们因住的时间太短没学会本地话，会说的词句不多，包括每天请安时对祖父母的尊称，对祖父母分别称作"朝"和"婺"。这称呼富有文化特色，"婺"本是二十八宿中的女宿，但织女也有"婺女"的别称，总之是天女下凡；而"朝"是朝奉的简称，朝奉本为古代官职，徽商有敬业诚信、贾而好儒的优良传统，且常兼官职，因而风俗中形成了"朝奉"的尊称，而这又转化成了对祖父的尊称。飞白对祖父还有一重敬畏，因为祖父说他少年时见到过神秘的天象奇观"天开眼"：深黑的夜空突然呼啦啦裂开口子，睁开一只凤眼形状色彩斑斓的巨眼，炯炯电火似乎在刹那间贯通了天庭人间，然而不待下界有幸亲见者从惊愕中回过神来，又已渐渐暗淡而消隐，回归黑暗中去了。飞白为之大感震撼，而且不由得也常抬头凝望这山间深黑而繁星密布的神秘夜空，但天幕当然仍一片漆黑，天眼不是对一般人都开的。

　　飞白和姐姐在余村上了燃藜小学，姐姐上五年级，飞白上三年级，飞白用的学名叫汪志波，其中的"志"字是汪氏族系的排行。汪氏排行名都编成五言一句的口诀，从静之一代起的五代排行名是"立志振家邦"。静之属"立"字辈，原名汪立安，后来他改以笔名为名，笔名静之就从"安"衍生而来。"立"字辈下面是"志"字辈，飞白的全班同学几乎都是"志"字辈，如和飞白比较要好的同学志顺、志极等。因飞白只上学三个多月就走了，老师态度也不大友善，飞白没留下多少印象。只记得一次做作业是要自制毛刷，用竹片制柄倒还好办，但因家里没养猪独缺猪毛。当时村里有人猎获一头"山牛"（其实应是苏门羚），给了飞白一把红褐色的毛，可是这毛太软不能用，只得到邻家猪身上去偷剪猪鬃。

飞白在余村学的东西其实都不是在课堂内学的。沿河上溯有一家水碓，即水动力磨坊，村民收了谷麦都到这里来加工。这水碓使飞白大开眼界：从引水槽到大型木制叶轮，从木制变向齿轮到水动力碾盘、水动力石磨、水动力春臼，几乎全是前工业时代的木石制品，却已显示出如此精致巧妙的结构和功能，叫飞白钦佩不已，他反复认真观察和记住水碓的结构和运作，并在日后模仿着制作小水碓模型。飞白后来对工艺制作的特别爱好就是从这里开始的。飞白大感兴趣的还有如何在山上搭建人字形的窝棚，如何破竹做引水槽，把山水引到棚边做成天然自来水等。为防备战事逼近绩溪，汪家也在山里搭建了窝棚，孩子们参与这项工程，干得特别来劲。余村村后还有一家纸坊，用竹和稻草为原料手工制纸的工艺也使飞白钦佩，但这工艺他自知没本事模仿。

隐居余村的田园生活难以持续，静之靠《爱国诗选》稿费不可能长期维持全家生活，必须外出谋生了。但战乱中学校都在逃难，教职难觅。由于二十年代第一次国共合作时，静之曾在北伐军总政治部郭沫若手下工作过，获悉为抗日国共再次合作，郭沫若再次出任政治部第三厅厅长主管宣传，便于1938年春赴武汉找郭求职，竹因带着孩子们也随后经歙县、淳安、兰溪、金华、南昌、九江，辗转来到武汉。郭沫若当时正申请增加编制，让静之暂等。这样汪家就在武汉等待了两个月，住在武昌胡林翼路师竹友梅馆，这是静之竹因的好友曹珮声（学名曹诚英）的哥哥家，是徽商老字号的笔墨文具店，静之少年时期曾在这里做过学徒。

当时郁达夫家和汪家是近邻，时常来往。静之和创造社的郭沫若、郁达夫于1922年相识，因都有浪漫主义情怀非常投缘，而王映霞在浙江女师又是竹因的低年级同

郁达夫和王映霞

学，所以两家的孩子们——郁飞（当时叫小名阳春）和汪晴飞白也是常在一起玩的。但郁达夫和王映霞恰在此时闹了婚变，其真实内幕，孩子们连郁飞在内却都不清楚了。静之直到晚年才向子女说出郁王婚变尚不为人知的秘密，并写了一篇短文嘱子女在他去世后发表，文中记录王映霞背着郁达夫的行为，洗刷老友郁达夫为婚变所背黑锅（"王映霞的一个秘密"，《汪静

之文集》回忆·杂文卷103页）。

郁达夫当时非常痛苦，某日号啕大哭中恰好被静之撞见，静之极力劝解，但他此刻是来向达夫道别的，因为他们一家要到广州去了，车票已经买好，马上就要去上车了，没有想到这次告辞竟成了永别。原来静之在武昌等候待业两个月后，谋职希望落空，因形势渐渐危急，武汉也要撤退了，郭沫若申请增加编制未获批准。多亏好友章铁民这时在广州黄埔军校教书，介绍静之到军校任国文教官，汪家便决定南下广州。

因工作终于有了着落，难民漂流之路的这一段是心中比较踏实的，而且还有火车坐，听起来还真不错。可是这段旅程的受罪却属于顶级：武昌到广州的火车现在乘高铁只走四小时，当时走了足足三天三夜，车上挤满平民和士兵，在七月的溽暑里满身黏湿满车汗臭，车头飘来的大量煤灰和煤渣粒粘满全身，又热又挤又渴还不能睡觉，挨这三昼夜真不容易。飞白靠在汗臭熏人的大兵身上睡着了，后来还被家人当笑话说。这三天，汪家只带了饼干在车上吃，到达广州时恰巧是"七七"卢沟桥事变国难一周年，所有饭馆一律只供素菜。此时正赶上荔枝上市时节，见荔枝便宜，静之便要学苏东坡"日啖荔枝三百颗"的雅事，决定不上饭店，大吃一顿荔枝当饭，却遭到飞白强烈反对。父母拗不过他，只好进饭店吃青菜白饭，并一直以此为笑话讥笑飞白："你看你笨不笨？这孩子就专爱犯傻和发犟。"

其实飞白的反对不是故意作梗而是出自身体的感觉。几年后飞白学了化学才会分析其原理：这三天在高温闷热环境里出汗，人已处于严重缺盐状态，随时可能虚脱，如再不赶紧补盐反而摄入荔枝当饭，将在失盐性脱水的同时并发低血糖（因荔枝富含的果糖不能迅速转化为人体所需的葡萄糖），造成致命危险。

著名的黄埔军校已于三十年代改名中央陆军军官学校，本校设在南京，静之此时要去报到的，是留在广州的中央军校第四分校，但人们习惯上仍以黄埔军校相称。因广州吃紧，汪家来到广州时，军校已刚从广州撤退到广东西部的德庆去了，汪家也乘船上溯西江，随后赶到德庆。在德庆军校只停留了三个月，1938年10月广州和武汉均被日军攻占，军校又继续西迁广西。虽然是全校迁徙，教职员也是各人自行设法，找船上路，而且出发时连目的地也还不很明确，先听说是要到柳州，汪家到了柳州正要租房子，又获悉军校要到宜山落脚，于是再走一程。汪家这趟迁徙共走了二十多天，其间在梧州到柳州的浔江、黔江、柳江段，初次尽情欣赏了广西喀斯特地貌风景秀丽的千里画屏。这里尽管没有桂林阳朔"甲天下"的名声，但乘船一路慢慢观赏过去，沿江水边触目皆是奇峰怪石鬼斧神工，真是目不暇接；还有途经红水河与柳江汇流之处，"半江瑟瑟半江红"的奇景也活现眼前。汪家搭乘在小火轮的尾楼上，尽管是一路遭受烟熏火燎的煎熬，但"船在画中行"的这段航程还是成了逃难漂流中的奇幻之旅。竹因感慨道："以前看画、学画，总以为中国山水画是浪漫主义想象的产物，到这里才知道完全是写实。古代画家的山水画想必是在广西临摹出来的。"

小约翰的世界

军校于1938年11月底到达宜山，在宜山停留了一年多时间，这是汪家在抗战中的第一个稳定时期。这段时间浙江大学恰巧也在宜山，还请汪静之去做过讲座。汪家起初住在宜山县城，可是日本飞机每两三天就要来空袭。那时日本完全掌握制空权，在中国肆无忌惮为所欲为。更岂有此理的是日本不顾国际法和战争伦理底线，公然把"直接空袭居民，给敌国民造成极大恐怖"作为战略手段，企图摧毁中国人的意志而迫使中国屈服；在战术层面上则是对城市人口稠密区"无差别轰炸"，对平民低空机枪扫射。汪家在抗战中所到之处都遭日本轰炸，见到过血肉横飞的惨景。日本的首要目标当然是中国战时首都重庆，宜山发出空袭警报，较多次数日本飞机是途经宜山去轰炸重庆的，但时而也会专门来轰炸宜山这么个县城，每次来敌机或八九架，或多至十八架（即一到两个中队），因中方毫无防空武装，日机可以大模大样，毫无忌惮地盘旋，俯冲，投弹。飞白他们清楚地看到敌机上的太阳徽甚至是驾驶员，以及一个个黑点般落下的炸弹。他们袭击一次宜山，投弹多时可达百余枚。

因城里屡遭轰炸，宜山人都得躲警报。只要天气晴好，大家就盯着北山山顶防空哨，看那里是否挂出警报信号：挂一只灯笼是预备警报，挂两只灯笼是紧急警报，表示敌机即将临空。不过等看到警报再往城外跑往往就来不及，所以人们一早起来看到天气好，只要是离得开的人就会提前躲避。竹因就赶紧煮一锅饭装在洗脸盆里，用一块布包起来提着，带着孩子出城上山，静之在不上课的日子也同去。这里属喀斯特地带，山上有不少山洞，躲警报的人们找有山洞的地方去，敌机一到，躲进山洞就安全了。

过了两个来月这种躲警报的日子，不胜其烦，汪家便迁到县城外去，租农家房住，地点在宜山南门外数里的小沙岭。小沙岭地如其名，是一带低矮的荒山野岭，树木稀疏，但满布着野草、蕨类和荆棘，被用作墓葬之地，坟墓大都只是荒草土冢，多已荒废残破，难得像样的而清明有人祭扫的新坟。西南边山坡下只有一家孤单的农户，还有树丛掩护，不至于成为敌机的攻击目标，汪家就租了这户农家的一间房住。隔着约两百米田野对面山坡边有条土路，汪家经常眼看城里人沿这条路往山区跑警报，出城人流中仅有的两辆小汽车分别属于黄埔军校的主任（校长）和主任太太。汪家住在这里就不必再天天跑警报了，但因这里离城还较近，有时偶然也跑一跑，静之趁跑警报的机会，在野外或山洞给汪晴飞白教唐诗。

这家农舍倚坡而建，从后面看是一层，从前面看是两层，楼板架在高脚上，楼下用作牛棚，养着一头耕田的水牛。汪家租的房间有两扇窗，不过要说"扇"嘛措辞略有不当，因为这两扇窗只是墙上开的窗洞而没有窗扇，是不能关的。广西地处华南，窗洞一年四季就这样敞开着，这在北方不可思议。房间的南窗下面是牛棚，而北窗外两米处正对着几个坟墓，几乎触手可及。在这里迷信观念者怕是不敢住，而浪漫思维者准能幻想出聊斋故事来。

那年飞白九岁，住在小沙岭时没有上学。在余村上学后，在各地停留时间都很短，直到宜山待得稍微长些却又住在郊外的独家村。由于静之一向看不起学校教育，也不急于要汪晴飞白上学。竹因除承担全家家务外，要协助静之编选完《爱国文选》，非常忙碌，但她还负担着子女教育的任务，正如静之为黄埔军校写的自传里所说："我的妻子于'贤妻良母'四字可以当之无愧，我因工作忙不能常常顾到子女教育，完全由她负责，我十八年来著作选注工作也得到她极多的帮助，没有她的鼓励和帮助，我的工作效力至少打个对折。"母亲竹因教给了飞白查词典的方法，包括部首法和四角号码法，这对飞白颇为关键。要到中华人民共和国成立后实施汉语拼音方案，才有按拼音字母查的词典，当时词典用的都是部首法，商务印书馆的新字典用的是四角号码法，这些查法都是比较复杂的。学会查词典后，飞白就完全具备了自己读书自学的能力，遇到生字就不必时时问母亲了。因小时候就习惯查词典，长大后学外语又经常查，飞白成了查词典的能手。他查词典往往一翻就有，速度之快使我惊讶，这是因他对各种外语字母表中的词汇分布了然于胸。

不过飞白在宜山这一年读书不是太多，静之因飞白身体瘦弱，严格限制他的读书时间，飞白读到入神处每每被爸爸打断，父子间可能发生点儿小磕碰。但静之要驱赶飞白去野外活动，倒和飞白并无矛盾，每当飞白回忆起来还很感谢。他本来深爱自然，充分亲近荒野是求之不得的事，在小沙岭有此条件，飞白便把一半时间消磨在了荒山野岭上。可以说，在自然和书本之间，小沙岭的一年以读自然这本大书为主，这成了一段飞白十分怀念的时光。

记者和采访者都认定飞白是个"苦学成才"的少年，然而飞白真不是。相反，飞白是个有幸未被纳入"应试教育"和"苦学成才"框架的"野放"少年，就像小约翰。然而小约翰是谁呢？

飞白回答采访者要他写"自传体三部曲"时，开玩笑说，若写出来就成了《小约翰》《基督山伯爵》和《老人与海》。这其实也不全是玩笑，而是颇有几分深意在内。这三部书中的后两部可谓家喻户晓，相比之下第一部《小约翰》的普及程度差得多，不但当时默默无闻，到现在尽管已引起鲁迅研究者的兴趣和关注，但在广大读者间仍鲜为人知，所以这里要略作介绍。

《小约翰》是荷兰医生兼诗人望·霭覃（1860—1932）所作，鲁迅1906年在日本偶然在刊物上读到此书的介绍和片断，就非常神往，向德国订购了德文译本。如鲁迅所说，这是一篇象征写实的童话诗，是无韵的诗，成人的童话。书中说的是童年小约翰与造化为友，追随自然的精灵"旋儿"，稍长而竟求知，于是召来了小鬼头"将知"，再而遇科学研究的冷酷精灵"穿凿"，拜"号码博士"（用现代化语言该译为"数码博士"了）为师，童年的梦幻被撕得粉碎。最后，小约翰终于随着那位沉静而严正的，眼光充满无穷温和的悲痛的，"那使你为人们哭的"人，走向了那大而黑暗的都市，即人性和他们的悲痛之所在的艰难的路。

　　静之常从军校图书馆借书回来，其中包括借给汪晴和飞白读的书，1941年静之在独山当黄埔军校图书馆主任后，每天下班带几本书回来，飞白读书更多。飞白到底是哪年读到《小约翰》的记不准，可能是已从宜山到达独山之时，十来岁的时候读的。在宜山时飞白九岁，阅读能力有限，《小约翰》对他也许艰深了一点。可是九岁的年龄和故事开头时的小约翰正相契合，在飞白记忆里已把他的小沙岭和小约翰的荷兰沙岗叠印起来，在印象里重合了，以致孰先孰后再也分辨不清，而且再也无关紧要。——相似的沙岗和池塘、相似的野草荆棘，构成了荒野的美，特别是遍布小沙岭上的野蔷薇，带刺的枝条弯成一个个半圆的弧形，枝条上一串串硕大洁白的花朵装点着无人祭奠的荒坟野冢，花谢了又结出许多蔷薇果，很像是小约翰埋藏知识金钥匙的地方。略有不同的，只是小约翰的岗蔷薇开的是黄花，池塘里睡莲开的是白花，而小沙岭池塘与小溪里水葫芦开淡紫色花。飞白的这个荒野世界也和小约翰的"天堂"一样安静无人，只听得蜜蜂嗡嗡，溪水潺潺，和风轻拂芦苇。平时这里听不到人类制造的噪音，若不是静寂突然被日本飞机不合时宜的临空叫嚣、炸弹爆炸的轰然巨响和大地的剧烈震颤打破的话。

　　还有一点区别，就是在《小约翰》里荷兰沙岗和坟墓群构成了两个对立的场景。沙岗的自然世界对小约翰具有天堂意味，而坟墓群则是他跟随穿凿进入的地府世界，二者的对立呈现着望·霭覃的基督教文化背景。而在小沙岭，这两个世界居然统一在一个画框里。

鲁迅决心翻译荷兰散文诗式童话《小约翰》是1925年，同年他又写成了《野草》中的散文诗《过客》，这二者都是他酝酿了多年的，二者的精神内涵也颇为相似相通。《过客》中的过客就像是小约翰的化身，或者说是小约翰长大后的模样，《小约翰》原作者望·霭覃创作这部童话是1887年，到1925年主人公小约翰已"成长"了三十多年，该有四十多岁了吧？鲁迅自己正是四十多岁而且即将踏入他生命的最后十年。我们看到鲁迅描写的过客也是"约三四十岁，状态困顿倔强"，到这年龄已饱经风霜，他"从还能记得的时候起"就一直在这么走着，似乎在继续着小约翰没有结果的寻找。

飞白的小沙岭看起来很像小约翰所来自的地方；而因为有"许多坟"又更像过客所来自的地方。——如过客所说，那里正是有许多坟和许多野蔷薇的。过客要去的前方呢，也与此相似，老翁说那里是坟，而小女孩说那里有许多野百合和野蔷薇。

顺便想到，前方是坟果然很"可恶"，非直面人生而困顿倔强者不敢直视。汪静之1925年读到《过客》后写过《我结的果是坟墓》一诗，收入诗集《寂寞的国》，到他暮年最后时刻还招致了尖刻的批判。评者批《寂寞的国》"色调灰暗，颓伤消沉，绝望厌世，就像枯木朽株"，"不但此也，还有《我结的果是坟墓》这样颓废的诗，……以坟墓为结穴，不能不说是对生命的厌弃和揶揄。"评者不懂得"向死而生"才是存在的真正觉醒和积极价值。批评者的论著在汪静之去世后正式出版，我读后对这些不实之词如鲠在喉，有话必须要说，不自量力地决意提笔作文答辩。但毕竟水平有限，开了头却完成不了，最后还得请飞白帮助。到编成《汪静之文集》后，我与飞白合作，才写成了《重现汪静之的本来面貌》一文。我欠缺理论知识，文中理论性的论证都属飞白，虽然飞白认为理论也是他的弱项，但他懂的仍然比我多，不属一个档次。

坟毕竟是有的。鲁迅对他为什么要出版杂文集《坟》解释说：这是为了"也给他们放一点可恶的东西在眼前，使他有时小不舒服"。

附带说一句，飞白在小沙岭不熟悉野百合，野蔷薇则是他最熟悉的，那里既是花丛也是刺丛，很难走，但飞白习惯在其间玩耍，和野蔷薇相处友好，很少被它倒钩般的刺钩住。不过还要若干年后飞白长大了，才会读到并领略到鲁迅介绍的"走长途"的经验。鲁迅说，人生长途中最易遇到的两大难关是"歧路"和"穷途"，他的应付办法是：遇到歧路，不哭也不折返，选一条似乎可走的路再走；遇到穷途，仍然不哭也不折返，还是跨进去，在刺丛里姑且走走。反正是要走。

这也正是过客的信念吧？虽然脚伤流血，但当老翁劝他休息一会儿时，他觉得"还是不行，我还是得走。……我不能……还是走好"。唉，许多年后的水手也是如此。

这都是一不小心夹带进来的话，现在说还嫌早呢，最好先别忙长大。九岁的飞白头脑简单，不会做这种哲理性思考，而且，因他父母思想里没有迷信因素，所以他对"许多坟"毫不介意，把它们看作小沙岭自然界的一部分，夜晚在坟间游逛也怡然自得。小沙岭的宽广和荒野，比飞白从前的杨家花园或鲁迅童年的百草园可强得太多了。——如今儿童被玩具包围，成人与手机为伴，世界归"数码博士"统辖。而当时没一件玩具，没一件电器（包括电灯），没有虚拟世界，但也有其最优越之处：密切地与自然为伴，与生命为伴。飞白和小约翰一样，在这里融入自然，进入生机盎然的小动物世界。虽然他难以接近鸟类，而且因小沙岭还不够大，没遇到他后来常遇的原鸡、野兔、竹鼠、黑麂之类，他现在能够非常逼近的大抵只有昆虫界以及蝌蚪之流。可惜法布尔《昆虫记》还没有全译本，但飞白的观察也几乎可以记录成自己的《昆虫记》了。

"野放"的飞白有充分的时间和自由细细观察。而且像小约翰与自然的精灵旋儿交友后一样，仿佛自己的体形也变小了，变得能与昆虫们交往了。于是他见识了美丽的瓢虫（花大姐）的变态和食谱，蚁狮设陷阱妙擒蚂蚁的绝招，水甲虫和龙虱的花样游泳表演，以及蛾蝶羽化的神奇过程，当然他对叩头虫、蝉、天牛、蝼蛄、金龟子们也大感兴趣，这些是孩子们都喜欢的。

飞白谈到童年特别观察过的几种昆虫。其一是萤火虫。小约翰在兔洞门口听萤火虫讲他的故事，说当初他绕着他追求的对象飞，发出光的信号，而他追求的女友（雌萤火虫）不飞，是藏在草丛中发光的。望·霭覃描写得很准确。飞白头一次见到没有翅膀的雌萤火虫时，还真大吃一惊，难以置信，以为这是另一种动物。雌萤火虫比雄萤火虫大好多倍，没有翅膀而形似幼虫，只在草丛中爬行，身体有十来节，腹部的尾端部分会发光。平素人们所知和所描写的，实际上全是会飞的雄萤火虫，雌萤火虫悄悄地隐藏在草丛中不为人知。

其二是蜣螂。蜣螂是自然界勤奋的环卫工，俗称屎壳郎，滚粪球为食，可以把粪球滚得非常之大，滚球途中即便遭遇障碍，它也会顽强推进，百折不挠。以粪为食遭人不齿，但蜣螂的西绪弗斯精神却非常了不起，飞白相信西绪弗斯滚巨石上山的神话实际上就出自对蜣螂的描述。由于对蜣螂观察入微，九十年代飞白讲比较诗学课（后编入《诗海游踪》）时，就凭印象讲《小约翰》中有蜣螂比拼吃粪的寓言，其实《小约翰》中的寓言说的是金龟子比拼大嚼，飞白误记为蜣螂了。蜣螂虽是金龟子科的一种，但人们通常说金龟子指的是金绿色而体型较小的那种，应与蜣螂有别。

另一种有趣的昆虫是蠼螋，《小约翰》中荷兰语原文是oorworm，鲁迅翻译依据的德译本作ohrwurm。鲁迅虽按《新独和辞书》（新德日辞典）译出"蠼螋"之名，却还是"终于不知道这究竟是

蠼螋

怎样的东西"。蠼螋在《小约翰》里只是个跑龙套的，在小约翰探访地府之旅中，它曾为科学精灵"穿凿"干活，用它的夹子为这一行人掌灯。鲁迅真是个极认真的译者，即便是这样一个小角色，他也要查个究竟，于是便对蠼螋多方考察，在遍查古书不得要领后，还是据日本工具书，在书末"动植物译名小记"中作了一个说明："属于直翅类中蠼螋科的昆虫。体长一寸

许；全身黑褐色而有黄色的脚。无翅；有触角二十节。尾端有歧，以夹小虫之类。"

飞白倒很熟识这种不起眼的昆虫。它身材狭长，平时藏匿于朽木落叶、石隙砖缝间，革质的前翅短小得几乎看不见，而最大特色是尾端长着一副钳子，蠼螋用以捕捉猎物。飞白起初就称之为"钳子虫"，待到与《动物生活史》和《小约翰》里的描写对上了号，才知道它名叫蠼螋。

飞白把蠼螋饲养在玻璃瓶里以便观察，捉米蛾来喂它们。当时买来的米里砂子和米虫多，淘洗起来很麻烦，但在米缸里抓米蛾倒是方便的。米蛾在玻璃瓶里飞，蠼螋不会飞，细小的腿脚也不像蚱蜢那么会跳，伏在瓶底似乎根本没法捕捉。岂知它身手异常矫健，跃起来一个鹞子翻身，闪电般地已用尾钳夹住了猎物，百发百中！其动作的灵活令人惊叹，像极了今天的跆拳道高手。但这说的已是飞白在独山的考察了。飞白后来保持着对昆虫和生物生态的兴趣始终不减。到他老年时还在发电邮，津津有味地解答在美国上小学的外孙女提出的问题："软体动物是怎样呼吸的？""跳蚤有没有一颗心？"

军校在宜山待了一年后，日军1939年初冬在钦州湾登陆，不久后南宁失陷，宜山吃紧，军校于1940年2月再撤往贵州。起初听说要迁到贵阳以南的定番（今惠水），尽管还不很确定，静之却想这次一步到位，全家从宜山经独山、贵阳直接就来到了定番。乘了多天汽车，又兼搬家洗涮旅途劳顿，导致竹因小产又发疟疾。但最终军校却不来定番了，应该是经桂南会战，战线稳住在昆仑关一带的缘故。后来得知这段时间军校的军事教官带领学员开赴前线，参加了昆仑关战役，有六十一名为国牺牲，安葬在宜山城南，说不定就在飞白的小沙岭上？

军校的教官分为军事教官、政治教官和普通科教官，普通科就是文化课，静之是普通科国文教官，教的相当于现在的大学语文课，静之就用《爱国文选》和《爱国诗选》为教材。章铁民题七律二首赞静之编注《爱国诗选》：

铁马冰河掩卷前，诗人健笔大如椽。万方风雨秋将老，百战旌旗色倍鲜。

不用娇声歌碧玉，拼输热血与青年。晨昏应拟中兴颂，横勒钟山紫翠边。

爱国奇辉不断然，诗人功在健儿前。飘萧最得幽燕气，激楚惟传战伐篇。

弃疾岂知工笔墨，放翁自欲扫腥膻。儒林他日论宗法，横海鲸鱼浪接天。

结果尘埃落定，决定军校校本部驻独山，部分大队驻在三合。于是汪家又重新折回独山，途经贵阳五一节挨敌机轰炸，静之去察看了被炸弹炸死炸碎的尸体，仅他见到的被炸死难者就有十八人。没让孩子去看。

在独山，静之从图书馆带回的书中飞白最喜欢的（除《小约翰》外）还有英国博物学家J. 亚瑟·汤姆森的《动物生活史》，这是一部带文学性的优秀科普作品。那时的孩子只能看

飞白抗战时期临摹的动物图谱

到眼前有限的本地动植物，因为没有电影、电视和图书等媒介也没有动物园，全然看不到世界各地的生物。《动物生活史》帮助飞白打开自然的门窗，拓宽了他的眼界，向他展现生命的奥秘和无穷魅力，进一步助长了他对博物学的浓厚兴趣。不过较之于《小约翰》，《动物生活史》还是少了些诗意和引人思索的余味。望·霭覃的《小约翰》抒写的不是博物，而是生命的哲理，虽带童话性的外表，实为"无韵的诗，成人的童话"，其实不是写给孩子们读的。飞白读此书时即便已十岁乃至十一二岁，也还是没怎么读懂，可是他被一种莫名的力量震撼了，这种力量迅即渗进心里，使他与小约翰认同，从此难分彼此。可能是《小约翰》迫使一个孩子首次面对了严峻的存在之谜，并从此启动了无终止的"过客"之旅吧。

　　使飞白特别真切地感应小约翰世界的，是在独山瀑布下遇见蓝翅膀水蜻蜓的那一刻。独山所处的黔南也是喀斯特地带，多天坑和瀑布，独山这处瀑布距城七八里，令人称奇的是一路走来都是平地，到这儿突然发现已立在悬崖之巅，面临数十丈的深渊。不知这地形如何形成，是天坑还是裂谷？悬崖上悬垂着瀑布，水量不大但落差很大，要从平地沿曲

飞白写生的独山瀑布，1940年

曲折折的小路往下爬到谷底，面前才展现出共计五层的瀑布全貌。正是在这瀑布水花飞溅，使人如临仙境幻景的地方，飞白遇见了在瀑布水雾中款款飞舞的蓝翅膀水蜻蜓。

　　"水蜻蜓"是《小约翰》里用的称呼，小约翰在船上遇到水蜻蜓，它随后幻化为自然的精灵旋儿，而仍然穿一身浅蓝色的衣裳。其实这"水蜻蜓"应当称蜻蛉或豆娘。它形似蜻蜓而小，体型也更为苗条纤瘦，喜爱流连水边。其中有的种类还有洁癖，专爱流水湍急的山溪，那就是飞白在这里遇见的了。这么美的蜻蛉飞白是第一次见到，它比通常池塘边的蜻蛉都大得多，如《小约翰》里所描述"这么大的一个是他向来没有见过的"，它身体是浅孔雀蓝的，而无声飞舞的翅膀则像是深蓝色的天鹅绒制成。这一刻飞白不禁感到灵魂的微颤，仿佛是真遇见他的"旋儿"了，而且听到了旋儿的允诺："只有在我这里有安宁。"虽然面前的蜻蛉翅膀是海蓝色的，比书里的水蜻蜓颜

色深，这只是小精灵换件衣裳。不论颜色深浅，反正旋儿必然是蔚蓝的。飞白和小约翰一样，很想跟随旋儿融入精灵世界，但是旋儿却看出小约翰终究做不到，因为他事事都想追究一个为什么；因为他会为人类的一切糟糕行为落泪；因为他的质问和愿望都"太像一个人"了。

几十年过后的九十年代，飞白结识了一位荷兰朋友伟慕，伟慕得知飞白从小喜爱《小约翰》，趁一次回国机会给他买来了《小约翰》原本。从此飞白便抱有从荷兰原文重译《小约翰》的强烈心愿。因为鲁迅译本固然严谨，但当今读者读起来会颇感艰涩，而且又是从德文转译的，而飞白对诗翻译的主张则是要直接译自原文。但静之去世后，留下湖畔诗社纠葛和遗著编辑两件大事，占去了飞白十年时间，所以他这个心愿至今未能实现。

鲁迅非常喜欢《小约翰》这本书，他还曾自谦地说，他认为自己的创作水平远不如《小约翰》的作者望·霭覃（见《茅盾谈话录》），他于1906年得到《小约翰》德译本后，就感到了与望·霭覃思想的契合，并一心想译这本书，却总没有空。1925年决意翻译而未成，经1926至1927年才完成，前后超过二十年。飞白大约1942年就感到与此书的契合，后来也一心想译这本书，半世纪后1995年得到荷兰文原本《小约翰》，他在尚未买到荷英词典的条件下已能读懂百分之九十五，后来他准备好了荷英词典，却也是总没有空，至今也已超过二十年了。到哪年愿望才能实现呢？

独山岁月

汪家于1940年5月间到达独山，就在5至6月间，欧洲风云突变，法西斯德国攻占了丹麦、挪威、卢森堡、荷兰、比利时和法国，世界大战全面爆发，反法西斯斗争的态势愈加严峻。

独山成了抗战中汪家停留时间最长的一站，抗日战争整个相持阶段，他们在此地住了四年多时间。军校校本部选址在独山县城东北十里的铜鼓井，各大队分布在独山和三合数处。学员自己动手，开荒平地，和泥夯墙，上山伐木，割茅草盖屋顶，建造了整齐的营房。还从县城修了一条狭小的公路到铜鼓井，命名为"黄埔路"，这些工程到5月都已完成。

汪家初住中正南路，后来租定房屋住在中正北路56号。房子到处漏雨，一下雨就忙于找盆盆罐罐接漏。这里离城北门很近，夜里能听到城门外的狼嚎，优点是跑警报方便。独山也是日机去轰炸重庆的必经之路，敌机时而也轰炸独山。只要天气好，一早就会发空袭警报。这里发警报和宜山不同，是用放炮表示的：放五炮是空袭警报，八炮是紧急警报，三炮警报解除。另外早晨五点钟也放一声炮代替公鸡报晓。汪家因靠近城门，一听到空袭警报就往城外跑也来得及。跑警报的人流涌出了城门，若遇敌机临空就赶紧钻进稻田，等敌机飞过又继续跑向山里，直到警报解除才回城。

中正北路56号房屋共三间门面，汪家租的是中央一间，前后分隔为一厅一房。租住左边一间的是莫太太（当地人不称

"太太"只单用一个太字，称"莫太"），租住右边的是军校教土木工事的黄教官。三家共用一个院子，院子一边是只有顶盖而没有墙的厨房，穿过院子，后墙根东北角有间小茅厕，南侧院门外有一口水井。

本来听说贵州"天无三日晴"，但这年冬季和来春黔南却遭大旱，井水都见底了。只得爬下井去用碗或木勺舀水，好在井口较宽而又不很深，井壁是扁石块堆砌而成，有很多可插足处。可是井水渗出很慢，而周围居民都依赖着这口井，所以一天二十四小时都有人在井底舀水，而井口边上日夜都排着队，有时排队的多达二十来担水桶，常要排几小时才轮得到下井。汪家住得近，常在凌晨两三点钟去打水，竹因下井舀水，汪晴在井口等舀满一桶提回家。

春旱中，独山人做道场求雨，舞柏枝扎的"雨龙"，搭柏枝小屋，小屋里烧香烛，还放一只小狗在里面，不知是哪路讲究。道场吹吹打打做了三天三夜，也没见求出个雨来。直熬到夏季才雨龙盘踞，大雨不断，汪家的地上床上到处盆盆罐罐并加上所有的锅子，奏起了热闹的交响乐。大雨之下厨房顶也岌岌可危，莫太弄来几根粗大的木头撑住顶梁才免于倒塌。

独山是少数民族聚居区（今属黔南苗族布依族自治州），每逢集市之日，乡民挑着农产品和山货进城来卖，北门内街边一时就变成热闹的集市。集市上最引人注目的是一种呈鲜明橙色的野生蘑菇，菌盖上还点缀着青灰色的斑斑点点，看起来直觉像是有毒的。竹因起初不敢买，后来终于试吃后却成了最爱的佳肴。少数民族多才多艺，吹奏芦笙载歌载舞，但因民风彪悍，集市上时而也会发生流血械斗。

1941年夏季军校决定办附中。附中叫中正中学，修建在县城外黄埔路半路上，校舍造得很漂亮：草盖屋顶，竹骨泥墙，石灰粉刷，三合土地面。师资由军校教职员兼任。汪晴和飞白都很高兴地准备上附中，汪晴上初三，飞白上初一。初一入学考试时，光看杂书而没有小学资历的

飞白上附中的报名照

飞白考了第一名，而且把第一名的位置一直保持到期末。这样一来，飞白就觉得上这个学没有太大兴趣了，不如把时间用在阅读上合算。几分钟能看完的内容，何必傻傻地坐在那里听一小时课？再说，跟平时他看的书比较起来，课本和考试内容太没意思。于是上完这个学期他就自作主张，下学期不要上了。父亲思想很开通，对飞白辍学完全支持，飞白的学业便截止于此。本来学校准备给期末考第一名者发一百元奖学金，因飞白辍学，就发给第二三名分享了。

飞白四岁时权充幼儿园上的学不算，只在余村上燃藜小学（三年级）三四个月，在独山上中正中学（初一）三四个月。不论在当时还是日后回顾，飞白都认为战乱中的失学其实是他的好运，当然这好运还靠父亲当图书馆主任来成全。

在独山时期，中国通货膨胀开始恶化（据历史资料，抗日战争期间物价涨了一千八百多倍），国民党官僚乘机贪腐，大发国难财，而工薪阶层的收入则呈抛物线式贬值，凭工资已不

可能维持生活。中国战前大学教师月薪有几百元，到1941年月薪的价值已降到只抵战前的十几元，落到了社会底层。军校教官的情况也一样，大家都不得不做生意、干杂活维生，教官有在车站上做脚夫替人搬行李的。汪家靠竹因在城门外军校印刷所边种菜，还在家门口摆摊卖萝卜饼补助生活。

独山有一种特产泡菜叫作"盐酸"，用大芥菜、糯米酒酿、红辣椒等泡制而成。种的菜加工成"盐酸"能多卖许多价钱。汪晴的战时日记记载着："盐酸是一种极好吃的泡菜，至今回想起来还很馋。妈妈和我两个人做盐酸，常常做到深夜。为了卖钱维持生活，自己舍不得吃自己做的美味泡菜。自己做的糯米酒酿比蜜糖还甜，谁知全部做盐酸卖，我吃一口都不准。那时我们连豆腐都吃不上，吃到一次豆腐渣，真是山珍海味一般，水豆腐已一年未吃了。""我们过的是猪狗不如的生活。还要拼命省下钱来寄给（绩溪）家中。"当时西南地区百姓每天都只吃两餐，汪家当然也一样。副食只有空心菜吃，竹因把空心菜的菜叶和菜梗分别炒就算作两样菜，有时连这都没有，甚至盐都吃不起。

1941年底飞白添了个小妹妹伊虹，于是竹因更忙了，要管全家的饭，要洗衣要缝补，常常连喂奶都耽误了。那时全家衣服也要靠竹因一针一线地做，做鞋全要自己搓麻线，纳鞋底，做鞋面和绱鞋。抗战期间没有肥皂，洗衣也更费事，替代肥皂使用的是白沙泥，白沙泥是团成像馒头般的形状，一团团在集市上出售的。棒槌击打就是洗衣机，皂角熬水就是洗发露，草木灰当牙膏用。竹因家务忙不过来，汪晴能帮母亲做些事，飞白则帮母亲照顾小妹妹。伊虹长到一两岁时，飞白每天都带她到城墙上或城门外去玩。汪晴记载说：1943年春，她花一元钱买了一个小馒头给虹吃，已属破格的浪费，"虹吃这很难吃的馒头好吃极了"。

也是据汪晴的战时日记："白菜、萝卜，牛肝，都是最补的，补的东西总没有妈和我的份儿的。可是爸爸天天都要补菜给弟弟吃，弟弟的身体的确太坏了，爸和妈天天为着这事吵闹，我听了不知怎样才好，爸爸总是说：'瀑落这个病是死症……'妈妈说：'这不对，你这样说，让孩子听见……'"（"瀑落"是飞白小时候爸爸称呼他的名字。）

飞白得的病是恶性疟疾。贵州自古被称为瘴疠之地，指的就是这里流行疟疾。比较普遍的是隔日发一次寒热的间日疟，那还比较好治；而恶性疟疾不遵规律，时常高烧，经年不愈，死亡率极高。如今恶性疟疾仍在非洲流行，2015年屠呦呦获诺贝尔奖，就是因为她发现专治疟疾的青蒿素，拯救了几百万人性命。飞白身体原本瘦弱，1940年刚到贵州就得了疟疾，常会突发高烧，身感剧冷剧热，昏沉中就好像是在数小时内经历一年寒暑，身体损耗严重，所以买牛肝给他补充营养。牛肝是硬邦邦的，少人问津而卖得很便宜，虽然耕牛只有老病才会宰杀，但静之说煮熟就消毒了。

飞白因看病还引出一桩逸事：他服用奎宁丸（又称金鸡纳霜）多了，没治好恶性疟疾还出现了恶心流涎等反应，到卫生院去看，医生说他血液里有了"恶液质"，需要服用砒铁丸补血（古传砒霜可以强身）。结果导致飞白砒中毒身体冰凉，体温降到温度计已经测不出，幸而停服砒霜后他渐渐恢复了。飞白真算是"命大"的，就在这几天之内，静之好友丘教官的儿子和隔壁莫太的儿子害病，相继死去。

这时静之当了军校图书馆主任，这是军校主任韩汉英对他表示的好意（军校"主任"实为中央军校第四分校校长，因为蒋介石是原黄埔军校和后中央军校校长，"校长"变成了黄埔系对蒋介石的专用尊称，分校校长就不称校长而称主任）。韩汉英本是张发奎的老部下，北伐时在"铁军"第四军当过营长、团长。而张发奎抗战前曾数度反蒋和请缨抗日，"八一三"事变后在浦东与日军激战多日予敌重创，直到日军杭州湾登陆抄了后路才不得不奉命撤退，这样张就成了抗日名将。此时他任华南战线司令长官，飞白上学时，在狭小的黄埔路上遇到过张发奎骑高头骏马来军校第四分校视察。

军校主任韩汉英虽是军人却很重文，1938年他刚就任，当国文教官而兼任秘书工作的章铁民就向他吹嘘汪静之是大学教授，因此韩主任也想请汪兼做秘书工作，替他写讲演稿。可是静之再三婉辞，于是在独山时，韩便任命汪当图书馆主任，这给静之带来两个便利：第一是图书馆工作不很忙，而且他几乎每天下班都带两本书回来，这样飞白他们就不愁没书看了，要不然抗战八年间要找书就难乎其难（在小小的独山城里黄埔军校图书馆大概要算唯一的图书来源）。第二是图书馆有五个勤务兵编制，而日常图书上架和清洁等工作一个勤务兵就可以做下来，另四个兵的饷银以前都归图书馆主任"吃空额"，算是当主任的"福利"。静之盘算一番，他不吃空额而要了四个实兵，让他们干活创收以改善生活条件。

他起初叫勤务兵在印刷所边的菜地种菜（这之前是竹因一个人种的），卖了菜也给勤务兵一些补贴，他们很高兴。这几个兵是广西人，其中一个曾做过酒的，就建议静之做酒卖，要比种菜的收益好。这样就渐渐做起酒来。起初买米酒来泡药酒——泡五加皮酒、虎骨木瓜酒（是中药配方，并无虎骨）。静之自己提酒到饭店去推销，飞白在家门边窗口零卖。恰好1943年5月黔桂铁路修到独山，使这小山城顿时繁荣了起来，卖酒前景看好。静之抓住商机就扩大规模，开始自己酿酒，全家动员外加勤务兵做工人，再请了一位酿酒师葛师傅，在后院里搭个大棚，置了几口酿酒大缸，又到柳州买来蒸酒大锅和"锡龙"（锡管冷凝器）。飞白和姐妹们搭竹梯爬到阁楼上睡（那里头顶可以碰到屋瓦），腾出靠街的一间房做店堂兼仓库。

热闹红火的酿酒期间，有一场火灾是竹因扑灭的。那天晚上正值烧酒出锅，勤务兵小李从后院把一坛新酒捧到店堂去，不慎在进屋的门槛上绊倒，泼翻的烧酒热气腾腾，瞬即被饭桌上的灯火引燃，轰一声半间房里已经满地酒精火焰，只剩一块黑色人形趴在淡蓝色的火海当中，情况危急万分，每秒钟都性命攸关。幸亏竹因手疾眼快，立即从门对面右侧的厨房舀一大瓢水泼到小李背上，再继续舀水扑灭周围火苗，结果竟使得小李毫发无伤，木板房也没着火。竹因临危不乱，在两秒钟内完成的动作，包括泼水瞄准的方向都高度精确，堪称危机处理典范，令飞白对妈妈敬佩不已。妈妈平素表现的总是细致和忍耐，见她行动如此坚决果断似乎是唯一的一次。

静之叫汪晴画酒瓶上贴的商标纸,画面是头戴皇冠手持酒杯的皇后半身像,上署商标"皇后牌",下署生产厂家"皇后酒厂",找一家石印店套色印好。这可是独山独一家卖瓶装酒的酒厂啊!这时火车站前开出了多家餐馆,静之几乎占领了这个市场,日销量最高达百余斤。汪晴飞白忙于灌装瓶酒,贴好商标,再把每四瓶捆成一提,静之亲自送货收款。使得章铁民写了一首打油诗戏弄静之:"矮脚诗人汪静之,三分潇洒七分痴。如今钻进铜钱眼,只打归除不写诗。""归除"是珠算的除法口诀,如"二一添作五"等。

一年后的1944年5月,日军因太平洋战场形势不利,集中全力孤注一掷,在湖南发动侵华战争的最后一场攻势以打通湘桂铁路,经数月激战占领长沙和衡阳后,矛头直指桂林。桂林在抗战时期不仅是广西省会,还是大后方的文化中心,抗战早期从武汉和广州撤退来的文化界人士集中于此。从6月起桂林就向贵州方向疏散,大批人员来到了独山。独山本是个偏僻贫穷的小山城,由于当时黔桂铁路修到了此地还未修到贵阳,独山是铁路终端,大批文化人到此后,全滞留在这里进退不得。无奈只好借酒浇愁,这里的唯一品牌"皇后牌"酒于是热销。从6月到11月间静之生意兴隆,取得了他经商尝试中独一无二的成功。但兴隆日子长不了,汪家经济繁荣了半年,日本鬼子打到独山了。

这期间有件事对飞白而言性命攸关,就是他的病被治好了。抗战中医药极为紧缺。自日军切断滇缅公路后,中国的国际补给线已全被切断,只有"驼峰空运"能补给极少量的重要物资。"驼峰"指的是航线飞越喜马拉雅山脉和横断山脉，承担驼峰空运是飞虎队当时重要任务，飞虎队是由志愿援华的美国飞行员和中方人员组成的。由于飞越驼峰的高度超过飞机设计能力，飞行条件极端恶劣，这条路上共坠毁了飞机六百多架，牺牲中美飞行人员一千五百余人，坠毁飞机的碎片把这条路铺缀成了一条银光闪烁的"铝之路"。直到1943年末1944年初，滇缅方向反攻扭转局势后，国际补给才有好转，这时静之买来了进口的治疟药阿的平（疟涤平），一种土黄色小药片，样子很像黄连素片的。静之告诉飞白说，这药片"一片的价格就等于一只鸭子"。这样吃掉多只"鸭子"才把飞白的恶性疟疾治好了。

以上几年，构成了飞白学龄期的关键阶段，他读各种书，学到不少杂学。唯有英语是不能光靠看书来学习的。初到独山时，汪晴上过三个月英文补习夜校，飞白的英语入门（国际音标等）是姐姐教的。下一步便是上教堂了，独山有个天主教堂，虽说汪家不信教，但汪晴和飞白为了学英语，星期天都上教堂参加礼拜和"主日学"（Sunday school），加拿大女教士石玉美每星期天用英语给孩子们讲《圣经》。对将来学习外国文学而言，英语和《圣经》故事都是基础知识。

汪家在独山虽然住进了城里，但独山城小，仍是很贴近自然的。汪家住处和北门近在咫尺，城墙上爬满了青藤，一出城门就是山野和农田。除了昆虫等小动物外，这里还有令人生畏的野生动物。军校附中距城三四里，飞白上学时座位靠右侧窗口，这窗却成了狼的习惯出入口，早上到校时，课桌上常布满沾泥水的巨大狼脚印，大小和他的手掌差不多，飞白每早必须先用抹布擦净。当年虎豹在这里也不是稀有动物，有一名军校学员在三合砍柴时命丧虎口，独山就在北门外也出现过华南虎。因飞白的床紧贴靠街的薄薄一层木板墙，当天午夜后听得附近的狗们一阵狂吠后突然全体噤声，似乎被什么震慑之力一下镇住，飞白不禁感到毛骨悚然：不知是不是老虎进城门来遛了个弯？还有一次，军校有人遇虎爬上了树，老虎守候不去，直挨到有人带枪来将虎击毙。虎肉分给了教官们，但静之没要。

飞白和姐姐汪晴在家养过兔子和鸽子。母兔产下小兔后被黄鼠狼咬成重伤，没奶水了，飞白可怜小兔，用注射针筒套上个粗鸡毛管做的奶嘴，给小兔喂豆浆以维持营养，但维持了不多日子后小兔们还是死了。

在独山，飞白的视野又向天空拓展，他学了天文知识，从此夜里他也有了开阔的视野，长时间地观测星象运行。飞白从中体验了神话世界的迷人魅力，也震撼于宇观世界的惊心动魄。但他爷爷说的"天开眼"没有对他显现，他不知道这是一种什么天象或UFO，自然的神秘太多，留下一点没揭秘不算稀奇。那时屋内只有桐油灯一根灯草微弱昏黄的火光，读书条件太差。穿过后院去上厕所则要点"松明"，这是用刨子刨出的极薄松木片，尖端蘸有少量硫磺以助引燃，点燃后松木片可以慢慢燃烧几分钟，用以照明。

没有电灯更没有街道照明，山城之夜一片漆黑而清澈，毫无空气污染或光污染，只有布满天穹的群星灿烂辉煌，它们早就认识我们人类，但飞白如今才有幸结识它们：所有古希腊人命名的星座和后人接着命名的星座，天空中所有一等星二等星

星空的人文景观——黄道十二宫
符号图，飞白绘制于1944年

和大多数三等星，以及所有肉眼能见的双星、星云和星团——飞白没受伤的左眼视力锐利，连六等星也看得一清二楚。地球的姐妹五大行星他当然熟悉，包括金光璀璨明鉴天边的金星、彻夜不眠巡察天宇的木星、时而高挂红灯警示世人的火星、惊鸿一瞥神出鬼没的水星和稳重昏黄步履迟缓的土星。行星们行踪不定，但不论哪颗星走到哪个宫里，飞白都像老友一样熟知她们的面貌。

由于飞白对星移斗转了如指掌，即便天空阴到多云，只要云缝间略有几颗星露一露脸，他就认得谁是谁。后来在部队夜行军时，飞白凭这副特殊本领，夜间判断方位和时间十分便捷实用，不必看表也不必看指北针。很遗憾，如今飞白因眼底黄斑变性已看不清地面的老友和星空的老友了。不过说实话，因空气污染和光污染，城市居民现在都看不清星空，何况他们眼

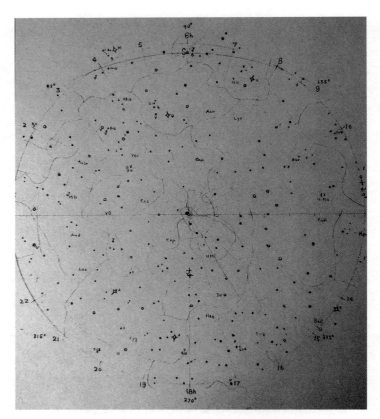

星空的天文景观——北天星图局部，飞白绘制于1944或1945年

光只被歌星球星吸引，已没几个人愿意仰望星空。特别有反讽意味的是，现在的人们天天把狮子座啊人马座什么的挂在嘴边，却没人见过天上的黄道十二宫是什么模样。

当一切入睡，我常兴奋地独醒，

仰望繁星密布熠熠燃烧的穹顶，

我静坐着倾听夜声的和谐；

时辰的鼓翼没打断我的凝思，

我激动地注视这永恒的节日——

光辉灿烂的天空把夜赠给世界。

我总相信，在沉睡的世界中，

只有我的心为这千万颗太阳激动，

命运注定，只有我能将它们理解；

我，这个空幻、幽暗、无言的影像，

在夜之盛典中充当神秘之王，

天空专为我一人而张灯结彩！

（雨果《当一切入睡》）

　　然而战争在继续，不让你流连在小生物的微观世界和星空的宏观世界，而且战火又一次径直烧到家门口来了。抗日战争中汪家兜了老大一个圈子，但似乎是，他们每次到哪儿日本侵略军也跟到哪儿，简直是叫鬼子给"盯上了"，从浦东一直盯到了贵州独山。日军1937年8月发动的淞沪战役（包括最后金山卫登陆抄浦东后路）是日本侵华战争的第一次攻势，1944年9月发动的桂柳战役（包括最后攻占独山）则是侵华战争最后一次攻势。桂柳战役中由于国民党的腐败加以各支军队都想保存自己实力，桂林、柳州很快相继失守，日军乘势攻入贵州南部，锋芒所到的最后一站正好就是独山。

　　1944年11月28日日军进逼独山。30日进占独山麻尾镇追赶难民，在独山城南黑石关与中国军队发生遭遇战，难民伤亡惨重。12月2日日军占领独山，国军撤退，撤出独山前放火烧城，并炸毁独山城北的深河桥。日军遭各族人民奋勇抗击，最后止步于此。所以归结起来，日军在占领中国东北后再次扩大的侵华战争是始于一座桥也止于一座桥——始于卢沟桥而止于深河桥。

孤军深入的日军于12月4日开始从独山回撤。撤军前杀人两万，炸毁铁路，烧毁机车二十台，并继续放火烧城，大火烧了七日七夜，独山全城焚烧殆尽，残存房屋不过百分之一二。正在建设的独山军用机场也遭破坏，次年初机场恢复建设，建成后入驻美国空军一个大队对华南日军实施空袭。

撤离独山纪实

1944年11月末独山危在旦夕，人们不得不撤往贵阳，但搭车异常困难。仗已打了七年，汽车都已破旧且又缺乏汽油，多半只能烧木炭作为动力。静之千方百计才为家属联系到可搭之车，自己和孩子们的二舅步行。二舅是1942年来独山的，战争初期他随大舅家从杭州撤往浙东，但浙东也受日军侵扰，加以二舅找不到工作，因而辗转来到独山，由静之介绍在军校里做代课教师。附带说明一下：飞白们称呼二舅为"二伯"，因为他父母这代五四青年为反封建传统强调平等，对叔伯姑舅都统一称呼为"伯"。

汪家撤离独山的情景，少年飞白当时留下了一篇难得的现场实录，这是他用自制墨水、自制蘸水笔在路旁和卡车上写的。少年飞白留下的少数实录文字中，这是唯一保存完整的一篇：

又一次汇入了难民流。政府把"败退"美其名曰"转进"，"难民"美其名曰"义民"，因为拒绝生活在日寇统治下之故。但败退还是败退，难民还是难民。

七年前汇入难民流从上海逃难，是第一次，那时我七岁，还懵懵懂懂的什么都不明白。七年后的我已有记录能力，这次我可以作为一个亲历者兼冷静旁观者，来记录这一幅罕见的战乱场景了。

我还存有三张棕黄色的粗纸。纸是宝贵的，这我在余村参观纸工场时就知道了，这工艺我自己做不出来。其他记录工具自己都能解决：一小瓶墨水，是我用含鞣酸的中药五倍子煎水加绿矾调制而成，钢笔尖则是羽毛管制的。此外我还有一个小指北针，是军校学员给我的，我用以代替钟表观测时间。现在的日影方位指示着上午十一时。日期是1944年11月27日，地点是独山县城北门外公路旁。

公路上一片喧嚣，尘土飞扬，人和车混乱不堪，二十万蹒跚杂沓的难民汇成了向北的主流，向南而来与难民擦肩而过的，则是风尘仆仆开上前线去的士兵，随着又有修机场的十万民工中的一部分，排着长蛇似的大队回城吃饭，扬起漫天的灰，肩荷锄头蔚然成林，叽叽咕咕说着苗语。一个多月来独山正在抢修军用机场，其余民工还在继续赶工。但见山边飞起一柱浓烟，许多石块抛到半空，当石块回落时才传来轰然的爆破声和一轮一轮渐渐远去的回声。广阔的机场就这样渐渐开拓出来。

空中，偏南的烈日明亮地照耀，在扯碎棉絮般的积云间四架飞虎雷鸣着向东南飞去。独山机场建成后将是他们打击日军的前进基地。从这里远远地望得见机场工地，尽管独山已经告急，数以万计蚂蚁般的民工仍在梯田般的土坡上刨土，每次都蠕动着搬运一些土粒下来，要把这片土坡刨平。

我们正在路旁等车，但答应捎带我们的卡车迟迟不来。我们是要作为"黄鱼"被捎带的，"黄鱼"的意思就是私货，即司机收钱私带的乘客。不出钱白带的则叫"白鱼"，当然要靠特殊关系，这关头想搭车绝非易事。现在经过我身旁的是一辆破卡车，一路歪歪斜斜地摇晃着，带着一个走气的轮胎，还有高出车箱拦板五尺的货和黄鱼，但许多人还是不顾一切地往上爬，挂在车边上也仿佛是抓住了一线生机。这年头根本没有"超载"一说。所有汽车为了多带黄鱼，都在车箱拦板上插了许多细长的板条，这些板条四面散开，摇摇晃晃，看起来活像一只只还未编成就装满货物的篮子。

公路上的喧嚣愈发厉害，络绎不绝的是板车和独轮车，载满了破锅、破脸盆、旧棉絮和缺腿凳子，幼小的孩子高踞上面，由父母或哥姐推着。没有车的家庭用的是一担箩筐，里面装着发呆的孩童和家里的财产。不时有动力车傲然驶过，那是军车、吉普车、抢运车、邮车和黄鱼车，偶有车上顶着包袱的小卧车和令人钦羡不已的客车，以及昂着炮口隆隆吼叫但不知何故而驶向后方的坦克车。车辆过处都留下一大阵沙尘供人流回味。

指北针上的日影缓缓移行，却仍不见答应我们带"黄鱼"的车，只得怏怏地回城，但到了爬满青藤的城门口恰遇空袭警报，警察把住城门不叫进了，便在城门口那广西人做炉子的大树下坐等。

暂且跳出这兵荒马乱的世面，安静地再看看北门外这片我最熟悉而又即将离别的田野吧：对面小丘陵上的小歪亭子还在那里歪着，那是我带小虹妹日常游憩之处，左边是躲空袭的石洞，妈妈纳鞋底的钻头没找到，大概还隐藏在洞口某处的草丛下。田里稻子快收割完了，露出一片淡褐，花斑翅膀的蝼蛄和蚱蜢们在其中连跳带爬，时而发出"喔喔"几声低鸣。田野彼方是铁路桥和桥下的小溪，更远处的瀑布谷也隐隐可见，那儿，蓝色小花仿佛摇着一串小小的铃铛，长着柔和蓝黑天鹅绒翅膀的水蜻蜓在水边款款地飞，缕缕卷云像舞者的丝带在晴空里舒卷。唯一很不协调的就是这个人间，像掘翻蚂蚁窝一般在急匆匆乱糟糟地折腾。

这次敌机没到达独山上空，而太阳已经西斜，满山民工住的小屋冉冉地冒出炊烟，渐渐罩住了大地。

……

这样又过一日，今天28日日军已进逼独山。跟妈妈跑了大半天，下午资委会的张先生给我们解决了"黄鱼"车位，使我们今晚终于登上了卡车，车牌是2756号。如今我得以高踞卡车上最高位置，有个优越的地点来观赏月亮。爸爸和二伯另作准备，他们即将起程步行撤离，约定大家到贵阳汇合。其实我很不喜欢做黄鱼，但他们不让我参加步行组合。我在这儿也多少可以帮妈妈一手。

卡车停在城外没动。明晃晃的月色下依稀能看到东西，我乘机在车上作记录，写出的字当然是看不见的。望夜空，月晕下的云彩像弹松的棉花飞驰而过，衬托得云上的飞马星座像在飞奔，仙女座也像在飘翔了。西方雾里织女星还在流连忘归，而遥远东方猎户座已露出魁梧的肩头。正是在独山的岁月里，我有幸结识了普天之上所有星座，并学会了据以确知夜间的时辰。

青底白花的苍穹渐渐转为了白地蓝点，月光随着变得忽明忽暗，别说字迹，连笔的位置都看不清了，但我还在摸索着盲写。

29日凌晨。车摇摇晃晃地开了一段路，场坝菜馆的模糊轮廓溜向了后方，车经过夜风呼啸的田野来到一片开阔地，我意识到这就是日间那么喧闹繁忙的机场工地。汽车又停在了机场中央，派副驾驶回到城里去办手续，把我们撂在这里喝西北风。

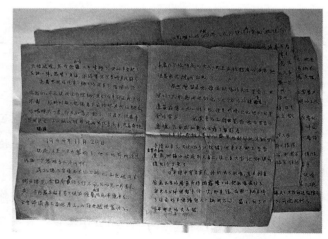

写在三张棕灰色纸上的《撤离独山纪实》

机场这时呈现一片荒凉，一无所有，只有初冬的夜风呼呼刮过车顶。远远的那边，有几十堆火在熊熊燃烧，时而映射出一些细小的人影，直烧得烟雾弥漫天地一色。天破晓前寒气愈加刺骨，感到快要冻僵了，便从旁边爬下车去跑一阵想暖暖身体，但也无济于事，结果只是多喝点西北风罢了。

亮着电炬的汽车一辆辆开出来了，从我们旁边越过，不大功夫就开过百余辆，我们的车却还死死地趴窝不动。打盹中觉得底下的地面在向后驰去，睁眼一看却又如旧不动，只有其他车辆越过身旁。在这儿，本来除了黔桂公路上开汽车外，独山城里没有汽车。小小独山今天开出这么多汽车，真是怪哉。多半是从广西撤退过来的。

终于天亮了，在穿过机场的公路上，各色破旧汽车现在衔头接尾全部塞住了，这又是从未见过的景象。汽车动弹不得，只听得一片马达声，步行和推车拉车的难民流则在汽车缝中穿行。云层压得低低，山顶全被遮没。远处有几个极明亮的火头，是正在被烧毁的油库，把淡墨色的天烧成了血色。

忽然间急促的哨音连连响起，建机场的民工全体集合，但见黑压压的人群覆盖了大片场地，然后依次弃却他们做了一个多月的工程离去。一堆堆遗留在场地上的，是昨夜火化他们茅屋的灰烬废墟。被遗弃的工地一片荒凉冷寂，卧在血色的雾气下。

大家心焦地等到九点钟，副驾驶才终于办好手续回来，又过好久，等多条加载"黄鱼"爬上了车才启程上路。加载"黄鱼"们往车上挤，行李箱往原有"黄鱼"们的身上压，这一来大家就全都变作沙丁鱼了。

堵塞的汽车排出烧木炭的废气，弄得烟雾腾腾，司机们都在试图彼此穿梭超越，慢慢挪动，好不容易才出了机场，动一动，停一停，最后来到四方井大山坡。这回好了，木炭车动力不足，一爬坡就陆续抛锚，阻塞道路，前车启动了，后车又抛锚了。朝后望去，这双排长蛇阵不见头尾，马达声如闷雷。好不容易出现了空当，每车移动几步，后车跟进几步，依次逐渐推至队尾，这种前进方式犹如蚯蚓蠕动。亏得日军离此还有几十里，若日军行动迅速些这里就有热闹看了。

现在已到半山，向下回望，可见车队色彩驳杂，因为汽车大都是敞开的卡车，少数有顶盖的，车顶上也绑满东西，色彩是红黄灰黑白绿俱全，都是乱糟糟的包袱、铺盖、家具和黄鱼。这便是独山的倾城所有了，还得加上广西的。

挨到山顶过了临界点，局势改观，汽车油门一关就不顾危险直泻而下，只在急弯处偶尔开一下油门，弄得满车人有韵律地前仰后合，非常整齐划一，像在练团体操。两旁山上呢，红叶黄草和翠绿的松柏相映成趣，高山秃顶上罩着云雾，山下深谷里是半涸的小溪，每当汽车经过削出的山壁时就发出洪大的回声，盖住了淙淙水声。地势稍平处可见路旁枝上残留着红红的浆果，与茂密的灌木、芦苇、羊齿和凤尾草聚成一团团地偃伏着，真是小动物藏身的好地方。有谁在里面呢？虹妹立刻断定："小老鼠，小小老鼠。"她不知道由于人烟稀少，除了灰鼠，还有众多小动物如竹鼠、野兔、豪猪、赤狐、貉、獾、鼬、穿山甲、小灵猫和麝等在这片土地上繁衍生息。希望人间的动乱折腾不至连累破坏了它们的安宁生存。

建设中的黔桂铁路路基与公路时聚时分，这两条路上都走着无数难民或"义民"，但因路途漫长，人流变得比较分散。车到都匀县境，一条河上漂着几叶渔舟，船沿上温驯地坐着一排排鸬鹚。下午遇雨，大家都淋得又冷又湿，叫苦不迭。停在沙包铺买面吃，这面吃得满口渣滓，感觉上不仅是糠麸，估计掺有木屑。这里没有旅店可供住宿，只得住在面店，店堂里堆满一层稻草，大家就都可以睡了。像变魔术一般，霎时间一间饭店竟变牛圈。

11月30日。好吧，今日又挤上几条"黄鱼"，东西堆得至少高过车拦板四尺了。随着空间的挤压人们的摩擦加剧，为每一寸空间争吵不休。我的位置在车左侧后沿，我坐的是一只皮箱，因皮箱有斜度，我蹲踞在斜面上，要特别费劲才能保持不滑下去。身边是姓田的一家湖北人，田先生最爱干涉人了，嘴里老啰唆不停。前面是做戏的王太太，还有姐姐抱着虹妹。妈妈的位置也靠左侧，一次因碰撞树枝，拦板边加插的木条折断，使妈妈险些跌下车去。她身边两个拖鼻涕的少年还老是要挤压她，甚至坐到她身上。最奇的要算一家姓马的，夫妇俩带一个宠儿，这并不奇怪，奇怪的是宠儿已二十多岁了，还要爸妈给他擤鼻涕，给他剥橘子吃，还要撕了筋去了核喂进嘴里，若是不满三岁的虹妹无意间碰到他一下，他就大叫起来要他爸来骂阿虹。车就这样在摇晃和摩擦中前行。公路状况太差，车辆老旧，动力不足，加上如此马戏式的装载，只要不出车祸就是万幸。路边悬崖下，数十丈数百丈的下方，沿途随处可见出事车辆的残骸，司空见惯已不算新鲜事了。

继续北行，渐渐远离战线，逃难的人群已被落在了后面。天气更冷了，这里的山像是灰堆上撒着零乱的黑炭。处处积雪越来越多，迎面是寒冷刺肤的西北风，想开口说话就马上会吞进一大口，把嘴堵得发不出声音来。第二天夜宿瓮城桥，好不容易找到饭店，客饭两百元，饭又冷又硬，菜都是筋还带臭味，这还算是好的，第三夜吃的菜是用桐油炒的，以致全家中毒，拉了一夜肚子。逃难么，没法说了。

他们等车三天行车三天，六天到达贵阳，而步行的静之和二舅，因为二舅脚痛兼路遇大雪，用了十一天才到。先到贵阳的竹因和孩子们无法与他们联系，是在贵阳城门上贴纸条来传递信息的。大家都这样寻找亲人，城门口贴满了纸条。

其中还有一段逸事：静之从独山走到贵阳有四个勤务兵随行，两个挑行李，两个挑钞票。"挑钞票"的事很耸人听闻，酒厂在独山最后阶段赚的钱真有那么多吗？这只因抗战时期国民党政府大量印钞票，导致法币呈抛物线式贬值，有人计算过抗战开始时买一头牛的钱，到抗战末期只能买一个鸡蛋。钞票的价值不大而体量却很大，只好挑着走。在到达贵阳前夜勤务兵们撂挑子开小差了，他们本是国民党军队强征来的，遇此良机就逃回家了，但竟没有卷款潜逃。汪静之当图书馆主任与其他长官不同，平等待人，不欺压士兵，不克扣军饷，还给他们加发工资，他们也真讲情义，为答谢主任而挑担送他一程，即将送到贵阳了才撂挑子向南折返。

军校准备迁移到黔北遵义湄潭。此时二战的国外战场上盟军已全面反攻，而中国战场上日军还在疯狂一搏，局势尚欠明朗。但是静之见国共合作已无法继续，便于此时作了脱离军校的决策，这是十分正确而及时的。而继续追随国民党的章铁民呢，后来在海南大学任教，却遭冤假错案厄运而送了命。

静之决定从贵阳到重庆去。因受在独山做酒生意成功的鼓舞，他相信到大城市去做酒生意应当更有市场。现在为难的是找不到赴重庆的车子，滞留贵阳吃本钱，每天生活费至少二千元。他想带全家徒步入川，但竹因说这不现实，他忘了还有个刚刚三岁的小女儿。最后，汪家终于搭上一辆烧木炭的卡车去了重庆。

离开独山前往当时大后方的大城市重庆的半途中，飞白年满了十五岁，对飞白而言这也意味着"小约翰"时代的结尾。鲁迅译的《小约翰》，结尾句是这样的：

……他逆着凛冽的夜风，上了走向那大而黑暗的都市，即人性和他们的悲痛之所在的艰难的路。

这句话和这条路一样，显得有点磕磕绊绊，译者鲁迅也自谦说译得"冗长而且费解"。这不能怪译者，谁叫这条路本身那么"冗长而且费解"呢？

酒败重庆

在这里，让我们暂把镜头跳转到七十多年之后的当今世界。

2017年恰逢中国新文化运动一百周年，也是中国新诗一百周年纪念。几家机构纷纷要给飞白评奖，一家是北大诗歌研究院主持的中坤国际诗歌奖，一家是全国诗歌报刊联合会主办的新诗百年贡献奖，一家是《诗刊》的陈子昂诗歌奖。飞白闻讯笑道："这说明我真的老了！"

头一家中坤国际诗歌奖因为有八万元奖金，坚持要受奖人亲自到北京参加颁奖仪式等公开活动，飞白因当时血压不稳而辞谢了，难以奉陪，请他们另择高明吧。第二家是由联合会的秘书长把获奖证书及"金镶玉"奖杯给飞白送上门来的。《诗刊》的奖，则是来年开春才在四川遂宁颁发，邀请飞白参加，但去不去出席不做硬性要求。

恰好这段时间飞白的外甥女雁雁正在整理母亲汪晴的抗战日记，而重庆阶段的日记缺失。汪家滞留重庆是在抗战胜利前后的1945—1946年，有近两年时间，这段时间飞白倒有些片断记录，可作补充和佐证。

因近来雁雁、汪晴常与飞白电话交谈重庆旧事，引发了飞白的沧桑和怀旧之感，便有意借机到阔别七十多年的老地方看看。飞白一生漂泊诗海，最初可说就是从重庆扬帆启航的。汪家滞留重庆时飞白是十五六岁的少年，面临着走向社会的考题。飞白想起他少年时代在重庆唱的第一首英语歌词，恰巧是："I want to be a sailor, sailing out to sea. No plowboy, tinker, tailor's, any fun to be"（我愿当个水手出海去航行。当个耕田郎、裁缝、补锅匠，那都不够劲）。

转眼已到2018年开春。飞白本已二十年不参加社会活动了，处于完全退隐状态，对社会活动他本就不热心，不喜欢逢场作秀。其中只有2008年"被参加"过一次本意是为他祝寿的研讨会，那也只是在杭州本地。这次他破例去赴《诗刊》的会，是为了时隔七十多年再到巴蜀重温旧航程，也是为了他与《诗刊》社长达六十年的老交情，特别是因对曾在《诗刊》编稿的徐迟和陈敬容大姐的怀念。飞白比他们年轻，但他与不少年长于自己的诗人有交情，尤其是"九叶"诗人群，他们中的唐湜是飞白浙江大学外文系同学，想当年唐湜还为他姐伊甸（即汪晴，当年在浙江大学是小"明星"）写过一本十四行诗集呢。难忘八十年代那次敬容大姐到杭州来飞白家，入夜后无车回旅店了，飞白陪着大姐，踏着明亮月色长途散步送她回去，沿着冷寂的西湖湖滨吟诵"老去的只是时间，大海依旧蔚蓝"，直走到南山路大华饭店。谁能想到仅仅几年后，敬容大姐就病逝在北京那间朝北临街寒冷暗淡的小房间？

中坤国际诗歌奖硬性要求他出席领奖，他不去，这回不做硬性要求，他反而乐意去了。对他而言，领不领奖是无所谓的。如他所说："译者感受诗就像船帆感受风，遇到好诗就会开始动荡，发热发酵，直到诗在新的语言世界再次赋形获得生命，译者才长舒一口气。这是译者得到的报偿和享受。当然享受的不一定是愉悦和抚慰，更可能是震撼、悸动、痛楚和焦灼，就如在海上行船和呼吸，享受的不一定是海风轻拂而更可能是惊涛扑面。这就是译诗者的奖励，人不需要为深呼吸另获奖励。"

于是，2018年3月下旬我尽力摆脱各种事务，陪同飞白去参加了陈子昂《诗刊》诗歌奖颁奖会。我很重视这次机会，因为关于飞白生平的材料已积累很多，唯独他早年的还很缺少，我寄希望于趁怀旧之旅的契机勾起他的回忆，好给我多讲些童年和少年的故事，以补足作传的薄弱环节。

遂宁距重庆不远，颁奖会后飞白不再参加其他活动，请遂宁文化广电新闻局把我们送到了重庆。到达朝天门码头寄存随身行李之后，飞白便领我走上了高高低低上上下下的重庆山城路———一条穿越七十多年时光的回溯之路。

朝天门在嘉陵江和长江汇流之处，这是两江之间重庆山城老城区（现在的渝中区）的一个"尖嘴"和码头区。我们到达时，见朝天门地区正在大兴土木作大改造，新旧夹杂，蔚为壮观：施工中的新景观是"朝天扬帆"塔楼群，呈帆船造型，高达三百五十米，已基本成形，矗立在两江汇流的尖嘴之上，而楼群脚下，则遍地是逼窄破旧的小街道和小商铺，还依稀可见七十多年前的旧面貌。飞白指引我沿长江江边上溯，走向储奇门，这里曾是从贵州来重庆的渡江之处，也是汪静之一家1945年来到重庆初期上岸栖居的地区。回溯的一幕幕从这里开始，逐次展开。

汪家从贵州到达重庆时，重庆已度过了遭日本飞机大轰炸的艰苦时期，日本和德国法西斯如今是入秋蚂蚱，将步步走向衰落了。但是每逢星期天，上午九点钟还要拉响一次警报，提醒民众不可放松警惕。

就汪家而言，却和大批先后逃难来此的人群一样并未渡过难关，无依无靠无根无基，处于困境。跟其他难民不同，唯有静之期望复制独山经营酒业成功经验的宏图。出于诗人的天真情怀，他从来不缺乏这一类的宏图壮志，而且不论失败几次也不气馁。大概由于想象是诗人的源头活水，仅仅构筑这些宏图的想象过程，就给了他无穷的乐趣。

汪家在林森路边的轿夫行里与老鼠为伍宿了一夜，就见识了大名鼎鼎的"川耗子"，这比它们的贵州同伙还要势派，今后近两年要不断和它们打交道的。接着在较场口一家小客栈里暂住几天，碰上那里恰好有个人死于痨病（这在那年头不是稀罕事），又慌忙另找栖身之处。重庆成为陪都后住房极为紧张，何况又涌入大批难民，很难租到房子，好不容易租到长江岸边储奇门30号的门房间，但隔壁是茅厕，气味难闻。三岁的小妹伊虹给这处住所起名叫"茅坑里"，这地名后来就被大家接受而沿用了。

搭起三张铺，正好把"茅坑里"填满，还剩一道缝，飞白他们的二舅就委屈点儿睡在这缝里地上。若是有谁半夜滚下床，就会砸在二舅身上。事实上，因为是冬季，大家加盖在被面上的棉衣，到早上大半都滚落到二舅身上去了，他起床就得努力从一堆衣物下钻出来。

在"茅坑里"过了春节，静之准备实施他开办酒厂的计划，并买来了多种洋酒作为模仿的样品，但是租不到稍微大点的房子。汪家搬到了长江岸边的老关庙10号，在储奇门码头的半坡上。这里同样狭窄，只是摆脱了"茅坑里"的臭味。家门口就是上下坡的台阶，伊虹天天要哥哥带去江边玩，比在独山到城墙顶上去还热心，尽管江边并没有沙滩而只有泥滩。如今我们走到了这处江岸，变化已经很大，因长江上已有多处跨江大桥，储奇门早已没有了渡江码头，江岸原来的斜坡现在已砌成垂直的城墙般的立面，只有城墙脚下的滩涂依旧，是个散布着石块的泥滩。想当年这里曾是繁忙的码头和缆车道，储奇门与南岸海棠溪间有渡轮来回摆渡，码头右边还有个蒋介石的专用码头，蒋的官邸在长江南岸的南山风景区，飞白他们住在码头半坡上，可以清楚看到蒋介石过江来下船的情景，他总穿笔挺的黄色呢子军装扎武装带，还爱披黑色披风。

飞白回忆当年生活，说起天天喝粥，吃发霉番薯和牛皮菜，这菜叶大梗厚产量高，多用来喂猪（除在重庆吃过，1959—1961年饥荒年代在广州也天天吃牛皮菜）。晚上照明用电石灯，这比独山用的桐油灯先进，但需要添料控水除渣好好照顾，稍不留意，电石灯就患"伤风"，或"便秘"，或害"疟疾"颤抖个不停，且臭气难闻。电石就是碳化钙，样子像难看的石块，加水反应就放出可燃气体乙炔并变成一大堆石灰渣。父亲静之买橙子、樱桃泡在酒里做实验。他有诗人的创造性思维，从他在独山经营酒业的成功经验出发，设想泡制药酒法能推广到多种材料，因水果酿酒的技术是他掌握不了的，于是他想发明用烧酒泡水果酒的办法。与此同时，静之在大举招股和寻找厂址。

然后我们离开了储奇门向上爬坡。在重庆，出门就爬坡是常规，上层街道在下层街道的屋檐之上。所以重庆出的车祸也跟别处不一样，飞白说，当年朝天门有桩车祸就是闭门家中睡，祸从天上来，一辆汽车从上层街道翻落，砸破屋顶而压死了在下层家中睡觉的人。

　　在重庆到处爬坡，寻访旧踪，考验着这位九十老翁"能上能下"的能力。这时不禁忆起十五年前的2003年春，也是我陪飞白赴原籍绩溪县，出席捐赠汪静之著作、墨迹、照片、遗物与飞白著作、音像资料仪式，会后受邀游览黄山。当年虚龄七十五的飞白与众不同，不乘缆车，肩负背包，全程步行登顶又步行下山，表现了老兵未老的精力和精神面貌。然而在他八十多岁时经历两次手术后已今非昔比，加以视力太差，尽管他还好强依旧，但该有人在身边关照了。

　　我们或沿之字形街道，或由上下层街道间的阶梯爬坡，经过较场口到瓷器街，吃了点小吃当午饭。之后便转赴下一站：重庆半岛北部嘉陵江边的牛角沱。静之当年找到的酿酒公司旧址是牛角沱的一处竹子搭建的高脚楼，稀疏不牢的地板底下是斜坡，后面望出去可见旁边饭店倾倒出来的垃圾堆，垃圾堆上永远有众多老鼠，每当厨师泼出一锅洗锅热水，就烫得满坡鼠辈连滚带爬逃避不及。

　　静之在这里开创他的酒业，在这条件下其实无法酿酒，只打算买烧酒来加料炮制，再灌装成瓶装酒卖。于是他把已买的几个酒坛从重庆半岛南边搬运到北边，办起了"皇后酿酒公司"。这是承继独山"皇后酒厂"的招牌，但从独山的独资办厂发展到重庆的合伙公司，名义听起来更高级了。他这公司并没有挂牌，只是租两间房子，里面有许多酒坛和玻璃瓶而已。原地址在牛角沱"特180"号，但我们到了牛角沱马上发现已不必费事去寻找了，因为牛角沱地区现在是个蝴蝶式的大立交，靠江边也是嘉陵江大桥和滨江路的立交，甭提从前的"特180"号竹楼，连当年的斜坡也没有痕迹了。

飞白说住在重庆时，时间是个模糊概念，家里唯一的计时器——在独山地摊上买的一只木壳座钟（这类商品只有难民摆的地摊上才会有）——坏了摆轮和操纵钩，你给它上发条，时针分针就疯转起来，把时间飞快地打发完。修一修要一万多元，只好不修，光靠每个星期日九点钟拉响的警报稍许获得时间观念。只记得1945年从春到秋在特180号上演了十二本连台好戏，股东多，演出也精彩，剧中高潮迭起，如"赶端午"（促销）、"赶中秋"、蒸馏器风波、偷香精风波等。但无奈生意萧条，公司终于难以为继。恰好喜逢抗战胜利，重庆全城沸腾，八年逃难生活盼到了头，公司面临破产的悲剧于是化作了酒神祭的狂欢。卖不出的酒尽情喝，大家纷纷醉倒在地，股东黄先生赤膊跳舞，地板摇摇欲坠。静之心中五味杂陈，想着"国家胜利了。我却失败了"，也生平第一次喝得醉倒，大哭一场。

诗人汪静之把独山成功经验推广到重庆的计划完全失败。他在独山的辉煌是在顾客突然涌现而又无竞争对手的情况下获得的，他不知这只是特殊条件下的特例，并不能作自己经商才能出众的证明。其实诗人汪静之并不善经商，只因生在徽商之乡而素有"徽商情结"。以前每当他教书积累起一笔资金时，就会去投资合伙，在飞白幼年他投资过餐馆，也投资过养蜂，但每次都是血本无归，唯有独山做酒大获成功。但日军攻到独山就结束了他短暂的兴旺，这次静之又重犯撤离浦东前判断过于乐观的错误，他乐观判断日军不可能来独山，所以形势危急物价猛跌时，他还大量买进原料，直到独山失陷前夕还在投入资金，因此造成巨大损失。但撤离独山时，还是由勤务兵挑出了两担钞票，途中钞票又迅速贬值，剩余资产缩水一大半。不过到重庆时他毕竟还有一笔资金。他从不言败，深信既已找到经营门路，到重庆只要如法炮制，必能东山再起大展宏图。岂知重庆有的是专业酒厂，他的土法兑酒一点也吃不开，所以失败本已注定。

酿酒公司落幕时，压轴戏却演成了武戏。为了瓜分剩余资产，有若干位君子在动口之余还动了手，黄先生把关太太打翻在地，后者跳起来，蓬头赤足，抄起一根大木柴去追老黄！

抗战胜利了，大批东部地区的难民急欲回乡却无船可乘。从重庆回华东，自古只有三峡一条水路，但国民党征用轮船运兵去接收和准备打内战，除接收人员外，平民百姓根本买不到船票。因此，缺乏特殊关系的汪家在重庆滞留了整整一年多才回到家乡。

小乐园

在酒公司倒闭前，1945年下半年飞白和姐姐汪晴上过几个月英语夜校。飞白基本没上小学和中学，汪晴上学也不系统。

其他知识靠自己看书都能获得，唯独英语光看书不够，需要有互动条件。所上英语班是一位留美工程师办的，班上有位同学阿罗带他们去援华美国空军（飞虎队）总部，结识了总部的几位军士，其中打字员斯奈德特别热心，到夜校来义务授过好几次课。飞白他们也多次应邀去飞虎队总部玩和看电影。战争结束后，飞虎队于11月间回国，斯奈德把一架打字机留给汪晴、飞白，请阿罗转交。但阿罗想把打字机留归己有，就躲着飞白不见面。约定了时间去取，他玩失踪，找到了他，他就领飞白在张家花园一带岔路小巷里转，把飞白甩掉。好不容易找到他的单位，他才把打字机拿出来。如今电脑普及，而当时连打字机都十分稀罕，这架打字机对飞白他们以后几年学英语很有价值。后来它的回车坏了，花钱修怎么也修不好，还是飞白自己用胡琴弦接在发条上修复了回车功能，继续使用。

酒公司倒闭后仅有的本钱快要亏完了，但静之还不服输，不信这个邪，做了又一次经商的努力。"穷则变，变则通嘛！"换个行当试试。

于是1945年10月，"小乐园"火锅店在上清寺54号开张，地方距牛角沱不远。如今来到上清寺路，街面已非昔日样貌，当年一色平房，今日都是高楼，54号早已不存，但我们还是在这街上遛了两趟。静之知道麻辣火锅店是重庆的热门，在重庆不会没有生意，店名"小乐园"十足表现了诗人汪静之的浪漫情怀和乐观期望。重庆街上撞见的同学吴立（代名）是这次的合伙人。吴是静之早年浙江一师的老同学，当年思想进步，参加"八一"南昌起义任指导员，直至南下潮汕战败，部队被打散。革命失利落魄归来的吴立，在出版无门揭不开锅时曾多次求助于汪静之，尤其是抗战前一两年，因他译的《广田弘毅传》无法出版，求汪静之加上一个名字，作为"汪静之吴立合译"的书，这样出版社才肯接受。静之说："不行不行。现在日本侵略步步加紧，我正在为抗日赶编《爱国诗选》《爱国文选》，而这本日本人写的传记是吹捧广田弘毅的，我怎么能为他树碑立传？"但吴立说："我都快饿死了，找了多家出版社都不肯出，只有用你的名字能救我一命。对老同学总不能见死不救吧！"不由分说就把汪静之的名字加上出版了，以致汪静之后来常不得不为此事洗刷辩白。这次重庆相遇时，双方都是潦倒流落人，都快要没饭吃了，便商议合伙开火锅店。店堂里摆三张方桌，请了火锅师傅，竹因做师傅助手洗菜切肉，静之自己兼任跑堂，戴着近视眼镜穿一身破西装腰围围裙，穿梭于餐桌和灶房之间。湖畔诗友冯雪峰到这铺子里来看过静之。

因山城的地面多呈斜坡状，从与马路齐平的店面往里走，就可下楼梯到"半地下室"——临街半边是地下室，朝后面却有窗户。汪吴两家就住在这里。地方挤，汪家仍是每晚搭铺早上拆。汪晴睡的竹榻散了，捆绑一下继续用，下面垫上凳子茶几，搁不平像儿童游戏场的跷跷板，夜里不慎弄倒一张凳子，就会突然变为滑梯。飞白睡的是两只旧藤椅，一只单人的一只双人的，藤条松软像是钢丝床，可惜中间两道横档儿非常碍事，身体若能分为三截才睡得舒服。住在这里更是与老鼠为伍了，飞白睡的藤椅很矮，可以抵近观察老鼠以弥补他未能近距离观察野生动物的缺陷。当一匹肥硕的大鼠向你的脸逼近时，颇有看野兽影片的感觉。当老鼠跟老鼠相遇时，则会坐下来寒暄几句——人们普遍认为老鼠都"吱吱"叫，其实大谬，除非老鼠被抓住否则从来不"吱吱"叫。它们是这样谈话寒暄的："咯咯咯咯，咕，叽咕叽咕嘎，咯咯！"叫声介乎兔子和母鸡之间。它们对坐一会儿，突然跳起来绕房间猛跑，引发同伙也跳起来参与追逐，跑累了又坐下来"唠嗑"。本来老鼠也是很聪明可爱的小动物，若不是在局促居住空间里人鼠利益发生尖锐冲突的话。

飞白床矮，老鼠夜间很不客气地爬到他身上来开会，在毯子上围坐一圈。因老鼠肥硕，每只可重达半斤，往往把他压醒。飞白非常恼火，等鼠辈团团坐定，就运足了气，隔着毯子一记勾拳把它们打飞。效果好时，可把至少一只打到天花板（即店面层的地板底面）上咕咚一声反弹下来。但老鼠的弹性和抗击打性能特强，对此毫不在乎。倒是有一次被踩断尾巴的老鼠，后来死在了飞白二舅的包袱里。

这里连地下都几乎被老鼠掏空，有一次不慎一脚踩破地面踏进了鼠穴，里面接连蹿出七八只大老鼠来。重庆老鼠多了，大摇大摆过街也无人喊打。不过老鼠过街时忘乎所以就没顾到另有风险，"小乐园"门口大街上常见一种扁平而灰扑扑的东西，形状和尺寸都极像被遗弃路上的旧草鞋，其实那都是遭汽车压扁风干的老鼠。

如今走在上清寺路上，看到这儿有座玻璃幕墙的大楼是渝中眼科医院，飞白不禁感慨地说：当年要是有这家医院就好了。因为1946年春天起伊虹妹的眼睛红肿发炎，久久不愈，常由飞白抱到市民医院去看，要跑许多路（把公交车费省下来，可给伊虹买一支棒冰），却老看不好。可能是缺乏维生素A的缘故。

飞白记得一些当时的趣事：有天早上，伊虹说她做了一个梦。要她讲讲，她却说："叫大姐讲好了。" 大家诧异道："你不讲，叫大姐怎么知道呢？"伊虹说："咦？我跟大姐一起做的梦，她怎么会不知道！"

看见别人写信，伊虹也模仿着在纸上画一行行一团团类似苍蝇蚊子般的东西。问她写的是什么，她说她在给娘娘（外婆）写信，写的是："娘娘：我们在这里买不到船票，没什么东西吃。等我们买到船票回来了，你一定要请我吃一块夹心饼干。"仅仅是"一块"，要求真不算高，这就是当时小姑娘能想象的奢望。

却说"小乐园"开张不到半年又重蹈覆辙，经营亏本难以为继了。后期是吴立掌柜，账目由他说了算，虽然是合伙开办，他把亏损都算到汪静之头上，企图把汪家扫地出门。吴立的态度越来越不礼貌，因汪家没有如他所愿立即迁出，他背后竟把静之叫作"这个不要脸的家伙"。

静之走投无路之际，章铁民来信说：黄埔军校韩主任请汪静之马上回去，以免饥寒。静之谢绝了。国共合作破裂，他不能再去黄埔军校工作。静之在笔记中援引《庄子·秋水》篇中的话："此龟者，宁其死为留骨而贵乎？宁其生而曳尾于涂中乎？二大夫曰：'宁生而曳尾涂中。'庄子曰：'往矣！吾将曳尾涂中。'"

1946年初，飞白记录下了一贯乐观的父亲难得的一次自嘲：

"乾隆皇帝自诩做成十件得意事，因此自号十全老人。我却流年不利，算起来我这一年内已做错九件事：第一错，在独山不该舍不得酒店，应当把它顶掉的；第二错，不但不顶，危急时反而大量进货，把资金都投进去；第三错，从独山逃难不该来重庆，如留在贵州北部，只要用剩余资金买米就翻了好多倍了；第四错，到了重庆也不该做生意，教教书也还有一笔现钱可用，现在买高价船票也已回乡了；第五错，竹因教小学的工作机会不该谢绝；第六错，联合国救济总署的工作机会不该放弃；第七错，曹胜之写了介绍信，不该不去找姓叶的；第八错，不该不去徐州江苏师院；第九错，胜利后我本该立即坐飞机到上海，可以身兼数职，现在就能给你们汇钱来了。当前就剩下不要再坐错一只船，最后来个第十错翻船大吉！"

弹尽粮绝双手空空，只剩下凭知识糊口一条路，尽管是最清苦的一条路。1946年2月静之为谋生四处联系寻找教职。当时只有红薯比较便宜，18元一斤，常常当饭吃。潦倒岁月地窖里过年，年夜饭菜谱是白菜、包菜、粉条汤，最点题的则是飞白他们的姨父卢叔桓买来的一包花生米。他还约大家明年除夕在杭州（飞白们的）大舅家团聚，这时汪晴在一边说悄悄话："说话算数？"姨父听到了马上补充道："我那时即便在安徽也赶来参加，一定要带十万元来办年夜饭。"可是这话在一年后他忘记了。姨父姨母是薄命人，姨母两年前已死于难产，年仅二十七岁，姨父孤独伤痛，也于数年后死于糖尿病。

春节期间看花灯，又出了一起"天上掉下来"的灾祸：看花灯的民生路上人群拥挤，但人行道下是下层街道的人家屋顶，因年久朽坏，经不起如此超重负荷，哗的一声突然垮塌。一百余人从屋顶陷落人家房内，造成重大伤亡，比当今看球赛时看台垮塌还要严重。

　　到二月底，静之终于找到教育部大学先修班国文教授的教职，地点在重庆西南长江上游的江津县白沙镇。而飞白们的二舅谋职无望，决定先搭木船东归了。当时三峡多险滩，沿途所见都是遇难船的残骸，乘木船东下要冒很大风险，而且，别听信浪漫主义的"千里江陵一日还"，途中要走整整两个月呢！汪家决定再等轮船，轮船比木船安全些，但这枯水季节也屡屡触礁搁浅。大家都盼望长江水涨，伙计张云说："要水涨还不容易？你今夜拿一面锣上街敲个五更，包你水涨到比这房子还高。"大家不明白要他解释，张云便讲了一个有趣的重庆传说：

　　重庆曾有一个道人，道法很高，能用一根草绳牵着死尸自己走回家乡去安葬。一次过江时不慎把草绳落入江中，后来草绳成精，兴风作浪翻船吃人。知县出榜求人平妖，道人便乘船来到江中，唤出该怪，用手中柏木将它镇入江底，江上即刻风平浪静。当夜县令梦见一个年轻人来哀求，求他明日到长安寺保他一命以免被诛，县令应允。次日来到长安寺，但见道人在上座，那年轻人头顶柏木等待判决。县令说："要我保你，你先现原形让我看看。"年轻人就地打个滚变成一根草绳，再打个滚变成一条长蛇，绕寺三匝。道人认为他有罪当诛，县令果然保了他一命，代之以囚禁在该寺深井中。草绳精问囚禁有无止境，道人说："若要放你，只需等石柱开花，马生角，重庆城里打五更。"

后代有个旅客路过在此休息，随手把花帽子挂在井边石柱上。那怪只道石柱开花，便涨起水来，待水满到井口即可遁归长江。江中水位同步上涨，洪水很快就淹到了南纪门。这时旅客拿起帽子走路了，草绳精发现犯错，急忙缩水退回原位。

"因此重庆城里至今不打五更。你要想去试试，只打第一下就会被群众抓住了。"

静之赴白沙前带飞白去见了一位蒋主任，因为他说能给汪家弄到三四张票，搭军委会的船。同时静之命飞白赶快为他买一套《辞海》，这是教国文必备的工具书。飞白于是紧急跑了十几家旧书店，逃难者卖出来的《辞海》倒不少，要价都在一万五到两万之间，价高的甚至要六万元、十二万元。飞白上上下下跑遍了重庆城，终于功夫不负有心人，入夜，居然只花了六千元在文化书店买得一套。

1946年的币值是什么概念？当时有一首民谣描述道："钱多欲记如何记？画些圈儿替：双圈儿买水，三圈儿买米，四圈儿买双鞋，五圈儿买件衣，若要想一家饱暖，得把一行圈儿圈到底。"况且物价飞涨，货币天天贬值，再过一年多，就变成"单圈儿狗屁，双圈儿扔地，三圈儿坐不成一趟车，四圈儿没法买东西"了。

关于"小乐园"的终结飞白当年也留下了一些片断记载：1946年3月3日"小乐园"以110万元顶出。刚好静之次日就要动身。开火锅店是汪静之、吴立先后管账，如今吴立当家。失败之时友谊免谈，遭海难的梅杜萨之筏上谁还讲分享？吴对静之说："你在白沙找到好差事了，蚀掉的账你就统统认掉算了，你当经理阶段的薪水也不必计了。"

三角地

次日静之出发教书去，飞白按父亲嘱咐每天去找蒋主任打听船讯，但多半找不见他，偶尔找到也没有确息。这边已被催逼着赶快搬出，而哪天有船还在不定之数，于是每天又得四处奔走，赶紧找出租房临时居住。

可是找房子也很难，重庆做了战时首都，逃难来的人群又那么多，住房本来就极度紧张。找到的一处傍着垃圾堆，实际只是茅棚，又黑又湿又脏，也要四万元一季。租房是论季的，一付就得一季！找到又一间，房内地上的烂泥浆厚达一寸；第三处房子周围有污水沟环绕围护；第四处房子的墙是席子围的，如果你不小心身体一靠，就会连人带墙一起滚落到棚底下去；第五处房子地板稀疏如柳条筐，下面有哗哗流水声，向下望去，但见下面流淌的竟是一条宽大的粪河。假如能出高价呢，好房子也租得到，如什么"民乐"项目，但出不起十万以上的民无须问津，当然也不得其乐。

曾在"小乐园"做伙计的张云介绍一处房子，带飞白去看。从大溪沟进一条小巷，上上下下拐弯抹角走了好久才到。如果雨天走这条路，起码得栽三个跟头。那一带都是篾簟搭的棚子，这间倒是板材搭的，但干燥天气若遇火星，这片棚子就会顷刻烧光。进门先得"跳栏"，跨越几道竹栏和几只横卧的大猪。不足十平方米的房内既没家具也没电灯，房东说，"夜间可从门外电线杆拉电线偷电，到早起赶紧拆掉。"

房子没租到，而汪家在"小乐园"的地窖每住一天得付吴立五百元，真是进退两难啊。飞白虽未当家，但重庆一年来的遭遇足以让他感受人间艰辛。

如此奔走十几天，船期仍无音信，出租房倒终于找到一处——大溪沟山坡上的建国村20号。每季租金两万四，比较便宜，面积虽不足方丈，和"茅坑里"一样小，但新粉刷过一下，光线和位置都还好，实在很难得了。3月17日找到时飞白当机立断，就立即租下来并准备当天搬家。

由卢叔桓代表汪静之找吴立结算。掌管账目的吴立结算的结果是：110万顶费只分14万元给汪静之。然后再经七扣八扣，14万元剩下了116,750元。当时吴立犹犹豫豫地拿出116,800元来，预备稍微表示一点慷慨，但手伸一半又缩了回去，说道："50块钱零数就抹掉算了。"于是又抽回了一百块。卢叔桓憋不住说了句："要像你这样做人，才赚得到钱呀！"吴立回答得面无愧色："等我满足，自然就不计较了。"卢说："你哪天能满足啊？"吴立和师傅们结账时也发生摩擦，吴立敲破了老熊的腿，而老熊一把扯起了吴经理的衣领。

人间是富有戏剧性的。如俄罗斯俗语说的，"山和山永不相遇，人和人总能碰面"，静之一家从"小乐园"被扫地出门三十八年后，吴立和汪静之1984年都赴浙江武义参加老同学潘漠华烈士纪念会，将再次不期而遇。久别重逢，无限感慨话沧桑之时，吴立照旧会面无愧色，但肯定不提"小乐园"这一壶了。

汪家搬完盆盆罐罐后很饿，买了一百三十元一斤的平价面条，下一大锅大吃一顿。飞白寻思很快总可以坐上船的，住到这里来，每天跑朝天门码头打探船情也方便些。本来从上清寺沿嘉陵江边向东走到朝天门有六七公里之遥，太不方便，大溪沟位于上清寺朝天门之间，迁入大溪沟后上码头去就只有四公里了。因房子小，晚上又得满搭一张大铺，像轮船底层的统舱铺那样，早起再拆。这间房子的特点是通风性能差而透水性能好，热天成了蒸笼，雨天却是淘箩，下起雨来屋顶有如瀑布，顷刻之间地上已成泽国。汪家所有的盆桶锅钵一齐动员还抵挡不住，"满了""满了"的呼声此起彼伏，一盆盆水不断倒进储水大缸里去。一场豪雨可接雨水两三担，可节省下五六百元挑水钱，凭这点倒要谢谢龙王了。

起初租这房子时估计只住半个月，但是答应帮忙的蒋主任越来越找不到，静之于五月间回一趟重庆，亲自去找，却意外得知蒋主任前天刚刚死了，真叫天有不测。此后静之到处另找乘船门路均无着落。而且还得悉二月里汪家几番犹豫终于没搭的轮拖木船出行不吉。那是江苏省出资两千万元包下的一艘五吨小火轮，只有一台卡车大小，拖四只大木船有如鸭子拖老牛一般，呼哧呼哧拖到巫峡，四只木船触礁沉掉两只。幸而人都救起，但回江苏的航程也在这里就中途夭折了。

这样，没想到在这里等船竟等了一个季度又一个季度。在等待中迎来了热辣的重庆之夏，只能在门口露天睡觉，卧看天上流星，大家轮流进屋洗澡，常要洗到凌晨两三点钟才轮完。

飞白从小就擅于观察和绘制地图，所以后来当参谋和参谋长教军事地形学很得心应手。他在重庆时就留下了一幅当年住处的地形要图，显示他们门口的一块三角地及其三面的住户，还带有附注。如今这小小建国村早已无迹可寻，全靠飞白铅笔勾勒的这幅要图，帮助复原出当年此地的情景：

别看建国村地名像个现在的住宅小区，其实就是像巴西那样的贫民棚户区，如今矗立高层楼房之处，当年全是各式各样搭建在泥地上的低矮简陋的平房。从大溪沟进村要走一条上坡的小道，如逢下雨，路就很滑很难行，晚间因没有路灯还得非常小心，否则很容易滑进沟里。飞白回忆起独山也是一盏路灯都没有，晚上出门有同样的危险，而摸黑回家时还得全靠鼻子找路，因为汪家泡酒，有桂皮香味传出来，走得离家越近越浓，凭此就能找到家门。

从大溪沟上坡，略为右拐即到了那块三角地。这是一块直角三角形，小巷通过三角形底边，沿小道右侧，并排住的是唐五哥家、锺汽车匠家、汪家、万老太爷家，其他几家各住一个房间，只有锺家占两间门面。汪家对门，隔着两米宽的小道是赵嫂嫂家，汪家搬来后不久赵嫂嫂养了一口猪，从此就有臭味熏过来，不过还是比"茅坑里"好些。左手边唐家、锺家的对门起初没有房子，空出上面所说的那块空地，汪家搬来时空地还比较大些，也不呈三角形，为污秽嘈杂的棚户区上空留出了一方青天和空气来源。到七月里对面开始造房子了，造的房子坐北朝南，构成了三角形的斜边。原来，构成三角形底边的小道走向是东南，所以小道右侧的这排房子是门朝东北，对面养猪的赵家门朝西南，而她家朝西北的边墙则构成直角三角形的对边。现在空地北边造起一间朝南房子，构成空地的斜边，一个准确的直角三角形就画好了，而上空的一方青天也被压缩成了三角形。整块三角空地的面积不过二三十平方米，虽然地面常有脏水和鸡粪，但到热天大家露宿时，小小三角地还是成了风水宝地，人满为患。空地两端的小道上也睡得水泄不通，谁要想进出，就得小心地翻越重重山头。这时你会感到小小三角地里的空气已被人群熏蒸的汗气取代，同时也会充分感受到小小建国村里人口的密度。

飞白至今印象犹深的，就是斜边在造房子而重庆酷暑的七八月。这家的用料比人家讲究，从硝皮场挑来大量混有牛毛牛血的石灰糊墙，恶臭无比，而且一堆用完又来一堆，源源不绝。飞白只得转移阵地，一清早就避到中央图书馆去，这是他在重庆一有机会就会造访的地方。

中央图书馆在两路口，他们住在上清寺时走过去不远，如今从建国村到两路口就要绕许多路了，所以只要家里没有特别的事要做，他中午就不回家而在那里吃一个烧饼，直到晚上回家。不巧其间图书馆放一个月高温假——每天下午一到四点高温时段闭馆休息，把读者赶到大太阳下去无处可躲。无奈，他这段时间只好回家去，顶着烈日多跑一个来回。很多世界文学名著飞白都是在这里读的，包括托尔斯泰、福楼拜、狄更斯、陀思妥耶夫斯基、鲁斯塔维里、大仲马、勃朗特姐妹、罗曼·罗兰、纪德、杰克·伦敦、施托姆等，他也开始读英语原文书，除文学书外也读理科书如天文学和分析化学。除图书馆外飞白也是书店的常客，他没钱买书，新出的书大都是在书店站读。

飞白读有机化学书，最初是因为父亲做酒，曾要飞白解决涉及化学知识的问题。但飞白做一件事总爱钻研，发觉有机化学与生命科学的密切关系，渐渐产生浓厚兴趣，还集中了仅有的零用钱买了整套大学有机化学专业教材，父亲发现后为之震怒，几乎拿去烧掉。静之说："你把这些东西装在脑子里，你便成了一只垃圾桶！"静之坚决反对学数理化，认为科学思维对文学是一种干扰，他自己当年考试时数理化都交白卷，并以此为荣。不过，也幸亏他遇上像朱自清这样的老师，才容忍如此偏科的学生。而飞白与其父相反，对自然科学知识不但一贯兴趣浓厚，并深感其中的美和诗意。

飞白知道父亲负担一家生计的艰辛，早就有经济自立愿望，而到此时变得格外强烈。正是在三角地，他做出了要上大学的决定，而且上大学也不能要家庭负担。静之是不大赞成上大学的，因为他认为这种教育对诗创作有害无利，而且凭他的作家身份，他自己没上过大学也教大学，他教大学时还老是和有正规学历资格者闹矛盾，互相看不起。但是飞白对走什么路有自己的思考，虽然前路还一片迷雾，但他决不做他爸（像炮制酒类那样）的炮制产品。他爸命令他从小"立志做诗人"，而飞白心里早已明确不做诗人，上大学就是另一条路，不是"立志做诗人"那样超常的路而是普通的路。人可以另类但别想那么超常，也得有普通的方面才行。

飞白虽已准备上大学，却没有因此改变学习方式，仍和以前一样书海漂流，按自己的兴趣阅览。阅书的同时他也注意"阅世"，在三角地，飞白体验着社会底层的芸芸众生相，大概也是在三角地，他开始形成后来完全不同于其父的贴近现实的风格。

由于人口的密度和热度，由于生活的艰难和无聊，这小区里与高尔基《童年》里的小市民社会一样，每天都少不了几场吵架。臭新房里的媳妇总在呜呜地哭，很有节奏感地好像在推着小磨。汪家的房东是唐老太婆（"老太婆"是个尊称），以倒马桶为业，她的烦恼是她的懒木匠儿子，吃吃玩玩不务正业，还要他妈养着。右边邻居万老太爷挑水为生，儿子中有的挑水，有的拉车，有的擦皮鞋。左边邻居锤汽车匠家里打架不断，他们来自浙江但说的浙东话听不懂。锤太太比锤先生厉害，打起架来会把锤先生赶出门外，她的厉害对儿子吉生表现得更为变态，吉生只有两岁，却一天到晚无辜挨打，打了还不准哭，锤太太发起狠来就把门一关，手打不足又继之以柴，边打边叫骂："哗！侬密涅密涅弗密涅？密涅弗密涅？侬再扣扣扣扣，轧拉拉拉打系！"最后把可怜的吉生拖出来丢在泥潭里，直到吉生的伯娘过来收拾乱局。在这样的家庭里，吉生这么点大已学会阴着脸见人就打了。常常在半夜里隔壁就发生喧闹，大概是因孩子尿床，他妈就狠狠地把他打醒来，搅得四邻不安。再过去的一家是唐五哥，贩鸡蛋的，现在天热蛋容易坏，便不贩鸡蛋到临江门打工。他们家有个两岁的小女孩，起初以为是他们自己的女儿，后来才知是别人意外生的，连亲妈也不知其父是谁。

正对门养猪的赵嫂很可怜，因为赵五哥夜不归宿，回来一次就砸锅打碗地和她打一架，这时邻居们听到的就是赵五哥拖长腔的重庆口音："笑话！不是吹牛皮！笑话！"后来赵五哥索性不回家，直到赵嫂夏末生了个小女孩，才回来看了一下，不料他刚来，他那个相好的也接踵而至，追了过来扯他走。飞白们这才见到久闻其名的他这位相好，看来似乎哪点也不比赵嫂强，不明白她的法力何在。

赵嫂的孩子出生第二天，便请来一位兼职巫师，也是个以倒马桶为业的老太婆，她拿一支针，绕上些麻线，在婴儿嘴里乱戳乱划，然后用手指刮磨好的浓墨往小嘴里涂抹，看得人目瞪口呆。第三天又请人来，用麻线蘸油点火，烧婴儿的鼻子、额、面颊、脖子，及全身几十处，全不顾孩子哭得背过气去。请巫师这样作法，是因为赵嫂之前生过四个孩子都没养大。但是也很令人怀疑：是不是巫师作法作死的？她在第四个孩子死后曾做奶妈，替人喂养一个小孩，汪家刚搬来时见过那个小孩——鸭儿，鸭儿爸在国民党中央党部工作，鸭儿妈因家庭反对这门亲事终于离去，于是鸭儿由奶妈喂养。赵嫂家做过巫术后，她的隔壁邻居因媳妇难产也请了巫师，这位巫师把脸涂抹得像魔鬼一样，含一口烧酒和桐油混合物，喷在一铲火炭上，烧成一个火球，在屋里到处都这样喷了一圈。屋里作祟的无名小鬼见他面貌狰狞凶神恶煞，又口能喷火，自量不是对手，也许就只好退避三舍了。

有时芸芸众生也颇能团结一致，例如一次遇到月食，为驱赶天狗需要敲锣，居民没有锣的，也拿出一切能敲的代用品来，声音清脆的是铝锅（当时还不知叫铝锅，而叫"钢种锅"），声音破碎的是破脸盆，声音极大的是汽油桶。那一夜，整个重庆都喧声震天，沸腾有如一个毛肚火锅，终于靠万众一心驱退了天狗。

除了鸡毛蒜皮的家长里短，时而还有较大的事端爆发，汪家搬来不久就遇到了一桩。先是听说坡下的街上有个新媳妇被打死了，第二天晚八时许，突然坡下传来极大的喧嚣，夹杂着吼声、枪声、轰鸣声，久久不息。建国村居民闻声惊恐，直到下面有几个人逃上来，才得知发生了骚乱，针对的是本地保甲长，军警开来弹压，逮捕骚乱民众。但还不明究竟是怎么回事。

次日早晨飞白下去一探究竟，见巷口原有六间门面的碾米厂和保长办公处都已被完全捣毁，家具器物散弃在街上，无一完整，连地毯也被撕成片片。从围观的人群探知了事件的大概原委：因本地保甲长平素霸道，民众有怨气。日前一对新婚小夫妻租了甲长的房，婚后五天新郎到歌乐山去打工了，新娘遭凶悍的甲长之妻寻衅欺负，打成重伤，甲长妻还嫌没发泄够，竟残忍地将大量织毛衣针和碎玻璃块塞满伤者的阴道，致其死亡。死者姐姐报案，甲长贿赂了验尸官、保长和某方各二十万，得到包庇。此事引发民众公愤，酿成昨晚事件。现已拘捕了甲长之妻和若干名骚乱民众，也有警察被打伤，但民众还不买账。昨晚就曾有人想对保长房子泼汽油放火，因怕引起大片火灾才收手；今天又有一批工人来对碾米厂和保长办公处继续打砸，连一只锅一只桶也不放过，彻底破坏了才罢休。飞白见有人来重新验尸，被害打工女年仅十七八岁，全身都是青一块紫一块的，惨不忍睹。此事使年轻气盛的飞白义愤填膺，充满了反抗强权的冲动，也埋下了日后参加革命的种子。

回乡难

静之暑假再回重庆，因找不到船情绪败坏，加以三角地懊热郁闷气氛的感染，也爱和竹因拌嘴，如今他已把自嘲认错都忘掉了，口口声声是"受了你的影响哪！"直到终于一天，通过卢叔桓一位亲戚的介绍，好不容易找到民生轮船公司内部关系，答应给汪静之家搭乘该公司的民权轮，这才重新带来了希望。民权轮在民生公司跑宜昌航线的轮船中是比较大的。可是因人情档次不够高，答应给汪家的只是"活统票"，这相当于火车的"无座票"，只是让你上船而已，连三等四等舱位都没有的。

8月里得到了民权轮从宜昌开出的消息，但是白沙大学先修班的回乡旅费还未发，听说国库已拨款下来好几个月了，教育部却拿来放贷生息。让人急得不得了，等到8月11日旅费才终于发了，要教师到白沙去办手续领款。静之买了12日的票赴白沙，说定13日就回来，要赶民权轮15日的船期。约好飞白带着草席在白沙航船的望龙门码头接，接到了立即赶到朝天门码头，上民权轮的甲板或船顶上去抢占一席之地。"一席之地"这个成语在这里才真正用得其所，再准确没有了。

13日飞白依约去接，白沙航船到了，却没有父亲的影子，等到乘客下完已两点钟了，只得回家，得知他去码头期间家中接到了一封电报：

"汪静之款归乾人带席来接保速与民生公司客运课刘先生洽。"

真不大好解读！汪晴到电报局去核查过了，结果说是电文有误，应更正为：

"汪静之款归乳人带席来接保……"。

但"乳人"似乎更不可思议。好在后一句好懂，于是汪晴便去朝天门民生公司找刘先生了。不久汪晴回来，说民权轮当晚就到，但刘先生（客运课主任，管乘客登记的）却找不到。

着急也没有用，只好等次日（14日）早晨分头出动，飞白再去望龙门码头接白沙航船，汪晴再去朝天门找刘先生。飞白下午一点接到父亲了，他一下船就骂飞白不会办事，本来他是要飞白找刘先生接洽，为什么要让姐姐去？弄得飞白一头雾水。这时恰巧汪晴也从朝天门过来了，她说已找到刘先生，但是刘先生说他不认识汪静之，而且以前汪家送去登记的照片也找不见。

因民权轮明早（15日）要开，静之火急火燎，于是他把所带的篓子袋子等全交给飞白，自己立即赶到民生公司去接洽，要汪晴飞白随后跟上。望龙门上坡的石级又高又陡，他又走错路线，上去走不通又回下来，爬了许多冤枉坡跑得汗流浃背，气得大骂跟在后面的飞白为什么任凭他走错。但飞白并不熟悉望龙门到朝天门的路线，刚才仅仅是追随而已。今后可要自己找路不能追随了。

他们赶到民生公司，却又不见了刘先生，静之在那里等待，吩咐飞白先把东西带回家，通知妈妈赶紧收拾行李，然后即赶来朝天门听候消息。

飞白走了这一路，所提的篓子袋子早已滴滴沥沥流出水来，猜不透是什么液体，他穿的劣质皮鞋里又有几个突起的结节非常硌脚，好不容易又跑完这个来回，见到父亲贴的条子方知他等到下班也不见刘先生来（原来刘先生一天只上两小时班），只得回家了。等飞白也回到家天已断黑，白跑了一整天的山城路，这次的民权轮就这样失之交臂。

后来才揭开这些篓子袋子里的秘密，原来这次没搭上民权轮的原因正在其中。静之于12日领到钱，13日早上本可以回来，因为早起一看时间只有五点半，离七点钟开船还差一个半钟头，便去早市买猪肝——平日里久不吃肉天天吃空心菜，而白沙肉类便宜，买猪肝带回来给大家"补一补"是个好主意，比独山的牛肝强。

结果他买好猪肝去上船时，船刚刚离开码头，只差了几秒钟！当天回不来了，夏季里猪肝无法保存，便拿到一家饭店去叫人家炒一炒，不料一个眼差被店家放进一锅水里煮了，目的是好趁机占有一锅高汤。静之不肯让他占这个便宜，只好把猪肝汤也装了两钵子，拖泥带水地全带回来。说起猪肝的"罪过"，不止是误船而已。静之本准备拿到钱要换美金的，因猪肝迟回一日而耽误了兑换，美金从每百元二十四万涨到四十万，他一下子就总计亏损了二十多万。"都是猪肝的错啊！"此事很能代表诗人汪静之的风格，令人忍俊不禁。

民生公司的关系总算接上头了，剩下的就是要等民权轮宜昌走一个来回。这期间汪家反复演练，飞白一早带两张草席，抄近路一口气爬上坡，经荒僻的张家花园跑到民生公司，而静之则带买票钱乘公交车前去买票。当时乘公交车也有点奢侈，飞白是哪怕跑遍重庆几个来回也不坐车的。同时竹因负责准备行李打铺盖，因铺盖到晚上都要打开睡觉，所以只好每天重打一遍。如果船到了就立即买票和占"席位"。

准备了十天后，汪家终于登上了船，"席位"占在船的顶篷上。运完行李后，家里还剩有两个妹妹，飞白最后又回去跑了一趟，带伊霓、伊虹乘公交车到朝天门上船。这是1946年8月25日，距抗战胜利之日已超过一年，而自汪家1937年8月17日从浦东撤离至今已超过九年了。

我们这次走完重庆的穿越之旅，最后也回到朝天门登船。这趟重访重庆，飞白不知疲倦地走了很多山城路，如今行军能力仍是这位三十年老兵的强项，交际能力则是他的弱项了。他因血压不稳，赴重庆出席《诗刊》颁奖会前就预先声明"不多说话"。事实上在颁奖会上他只说了五句话，而且除会见遂宁主办方之外没有会见与会的各方人士。

飞白又一次从朝天门启航，他说如今蜀道已容许我们自由进出，再不必为等船受尽煎熬并耗上一年时间了。我们一面望着暮色里灯光辉映的"朝天扬帆"建筑群，一面在想象中重播七十二年前小小民权轮从这里启航的情景：因汪家搭乘在船顶篷上大烟囱侧后，船一开，烟灰煤渣就纷纷撒落下来，粘满身上脸上，把每人都染成了一幅点彩画，但这算得了什么，这是离乱九年盼望九年后的凯旋回乡之旅呀！对飞白呢，这还意味着跟随父母漂流生活

"朝天扬帆"建筑群的设计形象

的结束和自己漂流大海的开端。

在《小约翰》中，代表自然的旋儿领着约翰去眺望那广远而雄伟的海：

蓝的是宽大的水面，直到远方的地平线，……地平线上分出一条柔和的，天和水的奇异的界线。这像是一个奇迹：直的，且是弯的，截然的，且是游移的，分明的，且是不可捉摸的。这有如曼长而梦幻地响着的琴声，似乎缭绕着，然而且是消歇的。

那就是小约翰和飞白向往的方向。与急盼回乡的人群不同，飞白缺乏清晰的家乡观念，

对杭州他几乎没有印象了，现在他心灵赶赴的不仅是杭州，而是更远，更远。

不过水手的路还长，目前才刚出三峡。竹因保存的材料里有几页飞白当年写在毛边纸上的记述，原文破损，残存的是乘民权轮到达宜昌后换船的情况，日期是1946年9月5日到6日，以此作为九年离乱和少年时代的一个尾声（文字残缺处用省略号表示）：

　　（……）我们换乘的江宁轮比民权轮大得多，是一条客货两用轮。船票是托了人买到的，也是"活统票"。看见宜昌码头上堆积着大堆湿淋淋的行李，地面也流满了水，一问得知这是轮拖木船触礁进水造成，触礁的木船将沉未沉，而宜昌已不太远，领江决定拖轮加足马力直奔宜昌，侥幸木船还未沉没。

　　5日一早，上船去占席位，但已有不少人提前抢占，还有三百个兵也已提前上船。我们的席位仍占在船顶上，然后姐姐留在船上看铺位，爸爸和我从客栈搬运行李到码头，搭小船运到江宁轮边。可是登船的舷梯又高又陡，且无栏杆扶手，自扛行李很不保险，只得花两千元请人扛行李登梯，上船后还是我们自己搬上船顶去。船顶上有驾驶楼、大烟囱及吸烟室，吸烟室里布置考究，甚至连玻璃窗都是透明的（我们已有多年没看到过一块透明的玻璃了），但也铺满了地铺，茶房卖这里的铺位赚钱。吸烟室两旁和后面空出来的船顶，就是无座"活统票"旅客抢的位置了。我们占的铺位前面靠屋檐，可以挡点雨，后部就没遮挡了。但这里视野开阔，不下雨时空气阳光丰富，堪比特等舱。

　　楼下前部是真的特等舱，后部是船员舱位，再下层就是头

时隔七十二年再过三峡，飞白拍摄今日夔门

二三等铺位了，那里都空气污浊，地上积水，又闷又热，哪里比得上船顶。这船顶比民权轮宽阔得多，沿边还有一道铁栏，我们把箱子沿铁栏排列成一道矮墙，再不愁跌下去了。船舷边挂着三只救生艇，我看总共也载不了多少人，沿艇边有一圈绳子、坠子围着，可作抓手以多救几个人。大烟囱呈扁圆形以减少空气阻力，高七八米，所以燃烧效率好，可能烧的煤也好些，总之没有那么多煤灰砂粒落下来，我们这趟也免于被涂抹成鸬鹚了。

本来说的是十二点钟开船，但是装货装到天黑，今天船就开不成了。装的货有木桶有汽油桶，听说是桐油。等待的一整天间，先闹水灾，是消防龙头（……），毯子、箱子全被打湿；既而闹旱灾，在大太阳下烤着，而在开船前船上又不供应开水，只能下船上坡去买开水，买馒头。因不断有"活统"乘客继续登船，终于一切空地都铺满了席子毯子不留余地。谁想从此过路，唯有脱了鞋踏过众人的铺位（……）

　　昨夜下雨了。我睡的位置靠边，是屋檐遮不住的地方。外边紧挨着是别人的席位，他们备有油布，在铺位上支起篷来挡雨，我睡在屋檐和油布篷间，上面一条大缝。起初雨小，我随着风向的变化，或靠向屋檐一侧，或靠向油布篷一侧避雨。到凌晨三四点钟雨忽然下大了，等我惊醒已经淋得透湿。船顶后部无遮挡的人群也都成了落汤鸡，大乱起来，到处寻求避难所，抱着湿淋淋的毯子往我们铺上乱跑。无法再睡，只等赶快开船。后来江宁轮的汽笛叫起来了，却像被掐住脖子似的，"呼呼！呼呼！"地总叫不出嗓音。到天亮时分，江宁起锚离开宜昌了。

　　离宜昌不一会儿，两岸的山像约好了似的开始往后退，空出的地面铺展开去，终于化作一片大平原。九年来没有伸展开的眼界忽地放大，直达天际，好比久囚笼中的野兽突然被放了出来，感觉茫茫然有点不知所措。这里的江水也不再奔腾，变得简直波平如镜，映得出岸旁景物的倒影。三峡之险已落在身后，旁边一位乘客彭太太还在心有余悸地讲述遇险经历：她前段搭乘的福昌轮触礁，死了许多人，她和孩子们爬在轮船所带的木船篷顶上惊险活命，还眼见身边一个已爬上篷顶的妇女失足滑落，淹死江中的惨状。

　　雨已停，船顶的"活统"乘客们仍是湿漉漉的，行李也泡在积水里，都是水，单单缺可喝的水。终于烧好的一锅开水供不应求，你争我夺中泼洒了开水，又烫着一个小孩，引起互打巴掌，有的哭有的骂，吵吵嚷嚷地奏着胜利凯旋的回乡曲（……）

第二章
马背上的水手

飞白启航后的生涯，以五十岁为界明显地分为两段：前半生当兵三十年，后半生教书三十多年，到他退休之时已连续工作六十多年时间，几乎等于一般人的两倍。飞白前半生过的是戎马生涯。但由于参军分配到陆军而不是海军，借用杰克·伦敦的话说是当了"马背上的水手"。

飞白是怎么走上戎马生涯并且还戎马半生的？这要从头说起。

鲁迅的嘱咐

逃难西部的日子一过就是九年。显著标志岁月更迭的是，待到胜利回乡，飞白的爷爷、奶奶、外公都见不着了，祖辈只剩了外婆一人。飞白和姐妹1946年9月从大后方回杭州，暂住临平外婆家。飞白和汪晴在此准备高考，同时兼管四岁的虹妹。家底积蓄一无所有，父母都外出谋生去了：静之到徐州江苏学院任教，竹因先到安徽宣城工作，后来到联合国战后救济总署，总署在杭州市内，周末可以常回临平。

临平镇上的外婆家为大舅战后新建，大舅是医生，原是留学日本归来的，战后就在家乡行医，开了临平唯一的西医诊所。新建的房子有三间门面，比较宽敞，飞白和姐妹们住在阁楼上。房子靠近镇的西头，门前就是上塘河，洗衣洗菜都在这条河里洗，饮水要挑到水缸里加明矾澄清了才用。左侧往西走几百米可到临平小镇的街市，右手边紧挨着西茅桥，这古旧的石拱桥就是飞白的"外婆桥"。儿歌里唱"摇啊摇，摇到外婆桥"，形容的正是江南水乡的情形——这里处处有河可通，每到村边就有桥。以前串亲戚都坐小木船，人不在船边划桨，而是在船尾摇橹，这比划桨的效率高，像鱼摆尾一般摇啊摇的，就摇到外婆家门口的桥边了。在飞白外婆家门前，望得见河对面的沪杭铁路。1909年建成的铁路，火车站前造了道洋桥，西茅桥从此荒圮，桥上长满了草。上杭州乘火车，经停笕桥和艮山门两个站，到杭州城站二十五公里用不了一小时，这里就少见人摇船了。如今临平是杭州市的一个区，绵延不绝的住宅小区和街市已把这二十多公里都连上了。

　　飞白报考浙江大学是主动选择，选外文系则是父亲的意愿，这源自鲁迅多年前的嘱咐。

　　20世纪20年代初，刚满二十岁的汪静之出版了新诗集《蕙的风》，因发出个性解放的呼声而遭到守旧派猛烈攻击，幸亏鲁迅等大师保护了青年诗人。静之登门拜访恩师，并向鲁迅求教。鲁迅指导他说，写新诗要借鉴外国诗，要多读拜伦、雪莱、海涅等外国诗人的作品。鲁迅早在20世纪初就在《摩罗诗力说》中提出了"别求新声于异邦"，并热情推荐一批外国浪漫主义诗人，以后又提出"拿来主义"，"运用脑髓，放出眼光，自己来拿"，与世界文学对话。他这样指点青年诗人汪静之，表达的是他的一贯思想。

静之对鲁迅的指导非常重视，可是当时译成中文的外国诗没有几首（据静之回忆还只有"个位数"），要学习外国诗就必须先学外文。于是他就离开浙江第一师范到上海去读英文学校，不料刚学了半年，他求学的经济来源便断绝了——静之的父亲在黄山脚下的家乡开杂货店做小本生意，每年春天收购全村茶农的茶叶到上海卖，卖完回去后付给乡亲茶叶钱。不想这年卖的全部茶叶钱被伙计卷款潜逃了，他很讲信用，不得不借高利贷来还清全村乡亲的茶钱，欠下一大笔债，致使静之学英语半途而废。学习任务没有完成，他始终念念不忘，于是便把鲁迅交代的任务郑重转交给了飞白，当飞白报考浙江大学时，要求他一定要报考外文系。

汪家辗转回到杭州时，飞白就筹划考大学，静之起初对此态度并不很积极，因为他自己没上过大学也当教授。但飞白因小学和中学都几乎没上过，尽管自学看书，但总觉得太封闭而欠缺社会经验，因欠缺交流锻炼又使得口齿笨拙，故坚持要考大学，静之也终于同意。但父子对上大学的意向不一样，飞白首先是为了进入社会，静之要求飞白学外语是遵循鲁迅的嘱咐，而学外语的目的是学诗写诗。

飞白是爱诗的，尽管他因从小对父亲逆反不肯承认这一点。他对诗非常"易感"，这说的是综合情感美感而进入诗性境界的那种感受能力，后来他称之为"诗感"。不过，他回答记者关于"家传"问题时说，他在十来岁的逆反时期就已决心不当诗人了。他历来独立性强而且是犟脾气，对父亲的诗也不太买账，加之静之的教育方法有点失败：不是通过诗的魅力来感染子女，而是从小耳提面命，要飞白"立志当诗人"。在"诗痴"汪静之看来，世上万般都属"形而下"，唯有诗属"形而上"。结果飞白对"立志"和"当诗人"都大为反感，而且父亲重复的次数越多越逆反，终于暗下决心"此生决不当诗人"。他还说，小时候父母都教过他读唐诗，但由于逆反的缘故，妈妈教的诗他都会背，很对不起爸爸的是他教的唐诗连一首也记不得。

有位记者的采访就在这个坎上绊了跤，也真可算趣话：他写的栏目是"成才之路"，采访飞白的主题也预先拟好了，是"诗人父亲对儿子的家教"。飞白刚开始说父亲一贯爱讲"小孩子第一要立志"时，记者立时喜形于色："对对对！这正是我要的主题。"但飞白接下去说，其结果使得他"讨厌立志"，父亲教"立志"的同时还教许多"格言"叫子女反复抄写，这也使飞白"讨厌而痛恨格言"。这些话很不中听，记者为之愕然，实在没法接受。面对这样"不成器"的孩子他终于打了退堂鼓："打扰您了，那我就此告辞了。"

然而，主要由于母亲的感染，飞白毕竟是爱诗的。因为决心不当诗人（他一生对此从不后悔），后来他对诗的爱好"拐个弯"而走上了诗翻译的道路。不过这是后话了，考大学时他还丝毫没有从事诗翻译的预想。

飞白从十六到十七岁这年便在外婆家做高考准备，借了初中高中的全套教材来读，就这么一册接一册，从头到尾像看小说那样连贯地读下去。他觉得课本连着读还挺好的，印象完整，感觉比断断续续上课好得多。不明白为什么这么点内容值得花六年时间去学，当然其中的数学是需要做习题的。至于英语呢，飞白本来已能看书，现在看教材不过是了解一下内容而已。他备考时把主要精力用在翻译小说上，译了显克微支一本长篇小说的英文版，译完去考浙江大学得了高分。他最能拿分的科目是化学，其次是生物、英文，另外国文大概也还不差。飞白于是获得了"四年学杂费、伙食费全免"的最高奖学金，全校仅一个名额。这个唯一的名额被他拿到，使他一入学就在经济上基本自立，只需要父母支援少许衣物。这也成了飞白走向社会的第一步。

从竹因保管的旧信中，偶然翻到一封飞白大舅1947年给竹因的信，其中写道："竹妹：大波得了奖学金，倒是我意中之事，可喜可贺！这可是给了静兄一个严重抗议。他既替你们省下了一笔不小的负担，望你们以后要男女平等，不要重女欺男为要。"信中称的"大波"即飞白，至于静之的"重女欺男"，本是他对封建传统重男轻女的矫枉过正。由于飞白在家里受到不公正对待，舅舅们和姨父常为他打抱不平。但这对飞白倒实在没有害处，反而促使他更加独立自强。

同在这个学年，静之应聘到上海复旦大学任中文系教授，竹因也到上海做中学教师，伊霓、伊虹随去，在抗战离乱多年后，汪家终于在复旦大学校区里安了家。飞白考上奖学金减轻了家里经济负担，大家很开心。竹因写信给汪晴飞白说：第一次给伊虹办了个生日party，吃蛋糕，老友曹珮声送来糖果，按绩溪风俗做鸡蛋烧肉。更有一件在当时算很了不起的事，是用四百四十万元买了一台无线电收音机，把家里的现钱全用完还不够。在没有电视的时代，收音机就是最现代化的设备了，他们高兴地一直开着收音机，听歌听到夜深。

关于静之一家的老朋友曹珮声这里也要插叙一笔。珮声是静之从小青梅竹马的朋友，珮声先到杭州读书，静之是随后才来的，珮声还是静之竹因相识的介绍人。她学名曹诚英，是第一代中国农学教授，如今和静之在复旦大学同事。飞白他们都称呼她"曹伯伯"，其原因和称舅舅、舅母为"伯"一样，是五四时代反对"尊卑男女"歧视的一种激进举措。珮声写得一手好词，后来她因与胡适的关系在政治运动中备受打击，"文化大革命"中她把一直珍藏的一大包与胡适来往资料委托静之保管，并叮嘱一定要在她死后烧毁。珮声在"文化大革命"中去世后，静之忍痛执行了遗嘱，但还是留下了一些诗词手稿。"文化大革命"结束后，静之向媒体透露了她与胡适的恋情，而飞白整理了她写给胡适的词并为文汇读书周报写了《玉珮玪玪——记女词人曹珮声》一文，作为对曹伯伯的纪念。

再把话头说回来。"飞白"这个名字，是他十七岁报考大学时为自己起的，在上文里已可看到，之前他叫过的名字很多，这些名字全部与诗有关：

飞白的小名原叫"阿波"，意指象征派诗歌的鼻祖波德莱尔，因为二十年代静之和竹因都怀着五四退潮后深深的忧伤苦闷，很爱波德莱尔的诗。在亲属间则叫"大波"，因为大舅家孩子起名跟他袭用"波"字，他就是大波而表弟是小波了。前面已经提到飞白上小学的学名叫"志波"，这倒暗合了飞白日后远航诗海的方向。静之另给他起过一个学名"波白"，这是静之最喜爱的外国诗人波德莱尔和最喜爱的中国诗人李白的结合，不过这个学名从未用过。飞白上初中用的学名则是"瀑落"，谐音"普罗文学"即无产阶级文学。静之受诗友们的左翼影响，怀抱革命情结而崇尚普罗文学，他起初不觉得崇尚波德莱尔与崇尚普罗文学有什么矛盾，但随着知识分子左倾化，波德莱尔的颓废渐遭批判，静之对波德莱尔的态度也从膜拜转为贬斥，于是飞白带有"波"字的学名也被废弃。因国民党掀起反共白色恐怖，湖畔诗友陆续牺牲，"普罗文学"又成了政治违禁品，对"瀑落"的本来寓意静之也绝口不敢再提。于是，"波"和"瀑落"等名字都成了本义失传的玛雅文。

当时没有户口制度，飞白小时用过的名字都没有户籍备案，他考大学又没有高中档案的延续性，考的是"同等学力"。这样他就得到了为自己命名的难得自由。飞白不愿意给自己再贴不切实际的"象征派"或"无产阶级"标签，因而起了个空灵的名字"飞白"。这同时成了他的本名、学名和笔名。

按中国美学的解释，"飞白"的意蕴是有意地留出（诗性）空白。飞白心目中的诗是宽泛的，诗的本质是不要把纸涂满，而要留出无声胜有声的空白，留出心灵的自由空间。这名字倒得到了静之的认可，但后来见飞白出版书籍署名"飞白"而省略汪姓，静之就不高兴了。他说："真是无政府主义！废姓是无政府主义主张，巴金就是无政府主义的。"而飞白辩解说：飞白意象里已经包含"汪"姓的水元素了！——波也好，瀑也好，飞白也好，不都呈现着浪花飞沫么?

飞白报考浙江大学，虽对学外语和外国文学很感兴趣，但究其深层原因，恐怕还是令小约翰跟随"严正的人"走向黑暗大都市的那种驱动力。从独山到重庆，飞白只是作为观察者眼见社会景色，如同小约翰之前跟随穿凿时眼见的那些污秽的巷、苦难的或愚昧的人。如今他将要亲身跟随表叔们走进人间了。果然，上浙江大学并没有把飞白引上诗人、作家之路，却把他引上了革命者之路。飞白后来终于成了诗翻译家和诗学教授，应该说他父亲的意向也局部地实现了，这是静之晚年颇为满意而自豪的，但那却是生活塑造而成，大学教育对飞白学诗与诗翻译提供的帮助相当有限。飞白的诗海，就是凝在军衣背上的那一片白花花的盐渍。

钱塘江水滚滚流

飞白上了浙江大学外文系，师从方重先生，方重赴英国讲学三年刚刚归来，应竺可桢校长之请来浙江大学任外文系主任。方重是研究乔叟和陶渊明的专家，言谈举止都极具绅士和学者风度。当时的外国文学系和现在的外语系课程明显不同，外国文学系侧重的是文学，方重亲自上一年级的基础课，讲的不是精读泛读、听力语法之类，而是荷马与《圣经》，这二者是英语文学的基础。飞白首先向方重先生学习的就是学者的素养和对西方文化基础的认识。其他老师中给飞白印象深刻的，还有法语和钢琴教授李树化，飞白跟他学的二外。还有我国有机高分子化学带头人王葆仁，飞白早就对此感兴趣，但自己属文学院无缘选他的课，而旁听呢，因课堂人满飞白只好坐在窗外听。还有体育教授舒鸿，他曾随中国代表队首次参加1936年奥运会，担任过奥运史上首次篮球决赛（美国对加拿大）的主裁，他五十多岁教体育课仍精神抖擞。虽然外文系开有英诗课程，但飞白听课全无感受，这是出于思想倾向不同，对这位教授上的课不买账，这其实有点意气用事和幼稚。

姐姐汪晴和飞白一同考上浙江大学，同在外文系1951级（1951是毕业年份），全班同学只有十五人，这是一个很团结友好的班级。但每年有些进出流动，最多时达二十余人。

抗战胜利后汪家在重庆无船回乡，因为船都被国民党征用运兵准备打内战了。国共双方当时还在重庆谈判，但外患既除，内战已难阻止，飞白回到临平时内战已全面爆发。因国民党政府腐败，在抗战期间大发国难财，抗战结束又大发接收财，造成物价飞涨民不聊生，又加上迫害民主人士镇压学生运动，使国民党大失民心。蒋介石借助抗战胜利乘敞篷车巡游重庆接受民众欢呼的风光迅速丧失无遗，敏感的青年学生带头表达了人民的不满。飞白进浙江大学前夕的1947年5月，京沪杭学生发动声势浩大的"反内战反饥饿反迫害"运动和大罢课，并迅速扩大至全国，一直持续到放暑假才告一段落。飞白到校注册时，外文系高年级同学徐型仪、彭国梁就在接待点迎接报到新生，向他们介绍上半年学生运动的情况。

"反饥饿"之成为学生运动的口号之一，是因为国民党在战后对东部沦陷地区的接收变成了不择手段的"劫收"，破坏了经济，酿成了新一轮严重的物价狂涨，贫穷的学生群体陷入饥饿之中。飞白上浙江大学后记忆犹新的是，联合国善后救济总署在学生食堂救济学生，分给每人每天一汤匙煮熟的黄豆，这是学生可依赖的主要营养品。当时学校才回杭州，物质条件十分简陋，许多教室是铁皮屋顶，真正夏暖冬凉。但这样的条件已来之不易，大家都很珍惜，盼望学好知识能使中国面貌一新。

　　飞白进入人间，试图改变自己素来孤独的局外人形象，便在班上主办墙报和笔谈，还参加学生文艺团体"喜鹊"。他母亲竹因有很好的音乐修养，在女师练过古琴和箫，飞白对音乐也很向往，便又参加了沈思严教授指导下的浙江大学合唱团。可惜练声缺乏好的嗓音条件，选择练钢琴吧（这个年龄才开始练当然不是为了演奏，只为了作曲的基本需要），可是练了一段又遇到困难：他的手指跨度够不到八度以上音域，连弹奏基本的八度和弦都不够自如，又只得惋惜放弃。但因在合唱团已结交了朋友，他仍留团内——在合唱群体内嗓音好坏都滥竽充数，也做做作词作曲和练唱指挥，反正只是学生活动不要求专业水平。后来合唱团在校内作过多次演出，最成功的一次是演出《黄河大合唱》。为了普及歌咏活动，飞白曾为全校各系级歌咏队培训指挥，用《义勇军进行曲》为主要练习曲。

　　飞白上浙江大学还不到两个月时，就发生了震动全国的于子三被杀事件。这是国民党反动政府继暗杀著名民主人士李公朴、闻一多后制造的又一起惨案。于子三是浙大学生自治会主席和杭州学运领袖，当时出面在自治会和学联等公开工作的不是共产党员，于子三是外围组织的一位负责人，他在地下党领导下带领浙大和杭州大中学校同学，开展1947年反内战反饥饿反迫害运动和大罢课，招致了国民党政府的特别忌恨。10月26日国民党特务秘密逮捕于子三，严刑逼供，企图获得地下党组织和全国学联内部情况等情报，于子三坚贞不屈，于29日被残杀狱中。

中国之大，已容不下一张书桌！于子三是农学院四年级生，飞白等1947年新生和农学院一起住在庆春门外华家池，那时浙江大学学生不多，同住几幢宿舍，虽不相识也是天天在一起的同学。我们的学生自治会主席，一夜间竟可以被特务非法绑架，被匕首捅穿喉咙，这还成什么世道？让学生怎么还能安心读书？反动政府的无法无天，引爆了学生抗议和罢课浪潮，反迫害斗争从杭州蔓延到全国，成为中华人民共和国成立前最后一次全国性大规模学生运动。

学生都激愤了。这时飞白又偶遇初中同学罗征祥，她当时就读于杭州广济高级护士学校，思想比飞白更激进。在独山黄埔附中上初一时，罗征祥的座位在飞白左手前一排，虽非同桌但仅一臂距离，时隔七年在数千里外的杭州相遇，分外激动。不过在疾风暴雨的年代里，少男少女的约会不是在谈情说爱，而是把满腔浪漫激情付予革命理想，这在今日青年看来实在是不可思议。罗征祥给飞白输送理想主义的《钢铁是怎样炼成的》等革命文学，积极助推飞白参加左翼学生运动，走上"我家的表叔"原先就在冥冥中指引的路。杭州解放后罗征祥参加革命干校，分配去宁波工作，此后就再没有见面了。

　　飞白上二年级时被选为学生自治会代表和级会主席。飞白把越来越多的精力转向学生运动方面：办壁报，组织歌咏队，学习马克思主义和共产党文件，制作巨幅解放战争形势图，跟随新华社消息在图上插红旗。在国共内战中，大部分学生都支持共产党，称浙江大学为"江南民主堡垒"，而时人则称浙江大学为"小解放区"。国民党方面安插了一批青年军三青团学生免考入校，他们居于少数，学习成绩又较差，影响不了群众，而且他们也不全是国民党的拥护者。不时还有浙江大学学生被当局秘密逮捕，这只会进一步激怒学生，促使学生愈加左倾，而飞白也愈加增长了革命和冒险激情。由于革命时代政治热情高涨，飞白在浙江大学期间从没考虑过今日大学生考虑的毕业就业问题。

　　1949年初国共内战的形势急转直下。想当初蒋介石撕毁重庆谈判协议时，他预言自己可以在八至十个月内消灭共产党。那时他相信，凭他的飞机大炮加坦克（美式装备加日本投降交出的全部装备）对共产党的小米加步枪（只有极少数火炮），凭他当下国军总兵力四百三十万对共产党总兵力一百二十万，尤其是凭国军中三百五十余万装备精良的正规军对共产党区区六十万野战军的绝对优势，他蒋介石岂非稳操胜券？哪里知道胜负在于民心向背，形势出乎意料地迅速反转了。

　　蒋介石政权基础的崩塌，从它发行的货币上就看得出：因打内战无限印发纸币，到1948年夏原法币已形同废纸，买点东西动不动就是几千万元、上亿元。于是蒋政府于8月发行新币"金圆券"，法币三百万元兑换一元。百姓持有的金银都限期限令兑换成金圆券，过期不换一律没收。但结果金圆券比原法币贬值还快，仅过一冬春就又成了废纸，所印钞票最后达到了荒谬的"十万元""五十万元""一百万元"面值，使全社会都清楚地感到蒋政权已走到了末路。在战场上，仅较量了两年半就大局已定。目前这个冬天（1948年11月至1949年1月）解放军相继取得辽沈、淮海两大战役胜利，攻克天津并迫使北平国民党军接受和平解放。此时的蒋介石见大事不妙，眼看就变成被追的穷寇了，受迫无奈，才装模作样地宣布引退，由李宗仁代总统出面要求和谈。

这时正值寒假，但是浙江大学多数学生响应自治会号召，春节不回家而留在校内护校，一防政府强迫迁校台湾，二防寒假被军队乘校内空虚进驻，三防特务打手潜入校内破坏。1947年入学的这届学生升二年级时，已从华家池迁来庆春门内大学路校本部，因校本部南面缺围墙，自治会便发动留校同学自己动手筑墙以保安全。在此期间，1月25日浙江大学学生自治会决定：抓住目前有利时机，全校留校同学明天突击游行，到监狱迫使国民党当局释放被捕同学，同时向市民宣传揭露国民党要求和谈的实质，不过是争取喘息时间阻止解放军渡江而已。25日半夜，全校学生紧急动员开始准备，大家把白色床单都拿出来赶制成横幅标语，领头横幅上的九个大字是"钢铁就是这样炼成的"！

1月26日，天上的阴云压得低低的，但学生热情高涨得像点得着火，大家来到了监狱大门前，要求释放政治犯。口号声震动了监狱的高墙，学生文艺团体在监狱门前演出"活报剧"（用时事新闻题材编排并在街头表演的迷你剧，有漫画性讽刺性特色）和秧歌剧。国民党政府刚刚宣布愿意和谈，不得不做做样子。经学生派代表再三交涉，五位战友终于从监狱大门出现了，他们曾被国民党无理判刑十年。一年来，学生们激愤地唱着《钱塘江水》：

钱塘江水滚滚流，
苦难的日子哪年才到头？
吃也吃不饱，睡也睡不平安，
半夜里敲门，出去不回头！

钱塘江水滚滚流，
兄弟俩相隔一墙头，
看也看不见，眼泪往肚里流，
十年的光景好呀好长久！

如今大家肩扛起出狱同学，高唱《团结就是力量》庆祝胜利。浙江大学的队伍在杭州主要街道游行，并向围观群众宣传。这一天，学生得以一吐几年来在高压下受迫害的气。飞白带着几个同学负责刷标语，提着油漆桶和刷子，跑在队伍前面，用斗大的字沿街刷上大字标语"消灭蒋匪帮，解放全中国！""揭露假和平的阴谋！""打倒蒋宋孔陈四大家族！"爱冒

1949年1月26日浙大学生游行队伍行进在杭州
最繁华的大街延龄路（今延安路）上

险的飞白甚至攀爬上杭州市公安局的大门，在门楣顶上刷上了
"严惩战犯"，爬上中央银行大门，刷上了"没收官僚资本"
的大字，仿佛是钱塘江上弄潮儿或滑水运动员滑上潮头那一刹
那的炫技。浙江大学学生在国民党政府要求和谈时突击行动出
乎国民党军警意料，因未得上级指示不敢贸然开枪或抓捕，不
知所措，只得派两辆消防救火车来回冲撞，企图冲散学生队
伍，但也没敢直接碾压人群。事后，公安局把门上墙上的黑漆
标语反复洗刷了多天，才把字迹洗掉。

最后游行队伍走向凤凰山，来到于子三墓前，宣誓坚持斗
争到底，争取民主自由和人民解放，并齐唱挽歌："那一天，我
们将来到你墓前报告你：人民完成了你的志愿。"

浙江大学左派显示力量，当然会遭反动派打击报复，之后

不断有特务入侵校区，企图重施故技秘密抓捕。被营救出狱的同学和部分地下党员当天立即撤离，秘密转移到解放区。像飞白这种非地下党员而公开搞宣传者处境当然危险，每遇特务入侵警报，就得立即躲避和销毁文件资料。然而飞白仍大大咧咧地穿他那一身沾满漆渍再也洗不掉的衣服。虽说是穷学生缺少多余衣服，但这实在也很愚蠢幼稚。杭州解放前夕，飞白连续五夜参加了校区放哨巡夜，心情激昂但疲惫不堪，到杭州解放后那夜才大睡十几个小时。

1949年5月3日浙江大学学生热烈迎接杭州解放，兴奋地和解放军战士合影，沉浸在一片浪漫主义和理想主义情怀中。飞白和学生文艺社团的同学们立即组织了浙大文工团，配合当前任务编写文艺节目，到街头和各工厂进行宣传，到杭州各中学去协助组织政治学习。

1949年5月3日解放军进杭州，庆春门的这处哨位就在浙大校门旁

5月底解放上海战役胜利结束，已和家中失联一个月万分牵挂的飞白和姐姐急急赶回上海探望，得知一家平安，战役进行中父母妹妹们曾到市内竹因任教的中南中学躲避，市内相对安全，而位于江湾的复旦大学曾遭国民党军队入驻和盗匪劫掠。那时火车汽车都不通，飞白们是乘小船去的，冒着沿途国民党散兵开枪抢劫的危险，断断续续航行了两天两夜才到。之后沪杭虽通了火车但拥挤得厉害，连车顶都爬满

人，途中也往往要走两三天，还遭国民党飞机袭击扫射，造成乘客不小伤亡。

七八两月暑假期间，飞白加入了乔石任校长的杭州青年干校，青干校里有浙江大学和艺专（中国美术学院的前身）学生积极分子，也有浙江大学青年教师和中学教师。学习马克思主义基本理论、中国革命史和党史、当前形势任务和政策等课目，飞白在学员二中队当一个副班长。暑假后飞白暂时仍在浙江大学外文系三年级，担任学生会委员和浙大文工团指挥。学生会有许多活动，文工团每周承担省广播电台的节目，还要到中学、工厂、街道演出、宣传、辅导，因杭州市民对共产党解放军还很不了解，需要广泛宣传新政权的性质和政策。这样大忙特忙了几个月，对飞白倒颇有锻炼。从他6月30日加入杭州青年干校起就是正式参加了革命队伍。浙江大学学生中左倾力量雄厚，如今成了各条战线选拔干部的来源，当时接管省市政府各部门的班子，许多是由三野和浙江大学抽调人员组合而成。这时飞白面前还有选择工作岗位的机会，这之后基本就全是服从组织分配，自己不能跳槽了。组建浙江省文工团时找飞白商谈过，但飞白因缺乏先天音乐条件，作曲也觉得缺乏音乐灵感而终于辞谢了。

北漂记

接着，华北大学向各校征召学生，特别是外语专业的学生赴京学习俄语，飞白决定参加。

当时世界进入冷战时期，美国支持国民党政府虽遭失败，仍继续与新成立的中华人民共和国为敌，而经历了长期战乱，中华人民共和国成立后百废待兴，需要苏联援助，公开宣布了"一边倒"外交方针，加入以苏联为首的社会主义阵营。之前中国几乎无人学习俄语，在此形势下，需要紧急培养大批俄语人才。飞白响应了时代的召唤，和他一同北上的还有姐姐汪晴等同学。

这样，飞白考入浙江大学后只读完三年级上学期，1949年底就离开浙江大学，转赴北京上华北大学了。这不是一般转学，因为华北大学并非普通概念的大学，而是一所源自延安的革命干校，在抗战时期，抗大（抗日军政大学）培养军事干部，而华大（那时叫华北联合大学）培养地方干部。赴北京上华大是飞白早些日子上青干校的延续，既是青年革命热情的表现，更含有扬帆闯闯未知海域的激动。学俄语，上北京，见世面，都是新鲜事，另外享受供给制待遇对飞白也很有吸引力。杭州解放后，学校原设的奖学金取消了，改为对家庭困难学生的助学金，所以飞白不再享受学费与伙食免费的待遇，飞白对此政策完全拥护。当时静之在复旦大学当教授，每月待遇只有两担米，如按现在米价（三块五一斤）计折合七百元，静之之竹因两人工作一家六口的经济也左支右绌。但是在评审"困难家庭"时，虽然全班同学纷纷提出了申请，飞白却不好意思去争"困难家庭"名额。另一方面，在自己经济已基本独立不依赖父母后，如再回头去叫父母出资供自己上学，他又无论如何做不出。于是华大的供给制就成为很好的选择。

来到十二月底的北京，第一个印象是晴空一碧，天空清澈而深邃，蓝瓦瓦的，还有鸽哨和蓝天融合为一，使人觉得这是天空本身因蓝得太清澈太响亮以至发出了哨音。这样的天在南方从未见过，而且若干年后在北京也再见不到了。当时街上叮当跑着的是有轨电车，东四街口矗立着四个漂亮的牌楼，学校就在东四北大街赫赫有名的铁狮子胡同一号，简称"铁一号"。这里曾是清朝的海军部、袁世凯的总统府和段祺瑞的执政府，即1926年"三一八"惨案发生地，也是日军侵华时期冈村宁次的华北驻屯军总司令部，浓浓的历史感油然而生。

华北大学沿袭着革命干部学校的传统，俄文专修班五百多人分编了七个队，正副队长的工作相当于连队指导员，学员也按连队编制十人编一个班。因苏联教师尚未到达，俄专学员以政治学习为主。政治学习的形式是听报告、分组讨论、领导讲评和思想小结。学员自带马扎（折叠凳）到大操场或到校外听报告，报告开始前各队互相拉歌赛歌，飞白在浙江大学文工团做过指挥，这时就有用武之地了。有时请到钱三强、艾思奇等名家做报告，和政法大学等其他学校一同听讲，各校赛歌就更加热闹。大部分时间则是回宿舍学习讨论。宿舍都是大房间，每间搁许多双层木床，住两三个班，学习时就分别集中坐在几个角落，以班为单位讨论，联系思想改造。同时，正副队长则忙于在学员中培养骨干，不断叫学员到队部个别谈话，也不断有学员去找领导汇报，此类谈话或汇报不外是谈自己的思想和谈班里同学的情况。每当队领导掌握一些思想情况，就随时集合全队做阶段性讲评，引导讨论和思想斗争，指出该树立什么批判什么，这就是搞政治运动的雏形。几年后飞白才认识到：积极靠拢领导反映情况者易得信任和重用，但汇报不能保证都客观属实，也可能含有歪曲和告密。

给华大学员发的是四野南下前换下来的旧棉军装，已洗得发白而硬邦邦的了，不能保暖。由于多数人没有毛衣，这棉袄套在身上像套了个壳子，凌晨出操跑步时，北风马上就把这个空壳子灌满，叫你好好领教领教朔风刺骨的滋味。下午课后集体活动是源自陕北的秧歌和腰鼓，也有群众性的交谊舞，一律用锣、鼓、镲伴奏，声震大地也震动着空气，五百名舞蹈者身套臃肿的棉军装，环绕着铁一号大院踏着鼓点旋转，显示着共和国和年轻人充沛的青春活力。

每天吃两餐饭，上午饭九点，下午饭四点半，开饭时刻"大锅饭"风情在大操场上得到充分展现。每人带一张小马扎，在沙土操场上一个班围坐一圈。每人都把搪瓷大碗放在面前地上，等值日生负责用铁桶和搪瓷脸盆打菜回来，给每人碗里分一汤勺，若菜中有肉就更要分得公平，十来双饥饿的眼睛紧盯着呢。瞟见有较大块的微露一角，有私心的值日生就会速拨汤菜把它盖住，以便轮到给自己舀菜时，认准埋伏点舀起来。但这种小技很少玩得转，因为埋伏点也已被其他眼光聚焦。捞起这勺"猫腻"之时虽非千夫所指，"数夫所指"也足以叫它不情不愿地回归盆里。这样的小插曲倒也不伤感情，只为大锅饭风情添点调料。

最烦人的还是北京的风沙天，一阵风过来，赶忙用手掌遮碗，但哪里遮得住！而且小米饭里本身就含有不少沙石，飞白的牙就曾被沙石崩掉一块。但是新中国成立之初青年人热情高涨，华大生活留下的都是激动人心的记忆。其中还有难忘的一景是每晚归宿的鸦群。因铁一号大院里树木多，每当黄昏时分，遮天蔽日数以千计的暮鸦就从郊外回城，群集在铁一号里的大树上，一时间聒噪之声不绝于耳，热闹非凡，不过它们也弄得树下一地白色粪便。

到1950年暑假，华北大学开始改组为中国人民大学，俄专则改组为人大俄文系。国庆一周年时中国人民大学在操场上隆重举行开学典礼，俄文系四队恰好坐在前排当中，刘少奇和朱德来校主持开学，董必武等党内"五老"全部到场，穿过师生之间走向主席台。

这时苏联派来了俄语教师，正规的俄语教学在人民大学开课了。随之各条战线的苏联专家也陆续来了，首先到的就是军事专家。中华人民共和国成立后国防现代化十分重要，原来是小米加步枪的解放军要转型为飞机加坦克，刻不容缓，而苏联顾问来自二战的苏德战场，有当时最先进的经验。

因援华的第一批苏联顾问将到，需要译员应急。人民大学刚开学，就要从俄文系五百名学生中选拔五十人，分配到解放军各大军区和海军空军总部，成为第一批俄语翻译。其中三十人是二年级生即原先学过些俄语的，这在俄文系里为数不多；还有二十人包括飞白在内是刚开始学的一年级生。一年级生在俄文系里占绝大部分，他们对俄语也并非一点不懂，因为在华大俄专阶段虽以政治学习为主，也已有了俄语课。飞白入选二十人名单也并不奇怪，他本已读到外文系三年级，在整个俄文系里是学历最高的人之一，大多数同学入学时都是中学毕业或大学一年级水平。

华大俄专时期缺乏正规的俄语教师，俄语课是怎么上的呢？华大当时从哈尔滨找来一批俄罗斯人临时代课，他们原被称为"白俄"，不是指白俄罗斯，而是指十月革命时流亡国外的俄罗斯白军军官和贵族，如今已是第二代，且都沦落成了小贩，对教课很不在行。飞白队上的俄语老师姓库兹尼佐夫，他的教学程序是这样的：发了两三行的课文讲义，他先带读几遍，然后就依次叫学员起来读。学员没有基础，显然读不好，他每叫一位就叹息道："丝拉贝！丝拉贝！"（真差劲！）接着摇头苦笑说："尼却沃·涅戒拉耶什"（没辙了），最后决定："奴蜡诺"（拉倒吧），并再叫下一位。飞白幽默地说：自己别的没学到什么，对老师反复使用的三句课堂用语却学得烂熟了，但其含义却是以后才弄清楚的。

后来俄语教授的正规课他基本没摊上，可谓是掌握三句俄语就走上了翻译岗位。这时，尽管学到的俄语"真差劲"，却不能因为"没辙了"就说声"拉倒吧"交差。

五十名人大学生参军，走的不是干巴巴的抽调分配的形式，而是轰轰烈烈地报名参加抗美援朝的中国人民志愿军、张光荣榜、戴大红花、上报纸新闻、拍电影纪录片的戏剧化形式，仿佛还没上前线就先当了英雄似的。这样做，既做了抗美援朝宣传，也高度调动了被抽调者的热情，预先消除可能的思想障碍，保证绝对服从组织分配，可谓政治工作的艺术之笔。

当时朝鲜战争刚刚爆发，中国掀起抗美援朝热潮，新成立的中国人民大学里也掀起了写决心书、报名参加志愿军的热潮。飞白作为学生运动积极分子，当然不落人后带头报名，并随即出现在光荣获得批准张榜公布的五十人名单中。但等待若干天后才知道组织决定：这批同学不去朝鲜了，却要分配到解放军各大军区、各总部去做军事翻译。11月22日下午三点半飞白接中央军委命令分配到四野/中南军区，四点钟就出发。来不及告别同学就上车了。

飞白虽个子比较瘦小，但不缺乏冒险精神。解放军在全国人民中享有极高声誉，人生道路上出现参军的转折，而且要分到各大军区，都使他激动。心想"好男儿志在四方"，去东南西北都好，能远赴海边防正符合飞白的向往。但最好不要回到江浙，若回到原处该多么乏味。假如去年飞白在华东直接参军，本来应该是加入三野的，如今他到北方"拐了个弯"而参军，接着"抽签"似的抽中了四野，他对此也挺开心。这是偶然性，这个偶然性却带来了他后续的整个有关四野的故事。

南漂和戎马生涯

飞白一生都在途中。1950年参军到1980年老大回乡，想不到这一去就吃了三十年军粮。早期领到的军鞋是手工缝制的布鞋，是农家妇女延续战时家家户户支援前方的老传统，为八路军解放军制作的，飞白抄下了写在鞋里的制作者名字：陈凤贞，为的是不忘劳动人民对子弟兵的期望。

因为分配到陆军，飞白成了"马背上的水手"，他的漂流也陆上多于海上。中华人民共和国成立之初海空军都在初创之中，解放军基本上还是陆军，不过骑兵已退出历史，所说的"马背"也变成了军用吉普，今天的说法就是"悍马"。从此戎马倥偬三十年，做过翻译、参谋、主编、训练科长/参谋长、政委等非常不同的工作，按照部队作息时间从5点30分起床出早操起，军事训练或机关工作八小时，再加上集体晚自习或开会时间，每天合计十小时以上。五点半起床后来也成了飞白终身的习惯。

飞白从人民大学分配到当时驻武汉的四野/中南军区，最初是到中南军大当翻译。中南军大在汉口西郊硚口，当时正在改编为汉口第四高级步兵学校，李作鹏接替林彪担任校长——是的，就是"文化大革命"结束后作为林彪集团黄吴李邱"四大金刚"之一受审的那位李作鹏，他因眼睛负伤在室内也戴一副墨镜。飞白分配时因李作鹏恰好到北京开会，是在北京直接向校长报到的，李作鹏就带飞白同车返回武汉。到武汉飞白暂住了几天招待所，正值寒潮来袭，隔壁水房的水龙头漏水流过这边客房来，次日早晨起身时发现一双鞋子已牢牢冻在地面拔不出来了。

飞白起初随步校顾问卡里翁诺夫做翻译，以高级步校为基地，轮流跑广州步校、桂林步校指导教学工作（步校是培养连排长的，高级步校培养营团指挥员）。半年后飞白从汉口高级步校调到四野/中南军区司令部，随参谋长顾问布烈宁将军工作，当时军区首席顾问尚未到达，布烈宁代理首席顾问。中南军区主要领导之中，代号"零一首长"的林彪司令员在苏联治

刚参军的飞白

病，代号"零二首长"的罗荣桓第一政委在北京工作，都没见面，代表军区与布烈宁会面的是后来授衔大将的谭政政委。

飞白初当翻译时，其实根本不具备当翻译的条件。虽说在华大/人大也算是学过俄语，但没来得及进入正规学习居然就当了翻译，俄语完全是边干边学，翻译工作真是压力"山大"。他们这批第一代的新翻译都边干边学，非常努力，表现了共和国成立时的那种蓬勃朝气和革命热情。每天工作中都不断遇到新名词和新问题，飞白每天下班，左手手背上、手腕上都已写满了俄语生词，回到宿舍才记录到本子上。当时的工具书也少得可怜，只有一本很简单的小俄华词典，遇到的生词大都查不到，只能靠顾问口头解释，辅以飞白在外文书店买到的一本《露和词典》（日俄词典），通过日文解释中的那几个汉字勉强去猜。至于军事用语就更毫无参考了，全靠译员们各自体会和创造译法，各大军区的译法都要报到南京军事学院院长刘伯承处汇总统一。

飞白勤奋努力，是学习得最快的，每天习得军语、生词都超过五十个。从基本不会俄语到大体可以顺利完成翻译任务，只用了大约三个月时间。他刚任翻译不久时，遇上一次李作鹏校长和顾问争论战术问题。李作鹏抗战时期就在一一五师林彪身边做作战科长，解放战争中在东北民主联军做过参谋处长，是位参谋长型思维缜密的将领，对林彪战术深有体会。他对苏方的战术思想颇感疑惑，他们把桌子当沙盘，用茶碗等物品大摆阵势，谈了许久仍难以互相理解。飞白俄语能力太浅，译这样的议题力不从心，为未能顺利沟通双方深感歉疚。后来他才弄清，当时难以沟通不仅是语言问题，更是中苏两军作战经验的差异所致。李作鹏谈的是我军农村包围城镇的作战经验，在桌上摆的是东北作战"三下（松花江）江南"战役围城打援的战例，而顾问谈的是二战中多兵种打阵地攻防战的经验，因阵地绵延不断，非打开巨大突破口根本不可能包围敌军部队，而突破却是难乎其难的事。双方使用的概念、术语含义都对不上碴，当然难以沟通了。如何在解放军自身经验基础上吸取苏德战场上多兵种现代化作战的经验，又如何融会贯通，将是一个大课题。这促使飞白不仅要提高语言能力，还要认真学习钻研战术、战役和战史，争取赶快在军事上成为内行。

　　1952年7月初四野与中南军区领导机关南迁广州（后来中南军区又切分为广州军区和武汉军区）。南迁前夕飞白还接受了一件临时翻译任务：参与接待来华参加亚洲太平洋区域和平会议的墨西哥、缅甸、新西兰、加拿大等国代表。他陪同代表们参观了进行中的荆江分洪工程，看到了江堤拦着高出地面数米的长江水，全长一千多米的进洪闸，以及在淤泥里筑堤腰斩黄天湖的艰难工程。与此同时，飞白还在电影纪录片里兴奋地看到了姐姐汪晴随中国青年文工团参加柏林世界青年联欢节，并参加清理七年前的战争废墟的镜头。也在此时，得知父亲静之接受诗友冯雪峰的邀请，决定离开复旦大学到北京人民文学出版社工作，两个妹妹也将随父母迁往北京。感觉到中华人民共和国欣欣向荣，国际地位在不断提升，飞白心情激动。

迁到广州后，翻译科和广州军区顾问团一起，住在广州德政北路军区第二招待所。这地方本来是汪精卫之妻陈璧君的公馆，有小洋楼建筑、很大的园林和游泳池等设施，抗战胜利后陈以汉奸罪被捕，房产没收。这在广州要算条件最好的地方，解放初期归军区所有，日后成了广州市委所在地并新建了高楼。

飞白经过两三年实践的锻炼，完全能胜任军事翻译工作了，正好在1954年2月迎来了担任广州军区苏联顾问团首席顾问的乐维亚金将军。乐维亚金身材敦实个子不高，时年五十五岁精力充沛，性格直率厚道，对飞白而言，这位将军还是他走上译诗道路的推动者。飞白虽有爱诗之心，虽上了浙江大学外文系，但对日后走上诗翻译的道路却是并无预见的，需要有个触发的契机，这就得感谢和纪念这位难忘的国际友人和长辈。

当时苏联顾问团的任务是帮助解放军从小米加步枪转型到飞机加坦克，并全面传授二战中苏德战场的现代化作战经验。乐维亚金来华前原任莫斯科军区军训部长，苏军的军训部是重要部门，军训部长作为司令员主管训练的助理，位置相当于副司令员。二战中他曾任红军第10近卫军军长和第55军军长，参加过许多重要战役，解放过克里米亚和塞瓦斯托波尔。二战最后阶段奉命调远东方面军任第88军军长加入对日作战，参加了哈尔滨-吉林战役，接着指挥解放朝鲜战役。

乐维亚金将军

乐维亚金是红军初创时期的干部。飞白在与苏联将领们的大量接触中，感觉到列宁的部下和后来斯大林的部下作风有所不同：乐维亚金满怀国际主义热情，把中国建军工作当作自己的事，而且为人朴实谦和令人感佩；而斯大林部下的少壮派将领呢，却往往显出大国主义，傲气凌人。这说的是总体印象，当然不能一概而论。

乐维亚金身为中将，传授的主要是战术、战役学和现代化协同作战，但他下部队时还与解放军战士一同摸爬滚打，甚至示范单兵动作（即单个战士的战斗动作，这是训练的基础课），非常平易近人。一次在训练场上见新战士投手榴弹不得要领，他便亲自拿起训练手榴弹示范：助跑，投掷，手榴弹竟准确地落入了数十米外的堑壕内。他也像孩子般开心，悄悄对飞白说："长久没投，我居然还投中了！"十月革命和国内战争年代他有丰富的部队基层经验，但那已是近四十年前了。

飞白为他当翻译配合密切，译他传授的知识已非常熟练，乐维亚金下部队时，常应部队要求，给中高级指挥员和参谋人员讲苏德战场的战例。大家知道，在须经翻译的场合讲话，每段不宜超过一两分钟，时间再长译员记不住。但是乐维亚金对飞白的翻译很有信心，他讲到兴起处总是打不住话头，一口气最多竟可讲上十五分钟，然后便和听众一同，饶有兴味地看飞白代表他，拿起指示棒就着一幅幅要图，有条不紊地重新讲解一遍。这也引起听众极大兴趣和好奇。因为讲十五分钟的课若印在纸上有四五页了，一句句记下来显然是不可能的事。飞白之所以能译，不是译句而是译过程。特别是假如乐维亚金已经在一个军部讲过后再到另一个军部讲解同一战役时，飞白对战役过程已了然于胸。通过担任这样的口译工作，也大大锻炼了飞白的语言表达能力，为飞白日后走上讲台当教师做了铺垫。

必要时飞白也给乐维亚金将军当当助手。他虽是顾问团长，但顾问团的成员——政工、炮兵、工程兵、通信、后勤等专业顾问们分别在各业务部门做各自工作，并不是他的助手；顾问团的苏方工作人员还有保密室主任、翻译和打字员各一名，他们都不懂战术和参谋业务。苏方配备的翻译员并不担任顾问们上班的翻译，因中文口语差，不具备口译能力，他的职务与协助首席顾问没多大关系，其实是做情报资料工作的：笔译中方军情资料由武官处报回苏联国内。乐维亚金曾夸赞飞白说："我在苏联有个司令部可用，在这里成了光杆司令，靠飞嘉给我几乎起了一个司令部的作用。"

"飞嘉"是乐维亚金对飞白的昵称，而飞白则用"名+父称"称呼乐维亚金为"彼得·叶尔莫莱耶维奇"，只有在正式场合才称"将军同志"。

这里插白一句：按俄罗斯习惯，对亲人或熟悉者，特别是对小辈，通常用昵称称呼；而须用礼貌用语和尊称时，特别是对长辈，则要用"名+父称"称呼。俄语的"名+父称"译成中文就显得很长很啰唆，成为中国读者读俄罗斯小说的一道障碍，常弄得人一头雾水，分不清许多啰里啰唆的人名。但在俄语环境中却并不觉啰唆，因俄语语速快而且只强调重音，轻音节都含糊地一带而过，例如顾问团里有两位顾问，其"名+父称"分别是"伊凡·亚历山德罗维奇"和"伊凡·巴甫洛维奇"，但你如果听听俄罗斯人对他们打招呼，就会光听得"一万三！"和"一万八！"

乐维亚金也很喜欢幽默地称飞白为"飞白·静之维奇"。"维奇"是俄语的男性"父称"词尾，女性的"父称"词尾则是"芙娜"。不过"静之"二字尤其是"之"字的发音对他实在太难了，因"静"翻译成俄语是"吉黑"，和俄罗斯名"吉洪"相似，他就变通为"飞白·吉洪诺维奇"，说得快些就像是"飞白·静诺维奇"。这样，乐维亚金与飞白几乎成了"忘年交"。相对于飞白给他的帮助，他给飞白帮助更大，除了军事上的传授外，还有生活上的关怀和文学上的启发。参加革命前他是语文教师出身，常会引用普希金的诗句，见飞白有诗歌爱好，又将苏联卫国战争的名著《瓦西里·焦尔金》推荐给飞白，这成了飞白走上译诗道路的契机。

飞白1956年结婚时，收到的全部礼物都来自乐维亚金和他夫人。夫人的名+父称是叶芙朵奇雅·叶密良诺芙娜，为人也极为谦和慈祥，对飞白和他新婚妻子祖莲关怀备至，昵称祖莲为"莲娜"，给她讲述在国内战争艰苦年代吃麸皮加木糠的日子。

克服初任翻译的重重困难后，飞白的俄语、专业知识、翻译能力都迅速提高，很快就在广州地区军队和地方的众多翻译人员中脱颖而出。可是，谁若一旦做了出头椽子，很快就会惹来麻烦和风波了。

早在乐维亚金尚未到任前，1952年底1953年初，广州军区研究海南岛防务部署和作战方案，军委总参谋部首席顾问乌尔班诺维奇率一批苏联顾问来海南岛参与此项重要活动。当时广州军区首席顾问暂缺，飞白起初未去海南，后因紧急需要，受命

飞白，1952年

于1953年1月3日独乘一架专机飞赴海南岛。

广州军区的范围跨广东、广西、湖南三省，当时海南岛未建省属广东管辖。广州军区的战略任务及其作战、训练等各项工作的重点都面向南海，所属野战部队五个军中，四个军都布防沿海一带，一个军作为纵深预备队。飞白配合顾问做翻译，也常年在沿海各地奔波。这次，在海南为时一个月的工作中，发生了一件很偶然也很琐碎的小事，但这件小事在相当大的程度上改变了飞白的人生轨迹。

在中苏将领一次沙盘研究现场，随同总参首席顾问来的一名军委空司（空军司令部）译员担任主译。插叙一笔：因解放

军空军新建，不仅需要苏联顾问，还请了许多苏联飞行员和技术人员来华帮助培训，所以空军翻译人员数量既多起步也早，加以他们天天和苏方基层人员打成一片，俄语口语说得比较溜。这位空司的翻译俄语口语也是较熟练的，不过对陆军情况外行，加以自满大意，导致在研究炮兵部署时发生重要误译。误译引起了中苏将领间的误解，中方坚持原案，而苏方不能认同，双方争执不下。飞白见现场卡壳无法解决，自己当时虽不担任主译，也不得不向场上主译婉转解释问题的症结所在，并提供了正确译法，于是由误会造成的争议迎刃而解。

因翻译错误导致误会是极易发生的事，如在抗美援朝战场上，志愿军司令员彭德怀和苏联顾问间的沟通就老是出问题，直到派毛岸英去当翻译一切才迎刃而解。

再说海南防务的争执问题解决了，事情似乎也就过去了，一切继续进行。后期形成大量文件需要笔译，飞白突击翻译，连续八夜加班到深夜或凌晨，直到一片厚实而温暖的朝雾在晨曦中升起，远处南海安静而均匀地呼吸，而窗外开始传来琼崖纵队女战士出操的口令声和歌声。

早在1927年秋收起义时，海南岛就有一支在农民起义基础上成立的游击队；到抗日战争时期，八路军、新四军与潮汕地区的东江纵队、海南岛的琼崖纵队共同组成中国共产党领导下的敌后抗日武装力量；解放战争时期，琼崖纵队经历了艰苦卓绝的反围剿斗争，壮大了力量，配合了四野渡海作战解放海南。琼崖纵队里女战士很多，1930年起就有女兵连，但全国解放后琼崖纵队接受改编，编余的大批女战士住在海南军区招待所一侧。当时她们还默默无闻。后来广州军区作家郭良信写成剧本《红色娘子军》，1960年由谢晋导演拍成电影上映，再以后又改编成芭蕾舞剧《红色娘子军》，才使她们的事迹名满天下。

她们的面貌饱经风霜，细细看去，每个人都带着伤痕。她们现在集中在此学习文化——有家可归的女战士都已经复员回家了，剩下的她们没有家（后来飞白有个政治部的战友就娶了她们中的一位为妻）。但在课间休息的十分钟里，一定会听见她们朝气勃勃的歌声，看见她们在椰林中矫健的舞姿。与这些纯朴的英雄为邻，飞白怀着敬仰的心。责任感和英雄形象给了他赶工作彻夜不眠的力量。飞白在海南的一个月工作胜利完成，没耽误一个文件，也没出过一次差错。

然而回到广州时，飞白帮助空司译员纠正误译的这个"地雷"引爆了。这位译员觉得此事大丢他的面子，在临回北京时由同来的另一名空司翻译出面，告了广州军区翻译科一状。

飞白能理解这位空司译员的面子心理。即便是好意相助，最好当然是要等事情过去后私下里悄悄进行。问题在于，当时的场面卡壳卡在那里，中苏双方将领的嗓门都提高了，僵持不下。这样，事情就有点"过不去"了。在此情况下，飞白只能告知场上主译症结何在。稍稍影响点儿主译面子，总比影响中苏双方将领关系要好，是吧？

然而两位空司译员不这么看，他们自视很高，指责飞白帮人解困是"抢了别人的饭碗"。这一状告得翻译科领导诚惶诚恐：得罪了北京来的翻译那还了得？就仿佛是得罪了钦差大臣一般。从海南回广州后，就给飞白扣了个"得罪军委来人"的大帽子，对飞白开展严厉批判。翻译科对海南执行任务做总结时，领导核心对其他译员逐个点名进行表扬，只集中火力批判一个（做工作最多的）飞白，并从此把原先最受重用的飞白视作"另类"，原定上半年培养入党的计划撤销。这是飞白青年时代遭遇的第一个小小打击，使他开始懂得批评表扬的实质，也从此懂得：对别人的褒贬评价也须做评价，以判断它是否值得介意。

飞白非常感谢父亲没有把他当成宠儿，也同样感谢生活没有把他当成宠儿。水手必然要遭遇风浪，而最合适的锻炼莫过于风浪的逐步加强。如飞白所遭遇的——1952年只是开个"小洋荤"，1955年遭遇"中洋荤"，最后才是1966年席卷一切的"大洋荤"。这里借用的是他译的第一部长诗《瓦西里·焦尔金》里的俏皮话，在战场上遭遇点炮击轰炸都是开胃菜，只不过是开个"小洋荤"或"中洋荤"而已，直到"要开个大洋荤，那才真有点不好受用"！若无先前的锻炼，乍遇大风浪你扛得住么？所以回顾来时路，飞白也得感谢这第一次小风波。

《瓦西里·焦尔金》的作者特瓦尔多夫斯基在另一处还说过并非俏皮的话：

"不，生活并没有亏待我，没有把我撂在一旁。"诗人所说的生活，不是指其温柔的一面而是指其严酷的一面。飞白参加革命时解放战争已近尾声，在老革命战士面前飞白常为自己没经历严酷考验而自愧。没想到在和平年代里严酷考验也少不了，而且已经逼近到他面前了。

翻译科里外语较差者笔译文件错误太多，拿不出手，科领导都要先交给飞白校改。飞白负担着军区主要翻译的繁重任务，这校改的差事又给他增加不堪其重的工作量，每天做完自己份内工作后，夜晚都要加班校对直至深夜。大家知道，校改低劣译文远比自己翻译更费时费事，而且很不讨好。有些译稿被改得多的人心中对飞白暗自记恨（这当然因人而异，并不都是如此），为日后政治运动打击飞白埋下了伏线。

挑战示范演习

两年后"中洋荤"如约而至，事情的来龙去脉是这样的：

1954年乐维亚金到任后，于同年夏秋之际协助广州军区组织了华南地区第一次现代化多兵种协同作战演习，这是一次主题为"团防御"的示范演习，要召集全军区高级指挥员和训练部门都来观摩学习。因军区司令部缺乏经验，演习筹备工作主要靠乐维亚金将军亲自动手。从准备到实施一共两个月，正值盛夏，乐维亚金不断在野外丘陵荒山间到处跑，反复勘察地形，考虑和拟制演习"想定"。预定日期越来越近，但过度辛劳引起乐维亚金的慢性阑尾炎发作了。

"想定"这个术语表示的是演习的构想或题旨，即对本次演习的作战双方基本态势、作战企图和可能的战术/战役发展进程的设定。它不是演习的"剧本"，因为作战不是演戏。作为战术训练的最后阶段，演习更像是一场大考，要全方位考验和锻炼部队，而重点是考验和锻炼其领导层的指挥能力。所以演习虽设导演部，但导演部不会发给演习部队一个剧本让你演，而只会根据想定，代表上级给演习部队下达一道作战命令。这就像是大考的考题。你接到命令就得自己决定怎么答卷，怎么演。作战命令就跟真打仗的命令一样，内容包括敌我双方态势、目前位置、友邻情况以及给演习部队的战斗任务。演习部队受领任务后要争分夺秒勘察地形，判断敌方作战意图和重点方向，定下作战决心，拟出作战方案，给所属下级部队和临时配属部队下达作战命令，并指挥开展行动。

打仗是双方博弈互动而不是单方表演，所以你这一方的作战方案并不见得能兑现，推演的"剧本"只能在双方对抗中产生。接近实战的演习高级形式当然是红蓝两军对抗演习，但因其组织难度太大，一般情况只能先组织单方演习，而以"假设敌"充当蓝军，由导演部派出情况显示员和末端导调员，根据演习部队的决心部署和实际表现来随时显示/设置战场情况。不论演习部队做得对与错，导演部都不会纠正，只在推演过程中通过不断显示情况（如敌方隐蔽发射点突然开火）和设置情况（如宣布敌方突破了某段防线，我军伤亡了多少）的形式做出反应加以奖惩，诱导演习进展。

演习因其对抗性而更像一场足球赛，导演部不是球队教练而是裁判员，派到演习部队各部各兵种的导调员则有点像"边裁"，但管的事比边裁复杂得多。演习进行中导调员不能吹停比赛，而要即时做出判断和导调，这对导调员的战术素养提出很高要求。当年军训部和军师参谋人员都没经验还难胜任。因此第一次示范演习的准备工作就要格外周密。乐维亚金发病时

二战中的乐维亚金

才只拟制好演习想定，剩余工作非常繁重，在想定基础上还要编制繁复的演习文件，其中仅指导性的主要文件就有十一种，包括师作战命令、团作战命令原案、导演计划和导调培训计划、各兵种协同动作计划等。这本来是参谋部业务，但军区军训部没有经验起草不成，乐维亚金只得带病坚持亲自起草，飞白对此没法无动于衷。见乐维亚金将军紧捂右腹部咬牙坚持工作，飞白忍不住了，便自告奋勇提出协助将军起草文件。他建议由他先用俄文起草演习预案文件，经乐维亚金审稿修改签字批准后，再译为中文交付演习导演部。

飞白敢于提这样的建议是因为他有此能力，乐维亚金也很了解他具备能力，他常爱说："飞嘉从不会叫我尴尬的。"一直以来飞白都认为不懂专业不能成为好翻译。乐维亚金传授苏军经验，飞白总是第一手学到了向别人传授，此外他也认真学习过解放军、苏军和美军有关野战参谋勤务的资料。因有扎实的基础知识打底，后来飞白到军事科研处就能编写军事教材，到军训部就能给军区参谋集训班上课。

乐维亚金因对飞白的水平有信心，采纳了飞白建议。于是他们就这样紧密配合，流水作业，终于基本上靠二人之力完成了准备工作的关键部分，没延误演习日程。

从参与起草文件至演习结束的二十个日夜，飞白全力以赴，做了他有生以来最紧张的一次奋战，二十天间每天睡眠时间都不足四小时。回想起儿时遭受侵略和屈辱逃难的经历，因现在有机会为建军强军而奋战感到幸福，付出多少也不嫌累。结果演习按期顺利进行，虽因演习人员和导调人员都无经验，不严格要求而形成"泄题"，弄得按剧本演出的成分超过考核成分，但是无论如何，作为第一次已经是很大的成功。至少教给了部队组织实施现代演习的基本方法。

飞白熟练掌握野战参谋勤务，对他日后的行为办事风格乃至译诗风格都留下了深刻印记。飞白本是极重感情的人，固然也不失理性，但遇事总还是"跟着感情走"。师从乐维亚金后，不断地反复勘察地形、做计划、实习野战参谋工作，使他学会了思维客观化、缜密化和系统化，懂得了打仗是人命关天的大事，必须全面缜密筹划，一个细节都马虎不得。他后来编写军事教材和参写战史，也继续巩固和加深了这一印记。

之后飞白把野战参谋工作的素养带进了日常工作，凡是做确认为重要的事，都会像组织演习或战役那样缜密筹划，尽可能做到事先现场勘察，还必须考虑好"预备方案"和"第二梯队"，以免一线被突破造成全盘溃败。这大大提高了飞白处理棘手事务的成功率。表现在飞白后来的译诗中，就是那种胸有全局，综观全盘，平衡得失和选准突破口的翻译风格。也许，也只有参谋长才有如此的风格吧？

然而不久后，反胡风和肃反运动风波骤起，打击飞白的好机会等到了。

广州军区翻译科在最兴旺时有翻译三十多人。与飞白同时或晚些从人民大学俄文系调出来的七八个人是其中的业务骨干。因翻译人手紧缺，1951到1952年间四野/中南军区在武汉自办了一个俄文队，培养参军的知识青年（多是初中、高中水平）学俄语，从地方聘请一名教师，人大俄文系来的同学李若珊任助教。培养一年多后，俄文队的合格学员加入广州军区翻译科，稍后又有三名解放军外院学员分配来此。这些人员的俄语水平参差不齐，能胜任随顾问做外勤翻译的为数不多，其余二十人以上只能做点笔译或为顾问家属做购物口译，或做科里的行政杂务。

翻译科新换了个科长，他不熟悉情况，组织了一个"核心小组"，搞政治运动全听核心小组的。核心小组共三人，都来自俄文队，是1948—1949年间在东北和平津参军的中学生。中华人民共和国成立前中国教育不普及，读到初中就算知识分子（而飞白读到本科大三，在部队很冒尖引人侧目）。与1950—1951年参军的其他翻译相比，"核心小组"的三位资格最老且先入党，可是外语水平较低。

1955年的肃反运动把飞白选为重点对象，事出突然，飞白对此毫无思想准备，因为本来认为肃反针对的是国民党反动派和特务，与自己扯不上一毛钱关系。宣布对飞白停职审查之前，周末晚饭后翻译科的人们在二所园林的亭子里唱俄文歌曲《遥远的地方》，飞白用手风琴伴奏。翻译科都是年轻人，当时又基本都是单身，加以作为机要部门请假外出受严格限制，所以周末通常在一起娱乐，而飞白起着主导作用。他懂音乐美术，还曾在浙大文工团当过指挥，很自然地被大家推选为俱乐部主任。但今天，核心小组成员洪福禄（代名）将手风琴一把夺了过去，用寓意深长的嘲讽口吻对飞白说道：

"现在运动期间，你在这儿凑什么热闹？好好去考虑考虑你自己的问题去吧！"

飞白不解，答道：

"咦！那你怎么不考虑考虑你自己的问题呢？"

洪福禄胸有成竹，手指先指向飞白再指向自己的鼻子：

"嗯？你想想看：你是什么人？我是什么人？"

区分"什么人"是社会的基本问题。浅显地看，洪福禄是什么人飞白很清楚，他干不了主要翻译工作，却爱好指手画脚十分得瑟，他不懂什么叫大小和弦却起劲儿地拉手风琴，发出"乱弹琴"音响非常刺耳。往深里（往阶级斗争里面）看呢，"什么人"的学问就大了，洪福禄提的"什么人"暗藏玄机。

《小约翰》里描写小约翰由于说话另类而遭遇集体"变

脸"。在变脸的前夜他做了一个梦，第二天全部应验：

> 约翰梦见……一切都是好朋友，站在他周围，而且亲密地信任地对他看。但忽然面目都改变了，他们的眼光是寒冷而且讥嘲——他恐怖地四顾——到处是惨淡的仇视的面目。他感到一种无名的恐怖……

> 唉！从此以后，小约翰就悲哀了。我希望他的故事在这里就完结。

然而小约翰的故事没有在这里完结。飞白的故事呢，也从这里开始，切换进了大仲马情节奇诡的小说《基督山伯爵》。

"什么人"之谜尽管玄妙，但星期一早上一上班谜底就揭晓了：飞白被宣布为肃反重点对象遭停职审查和突击搜查，当"反革命"嫌疑犯看管。运动来势凶猛如雷压顶，迫令飞白反复交代历史。尽管档案里早已有自传和家庭、社会关系等材料，还要在威逼审讯下一遍遍重写各环节的详细材料，还被斥为"耍花样，装糊涂"。事后才明白这都出自核心小组的决策。

要想把飞白打成"反革命"和"潜藏特务"，到哪里去找证据呢？计划是从四个方面：一是从历史和家庭背景——飞白之父汪静之曾在国民党军校工作过，是极佳线索；二是从飞白中华人民共和国成立前参加学生民主运动，从中也不难弄到把柄；三是1954年苏联党政代表团访华时，飞白为苏联党政首脑赫鲁晓夫、布尔加宁当翻译，而且事前还未经科领导和核心小组批准；四是1954年广州军区示范演习时，飞白协助首席顾问起草演习指导文件，也未经科领导和核心小组批准，均有"潜藏特务作案"的重大嫌疑。

在《基督山伯爵》中，主人公爱德蒙（后来的"基督山伯爵"）本是个年轻有为的水手，工作特别勤奋而不善逢迎，在他即将升任船长之际遭到三个人的妒忌和陷害，终被无辜投入伊夫堡黑牢。"出头的椽子先烂"，马背上的水手飞白与他相似，他太"出头"也太不懂处世了。何况当时政治运动中考察全体人员的首要标准是"立场坚定，斗争性强"，火力不足者马上会招致"立场不稳"的嫌疑，飞白在肃反运动中遭到火力集中的歼灭式打击也就不足为奇了。

不过很可惜，四方外调仍未能抓到过硬的证据。其中最接近于成功的一条线索在浙大方面，浙大地下党和学生运动都被诬为"不纯"，飞白外文系同学中的诗人和小作家，杭州市学生运动和地下党领导人邵浩然，肃反运动中因"和胡风分子来往"及"反革命"罪名在杭州遭严酷审查批斗，后跳楼身亡。然而停职审查两个半月后飞白的罪名却仍难落实，专案只得告停。原来，爱德蒙之所以能被打入黑牢，是因为他替人捎信而莫名其妙地沾了个政治斗争的包；邵浩然也是莫名其妙地沾了个胡风的包。

事隔二十多年，"文化大革命"结束之后，翻译科当年三人核心小组中的一位专程到杭大来找飞白表达歉意。他在大地震中身受重伤，腰部植入钢板固定，艰难地登上飞白居住的六楼，飞白十分感动，热情接待了他并表示自己毫不见怪。这位在核心小组里本来只是追随者，不负主要责任。是"文革"和地震余生的巨大震撼，促使他对过往全面反思。

肃反运动硝烟散去，飞白的专案告停。但总不可能承认"组织上"这次整你整错了吧？于是由科长宣布"给予汪飞白一个警告处分"。处分理由呢就是你椽子出头了——飞白在工作中"超越了翻译职责"。

肃反审查是搞政治运动，飞白无话可说。但如今谈工作职责飞白就有话要说了，尽管想法也比较天真。用革命年代的话语说，道理是这样："革命工作超越点职责算什么罪名啊？如果眼看革命利益受损，难道还要严格区分职责内外？"若用今天的话语说，道理则是这样："老将军为援华带病操劳，我能冷眼旁观么？见老人为我们苦干而病倒了，倒是扶不扶啊？"

于是他头一次对领导公然表示不服，并越级向军区司令部办公厅写了申诉。幸运的是新来的办公厅主任赵力宽也是个天真的领导人，他马上来到翻译科为飞白平反，还说："简直是乱搞！当然，你也不要在意，要振作精神继续工作。"

肃反运动中停止了飞白两个月的工作，这期间翻译科派一位核心小组成员顶替飞白为首席顾问当翻译。事后乐维亚金对飞白抱怨道：

"这两个月我根本就没法工作！我无话可说。至于去年的示范演习，文件是我审定签字的，我负全责，要处分叫他们来处分我好了！他们凭什么可以批你？他们还叫军训部去挑刺呢，说演习原案里有个高射炮连部署不妥，好不容易挑这么一个刺，就算这可以商榷又怎么着？叫军训部来拟订计划他们行吗？哪怕你叫有经验的苏军司令部来做也至少会出二十个错！"

多年后飞白回顾往事，他说小时候失学是他平生交的第一个好运，而肃反运动中他无辜"挨肃"恐怕要算他平生第二个好运。肃反运动给他开了个"中洋荤"，等于是给孩子做了一次重要而免费的预防接种。若没有这次预防接种而凭空遭遇"文化大革命"风暴的"大洋荤"，恐怕挨不过去。

乐维亚金的职务是军区首席顾问，即军区司令员顾问，但他的工作领域其实只限于抓部队现代化训练，对军区其他方面工作从来不插嘴。所以他与黄永胜司令员不会频繁会晤，日常工作总是和军区主管训练的梁兴初副司令员在一起。梁兴初和乐维亚金在职务上是同僚——军衔都是中将，都是军区主管训练的首长，又兼脾气相投，乐维亚金是一派俄罗斯风格，而梁兴初是铁匠出身工农本色，都是说话无遮拦的爽快人，二人很快成为好友。

梁兴初是我军一员虎将，他至今看起来也还是一副"铁匠相"：浓眉毛，黑脸膛，双颧和嘴唇有点突出，说话行事也是铁匠式的。他在中央苏区是红军团长，抗战中是新四军的旅长，在四野是四十七军军长，在辽沈战役中他指挥的黑山阻击战保证了我军全歼廖耀

梁兴初将军

湘兵团。在抗美援朝中他率四野主力部队三十八军首批入朝参战，在二次战役中，继德川歼敌一个师后，又马不停蹄，立即长途奔袭穿插到军隅里、三所里，以一个军之力在松骨峰顶住南逃的美第九军第二师、第二十五师和韩一师的猛攻，又击退北援的美骑一师十余次进攻，歼敌一万一千余人，缴获大批火炮、坦克和汽车，打出了威风，得到志愿军彭德怀司令员通电嘉奖。三十八军由此赢得了"万岁军"的美名。

每个年度的部队训练计划从单兵技战术开始，经过班排连各级课目，直到秋收后的大规模拉练和军演。飞白常随同乐维亚金和梁兴初两位将军检查指导和考核点验训练情况，跑遍广东、海南、广西各主力部队布防的海边防地区及二线部队驻扎的战略纵深，每年至少两轮。有一次同赴潮汕地区，四十一军组织晚宴，有苏联驻华武官兼总顾问等北京来的贵宾在座，因此起初气氛严肃，但酒过三巡后，同坐第二桌上的乐维亚金和梁兴初二人又活跃起来，像平时那样开朗热络，拍起肩膀起来了。第二天乐维亚金颇不放心，一早起身就到飞白房间来找他，问道：

"飞嘉，你告诉我，昨夜我有没有说漏嘴之处啊？"

飞白回答道：

"有啊有啊，比如你对梁说了：他们（你还示意邻桌）是理论家，而我们才是实干家！"

乐维亚金叹了口气：

"唉！不该说的不该说的呀。"

乐维亚金于1958年初卸任回国，从莫斯科被发配到波罗的海地区。当时中苏关系已有裂痕，乐维亚金被视为亲华派遭贬，不久就退休了。他多次来信对飞白诉说苦衷，最后一次在1960年，因中苏关系继续恶化，通信对双方都可能带来危险，飞白就没有再回信了。

终究是爱挑战

飞白除顾问团日常的军事翻译工作外，还会常常接到外事翻译任务。当年中国的对外交往，多半要通过广州香港这条线。因飞白翻译水平在广州地区位列首席，外事局遇到重要外事活动常会向军区特邀飞白担任翻译，包括各国的国家或政府首脑来访，这方面的详细情况飞白向来不谈。还有每逢节日，军区和广东省会联合或分别举办大型招待会，宴请宾客中包括各系统的外国专家顾问，也要飞白担任首席翻译。这个"首席"指的是宴会大厅中数十席里的第一席。虽然凡是有外宾的席上都安排了翻译人员，但在宴会各席当翻译是享受，唯独当这个首席翻译是挺重的负担。除首席外，其他各席的翻译都是吃饭兼闲谈说笑的，只有首席的翻译得全神贯注，顾不上吃饭。首席的气氛十分严肃，不像其他各席那么轻松自在，译员还得注意保持席间谈话顺畅进行，避免冷场。尤其是席间主人和宾客都要致长篇的祝酒词，致辞者有准备而译者无准备，常有难译之处。所以凡遇大场面的正式外事翻译任务，飞白总得打起精神认真对待，像运动员赛前热身一样，事前尽可能朗读些中外文学名篇作为"热身"。

当年广州空军也有一位很好的译员，广空翻译科的，他是原任四野参谋长、时任解放军空军司令员刘亚楼的妻弟。军区翻译科的人都叫他"大别嘉"，别嘉个子较大，因为他和姐姐（刘亚楼夫人）都是中俄混血，别嘉当翻译得天独厚，俄语是他母语，流利程度别人难及。但有一次，大概是过春节，军区举行宴会款待陆海空军的苏联专家顾问，席间都是中方首长致辞，翻译任务主要是中译俄。事先商量好了由别嘉主译，岂知在司令员祝酒致辞之时别嘉怯场了，非常尴尬地撤下台来而把飞白推上去替换，口里嘟哝着："不行了，还是飞嘉你来！"大别嘉为人实在，没有告状译员那种要面子的观念。结果，飞白的负担仍然推不掉。

飞白在任翻译期间老是当宴会的首席翻译，他常常得提前吃了饭才去，而且几乎所有节日都不能在家过。他对一切宴会特别是高级盛宴产生了一种心理拒斥，后来他总是设法谢绝各种宴请。在中国，饭局是职场上和社会上的主要联络手段，但飞白历来对饭局毫无积极性，到年老时他终于摆脱应酬之责，索性对饭局一概辞谢全不参加了，这使飞白"另类"得简直不近人情。表面上看，这是他担任宴会翻译承受压力导致的副作用，若从本质上看，却是向往自然淳朴的飞白对铺张豪华山珍海味从内心深处就有拒斥。

飞白翻译过多国诗歌，在外事翻译中接待过世界多国宾客。在接受采访时他最常被人问起的一个问题是："你翻译过十几种外语的诗，包括许多无人问津的小语种，那么多外语你是怎么学的？为什么要费力气去学？"

飞白学俄语是中华人民共和国成立初期形势的需要，他这以后再学多种外语，则主要是出于对诗的爱好了。要想认真读或译哪位诗人的诗，就得看它的原文，而译文是一种"折射"，是译者的解读和"重写"，透过译文的折射读诗，常常会是隔靴搔痒，或是隔着布袋买猫，猜不着该猫是虎斑的还是三色的了。译诗永远不可能完全透明，飞白力倡"风格译"是为了尽量把诗译得"透明"一些，努力传译出一些原诗风采，为此他总力求从原文原貌翻译各国诗歌，偶尔不得不通过他国语言转译，只能算特殊情况。若对一位诗人感兴趣，他就总想找机会学学他的语言，而他担任的外事翻译也为他提供了便利条件。

　　当然，不可听信记者关于"飞白精通十几国外语"的报道，那全是夸大其词，不是事实。飞白承认自己是杂家而不是专家，他虽译过十几种外语的诗，但没有一种外语是堪称精通的，这不是谦辞而是实话。哪怕对自己的汉语都不敢说精通呢！实事求是地说，他掌握较好并且在外事翻译中能做口译的，只有英语和俄语。英语是一外，他在浙大学的二外是法语，但尚未能掌握，此外还稍学过一点三外德语，但因课时冲突而不得不放弃了。学俄语虽已是四外，而且在华大/人大才刚刚入门，但后来通过工作实践掌握得不错了，是当时最优秀的译员之一。不过口语能力要靠常说常用才能保持，中苏关系破裂后，他的俄语荒废不用六十年，以致原来熟悉的词汇全部压进了箱底。如今他虽然阅读俄语仍十分顺利，但每逢说俄语时，要从记忆底层翻检词汇就很慢很费事了。其他各种外语呢，没有哪种是正经学的，飞白说都是学了点儿皮毛，阅读需要依靠词典帮助。但飞白译诗时非常认真，不会望文生义随便就译，像译拉丁文这种古文，更得逐字逐句地抠，并有资料参考才行。

小语种值不值得花力气去学？对别人而言这绝对是傻事，但对飞白而言却是值得的，他做这傻事心甘情愿，尽管从前还常会为此挨批。

飞白学小语种，每次情况各不相同，有趣的逸事很多。这里只挑一个他学捷克语的故事说说。

1952年秋捷克斯洛伐克军队文工团访华，这个文工团规模挺大，近二百四十人，在中国各大城市巡回演出三个月，包括在广州访问演出一星期。在广州期间飞白参与接待和担任主要翻译。随团来访的有捷克汉学家、东方研究所帕拉德教授，还有中文研究生，脸儿红红的小姑娘丹娜，由于两国间交流还很少，当时他们的汉语口语能力不强。飞白并不懂捷克语，当翻译用的是俄汉、英汉翻译。该文工团在中国其他城市访问时，也是由中方俄语译员担任翻译的。直到两年后，丹娜1954年来北外任教，才在中国创设捷克语专业；后来她又把许多中国文学作品译成捷克语，成了捷克知名汉学翻译家。后来丹娜不幸遭遇车祸，艾青为她写了深情的悼亡诗《致亡友丹娜之灵》，但这都是后话了。

而当时中国还没有人会捷克语。本来飞白完全可以用俄汉翻译对付，因为捷克语和俄语同属斯拉夫语族（虽然分属西部语支和东部语支），当时捷克斯洛伐克又在社会主义阵营，他们都听得懂俄语的。但是飞白对翻译的态度不同旁人，他不甘心马虎对付；同时也出于友谊和尊重，便利用每个机会学习捷克语，五六天下来已学到一点基础，因为斯拉夫语言有共同的语法体系（如名词变格、动词变位），而飞白的发音又大受帕拉德和丹娜称赞。他还学会了唱文工团的捷克歌曲。所以，当得知朱光市长要为该团举办送别宴会时，这个三人翻译小组议论之间，帕拉德突发奇想，提议把市长致辞译成捷克语而不要译成俄语，由飞白拿译稿上台念，挑战一下"不可能"。

飞白才学一丁点儿捷克语皮毛，现场口译本来显然不可能，但朗读捷克语还不错，所以不可能中又有可能。当天下午飞白不断联系市长秘书，第一时间要到墨迹未干的演讲稿——当时社会主义兄弟国家间外事惯例，宴会席间必有长篇致辞，而朱光市长又是南国社诗人（他的《广州好》组诗得到广泛传诵），他的致辞稿热情洋溢诗意盎然，翻译这种富含诗句典故文化元素的文本是颇有难度的。三人小组立刻紧张赶译，飞白用英、俄语做翻译、解释，帕拉德博士做捷克语口述，丹娜执笔写成译文。这样流水作业下来，总算赶在晚宴前译完了讲稿。飞白赶紧把中文原稿交还市长，而自己揣着一沓记录捷克文译稿的纸片，走进迎宾馆大厅。

飞白迎接这一挑战还真够大胆冒险的，不免心中忐忑，他面临的严重挑战是：丹娜匆匆记录的手书体非常难认！西方语言虽然多数用拉丁字母，但各有不同的附加符号或特殊字母，而手书体更是五花八门写法各异。捷克语手书体中，许多字母跟英语写法一点不像，如捷克语的"s"是长长的，上下都出线，看起来像英语手书的"f"，捷克语的"k"像是把英语的小写"r"拔高一档，而捷克语的"t"则像英语大写花体字母"A"一个样。读这篇手书稿，等于是叫老外读一篇中文草书。咳，假如飞白能把丹娜的记录稿誊清一遍就好念了，可惜已没有一分钟多余时间。大型宴会开始了，飞白硬着头皮跟市长走上讲台。虽然手持译稿，但飞白这次却不得不瞪着眼睛绷紧肌肉，头脑加速运转来辨认一个个字母，还要紧跟市长的讲话进度，念得他汗流浃背。飞白任职翻译近十年，大场面口译和国家/政府首脑级的口译经历不少，从未如此紧张。若在盛大的国际场面翻译砸锅，你可怎么交代？这无疑是飞白平生最尴尬的一次口译。可是出乎意料地，它竟成了飞白平生取得最辉煌成功的一次口译。

市长还未进入正题，刚开场说道："亲爱的同志们，朋友们！"捷克语此类简单会话飞白已经会说，不必念稿："Drazí soudruzi"的话音未落，大厅爆发了炸雷般的欢呼和掌声，像开了锅一般。接下去飞白译的每一句话，无一例外地都引起全大厅欢声雷动。满满地坐了四五百人的宴会厅，今夜变成了一个狂欢的海洋。朱光市长不明其中底细，但情绪十分高昂，为他的诗句受到空前欢迎而特别高兴。

宴会后飞白问捷克朋友："你们怎么回事？反应是不是太过分了啊？"

文工团员们告诉他："我们出国访问演出已经六个月了。我们走遍了社会主义各国，最后来到中国，来到广州。我们所到之处人家都对我们说俄语！俄语！你明白吗？你是所有国家中第一个用我们的语言对我们说话的人。"次日早上火车站送别时，演员们在站台上欢呼着把飞白往空中抛了又抛，久久不肯放他下来。飞白受到如此热情的对待，也是平生唯一的一次。

从根本上说，飞白学习和翻译小语种是源自鲁迅的影响，由于中国积弱和饱受欺凌，鲁迅对翻译被侮辱被损害的民族文学曾给予最热情的支持，而且亲自（虽然要通过其他语言转译）对波兰、捷克、芬兰、保加利亚等国的文学做了开拓性的译介。而这次学捷克语，更成了飞白难忘的经历，使他体会到了蕴涵其中的深厚意义和情谊。十六年之后发生Pražské jaro（布拉格之春），飞白丝毫也不感到诧异。

其实欧洲几十国几十种语言（除希腊、阿尔巴尼亚、匈牙利、芬兰、爱沙尼亚等几国外）大都属印欧语系西部三大语族，飞白因学过英法俄语就都可触类旁通：从英语可以类推同属日耳曼语族的德语、荷兰语、瑞典语，从法语可以类推同属拉丁（罗曼）语族的西班牙语、意大利语，从俄语可以类推同属斯拉夫语族的捷克语、乌克兰语等，这就帮助飞白了解其基本语法；加上国际音标体系又帮助飞白把握其发音要领。因此接触一种陌生外语，很快就可入门略懂一二，这并不神奇，就和中国人能学会几省方言的道理一样。飞白所学的国际音标不限于英语用的那几个，他学的是可记录各种语音的全套音标，这叫作"严式"国际音标，标的是"音素"即准确的发音。而我们学英语或学法语用的是"宽式"音标，只标笼统"音位"而不区分与他种语言的发音差异，因而不能跨语种应用。飞白学中国方言也同样借用了"严式"国际音标注音，所以，解放军南下后留在广东安家者为数甚多，但学会粤语且发音标准的大概只有飞白一人。粤语发音对外来人而言是公认不易学的，但飞白说粤语却很地道，连广州本地人都听不出他竟是外来人。

五十年代中期中国制订汉语拼音方案时，具有丰富语言知识的飞白积极参与，对初次公布的汉语拼音方案提出几条修正意见，如建议把音节"红"的拼音从原方案的"hung"改为"hong"，把音节"好"的拼音从"hau"改为"hao"等，都得到采纳。原方案虽然与国际音标对应，但从应用角度考虑，会使字母"u"使用频率太高而"o"的使用频率太低，字形不好看，尤其在手书体中"u"的字形极易与"n"混淆，字母"o"的字形则要醒目得多。若采用原方案，"交班"jiauban易混同于"煎包"jianbau，"吊销"diauxiau易混同于"电线"dianxian，等等，触目皆是。"u"改为"o"便易写易读多了，不知减少多少麻烦。同时飞白也参与刘伯承元帅主持的我国军语和军队标号制定过程，积极提出建议，做出了贡献。

勇于挑战的飞白参军后，不甘只当个能文不能武、能说不能做的译员，努力塑造硬汉形象，决心成为全面合格的军人。他从小先天不足兼严重缺钙，发育不良，抗战中又长期患病，折腾在生死线上，造成他身体瘦弱，但对此自己很不服气。他早在临平准备高考时就已加强锻炼，考入浙大时有良好的体育成绩，如今到了部队，他就更热衷锻炼，不肯当个"弱者"，而体重较轻反倒成了他在技巧项目中的优势。每次路过操场总要趁机练一练单双杠，路过军事障碍赛场地则练一练超越障碍，其中较讲技巧的是超越"板障"，这是略高于房门门顶的木板墙，要助跑接近，跃起蹬墙，趁势双手攀顶立臂上墙，上体左前倾右掌拍墙的背面作为支撑并翻越落地，整个过程不到三秒钟。翻译科的住地条件受限，既无沙坑也无防护垫，他也冒险在硬地上练跳高和单双杠技巧项目，以致数度摔伤。但飞白很快就通过了两级"劳卫制"标准，在此基础上便有资格考国家运动员了，他所选项目是军用手枪射击。军用手枪是军区机关人员每年要考核的项目，不过机关干部多半水平不高。

这又是一次挑战"不可能"。飞白眼睛多灾多难，视力糟糕得很，大家知道他连打球都看不到球，岂能练射击呢？原来，射击和打球对视力要求是两样的：打球需要的是双眼立体视力，要在瞬间准确判断来球的距离和速度，误差一点儿你就打不着球；而射击并不需要立体视力，瞄准时只要用单眼视线准确地把表尺缺口、准星、目标联成三点一线就行，这时还得闭上另一只眼以免干扰。而飞白因双眼不构成立体视力，单眼瞄准时另一眼连闭都不用闭。问题在于他左眼视力好于右眼，所以必须用左眼瞄准，左手击发。可是他又并非左手优势的左撇子，用左手射击像用左手写字似的别扭得很，这成了他练射击的瓶颈。可是飞白不服气，硬要接受这一挑战："身在部队而且搞训练工作，自己射击不行岂非笑话？"虽然军区机关里射击不好的干部有的是，就连军训部里也有个计划科参谋，射击的子弹"发发都打在地球上"（就是没有一发打在靶上），但飞白不想当打靶三不沾的兵。练习的结果，他用左眼和不顺手的左手，居然在层层选拔中胜出，获得广州军区机关和直属部队运动会亚军，拿到国家三级运动员证书（平时训练中他达到国家二级运动员水平）。

飞白在训练科目上有了基础，六十年代他转到军训部当参谋也不乏底气。下部队考核时，常会遇到战士或连排长射击没打好就抱怨"枪不准"——枪出厂校得不准的情况偶而有之，但不能用偶发情况作自己打不好的借口。而飞白是有实力的："到底是枪不准还是你打不准？我拿过你的步枪来打三枪就见分晓。""文化大革命"后期飞白复出在基层部队主管训练时，野营拉练做四百里连贯性战术推演，飞白全程率部队完成，长途奔袭冒台风翻山越岭，部队情绪饱满斗志昂扬。惜因"文化大革命"中缺乏训练基础，飞白拟制的"想定"所要求的战术动作大都体现不出来。

汪静之是矮个子，飞白虽比父亲高，也只有一米六五。他有面子观念，四野是从东北南下的，他初参军时部队还主要是东北兵，个子较高，他按身高在队列里排位靠后，使他颇感憋屈。当看到《步兵操典》里说步兵身高按一米六五标准计时，飞白大感宽慰（那时中国人比现在矮，现在中国成年男子平均身高已一米七了）。果然，实行义务兵役制后，大批入伍的南方兵排在了飞白后面。

1958年夏"大跃进"期间一切工作都要大干快上，加班加点。飞白患支气管炎二周，坚持工作没有休息，星期日又参加劳动消灭蚊蝇滋生地，之后略感不适，利用中午空闲想赶去书店，但突然晕倒并跌伤了左臂和下颏。这时苏联专家已经撤走，组织照顾他到罗浮山疗养院疗养一个月。飞白在疗养院遇到战士文工团剧作家，电影《董存瑞》的编剧赵寰，一见如故成为好友。在疗养院同看电影，赵寰总是边看边对电影做评点，他的视角使飞白在艺术上豁然开朗。原来，外行人看电影是当真事看的，只会评说这人好那人坏，这事走运那事倒霉；而内行人看电影则是当作（人编造的）艺术看的，时刻看到的是剧情结构、节奏变化、悬念设置、镜头组接、气氛渲染等方面的优劣长短。飞白想：以前看电影缺乏内行眼光，可真有点傻乎乎受骗的味道了。今后不仅看电影，看诗和一切艺术也同样必须有两副眼光才行。

飞白在罗浮山一面译诗，一面仍坚持锻炼。因臂伤未愈，一次跳木马时没能撑住，再度挫伤肘关节，出院时肘部还很肿，不能自由伸屈。但飞白刚回到广州，得知正在组织万人横渡珠江活动便立即赶去，临时加入打头阵的解放军队。游完后才知道，这支解放军队原来是实力强大的"体训班"，而飞白只用单臂跟他们一同游毕全程，这事很有"逞强"的意味。飞白为自己突然晕倒深感尴尬和丢脸，赖此算是平衡了一下。

战士的缪斯

飞白业余译诗是从1955年开始的，那是他参军的第五年。

飞白不做诗人，但心中有诗的根苗。当兵头五年工作压力太大，首先当然要做好本职工作，无暇分心。他很快胜任了翻译工作，还掌握了相关的军事知识和参谋业务，在组织示范演习时出于见义勇为，工作干得太多而超越翻译本职，还差点儿背个处分黑锅。军事工作权限分明，超越本职的确有犯错误的可能，他以后真得当心点儿了。中国南方第一次现代化示范演习毕竟是个特例，今后正常情况下，这类事情应当不会再度发生。

此时飞白已经掌握俄语，因每天生活工作在俄语环境中，俄语的熟练程度明显超过了他的一外英语，读俄语文学书籍罕有疑难。恰好在1955年，乐维亚金将军向飞白推荐了苏联卫国战争中的著名长诗《瓦西里·焦尔金》，触发了飞白译诗的动因。这个动因一直都在那里，可谓"一触即发"，需要的就是一个启动的契机。飞白回答记者时曾说："固然我参加革命队伍后，做的军事工作和诗翻译是八竿子打不着，最初译起诗来也颇为偶然。不过细想也属必然：诗海漂泊中每逢遇到好诗，总是想与人分享，所以这是迟早要发生的事。"

时值反法西斯战争胜利十周年之际，乐维亚金告诉飞白，苏联卫国战争中《瓦西里·焦尔金》在前线小报上连续刊载，传遍红军的每个战壕，成为最普及也最脍炙人口的文学作品，主人公瓦西里·焦尔金成了战士们的知心朋友，这诗值得介绍给中国的战友们。飞白读了这部诗也很受触动。

战士需要诗。战场是残酷的，而我们平时训练就是模拟战场，所以部队里处处要求严格，节奏紧张，生活得毫不轻松。但是粗糙而硬性的部队生活一定要有人性的感情的力量支撑，如穆旦诗中所说"一个战士需要温柔的时候"。飞白以前还没有认真地译过诗，这次决定深入到部队生活的人性和诗性层面，大胆一试。

肃反运动中开了个"中洋荤"，别在意也不必太谨小慎微。飞白译诗属于"业余",不会超越军事工作的职权。当然即便是个人的业余选择,因其"另类"仍极有可能惹来非议和责难,飞白有此思想准备。他相信自己的判断和选择,做的是正确的事情。

飞白译诗性质属业余,但他几乎没有业余时间。部队除八小时训练或机关工作外,还有早操半小时,晚上政治学习(或开会,或连队晚点名)两小时,加起来就十个半小时了,有菜地条件的单位晚饭后还要种菜半小时,没什么个人活动时间。而飞白翻译工作繁重,随顾问担任口译之余,每天还有许多文件材料需要双向笔译,翻译科生产出来的笔译稿还要叫飞白校改。星期天一般又会集体打扫环境卫生、出公差以及工作加班。假日加班、平日加点是飞白的家常便饭,"业余时间"在他这里常常是个负数。

那他怎么业余译诗呢?除了难得的休息日或点滴休息时刻外,他能利用的最佳时间要算乘车的时候了。因为顾问工作以指导训练为主,飞白随乐维亚金工作不论在广州或在军、师、团驻地,都要乘车跑训练场或野外。在每天早上出发工作前,他会先看一眼原文诗,至少两三小节(八到十二行),年轻时记忆力好,看一遍暂记几节诗毫不费力,在军用吉普上就念念有词地默念口译,偶尔遇到途中停车才在纸片上歪歪扭扭地记几个字。这倒恰好模拟了特瓦尔多夫斯基当年在战场上写作《瓦西里·焦尔金》的情景,有利于他融入原作意境(小小的不同是华南没有冰雪):

当我在战场上，

在摇摇欲坠的屋檐下，

碰上什么地方就什么地方，

当我沿着公路，

不顾汽车颠簸，

碰上下雨，就用雨布蒙头盖住，

当那寒风怒号，冰雪冷酷，

我就用牙齿拽下手套，

把零乱的字句

悄悄地写进我的练习簿……

　　飞白译诗一开始就与别人不同。他在戎马倥偬间译诗，既没有书桌也没有坐下来的条件，既不带原著也常无纸笔，当然更不可能带词典。这样倒更好，不会受词典的刻板释义干扰。译诗方式是口译为主，诗句全靠记忆和口中嘟哝，一边感受境界一边比较原诗和译诗的音韵效果。经他这样译过的诗，都被他记熟了。倒不是有意去背它，当译完《焦尔金》时，飞白能熟背全书。

　　《瓦西里·焦尔金》飞白喜欢，有感触。译的初稿读给战士们听，战士们也喜欢。这部诗作亦庄亦谐，既深情又风趣，体现了俄罗斯民族精神，真切地人性化地表现了反法西斯战场上红军战士的坚毅乐观和战争的严酷，完全不像我们这儿流行的标语口号式诗歌。《瓦西里·焦尔金》的作者诗人特瓦尔多夫斯基当时（20世纪50年代）是苏联文坛改革派的主将，他提

《瓦西里·焦尔金》插图：沼泽里的战斗

出"写真实"等主张在苏联影响巨大。始料不及的是，不久后他的这一主张就连累得我国一批青年作家被打成右派，而待到"文化大革命"之时，飞白翻译《瓦西里·焦尔金》也被扣上了"宣扬人性论"的罪名——按照"文化大革命"理论，文学就只能讲阶级斗争而不准讲人性，一触及人性就成了"资产阶级人性论"。

当时我国对外国诗开放的窗户虽小，但对苏联诗是开放的，还扣不上政治罪名。对飞白的非难只能来自迂回侧击。飞白居然别出心裁从事译诗，这种"另类"活动不能不引起核心小组的警觉和特别关注："你看看我们，业余时间里都是打扑克或抱孩子，哪有像你这样搞个人主义的？"翻译科里年轻人居多，五十年代中期正在陆续结婚成家，少数原有家室者则把家属接来部队，所以有"抱孩子"之说。这当然是好事。飞白尚未成家，1956年底结婚后又没有很快就抱孩子，尤其是从来不参与打扑克赌老K，这未免就太惹眼了，很快成为众矢之的。扣一般性的（即属"人民内部"而不算"敌我矛盾"的）帽子方便得很，如个人主义、脱离群众、不务正业、资产阶级名利思想等，飞白的压力不断增长。

当时广州军区有两个人在译诗：飞白和杨德豫，当时杨德豫名叫江声，这是他1949年从清华大学外文系参军时起的名字。杨德豫是汉语语言文字学家、文献学家杨树达之子，参军之初在四野的四十八军，后在军区《战士报》社工作，当时他正在翻译美国十九世纪浪漫主义诗人朗费罗诗选，也和飞白一样受到批评压制。1957年在党号召"百花齐放，百家争鸣"的政治气候下杨德豫和《战士报》社的同事洪长春采访过飞白，他们两位发表了《谁是谁非》和《我看谁是谁非》等报道，为飞白译诗辩护。他们还就其他主题写了多篇仗义执言的文章，并在会上提意见批评领导压制鸣放，结果都被划为右派。他离开部队后恢复本名杨德豫，并成为著名的诗歌翻译家。

在翻译科，飞白在反右派斗争中当然也招致了最猛烈的火力，扣的帽子从"个人主义"迅速升级和政治化，成为"中了丁玲一本书主义的毒"和更危险的"企图摆脱党的领导"。因飞白在报社来访时谈了些具体情况，大有与杨德豫等一同被扣右派帽子的危险，亏得他平时说话少，不发牢骚，"鸣放"中也没提其他方面的意见，故扣右派的依据稍嫌薄弱；更因为上级领导——司令部办公厅赵力宽主任对飞白大力保护，才平安度过反右派斗争。他还要等到十年后，才在诗友杨德豫遭海难的同一危险海域（《战士报》社）翻船。

飞白没有因压力加大而放弃译诗，但尽量避免与群众对立。他被狠批"不务正业"，其实他在翻译科扛着大梁，本职工作始终完成最为出色，不但没受业余译诗影响，反靠译诗进一步提高了翻译水平。但不管怎么说译诗还是被视为歪门邪道，"不务正业"。在某种意义上这也有其道理，因为诗在本质上属于业余，是石头缝里生长的野草，不是菜园里肥水充足的白菜。

在反右派斗争的高潮时刻，《瓦西里·焦尔金》已经在北京排印中了。提起《焦尔金》的出版，又是个一波三折出人意料的故事。

《焦尔金》是飞白译的第一本书，当时他根本不知道如何才能出版。他碰上了一连串的凑巧事，可见生活中的凑巧或偶然性本来是很多的。第一个凑巧是：恰好有个《解放军文艺》杂志编辑下部队来到三七〇团，住在团招待所里与飞白为邻，晚饭后蹓过隔壁房间里来，见飞白正在把每天译的诗句誊进译稿。他一读这译稿大感兴趣，立即商谈在刊物上的发表事宜。飞白说这是一部长诗，你在刊物上登不下的。他说篇幅不是问题，这诗太精彩了，我们可以用一整年十二期刊物全文连载。飞白记不得这位编辑的名字了，不过能拍这样的板，说明他在编辑部是有话语权的。于是飞白的译稿在尚未译完时就碰上了很好的出路。

《解放军文艺》编辑不等飞白译完全书，要去飞白已完成大部分的译稿，准备下期就开始刊登，让飞白把后续译稿随后补上。然而接下去发生了戏剧性的波折。他在北京一打听，听说已有翻译家在译这本名作，就不敢连载了，怕他刊登小兵的译本登了一半，人家翻译家的译本出版了，他将无法收场。于是便想了个办法，好心地把飞白的稿子推荐给了上海新文艺出版社。因为当时中国出版社不多，出版外国文学书的更少，主要只有北京的人民文学出版社和上海新文艺出版社（上海译文出版社的前身）两家，而他听说人家的译本将在人民文学出版社出。没料想因他的消息不确，阴差阳错地寄错了对象，当然更可以说是凑巧"寄对了"对象，因为新文艺出版社接稿的编辑，恰恰就是刚动手翻译或刚起意准备翻译《焦尔金》的那位翻译家。这又是第二个凑巧。翻译家接到了飞白译稿后没有给回音，压了大半年，等他自己的译本译完出版后，便把飞白译稿原封退还了飞白，没附任何说明。

对此事飞白并不知道生气，他不过是无名小卒，有翻译家译介好书使他备感欣慰。新文艺出版社的新译本出版后两三个月，刚在广州书店里出现飞白就买了一本，翻阅之下却使飞白大失所望。因为飞白对《焦尔金》的面貌、风格、韵味已经太熟悉了，原诗的语言是地道的战士风格，生活气息扑面而来，翻译家的译文却是一口书生腔，散文化，而且读不流利；苏联红军战士说话应该是跟解放军同样味道的，他这本里却管部队叫"行伍"，管连长叫"长官"，管战士叫"士兵弟兄们"，还有"公役"啦，"仕女太太"啦，"效命疆场"啦之类，全属国民党军说话的口气，总之是整个儿风格都不像红军。飞白想：既然我的译本风格和他完全不同，可以暂不作废，而且也应该争取出版。

　　找哪家出呢？上人民文学出版社呢感觉衙门大，有点怯场，飞白只是个小青年，不如去试试中国青年出版社吧，那里偶尔也出外国文学书的。于是他趁出差北京就带着那部退稿直接登了门。接待他的编辑是陈斯庸，才浏览两页就拍案叫好说："行！我们准备给你出，而且要用最快的速度。"他和飞白还商量着设计了版本和封面，把这本"战士的书"做成可放进口袋的袖珍本。1957年夏天这个袖珍本印了出来，读者反映空前热烈，《文艺报》特邀田间写了万言长文评介，刊登了一个整版。共青团中央决定向全国青年推荐本书，郭小川赴苏联开会，向作者特瓦尔多夫斯基介绍了飞白译本，并通知飞白赶快给作者题赠一本。结果是：由于凑巧有前面一个译本做比较，飞白译本获得超乎寻常的巨大成功，可说是一举成名。若没有比较，小小一个译本是不可能有如此戏剧化效应的，为此还真该谢谢新文艺出版社的编辑翻译家。

　　《瓦西里·焦尔金》是飞白译的第一部外国诗歌名著，也是飞白"风格译"主张的初次实验。读者历来读到的外国诗译文，大都是

《瓦西里·焦尔金》初版本，封面为飞白设计，美术字也是飞白制的

难读难懂，不顺口不押韵，甚至是结结巴巴佶屈聱牙的文字，突然读到《瓦西里·焦尔金》的飞白译本，得到一种崭新的感觉，有如一股清风扑面，才发现原来诗还可以这样译！飞白这个译本从某种意义上可以说全属"口译"，译文朗朗上口，与这部传遍红军战壕的"战士的诗"原本风格完全合拍。原作者在长诗结尾就写过这么几句话：

也许某一个读者
手里拿着这本小书，
会说："瞧，这是地道的俄语，
虽然是诗，写得倒很通俗……"
那时我就心满意足。

"通俗"二字虽涵盖不了本书朴实隽永鲜活中又含深沉的风格，却点明了其平易近人的特色。作者在《落户口》一诗里也把他的缪斯称作"平易近人的缪斯"：

在全苏联的各种任务中，
我只求能完成一样任务：
我那平易近人的缪斯，
我希望能给她落个户。

但愿我不体验这种悲哀，
别在门前得到这种回答：

"没住在这儿。没听说过。
你怕是弄错了门牌号码。"

但愿在各处城镇街道，
只消问起她，我都能听到：
"有的有的。她是老住户了。"
人们答复时还带着微笑。

但愿老人们眼中放出光明，
你一言我一语插话议论：
"在前线上我们就跟她一起，
现在也一同回忆维亚济玛和柏林。"

但愿当我偶然问起
不论是谁家的小孩儿，
都答道：
"这还用问！我们都熟悉。
还多少会背一点儿。"

但愿每户人家的反映
都是爱，而不是恭敬：
"她在这儿，住得可好呢。
要没有她怎么能行？"

到那时候，对她——我的亲人

到处都这样反映的时候，

在月光普照的世上啊

我自己也落了常住户口。

　　而飞白译诗也牢牢抓住了这一特色。历来人们译诗都是从内容或意义出发的，不是从风格出发的。风格问题几乎进入不了译者的法眼，许多译诗的语言都堪称"零风格"或"翻译腔"。而飞白认为：译诗的灵魂在于译出诗人在原诗中呈现的独特风格，在《焦尔金》初版的译后记里，飞白便套用了作者的话来表达译者的追求：

也许某一个读者

手里拿着这本小书，

会说："瞧，这是地道的汉语，

虽然是诗，译得倒很通俗……"

那时我就心满意足。

　　他果然得到了回应。时间过去了几十年，"文化大革命"后飞白不止一次遇到过这样的情景：当他被介绍与院校教师或文学界出版界同人相识时，对方听到飞白的名字后第一反应就是："哦，是飞白——地道的汉语！"

　　《焦尔金》出版后，原先对于飞白高不可攀的人民文学出版社和上海译文出版社都争相向飞白约稿，飞白的译诗也停不下来了。当然"文化大革命"十年除外。

　　飞白首先应人民文学出版社之约，又译了特瓦尔多夫斯基的长诗《春草国》。特瓦尔多夫斯基是胸有抱负的诗人，他继承涅克拉索夫"公民诗人"的传统，勇于面对历史和时代的担当，在作品中展现广角画卷和史诗气概，《焦尔金》和《春草国》这两部诗也不例外。《焦尔金》是苏联抗法西斯战争的纪录，《春草国》则是战前三十年代苏联农业集体化时代的作品，含有宣传农业集体化的本意，这使长诗不可避免带有政策宣传的印记，出版社当时约飞白译本书的初衷，也正是配合我国农业集体化（人民公社化）。不过到"文化大革命"前夕开展了对"中间人物论"的严厉批判，在那种理论审视下，《春草国》就不合要求了。因为长诗主人公磨古诺不但不是"高大全"的英雄人物和集体化带头人，反而是个消极抵制集体化的"中间人物"。特氏的长诗如实书写了历史，通过其主人公反映农民思想的实情。磨古诺是个勤劳起家的中农，他对农业集体化有思想抵触，一心向往的是农民心目中不受干扰的"春草国"，在那里"四面环绕的土地，全都是自己的，就连种颗小豆儿，也是属于你的"，这正是该书书名的由来。"文革"一来，这就成了飞白"反对人民公社化和宣扬中间人物论"的罪证。

　　《春草国》出版于1958年9月，当时恰好赶上宣传贯彻北戴河会议决定：开展全国大跃进和人民公社化。同在这个月张春桥发表其成名作《破除资产阶级的法权思想》一文，配合得力，得到毛泽东主席高度赞赏。该文全力鼓吹共产风和大锅饭，反对按劳分配原则，理由是按劳分配含有"物质刺激"，属于资产阶级法权。《春草国》给飞白带来一千三百元稿酬，当时稿酬标准每千字十元，而一般工资水平约五十元一月，一次性获得一千三百元稿酬相当于人家两年工资了，而又明明是按劳分配所得，正好成为"资产阶级的法权"的突出实例和靶子。为免惹众怒，飞白当即将稿酬全部捐献购买拖拉机以支持农业集体化。上次飞白得到《焦尔金》的稿费是交给了父母的，以后就以捐献为主了。这一趋势在中国一步步发展，向不实行按劳分配原则的供给制时代靠拢，后来导致军队干部降低薪酬和全军取消军衔制。

虽然1957年飞白幸免于打成右派，但接着在1958年"插红旗拔白旗运动"中，凡"专家"事实上被定性为"白旗"，冯友兰、华罗庚等著名专家都被打成了"白旗"。核心小组想狠拔飞白这个"白旗"，但结果飞白还欠点儿专，还没够上专家资格。反正对你飞白就是不可放过，1959年"反右倾"斗争当然也要敲打，但结果又没够上右倾机会主义资格。飞白很"顽固"，敲打归敲打，译诗仍我行我素。

1958年飞白在罗浮山疗养一个月期间译出了第三部诗——当代希腊诗人巴尔尼斯的长诗《贝劳扬尼斯的故事》。这部长诗描写希腊抗法西斯斗争，虽是叙事诗，但抒情性很强很感人，获得华沙世界青年联欢节一等奖。作者当时住在苏联，飞白是通过俄译本转译的。这本译诗出版后也广受好评，二十多年过去了，在"文化大革命"后的年代里还意外得到了新一代诗人的反馈：八十年代汪静之在杭州重组湖畔诗社并开办诗歌讲习班，写信邀请舒婷来杭讲课。舒婷回信婉拒，说她确实很怕讲课，"感激您老的厚爱而且受之有愧"，但答应一定来杭州拜访，接着就问静之："不知道您儿子是不是那个翻译家飞白？我非常喜欢飞白的译诗，如《贝劳扬尼斯的故事》，至今还会背诵其中一些片断。"不久她就来杭会了静之和飞白。

在深圳边防前哨

从中华人民共和国成立初期到改革开放，飞白多次去过深圳，见证过深圳的沧桑巨变。设立特区之前深圳只有小小的宝安县街市，香港回归之前毗邻香港地带是警戒森严的边防前哨。飞白1954年曾到大亚湾演习，后来又曾在深圳参加修筑防御坑道和参加边防潜伏哨。这话今天听起来已很觉怪异了。

1958年毛主席号召军队领导干部重新下连当一个月兵，因多年不当兵了，要再去当一下，服从班长排长指挥。全军对此迅速响应，发扬我军官兵一致的优良传统，许多高级将领带头实行。广州军区是由文年生副司令带头，各军、师都有领导干部下连当兵，军区领导机关也抽出了几批干部轮流下连当兵一个月。这时翻译科宣告解散，飞白罗浮山疗养回来后在司令部暂做秘书和编辑工作，尚未落实最后岗位，是个抽得出的人，因而参加了1958年底的一批。

飞白等一行三人换上战士军装背着背包，到达了一二四师三七〇团，这个团是军区训练试点单位，该团四连是朝鲜战争中的黄草岭英雄连，飞白任军事翻译时已很熟悉。但这次团里分配他们是到六连当兵，六连正在深圳布吉修建国防工程，布吉旁边有东西走向的一带小山脉，形成一道面向南方的天然屏障，当时正在这里构筑混凝土的坑道防御体系。

他们离开团部往六连去，沿广九铁路走着，傍晚时分六连指导员带全连官兵从铁桥下面绕出来迎接了。飞白刚来得及向指导员敬礼报告，战士们已抢走了他们的背包，说说笑笑来到半山腰上的临时营地——两个大草棚，加上作为伙房的一个小草棚。这里没有灯，取水也要到山脚下的水井去打。三人分到不同班里，战士们围着飞白交谈起来，原来他们全来自广东和浙江两省。在这里遇到浙江籍战士出乎意料，因为广州军区的兵源本来是广东、广西、湖南三省。但每年征兵时大军区间可能有局部的调整，这一届恰巧碰上有些浙江新兵调整到这里来。广东战士直夸浙江兵的力气大，原来，分到六连的浙江兵都是水手渔民出身。

飞白一来就投入施工，这部分坑道工程已到收尾阶段，干的是装运石方、挑土回填、挑草皮作被覆等非技术活。晚上时间进行老兵复员前夕的思想教育，飞白加入他们写诗传单（因为1958年配合大跃进，也掀起了一个全国群众性写诗运动），夜间参与站岗放哨。站岗时见月亮映照着灰色的群山，近处听得阵阵松涛，而远方隐隐传来机械化沉重的隆隆轰鸣，使人恍惚觉得听到地球沿着铁轨隆隆滚动的声音，一直响到东方发白。

早上出工，劳动中有些战士唱起了家乡的山歌。歌声从对面山坡上扬起，像一条银链似的远远抛过这边来，这边的战士接住了马上对歌应答，又把歌抛回去。干完一天活晚上收工回营，虽说还有六七里地，但是走得很精神，带着一股愉快的倦意。

毕竟是一月天，北风从一切缝隙灌进临时搭的草棚，灌进被口和脖子——为求轻便起见飞白打进背包的薄被子太短太小了，抵挡不了潮水般一波一波的寒气，配上松涛怒号，感觉就像是露天睡在海滩上一样。

干了多日，坑道工程完工了，工地重又恢复成了一片青翠的山坡。但是花花草草下面埋藏着大家辛勤的劳动，埋藏着成套的坚固国防工事。

连队离开工地临时营区，背上背包走二十几里地到达东莞县雁田乡，在这里用一段间隙时间学习文化，飞白则当起了小教员。在工建中立了功的同班战士许玉堂写黑板报表扬飞白："老汪同志挑起石头来，连里许多人都赶不上；他又担起了教学任务，还主动出公差勤务，一分钟也不肯闲着。在他鼓舞下，我们一定要提前突破高小关！"

当兵一个月期满，全团干部到六连来开了现场会，请飞白对六连文化学习作讲评和经验介绍。晚上飞白和连队告别，全连战士依依不舍，向上级写了一封信，要求再留飞白"超期服役"，上面答复是"不可能"。次日要走时团里通知说请另两位军区机关干部先走，飞白暂留，战士们高兴地认为这回有转机了。结果却是师政治部来了几个人，又要飞白谈"在帮助学文化中贯穿思想工作"的经验。飞白说我哪有经验，我只是保持大家昂扬的情绪、学习的趣味和热情而已。然后飞白终于要走的时候，带领全连唱了他先前教给他们的部队歌曲，如战士文工团创作的《当兵为什么光荣》，唱完一遍大家还要再唱，越唱越慷慨激昂，一直唱到离别。虽然战士们没经过音乐训练，但他们真正放开心胸地歌唱，比飞白十年前指挥的浙大合唱团歌声还豪迈。

顺便说说，七年之后飞白已调到《战士报》社，1965年以记者身份来深圳蹲点采访边防部队时又参加放夜哨，上次在布吉是边防第二线，这次在香港界河边是第一线。

界河一带是无人区，河边是一片咸草滩涂，一米多高的咸草虽是野生，却长得像禾苗般齐刷刷的，三角形的茎青翠得像韭菜一般，晒干了可用以捆东西。在这里，飞白也终于找到了小沙岭没有的野百合花。往外去的河滩上长的是红树林，天色渐晚，一队队白鹭排着人字队形从日落方向飞来，飞回到它们栖息的红树林上空。但它们既不沿斜线滑翔降落，也不盘旋而下，却出人意料地来了个特技表演：在高空平飞到目标上空后，突然就倒栽葱似的一跟斗飘落下来，落到红树林上。每批白鹭来到，天空就像撒下了一把白花花的树叶。先后飞来三五十批，全是同样的伞兵空降表演。随后河滩绿荫丛上就只见处处白点，只听它们的一片聒噪了。

边防部队的牛群羊群都回栏了，高大的军犬跟着引导员，精神抖擞地沿着堤岸边小跑着。飞白和炮班战士一同走上哨位。青年战士们向他详细介绍前沿情况、地形特点，以及敌特和偷渡者的活动规律。战士们每天要值一班日哨和一班夜哨，每班四小时，不能有时刻的麻痹疏忽。特别是遇到风雨夜，是敌特和偷渡活动的时机，夜色浓，雨声大，更要提高警惕。高度紧张使人忘记了全身已经透湿。

当时谁也料想不到，不久后即将发生令人痛心的三年大饥荒，并在此地引发持续的偷渡潮。

当夜没有风雨，南海边的夜里空气稠得像云又湿得像毛巾，暖暖地擦着战士们的脸。界河对岸，港英方面的山顶岗楼灯火通明，还不时打探照灯向我方照射。形成对比的是河这边一片漆黑寂静，只有心音在草丛里跳动。

星移斗转，飞白再次重访旧地要跳越二十多年。待到八九十年代间他再来时这里已是改革开放后的深圳特区，不过行道树都是刚种下的树苗，一点都不遮阴，不论走到哪里都晒得够呛。近年他没再去深圳了，据悉，昔日边陲要塞布吉如今已是繁华的深圳东站；内藏坑道体系的布吉侧畔山岭如今是深圳人假日出游的郊野公园；界河边的无人区——当年曾带军犬放潜伏哨的密密苇丛和红树林呢，如今是繁华的街市和湿地公园。

我知道诗的威力

从20世纪50年代末到60年代初，不论是国或是家，都经历了太多太多的事情。在中国三年严重经济困难时期飞白家也遭遇不幸；飞白的工作发生了从译员到参谋的大变动，因中苏两党发生巨大分歧，50年代末期苏联军事专家（早几年已经不称顾问而改称专家）全部从中国撤出。军区翻译科本是因苏联军事专家来华而设立的，随着苏联专家的撤离翻译科也撤销编制了，译员们纷纷调走或转业回乡。

此时华南师大因苏联教授离去，向军区请调飞白填补空缺，但是参谋长不肯放人。翻译科的上级单位司令部办公厅留下飞白做秘书和编辑工作，但他暂时还住在二所宿舍。1959年秋，飞白开始到司令部上班了，司令部在广州东山，早上去上班正好可以练长跑，不巧的是赶上身体出问题了，检查出明显肝肿大。饥荒年代极度营养不良，这种症状相当常见，飞白没有太当回事，照旧坚持工作。可是再也坚持不了全程跑步，只能两头步行，中间有公交车的一段路程可以搭乘四个站。飞白应人民文学出版社之约翻译《山外青山天外天》，利用的就是上下班乘公交车的那段时间。《山外青山天外天》是苏联"解冻"年代的重要作品。这时特瓦尔多夫斯基已成了苏联改革派的旗手，他主编的大型文学刊物《新世界》为改革派的阵地，与保守派的《十月》相抗衡，突破禁区刊发了阿赫玛托娃的诗、爱伦堡的回忆录、索尔仁尼琴描写集中营生活的小说《伊凡·杰尼索维奇的一天》等作品，在批判个人迷信和恢复文学尊严方面起了巨大作用。他的《山外青山天外天》从1950到1960年写了十年时间，此诗气魄恢宏，对国家和民族的历史和命运作了认真思考和瞻望。

飞白翻译根据的原文，是作者寄赠飞白的《山外青山天外天》十一章本，这个本子是1959年长诗还未完成就先期出版的，但其中已包括反思文学问题的"文学谈话"和反思冤狱问题的"童年的朋友"等章。1960年特瓦尔多夫斯基出版了最终定稿的十五章本，新增的四章中包括直接评点斯大林的一章

"有过这样的事"。考虑到中苏分歧的现实，飞白对人民文学出版社声明"本书已不宜在我国出版"。后人民文学出版社用"作家出版社"的牌子，于1961年将《山外青山天外天》作为"反修"批判资料内部出版，不公开发行，只供高级干部和理论界人员参考。这个本子里作者新增的四章以及先前发表各章中新补充的零星段落没有再请飞白译，而由罗昕补译，罗昕应是责编卢永福的笔名，译文风格与飞白有别。继《山外青山天外天》之后，我国六七十年代又陆续以这种形式内部出版一批外国文学名著，这个禁书系列只用简单的黄纸做封面，故被人称为"黄皮书"，发行范围很窄控制很严，是普通人渴望但很难读到的资料。但后来也从小圈子外流，成为"文化大革命"地下文学和朦胧诗派的重要启蒙源泉。《山外青山天外天》是这个系列的第一本。

司令部办公厅想让飞白做秘书但飞白不愿意。既然参谋长不肯放他转业去院校，他情愿当参谋下部队。飞白对军事工作并不外行，他在任军事翻译的八年中，特别是随同乐维亚金将军工作的四年多时间里，所学的军事知识和参谋工作业务已超过大多数参谋人员。于是他先任军事科研参谋，后任训练参谋。在做好本职工作的同时他也继续译诗，而且再不像在翻译科那样受批评和歧视了。

从五十年代过渡到六十年代，中国全面"反修"，出版社向飞白的约稿转向了马雅可夫斯基。在中国对外窗口几近完全关闭的情况下仅剩寥寥几个仍可出版的诗人，马雅可夫斯基因被视为无产阶级革命诗人还在其列。但对飞白而言，译诗不是趋热门赶时髦，只有受到诗的触动有所感应才会去译。马雅可夫斯基在中国过于热门了，和其他几位热门诗人如雪莱、普希金的情况一样，使飞白有点望而却步——他的想法是：有许多人"不可救药地"围着的地方，我不去凑什么热闹。荷兰诗人考文纳尔在《无名》一诗中描述得非常好：

> 当我看见许多人的思想不可救药地
>
> 蜂拥在事物名称周围
>
> 恰像笼中鸟围着鸟食
>
> 我就情愿去攀登无名事物之高峰
>
> 哪怕只爬到半山

但在出版社一再敦请下，飞白重新浏览了马雅可夫斯基的诗，又考察了一番当时已有的中译文情况。没想到的是，他终于为马氏的风格与激情所打动，而他看此前已有的中译本呢，却与马诗风格极不协调，不达意，这又大大地刺激了他，使他觉得很难受。这两方面的合力激起了他翻译马诗的热情。

马雅可夫斯基风格鲜明，特别有个性，飞白感到他恰是一个爱"攀登无名事物之高峰"的诗人。二十世纪初年，年轻的马雅可夫斯基遇上了现代派文艺崛起和社会主义革命两大新鲜事，他都第一时刻投身其中，以"在场"的资格、高扬的激情和前无古人的叛逆姿态，录下了新时代公共的和个人私密的心跳和脉搏。他诗艺的鲜明标志是"之前无人用过，并且在韵书里也没有的"押韵方式；他的表现手法包括夸张、变形、出人意料的拼接和逆反，令人耳目一新；他塑造的艺术形象往往奇幻荒诞，游走在现实与梦幻的边缘——同在1915年马雅可夫斯基发表《我是怎么变做狗的》，卡夫卡发表《变形记》，这两篇天才的作品不约而同通过变形隐喻，淋漓尽致地抒写了人被异化的命运悲剧。

然而我国已有的译文没有从人和风格角度来表现马雅可夫斯基，只译诗的字面"内容"。这样大体上虽能译出作品的政治性和革命性，然而读者却看不见这位诗人，看不见他的诗，更看不见他的心灵。因此飞白打算鼓勇一试，在译文中聚焦风格，以表现其人其诗以至心灵。革新家马雅可夫斯基的缪斯是激进的、陌生化的、"语不惊人死不休"的缪斯，与特瓦尔多夫斯基"平易近人的缪斯"大相径庭。虽然比较而言，飞白自己平和而不张扬的性情与特瓦尔多夫斯基的缪斯更为亲近，但另一方面，飞白爱挑战的另类思维也呼应着马雅可夫斯基个性鲜明的另类缪斯。于是飞白接受了约稿，起初译的是马雅可夫斯基的两部著名长诗，接着又陆续翻译马氏的其他作品。

人们眼里见到的马雅可夫斯基首先是革命诗人，这没错，他投身十月革命，成了"歌唱开水的歌手"和"头号大嗓门的鼓动家"。在中国"反修"年代里约飞白译马雅可夫斯基，也正是从政治标准第一出发的。然而"鼓动家"并不能概括马雅可夫斯基。他同时又是革新家、未来派、前卫诗人，而且归根结底是个抱有人文情怀的诗人，心怀巨大的爱和巨大的痛。飞白对马雅可夫斯基的译介，包括对马雅可夫斯基这些层面的展现，穿越了很长的历史。马雅可夫斯基是飞白重点译介过的外国诗人之一，为了让读者全面了解马雅可夫斯基的真实面貌，飞白努力了近六十年，到2018年底《穿裤子的云——马雅可夫斯基诗选》在四川人民出版社出版才松一口气。从这件事能见到飞白如何认真地对待译者的责任。

1960到1961年飞白应上海文艺出版社之约，首次译出马雅可夫斯基的两部长诗代表作《列宁》和《好！》，这是马氏为悼念列宁去世和十月革命十周年而倾全力所作，但写的并不都是宏大话语，其中也融入了个人化的抒情和细节。飞白在翻译中也倾注满腔情感，尤其觉得马氏对国内战争艰苦岁月的描写和抒情与中国经历的巨大艰难遥相呼应，特别感人。不过稍为受限的是在当时条件下，写译者前言只能高度政治化并纳入"反修"轨道。

这里要稍做一点历史的延伸，提前说说飞白译介马雅可夫斯基的后续发展。因为这件事等到2018年续编出现要隔半个多世纪之久，若这里不说后面再提，读者恐怕要难以接上线头了。

许多诗人的评价都经历过反复，而马雅可夫斯基评价的争议和潮起潮落尤富戏剧性。与相当普遍的误解不同，马雅可夫斯基并不是一个随大溜喊口号的诗人（若依照飞白的观点，凡随大溜者都不是诗人）。马雅可夫斯基生前是个异类，经常惹人围攻。起初这是他自找的，他年轻气盛时"求异"，喜欢被人看作异类、海外来的鸵鸟和怪物；后来他年齿渐长试图求同存异了，而苏联文学界对他却拒不认同，坚持"排异"。马雅可夫斯基虽然很左倾，一心要革命，但人家不准他革命；他虽然在苏联已名声很大，但掌握苏联作家协会领导权的"拉普"（即俄罗斯无产阶级作家协会）始终不承认他是无产阶级作家，不承认他为革命同志，而把他作为重点打击的对象。马雅可夫斯基终于在三十七岁时自杀。他个性太强太情绪化，易冲动也易受伤，无休无止遭受攻击最终导致了"金属"疲劳和断裂。

马雅可夫斯基评价的大起大落发生在他身后。他逝世已过五年，斯大林要为清洗苏联作协领导并进而清洗布哈林等主要政敌找个切入口，出人意料地对他本来不喜欢的马雅可夫斯基做了一个著名批语："马雅可夫斯基过去是，现在仍是我们苏维埃时代最优秀的、最有才华的诗人。漠视他的纪念和著作就是犯罪。"这个评语导致马雅可夫斯基死后再遭一番大折腾：先是瞬间被捧上社会主义文学偶像的神位，而斯大林死后又被斥为"斯大林个人迷信的领唱者"。曾经爱写未来幻想剧和爱玩未来穿越题材的马雅可夫斯基，设或地下有知，对如此"未来幻想"恐怕也将目瞪口呆吧？

中国在"反修"年代里出版马雅可夫斯基的《列宁》和《好！》，"文化大革命"中虽然全面横扫外国文学书籍，但马雅可夫斯基的诗却未归入"大毒草"之列，全靠斯大林评语的保护。"文化大革命"结束后中国重新出版的第一本外国文学书籍，也是人民文学出版社推出的《列宁》飞白译本。紧接着，出版社又竞相出版飞白"文化大革命"前和"文化大革命"结束阶段陆续译的马雅可夫斯基作品：1979年花城出版社出版《开会迷——马雅可夫斯基讽刺诗选》，1981至1982年上海译文出版社出版《马雅可夫斯基诗选》三卷集。

中国虽已迎来改革开放，然而出版方针暂时还是"拨乱反正"，所以飞白这些译本的编选和评析仍被纳入"突出政治"的旧格局，对马雅可夫斯基原诗中批评现实措辞激烈或流露真情之处仍不得不掩饰回避；飞白想在三卷集的前言后记里略为介绍马雅可夫斯基前卫的未来

飞白设计并手绘的《马雅可夫斯基讽刺诗选》封面，1979年

派诗艺，也不得不与出版方做了长时间艰难的磋商与争论。

俄罗斯批评家柯夫斯基认为，斯大林对马雅可夫斯基的评语"像埋设雷区一样"妨碍了我们了解这位诗人，"国家监护剥夺了马雅可夫斯基唯一公道的自我保护手段——受诗的保护。但只有在把诗直接交给读者、交给未遭扭曲的读者接受时，诗人之名才能仅仅受诗自身的保护。"卡拉布切夫斯基也指出，我们以前从来不按马雅可夫斯基自己的意思解读他的诗，而只按幼儿园和小学的保育员、教师和辅导员的意思解读，只按电台播报和报纸标题来解读。飞白1981年的译本虽和1961年译本已隔二十年之久，还继续受到这种统一口径解读的影响，难以全面真切地反映马雅可夫斯基的诗歌艺术和精神世界。所以

飞白觉得仍未能尽到译者的责任，一直希望重做一番精选和校订。

飞白的弟子汪剑钊主编"金色俄罗斯丛书"，给飞白提供了最佳契机。飞白于2018年出版经过重新选编重新评论的版本《穿裤子的云——马雅可夫斯基诗选》。这个版本删减了马雅可夫斯基为"社会订货"赶任务的作品，从而把三卷诗选压缩为一卷，这有助于提高艺术质量（可惜无法收入长诗代表作《列宁》和《好!》）；同时通过校勘，把马诗发表时就被删改的文字恢复原貌；特别是飞白在该书译序中终于得以客观公正地介绍马雅可夫斯基其人其诗，为诗人洗刷无辜被泼的污水和无辜被扣上的"吹捧""阿谀奉承""走卒"等污名，呈现马雅可夫斯基的真实面貌。飞白在三十来岁着手的事，一直延续到九十多岁才算做成。

马雅可夫斯基不是"阿谀奉承"的诗人。相反，他对"阿谀奉承"的鄙视不齿之情在诗中随处可见，诸如："奴婢的适应性加温和性，舔盘子、舔卢布和诸如此类的舔功，在许多人那儿荣获了'健康的现实主义'的美名。"（《致高尔基的信》）；"思想可不能掺水，掺了水，就会受潮发霉。没有思想，诗人从来就不能活，难道我是鹦鹉？是画眉？……我的面孔只有一张，它是面孔，而不是风向标。"（《魏尔伦和塞尚》）"挥舞拖把，从上到下，应当来一次大扫除，扫除一切热心舔功的家伙，以及一切他们的热心的顾主。"（《舔功》）直到他最后的作品《喊出最强音》和自杀前留下的未完成诗稿。这是其最后的四行：

我知道诗的威力我知道诗的警钟

这不是谎言鼓掌欢迎的那一种

听到这种诗棺材会平地跳起

迈开四只橡木小脚向前猛冲

飞白在译序中写道:"伟大作品都有巨大的心灵之痛。不论是'满纸荒唐言,一把辛酸泪',或'时代脱榫了,而我竟是为纠正它而生',都因巨大的悲悯,心事浩茫连广宇,而把个人悲剧扩展到宏观。这种巨大,不是无病呻吟者装得出来的。"一位认真的译者,莫非也有这样的"心灵之痛"么?

从书写历史到书写当今

在二十世纪的六十年代,飞白接下去受领的工作是一个有关书写历史的项目。

1962年7月飞白所在的科研处并入军训部。飞白到军训部后承担的第一项任务是参加《四野战史》编写组,编写人员是从军训部、作战部等单位抽调的。但是写到1946年的第三次四平战役遇到了瓶颈。这里先简单交代一下历史背景:

四平市位于南满北满之间,是重要交通枢纽和兵家必争之地,解放战争中我东北民主联军与国民党军为争此战略要地曾四战四平。"一战四平"是1946年初苏军撤军后,国共双方抢占东北要地,我军一举解放被国民党保安部队抢先占据的四平;"二战四平"是我军对四平的保卫战,国民党集中大军在飞机大炮坦克支援下反扑四平，我军坚守一个多月后失利撤退，国民党军乘胜追击长驱直进，攻占长春直抵松花江岸；此后我军经历了"三下江南四保临江"，转入1947年夏季攻势，"三战四平"就是我军在夏季攻势接连取得胜利后发起的四平攻坚战，经浴血激战十七昼夜将敌守军压缩到四平城东北一隅，而敌军仍负隅顽抗，此时因敌援军十个主力师业已步步逼近，我军终至功亏一篑；"四战四平"是1948年春我军再攻四平，一举成功全歼国民党守军。林彪在东北打了许多胜仗，而最突出的两次失利战役就是"二战四平"和"三战四平"。写胜仗容易写失败难，写顺利容易写矛盾难，这块难啃的硬骨头自然分派给了飞白。

　　交战双方的主要将领飞白全都认识，和其中几位还可说非常熟悉，这当然是写作的有利条件。我军方面，担任主攻的一纵司令李天佑上将，现任广州军区代司令员（如果飞白没有记错，黄永胜司令这时大概是去高等军事学院学习了）；担任第二攻击方向的西满纵队/七纵政委吴富善，现任广州军区空军司令员；其他将领有一纵副司令兼参谋长李作鹏，1950年他任中南军大（即后来的"汉高"）校长，1950年是他从北京把新分配的军事翻译飞白带回武汉的，不过此时他已在总参任职；当时的一纵一师师长梁兴初，现任广州军区副司令员主管训练，和飞白特别熟；一纵二师政委刘兴元，现任广州军区政委，这几位都是中将；而对方国民党军的主将，因坚守四平有功获蒋介石授勋的陈明仁，现也在广州军区任五十五军军长，和李天佑一样是上将衔，飞白每到五十五军都要见面的。陈明仁给人的鲜明印象是开会时唯有他坐得腰板笔挺，一副黄埔军校的标准军人姿态。

飞白不可能采访林彪，在军区司令部虽见过林彪但隔开数米距离，只留下个鲜明印象是林彪脸色怎么那么差，苍白得几乎呈石灰色。为写好战史，飞白重点访谈的是李天佑和吴富善两位将军，两个攻击方向的主要将领。他们两位都拨出不少时间配合访谈，给飞白留下了深刻印象。百色起义的李天佑是我军一员有名的虎将，他二十岁时就当红四师师长，抗战中他率主力团参加平型关战役，解放战争中他是东北民主联军/四野的第一主力一纵队司令，强攻国民党军坚固设防的天津时，一纵在主攻方向突破，打下国民党守军司令部，活捉警备司令陈长捷。飞白对李天佑原来没有机会直接接触，想象起来他的风格应当是雷厉风行虎虎生威，然而访谈中李天佑表现的风格却意外地谨慎稳重。这可能正是由于三战四平，他的位置是前线主要指挥而攻城受挫，如今的位置又是代司令员，所以出言表达都字字掂量，十分小心。相比之下吴富善将军给人的突出印象是说话直截了当，还颇带点儿"冲"劲。尽管关涉林彪话不好说尽，还是暗示出了他对战役指挥很有意见。当然也不能全怪上级指挥，吴富善认为，在夏季攻势节节胜利的形势下，我军上下士气高涨，都抱有轻敌情绪，因此大家也都有责任。关键在于，一定要深刻总结三战四平的失利。飞白记录下了吴富善将军的话：

"错了就要总结教训，错了就认账，哪怕杀头也承担。顶着那个错误干什么？害自己还害后代。牺牲了多少人，这历史的教训要靠我们留传下一代，不要带到棺材里去。这不是个人的事。自我批评最要紧，一个人缺乏自我批评，上面来的批评接受不了，下面来的批评还是接受不了，要认错，不要表功，才是有觉悟的表现。"

"三战四平"打得极为艰苦，国民党军长久经营，处处暗堡密布，炮兵对每个地段都做过精确测量和标定，我军每进一步都会遭到精确打击，伤亡惨重，主攻方向的一纵和后来接替的六纵，许多连队打到只剩七八个人。花如此代价而最后又未能攻克，记忆无比痛切。飞白思想上非常认同吴富善将军的观点，但操作起来却远没有那么轻松。尽管失利后林彪曾表态承担主要责任，但战史执笔时就要字斟句酌，难掌握分寸。不是简单一句话评说的问题，对战役的每个层面每个细节都需要有分析判断，下笔时笔很沉重。上级审稿者肯定比飞白压力更大，以致飞白写的多遍稿都得不到一致认可，叫飞白深感"太史公"难当。目前见证人全在场，看来历史却要等到没有见证人的时代才能书写了。

不过也亏得就在"三战四平"这个瓶颈上卡住了，导致《四野战史》暂时搁浅难产。飞白在如此受累几个月后也得以回到军训部里去做日常训练工作。假如这部书当时出版呢，"文化大革命"中也难免遭灾。

部队领导机关都要深入基层，为基层服务。六十年代前半期飞白当参谋做军事工作，包括军事科研和军事训练，依旧是经常下部队，在南方各省各野战部队驻地间奔走不歇。偏偏在这全国经济困难时期，家里添了三个生不逢时嗷嗷待哺的孩子。飞白因缺乏营养导致肝严重肿大和低烧发热，但仍日夜辛劳，艰难地担着训练和家庭两副重担。到1962年极左的政策稍稍放宽，经济和食品供应渐有复苏迹象，人们也渐渐恢复体力和元气。各条战线重新开始活跃，部队训练工作也迎来了高潮期，飞白因工作出色和富有创意，又两次立功。不过本书关注的不是演习场上行军途中的泥浆汗水，也不是年度季度的检查评比、点验考核，以及总结推广典型经验，而是马背水手这五年来再没有受到过对业余译诗的非难。环境宽松，飞白尽管忙碌憔悴却又朝气蓬勃。而且即便在如此繁忙的节奏里也继续点点滴滴地"在马背上"译诗，回到家里才一手怀抱孩子，一手把译稿记录下来。

事后回顾，飞白在部队工作三十年间，从1961到1965年当参谋的四年尽管是最艰难困苦的四年，却又是最美好最值得怀念的四年。可见，人在乎的并不是条件艰苦与否，而是是否有条件让你好好工作和发挥。整整四年时间，飞白得以在军事上和文学上都努力发挥自己的潜力，无人掣肘也无人下绊子，这种心情该如何形容？除了"晴朗"再想不出更适当的词汇了。飞白很适应参谋工作，在军事科研处和军训部的人际关系又很融洽。这期间，他和共事四年的孙万洪同志成了知心战友，万洪是辽宁营口人，朝鲜战场上的老参谋，他如同兄长一样关怀飞白，飞白首次有了有哥哥的感觉，这感觉真好。

除了还在继续零星翻译马雅可夫斯基外，此时飞白又应人民文学出版社之约，开始翻译俄罗斯十九世纪革命民主主义代表诗人涅克拉索夫的作品。这也属于"书写历史"的范畴。

十九世纪俄罗斯文学富于革命传统，诗人涅克拉索夫和革命民主主义思想家、评论家别林斯基、车尔尼雪夫斯基、杜勃罗留波夫紧密合作，主编《现代人》等进步刊物，与沙皇专制政权进行了几十年艰苦的斗争。如前所述，当时中国对外国文学开放的窗户越来越窄，原来开放的苏联文学这个主要窗口关闭后，现在只剩一条"窗缝"了，那就是革命导师明确肯定过的名著，数量非常有限。而涅克拉索夫正是列宁酷爱的诗人，列宁在论战中经常引用涅克拉索夫的诗句来揭露对方，并且曾指出，涅克拉索夫"教导俄国社会要透过农奴制地主所谓有教养的乔装打扮的外表，识别他的强取豪夺的利益，教导人们憎恨诸如此类的虚伪和冷酷无情"。

出版社的约稿是由于列宁的肯定为作品颁发了特别通行证，而飞白的接受约稿则是由于他非常愿意抒发涅克拉索夫仗义执言的声音。

昨天下午，五点多钟，
我偶然走过干草广场，
只见一个女人在受鞭刑——
一个年轻的农村姑娘。

她没有吐出一声呻吟，
只有鞭声把空气撕碎……
我不禁向诗神缪斯喊道：
"看哪！你的亲姐妹！"

飞白接受了稿约，翻译涅氏三部为农奴/农民绘像和代言的长诗：《货郎》《红鼻子雪大王》和《谁在俄罗斯能过好日子》。前两部是小型的长诗，最后这部则是洋洋一万行而写到诗人逝世尚未完成的史诗型巨著。四十年后飞白访俄，专程来到了上面诗中描写的干草广场和圣彼得堡涅克拉

2000年飞白访涅克拉索夫故居

索夫故居，静静缅怀他崇敬的这位"复仇与悲歌的诗人"。

翻译涅克拉索夫的作品也是一次语言上的挑战。涅氏在诗人中间的另类之处，是他以普通农民为史诗主人公，向民间说唱文学靠拢，以农民语言包括口语俚语入诗，这也是他的诗的独特魅力所在。正如涅克拉索夫谈民间语言时说的："恐怕你咬破钢笔尖儿，也写不出这么妙的词儿！"飞白虽有很好的语言储备和修养，但他说："没人敢说自己'精通'哪国语言，哪怕是自己的母语也不敢这样说。"翻译涅克拉索夫需要极其丰富的口语，飞白觉得自己掌握的汉语口语仍嫌单薄和南腔北调，同时他又认为所谓的"文学性"大半存在于语言中，同样的主题同样的情节，若语言不行就不能成为文学，更不能成为诗，所以他这次很认真地调动自己的语言能力。好在并不是临时抱

佛脚，他从翻译《瓦西里·焦尔金》起就一直在刻意积累和丰富语汇储备，特别是北方民间语言的语汇储备。位于天坛旁的北京天桥是个传统的民间艺术集市，飞白每到北京只要抽得出空，总会上天桥去观摩说书、大鼓、相声等民间艺术表演，通过最直接形象的接触吸取民间语言的养分。如今翻译涅克拉索夫的农村题材，使飞白译民间语言的能力通过了一大考验。

依靠滴水穿石的执着，飞白到1965年居然译完了三部长诗，但正是此时，中国对外开放的最后"窗缝"也终于封闭了。三部长诗中只有第一本最"迷你"的《货郎》还来得及在"文化大革命"前出版。在这里我们又该稍做一点有趣的延伸叙述：这本赶上在"文化大革命"前出版的《货郎》里因有"沙皇发昏，苦了老百姓"之语，也恰好赶上在"文化大革命"中构成飞白"以骂沙皇配合吴晗的海瑞骂皇帝"的罪证。批判吴晗历史剧《海瑞罢官》拉开了"文化大革命"的序幕。

其他两部诗作已译出但未及出版，译稿在"文化大革命"时被抄家抄去，到林彪事件后飞白被释放，广州军区"文化大革命"中受迫害者所谓"站错队"的罪名已不能成立，却仍得不到平反。飞白从1973年起一直追索他的译稿，但一直无果。专案组甚至到"文化大革命"宣告结束后也坚持不肯退还，还一口咬定说材料已经烧毁。但飞白仍继续追索，到1977年年底，因人文和译文出版社联合推出"世界文学名著文库"，涅克拉索夫的《谁在俄罗斯能过好日子》名列其中，已在等待付印，飞白再次敦促专案组："如再不归还，你们要对后果负责。"结果次日终于得到同意归还译稿的回音，让飞白到专案办公室去领回。结果打开保险柜，飞白的几部主要译稿，计两千多页，都还赫然保存在专案组保险柜里——这是准备留作"罪证"用的，哪里会轻易烧毁？名著终于按时推出，还真得谢谢他们如此费心地保管了。

话题再转回到"文化大革命"前的1965年。这年春天，飞白得到了军区政治部的调令，奉命调到军区《战士报》社工作，他于是将从"书写历史"转向更敏感更难把握的"书写当今"。飞白在军训部工作适应，人缘又好，对此调动是老大不情愿。但提意见没有用，军区为准备报社领导换届已经筹划良久，飞白必须服从调动。军人以服从命令为天职么！

《战士报》社有它的光荣历史。"战士"二字是广州军区所属报社、文工团等文化单位的代号，各大军区所属文化单位各有自己的代号，如北京军区的"战友"、沈阳军区的"前进"、南京军区的"人民前线"等。广州军区战士文工团在全国享有很高声誉，八九十年代早期的"春晚"上他们是不可或缺的常客；广州军区《战士报》还是全军唯一的红军时代报纸，它创办于1930年的中央苏区，先后属于红一军团、八路军一一五师、东北民主联军、东北野战军和第四野战军，在各军区报纸间它的资历最老。朱德总司令于1939年和1950年两次为《战士报》题写过报名。半个世纪之后，各大军区完成了历史任务，全军整编，改为"战区"制，《战士报》于2016年出版了最后一期，并给老报人飞白寄来一份"终刊版"作为纪念。

报社的体制是"编通合一"，军区部队各级都设新闻干事，负责报道和组稿，连队则有兼职通讯员。报社内不设专职记者，编辑都兼任记者下部队采访，随部队行动。所以到这里后，"马背"的工作和生活方式并未改变。既来之，则安之，问题在于飞白来到报社熟悉一段时间后，就该担负起领导任务了。而且凑巧的是：正当宣布飞白的"处级干部"任命时，渔洋鼙鼓动地来，"文化大革命"来到了。这样，飞白"有幸"搭上末班车，在最后一刻获得了可列为"文革"重点对象的"当权派"资格。

"马背上的水手"下部队途中搭上一辆军用卡车。车厢被帆布车篷罩得严严实实，只从敞开的后面可看到一条灰土滚滚的路，一条向后飞逝的航迹，只从车身的倾斜和惯性中才能猜测到车是上坡还是下坡、左转还是右转。

灰土扑鼻，满身也蒙上一层红土。透过滚滚红尘还能望见远方蓝色的一抹诗海。不过诗海和红尘本属同源，千水百川把红尘里的盐分汇流入海，使得海水如此苦涩。

海
在远方露出笑容。
浪花的牙，
蓝天的唇。

"你卖什么，不安的姑娘，
露出你的乳房？"
"先生，我卖的是
海水。"

"黝黑的少年，你的血里
掺进了什么，那么激荡？"
"先生，掺进的是
海水。"

"老妈妈，哪儿来的
这么多咸的泪？"
"先生，我哭出的是
海水。"

"心灵啊，哪儿产生的
这么浓的苦味？"
"啊，无比苦涩的是
海水。"

海
在远方露出笑容。
浪花的牙，
蓝天的唇。
（［西班牙］洛尔迦《海水谣》）

第三章

幸存的漂流瓶

在飞白生平资料中，最缺的是家庭生活部分。涉及个人情感方面飞白不爱讲述，他的日记资料在"文化大革命"中又大都散失，剩余少量资料飞白也不愿示人。这是因为飞白强烈反对把回忆变成伤痕文学，尤其拒绝显示心中的伤口，他认为诉苦和展示伤口是可笑愚行。如同法国诗人勒孔特·德·李勒所说："我不能献出自己血淋淋的心供人享用或嘲弄。"加之他还始终抱有一种自责心理。于是飞白的家庭生活便成了传记资料的薄弱一环。但在一本传记中，家庭生活毕竟是不可或缺的部分，故写作此书时，便在这里遇到了瓶颈。

飞白既不愿细说，我的努力只能放在发掘资料上。从飞白那里得知，他的稿件资料在"文化大革命"大风暴中遭到浩劫，但经此扫荡他还是有少量日记得以幸存。称这些材料为"日记"是说这些文字属于日记体裁，实际上因军务繁重，飞白并不能系统地写日记，只有偶尔记录生活点滴的"偶记"夹杂在会议记录之类的材料中间。这些记录便成为珍贵的资料。

在"文化大革命"山雨欲来之初，从《海瑞罢官》《燕山夜话》开始各种文艺作品纷纷被扣严重罪名，飞白为少惹麻烦起见，已经主动扔掉过一部分文稿、笔记和书信，但他从中也抽出了少量舍不得扔的文字。1968年飞白知道自己凶多吉少，在形势极端危急时把一个小纸包交给了孩子们的外婆，连向外婆说明都没有来得及。飞白随即被捕，飞白的家反复被抄，拉网式搜查使他家中片纸不留。专案组从抄家所得里挑选出他们可用作"罪证"的材料，此外的大批稿件、资料均遭焚毁。专案组也开了一辆军车到外婆家去搜查，但飞白的这包材料在外婆家米缸里得以幸存，实在弥足珍贵。

遭遇海难时，海员会将信件或文件封进瓶子抛向大海，任其漂流，这叫做漂流瓶，期待有朝一日会被人拾到。它幸存的概率本来是极为渺茫的。

但如今漂流瓶既然幸存，就不该永远密封，还是让我打开吧。

谢谢飞白终于同意了把"漂流瓶"收入本书，使传记中的空缺得到弥补。飞白给我的记录本来不包括1959年有关苗苗的部分。可是我认为这样完全抹掉苗苗已经极为微小的存在，太不公平。经我据理力争，最后飞白又勉强答应给我苗苗在灾难发生前的少许记录，即"上帝是个嫉妒的上帝"一节，而把其后的一段伤痛记录毁弃了。伤痛是只属于个人的。

日记文字收入本书时保持历史旧貌不作修饰。但因相隔六十来年，许多情况时过境迁，当今读者已难读懂，应我的请求，飞白对历史背景和联结环节稍加了一点注记、补记，以方括号标示。

上帝真是个嫉妒的上帝

☆1959年4月16日

翻译科的工作在收摊子了，我被分派在军区司令部布置了半个月的展览，接着又参加集训学习毛主席著作和军事思想，小组里都是抗战时期或解放战争初期参军的老同志，并上过军事学院等院校，却把我推选为副组长，弄得我很不好意思。

祖莲的预产期快到，而我却老住在司令部，非常牵挂，因此每隔一天就回家一次看看祖莲的情况。晚上九点钟学习结束后我就长跑五千余米回法政路的二所宿舍，清早天微明又跑步到司令部。

祖莲自己觉得没有把握，天真地说："生出来是不是人仔（小人儿）呢？""会不会是别的东西——例如猫仔呢？""就算是标准的小人儿，也不会漂亮的吧，因为没有漂亮的爸爸妈妈。"我说：不必指望孩子多么漂亮：只要样样齐全就好。

☆1959年5月4日

因产期临近，这十天我每晚都跑步回家。昨晚祖莲下工回来就说肚子痛，后半夜痛得她哭到天亮。我一早就同祖莲到中山医学院附属医院，但医生说："不会很快就生，现在要入住也可以，不然还是先回去，等阵痛很密时再来。"祖莲因离预产期还差七八天，担心现在住院浪费了产假，便坚持先回家，但回家后就痛得紧了，午饭不能吃，午觉不能睡，我有点发慌了，不管祖莲同不同意，便叫了三轮车再次把她送到中山医学院，这时她已经五分钟左右痛一次，走路都走不动了，却还一路上怨我"催命"，又怨我催得太紧而忘带工厂的医疗记账单。我不管三七二十一为她办好入院手续，已是五点多钟，才回去找到记账单，再到工厂取了粮票，七点多到医院去补交，然后便向住院处询问产妇信息，答复是：去看产科门口的黑板，有名字的还未生，生产后名字就擦掉了。一看，陶祖莲的名字刚刚擦掉。我得到允许上二楼病房去，走廊灯光暗淡阒无一人，又不知祖莲住几号病房，正在楼梯口观望中，忽然电梯门无声无息地开了，推出来的床上正是祖莲棕褐色的头发！因没看到脸我还没敢叫她，直到整张床推出来了而莲的脚边放着那本《中国民间故事》，才敢确认。

祖莲睁开了眼睛，脸色苍白，神情倦怠，以十分平静的声音说道："生了个儿子。"脸上流露出完成艰巨任务后母亲的矜持和满足。我协助祖莲躺到病房床上，祖莲继续说："孩子很白，头发是棕色的。"我下午刚离开她就进产房了，孩子诞生时间是18时40分。

☆1959年5月5日

今天到育婴室看到了儿子，护士抱到门口来隔着玻璃门看的。护士把他弄醒了，孩子在伸懒腰，有点不满意，眉头一皱小嘴一张，却不哭。因为孩子闭着眼睛，还看不清长得俊不俊。

☆1959年5月7日

产后三天，祖莲要出院了。我下午下班赶到医院，祖莲已等得着急，但天下雨比较冷，我又回二所取来祖莲的外套，到七点半才接了她和孩子出院。我拿着东西，祖莲一定要自己抱孩子，我们在残雨声中走到街上，因等不到公交车，又到东川路的三轮车站去。莲用毛巾把孩子包上，用抽纱手绢盖着他的小脸，在我身边慢慢地稳重地走着，孩子软绵绵的，好像没什么重量，又好像有很大的重量——"还有什么重负比这更神圣？"

孩子甜甜地睡着。出世三天的小苗苗，第一次迎接风风雨雨。

祖莲说，前天晚上我走后，护士推了一车婴儿来吃奶，小车上，婴儿密密层层地放了两排，推出来时吱哇叫喊恰似一窝"雀仔"，其中只有一个头发棕褐的，祖莲知道一定是她的儿子了。吃完奶小车推回去时，这一窝"雀仔"就鸦雀无声了。祖莲又说：儿子睡得真甜，连吃奶时也往往睡不醒，非抓小脚板不行……

乘着三轮车，一路上这样说着，不知不觉已到莲花井了，因为我在司令部参加集训不能照顾莲，只能暂在娘家坐月子。大家来看孩子，说他脸儿圆圆的"福相"，生在幸福年代。

☆1959年5月24日

集训结束，总结评比时，我们小组被评为全集训队最好的两个组之一，得到司令部表扬。

接了祖莲和苗苗回家。他给我们带来了无穷欢乐和无数幸福的麻烦。好在苗苗是个乖宝宝，一醒过来就甜甜地笑，有时做梦也笑，几乎从来不哭。表现最"不乖"的情况，也就是晚上多嘴，叽里咕噜地啰唆不停而不睡觉，害得妈妈陪他熬夜。不过这种情形并不多，乖的时候他能从晚九点一觉睡到三点，吃一次奶再睡到天亮。我们铺板搭的大床不够大，现在我在大床边靠一张苗苗的小床，大小蚊帐间用五个夹子夹住，做成一个两边沟通的大洞，苗苗就在这洞府里睡，很好玩的。

苗苗一定很聪明，祖莲说他未出院就会笑了，我不大信，但现在果然会笑，甚至笑出"吃吃"的声音来。他会专注，我戴着眼镜抱他时，他常目不转睛地看我的眼镜，祖莲走过来，他又马上转过身去要妈妈抱。不到二十天他就可以把尿，几乎不尿湿尿布了，偶尔尿湿尿布他就叽里咕噜提意见，要求给他换上干尿布。妈妈说他尿床，开玩笑打屁股，苗苗也不是好欺负的，"姆！姆！"地大声抗议。他嗓门儿挺大的，平时自个儿在小床上睡，有时突然一声"姆！"或一声"咿！"因为声音太大竟把自己吓了一跳，自己嚷完，就赶紧把手脚都缩成一团了。于是祖莲就拍拍他说："这可不关我的事！谁叫你自己吓自己的？"

☆1959年5月25日

苗苗越长越漂亮了，眼睛大起来了，眉毛越长越明显了，左眉梢是向上卷的，鼻子高，额头宽，长长的睫毛，红红的脸蛋，小嘴笑起来十分逗人。而最特别的是一头栗色的头发又浓又密。才二十天的小家伙长这么密密的头发。真是少见。摸上去又柔又滑，又如此有光泽，倒像是水獭毛。今天看他的头发和指甲都长得太长，都给他修剪了一下，给这么娇嫩的小鸟儿剪毛，而我的剪刀又是尖的，真有点战战兢兢。我用了全身力气，好不容易才剪完，可已经是汗流浃背了。把一撮小苗苗栗色的头发用玻璃纸包了夹在日记本里，作为第一次理发的留念。

理好发，祖莲给苗苗梳了个分头，这样看起来就颇像是大孩子了。祖莲说："等他长大点儿，带到北京去让爷爷奶奶瞧瞧漂亮的苗苗。"稍停，又说："女孩子们一定会爱他的。"

可惜，现在买不到135胶卷，我仅有去年留下的一卷，是只能照二十张的，而且已经用去五六张了。今天又照两张，天气不好家里阴暗，没敢多照。剩下的十多张要留到苗苗满月时照，祖莲打算带他上东湖公园出游呢！

☆1959年5月26日

小苗苗的力气可不小，才那么点儿大，就可以竖着抱起来。躺在床上，不声不响，三下两下就把被子踢个干净。然后自个儿打转转：本来是直睡的，一个不注意就横了过了来，小枕头也不知去向了。

因天气潮热苗苗背上长痱子，有几个还化了脓，今天抱他上门诊部看，来回坐车，车一开动苗苗就甜甜地睡了。苗苗到底是"乖仔"，脾气好，洗脸洗头他都没意见。见过其他孩子洗脸洗头就像捉野猫一个样，苗苗就完全不同。洗澡也很配合，坐进水里他觉得特别高兴。吃药也没有麻烦，连妈妈给他泡的去火的腊梅花，很苦的，也肯喝。

［作者注：以下记录已毁，我没读到原文，但了解到了大概经过，还是容我简单交代一笔吧：

5月29日下午苗苗有些不适，30日凌晨发现他发烧，天明上门诊部看病诊断为"上感"，开了药。但苗苗体温持续升高，病情恶化，因父母坚持要求，次日门诊部勉强答应送他住市郊的一五七陆军医院。两天后转院到军区总医院，抢救到6月3日夜，宣告不治。当年医药条件远不如今（婴儿死亡率接近20%），是什么病未确诊。起初有肺炎，后期疑似脓毒血症。

平素不爱哭的苗苗遭受了难以想象的痛苦，几乎不吃不喝也不睡，像落入恶魔手里一样极力抵抗，不停地挣扎哭叫了四天四夜，直至耗尽他在出生二十多天里积累的强健，终于在最后遭受酷刑般的皮下补液时声嘶力竭。而作为父亲、负有保护之责的飞白却不能给幼小的孩子以丝毫支援。在高烧始超40度的第一天里，小苗苗还紧紧抓住爸爸，努力向爸妈做了两三次令人心碎的最后微笑，满月的前一天6月3日中午，他抽搐中最后一次在飞白怀抱里醒来，认真地注视爸爸，到了此时他还认识人。飞白急忙拉祖莲过来，叫小苗苗："快看看妈妈！怕以后见不到了！"

五天五夜地狱的噩梦，简直像陀思妥耶夫斯基所描述的：叫母亲亲眼看着自己的婴儿被一群恶狗撕碎。对飞白而言，这不仅是一生遭受的最沉重打击，而且这场噩梦浸透他的人格，永远不会再醒了。]

☆1960年1月

1959年余下的痛苦日子里我持续发烧。尽管粮食和其他供应紧张加剧，但是全国大跃进如火如荼。为了大跃进，祖莲的针剂车间日班夜班连续干，一早六点半去上工，常要半夜一两点钟才回来。我这边翻译科宣告结束，多数人都打发走了，司令部只选留四人，我在其中。华南师大党委书记原是军区文化部长，向广州军区恳切请调飞白去担任外语系高年级课程，但司令部不给。

我每天要到司令部办公厅去上班，任务是编辑《军事工作通讯》兼秘书工作。但那边暂时还没有宿舍，而二所已收回了我原先的住房，让我家暂住屋顶平台上的一间小阁楼，连一张桌子都没有给。小阁楼的瓦缝漏风漏雨，还漏许多沙土，而白天（那时才刚入秋）则被太阳晒得滚烫根本进不去人，好在我和祖莲都只有天黑才回家。

在法政路的屋顶阁楼坚持到年底，才迁入东山寺右新村司令部新盖的宿舍楼。[飞白注：这是当时普遍的两层"筒子楼"，一条走廊贯穿其中，走廊南侧都是十三四平方米的房间，每户分配一间；北侧中央是楼梯，两侧各有一间公用水房兼厨房和一间卫生间，其余也是住房，其中有些房间可分给有老人或保姆带孩子的人家，每两户合用一间，按需分配。]

寺右新村建在军区机关营区内，属东山区。新村边有条水渠叫杨箕涌，水渠以东都是农田，而转弯向南到珠江边是广州军区新建的珠江宾馆。我们住16号宿舍二楼西南角的一间房。[东山本是广州城东门外的一个小山冈，明代在这里建了寺庙，建国初期东山已与市区联接，但还是广州市东端的边缘。当年寺右新村建于市区外，东山街道以东即"寺之右"三里。而到二十一世纪这里已变成广州市中心了。]

即便在大跃进中，只要星期天还抽得出一点空，我都会去看望小苗苗，因祖莲不休星期天，所以她不会知道的。一根无形的线牵住了我，离不开这荒凉的小山丘，在军事地图上叫做玉屏岗的。只要一离开就听得小苗苗在叫"嗯！""咿！"

当然，苗苗是看不到的，看到的只是青草如何渐渐覆盖黄土。入冬北风一起，我整颗心都浸彻了泥土的凉意。

离离原上草

☆1960年8月16日

女儿在16日凌晨3点40分出生。体重3.3公斤，圆圆的小脸，也微带点儿棕色的头发浓浓密密的，嘴不大，鼻子高，眼睛圆，是个姑娘样儿。

她给我们重新带回了生命，祖莲盼星星盼月亮似的，早已盼了她一年时光了。

昨天8月15日星期一，是祖莲的厂礼拜，她下午回娘家去，觉得肚子痛了，回来没找到我，打办公室的电话又打不通，就独自个儿上中山医学院附属第一医院去了［家里到医院约两公里，过东山铁路口向左转弯就到］。有人带信给我，我急忙回家拿了些衣物随后赶去，谁知赶到医院门口就撞见祖莲出来。她说：人家说"时候不到"，叫她回去。我不放心，陪她再进医院去谈判，但人家仍不肯收，只得回家。

走到达道路，我硬拉着祖莲上军区门诊部检查，门诊部已经下班，派人到宿舍叫了一位妇产科医生来，检查结果是"今夜要生了"。她还想让车队派车送我们上医院。我们说不必了，找三轮车吧，她又亲自陪我们到三轮车站。这位医生的热情负责令人感动。

天下雨了，站点又没有三轮车，祖莲不愿去了，吵着要回家，我坚持说要去，遇到一辆三轮车路过，三轮车工友得知了情况，主动送我们上医院，这是我们遇到的又一位热心人。这时雨越下越大了，他全身淋得透湿，我们再三劝他暂停避雨，他却为了产妇安全，用全速把我们拉到医院。

可是原先那位（大概是护士长）不是热心人，见我们第三次又来大为冒火，坚持"我们没有闲地方，不收没到时候的产妇"。根本不检查就叫我们走。我说明："军区门诊部检查了，说今夜要生的。"她冷嘲热讽地说："哼，你们医生高明，来找我们干什么？"我以最大的耐心向她解释：祖莲在天心药厂工作，中山医一院是该厂的医疗单位，所以我们一般情况下不能住军区总医院。她根本不听这一套，大发脾气地把我们轰了出来。

回到家里，祖莲阵痛越来越紧，到半夜十二点钟已是六七分钟收缩一次，我再也坐不住了，只得同祖莲再到门诊部，请值班医生开了住军区总医院的介绍信，同时请司令部车队派救护车。我让祖莲坐在值班室内，我到值班室外等救护车来。不久车就开过来了，车速飞快，我一看他毫无减速停车迹象，就要从门诊部前飞驰而过，非常着急，连忙跑上前去打手势拦车，为了指示他：产妇在值班室，结果险些酿成事故。

当时天在下雨，地上湿滑，而小径一片漆黑，我急匆匆奔向路边时，恰好绊在水泥门槛上，一头摔了出去，救护车就在我面前疾驰而过。[简单描述一下：军区门诊部在司令部斜对面，达道路以西不远，从达道路有条小马路向西可到门诊部，大概是叫达道西横路。夜间门诊部正门关闭，只在东侧值班室开一扇旁门，有一段小径与达道西横路相通。小径长二三十米，本是一条排水沟，水沟上横盖一条条水泥盖板就铺成了小径，到马路边有一道坎阻挡车辆入内。]

我爬起身来，才发现司机开那么快是要到前方开阔地带去掉头。

每个人小时候都摔许多跤，长大后摔跤就算意外了。我小时摔的跤只记得摔得厉害的两次；长大后摔的跤呢，基本都记得，其中要数这次惊险。假如摔出去稍远半米，这夜的事可就全乱套了。幸而没出事，救护车掉了头返回来，我扶祖莲上了车，开车不久就经过中山医一院门口。若要到流花桥的军区总医院距离太远，我不计较先前受气，第四次再进去试试，结果在检查观察一小时后终于收留，这时祖莲临产了。

女儿出世于一个多事的风雨之夜。我们冒着大雨不断来回奔忙，整夜折腾：第一次去医院是8月15日下午5点钟，第三次去是晚上9点多，第四次去是16日凌晨1点多，等到2点多决定收留，就立即进产房了。

☆1960年8月20日

给女儿起名字，想了几个不满意，终于把自己习用的笔名给了她。

用两个字写一首诗。"刚"和"柳"二字都是平常的，但这二字的结合，恐怕还从来不曾有过。

默默地……心中在向柔石表叔致敬……

☆1960年9月30日

小柳给这个已了无生气的家重新带回了生命，带来了温馨也带来了紧张。

飞白与未满月的女儿小柳

天气比较热。诞生后第四天出院时，小柳胳臂上就长了两个小小脓包。我们的房间又西晒，下午室温达到36℃，上午也有32℃以上。回家不几天，小柳就满脖子、满脸，以至满背都长了痱子和小脓包。我现在已懂得了小小几个脓包有可能意味着什么样的凶险，何况小柳现在长的不是几个，而是成百个！神经绷紧到了极度。痱子搽痱子水，小脓包搽龙胆紫、洗过锰酸钾，给小柳服过金霉素，……为小柳的穿衣问题也和祖莲不时发生争执（她按老观念怕新生儿"受风"，认为一定要多穿）。足足折腾了一个月，把潮热的南国之夏熬过去，才放松高度紧张绷紧的弦。

小柳很早就会笑了，虽然在满月前笑得较少，也还不会咿咿唔唔"说话"，要是不高兴了，光会拉直嗓子大叫起来。有个性！妈妈有时说她几句她就不干，就拒绝吃奶。好在晚上挺乖，一觉能睡到凌晨三四点钟，夜间从来听不到她的哭声，不过白天是要大哭几场的。满月以后，小柳开始学"说话"："a-oo…ng-ge…ng-ge-a…bo！"

名字碰巧是起"准"了。祖莲老说这孩子"硬颈"［粤语］，就是有股犟脾气，和苗苗大不相同。苗苗是个"乖仔"，只是"过于"乖了一点，上帝妒忌了。女儿不如苗苗乖，但是我却疼得她多一点，不，简直是多得多。常常默默地抱着她，不为人见的泪珠滴在她小脸上。而祖莲倒是忘了一切，专心致志地疼孩子。

连年饥荒。今年九月份起全国凭粮票购粮。部队每人每月定量31斤，祖莲工厂里是26斤，小柳也有5斤（给母亲代吃）。因没什么副食品，人全靠粮食维持，所以饭吃得多还不饱。不过我们家粮票可以节约不少，便补贴给外婆家（两位老人和表姐阿伟的定量都只有20斤）以及粮不够吃的同事。还有布票也大部节余上交了。

小柳渐渐认父母了，当然先认识的是妈妈，见到妈妈又笑又跳，饿的时候见到妈妈则又笑又哭。见到爸爸也有点认识，不过只笑不哭。

☆1960年11月13日

小柳不知为何直到凌晨5点钟才睡，我和祖莲也陪她一宿没睡。

这段时间在司令部办公厅工作我忙得很，任务是替首长（军区副参谋长们）写学习《毛泽东选集》第四卷的心得论文。难点在于：要写得"有水平"，又得"字字有根据，句句站得住"。而首长们并没给任何心得线索的提示。折腾得我连一个星期天都没有过，国庆节也没有过。论文总算都通过和发表了，但我真做不来这种秘书工作。

祖莲产后上班非常辛苦，她这个封装针剂的女工车间是最忙的，也是全厂"最敬爱的"：别的车间日夜开两班，而她们目前只有一班人马。人家第一班下班了，见她们在继续干，人家第二班下班了，见她们还在继续干。其实本来不至如此的，问题出在组织计划不严密，一会儿没安瓿，一会儿又没药水，生产老是

大跃进时期祖莲在车间加班，墙上的大字标语写着
"下定决心，不怕牺牲"

断断续续的。她们提过不少意见也改进不了。祖莲一天只能睡五六个小时，常常一做做到后半夜两三点钟，回到家稍睡一阵又得跳起来去上班，每月还只有一个礼拜天放假休息。

☆1961年1月3日

祖莲不小心把摇床摇翻了，把小柳从床里滚到地上。

摇床本是四脚的藤床，因为需要适当摇摇，我锯了两根弯木钉在床脚下，改造成了摇床。只因祖莲摇得太猛，才闹出这样的事故。

☆1961年1月22日

一月初，我和佘威夷奉命暂到军事科研处工作。

一月中出差北京，看到了建国十周年兴建的北京火车站、人民大会堂、革命博物馆等建筑物。星期天早上，我向同行的资深参谋汪永宓请假探家。我爸在专心写作长诗《祖国颂》，没完成，稿子不肯给我看。我妈照旧是起早落黑地忙着，煮两家的饭，还给产后的晴姐送饭。——晴姐从东四北大街搬到干面胡同南面来了，距离比较近。下午去看晴姐，值此饥荒年代，晴姐孕期营养不足，害水肿，配给了两斤黄豆才有好转。吴伨因文化外事任务去欧美数国，才回来。

虹妹学习上进心强，非常朴素，穿的总是我留下的破衣服。妈妈留我住一夜，虹妹说她回美院宿舍睡，我就占了虹妹的床。事后得知：她当夜回去时，她的室友也回家去了，而且带走了钥匙。她见别的房间都没灯光了，只有一个同学还没睡，便借她的凳子爬窗，取凳子时还不慎打破了放在凳子底下的暖壶，而窗子却是钉死的爬不进去。结果虹妹就在三九严寒中，在空荡荡的教室里坐了一宿，第二天回家拿钱去买暖壶赔给人家。问她为什么不回家，"可以搭铺睡呀！"她说："怕妈妈麻烦，何况你们已经睡了我怎么好回来吵你们。""在同学那里挤一挤也可以的呀！"可是她也怕找别人麻烦。咳，真是的！……情愿自己多付出，情愿自己多吃苦，也怕给别人添哪怕微小的麻烦，——这是妈妈的性格，是妈妈传给我们的习惯。

虹妹下乡劳动时丢了粮票，她就一声不吭地饿肚子，只吃一点别人省给她的地瓜。前两个月在东单画壁画，她发烧到39度多，仍坚持顶着呼啸的北风在脚手架上高空作业，通宵达旦。瞧她这个人，就专做像这样的事。

首都的供应是全国优先保证的，但是可以看到东安市场里的长龙，从南头一直排到北头，排队者冻得又蹦又跳，但是问谁也不知道前面在卖什么。反正不必管卖什么，你赶紧跟上总没错，大抵是紧俏食品，也肯定是大家抢购的。我爸也每天出去遛街，试图找食品买。尽管我一再谢绝，我妈还是把偶然买到的两瓶奶粉塞进包袱里，让我带给小柳吃。岂知好事多磨，这样宝贵的东西已经搬运到广州，在即将到家的寺右新村村口，竟从包袱内滚出而打破了一瓶。

晴姐为小柳连夜赶做了两条连脚套住的小棉裤，我妈也为小柳张罗了一床小棉垫。

小孩长得快，一天一个样。十来天不见小柳又大了。据说有一天保姆把小柳反锁房中，把钥匙也锁在里面了，直等到祖莲午休回家才解救出来。因小柳独自在小床上挣扎了半天，后来弄得她一连多天见了小床就恐慌。

带孩子的问题很难妥善解决。我们请过两个保姆（每月要43元，相当于工厂里的工资水平）都带得不好；也和同事党振国合请过保姆，结果是忙不过来；有时外婆来我们家帮忙；有时则是祖莲亲自带小柳上工厂，工作时间放在工厂附近工友叶卿家里，请叶卿的婆婆暂带。而一早一晚我和祖莲总是忙得不可开交。

☆1961年2月15日

今天是春节，又恰逢小柳半岁了，带小柳上外婆家，然后还看一场电影。小柳居然看得目不转睛，很感兴趣。

上照相店给半岁的小柳照个相。小柳本来在自然微笑，但摄影师对好光后，便拿起小学里上课用的那种铜铃突然一摇，把小柳吓得一愣，就按下了快门。这样就拍下了一个小柳愕然的表情。

小柳继续学说话，说的内容是变化的，一月里爱说boo-boo-boo，二月初爱说es-es，这几天最爱说da-da-da。见了父母会做出十分爱娇的样子，笑容满面，往怀里钻。

近期请的保姆（就是把小柳反锁房中的那个）表现不好，工资外还补助她5斤粮票，但不满足，总说我们家穷，吹嘘她在阔人家的黄金时代；而且她在家连一小时也待不住，专爱串门闲聊，对左邻右舍说是非。没法子，只好请外婆来我家支援了。今天多给了保姆8元钱加一只鸭，才把她打发了没有大闹。

☆1961年2月22日

2月20日，小柳第一次清晰地说出"爸爸"。

外婆在春节假期的最后一日来到。次日我和祖莲都上了班，小柳不干，哭闹得不可收拾，而且倔劲大发拒绝吃饭。一定要等我中午、下午下班回来才破涕为笑，吃她的糊糊。我急忙喂过小柳后，她也不让我离开寸步，我只好一手抱着小柳上食堂，抱着她吃完饭，再抱着她打饭菜回来给外婆吃。

对我们上班小柳特别警惕。只要听到门响或听到说"走了"之类的话就条件反射。如此折腾了三天，到今天才算安静下来。

今天司令部办公厅赵、李主任通知我和佘威夷正式调科研处工作。翻译科原属军区办公厅领导，在翻译科决定撤销时，司令部本有调我们二人到科研处的计划，但是办公厅把我们留了下来，在秘书处写文章写材料、办《军事工作通讯》刊物，后来虽然刊物停刊，也不愿放走。如今科研处向上提出了意见，司令部就要办公厅放我们过去，主任找我谈话问我个人意见，我表示愉快服从，我本来就非常不愿意待在秘书处。

艰难时世

☆1961年3月15日

小柳现在一天到晚叫"爸爸爸"而乐此不疲。

她五个月时就能以"前倾"姿势坐在床上，广州话这叫"抱鸡仔"即母鸡抱窝。现在已能自由地坐在床上玩了，摇摇摆摆地活像个不倒翁。每晚上床时分是小柳最快活的时候，她在爸爸妈妈中间撒欢乱滚，滚过来拉拉我的头发，摸摸我的脸，又滚过去抢妈妈手里的晚报。我胸中怀着一股热流看着小女儿，直到她玩累了睡着为止。

生活是艰难的。妈妈上班，喂奶间隔太长。小柳的粮食只有米粉，副食品是每月供应一包玉米粉加黄豆粉调制的"代乳粉"。因缺油水小柳总是饥饿，食欲很好，虽营养不全，米粉也吃得很胖。别人惊异地问：[在大饥荒年代里]"给她吃什么长这么胖？"

我们的蚊帐已经千疮百孔，这时就感到布票的紧张了。蚊帐补不胜补，小柳挨蚊子咬，但买一顶新蚊帐要十七尺布票，而今年的布票定量只发二尺一寸。

[飞白补记：许多人发生营养不良性肝肿大和水肿，1960年底，司令部门诊部挑选出四个肝肿大严重的患者，我在其列，不知道哪儿弄来的偏方，开大剂量明矾片给我们服用作为试点。明矾片基本不要成本，不妨大量服用，每次六片每天三次，持续了很长时间。

那一年当了小白鼠，摄入了分量惊人的铝剂。当然不会有效果，营养缺乏导致的肝细胞损害要补充蛋白质才能治，明矾的成分是硫酸铝钾，对肝脏有害无益，当时还不知道摄入铝超标会导致老年痴呆症和骨质疏松，这是继童年服砒霜后我第二次受医术之害。而祖莲非常苍白，显然是贫血。

正是在这时代背景下，我译马雅可夫斯基的长诗《好！》：

那一个冬天，穷困，冷酷，

它把所有一睡不醒的人们严严盖住。
啊，这一切用文字哪能写出？
我不打算用这支秃笔
接触伏尔加河的灾难和痛苦……

我逛过许多温暖的国家，
但是只有这个冬天
才使我真正体会到
爱情、友谊和家庭的温暖。
只有睡在这样的大冷天，
大伙儿紧紧抱着，牙齿格格发颤，
才能够真正明白：
对人们不能吝惜棉被和关怀。
那些空气甜得像果子露的国土
我们可以走马看花，转身离开；
但是和我们一同挨过冻的土地呀，
我们怎能不永远热爱？

我们的土地如此贫苦，
但是对着那些比猪的梦想还肥，
比饭馆的菜盘还圆的面孔
我自豪地宣布：
"我爱这块国土！"
可以忘记在何时何地

养肥了下巴，吃胖了肚皮；

但是和我们一同挨过饿的土地呀，

我们永远不能忘记！]

☆1961年4月28日

燕子来了，柳枝一片葱绿，小柳也会站、会翻身了。柔嫩的小柳枝插在水边便会成长，并终于形成坚固的柳堤；倔强的红柳插在沙漠也能深深扎根，成为能挡风沙的绿色长城。

小柳，1961

我们的小柳满腔热情，常常要爆发式地流露：一跳，二尖叫，三是双手乱揪我的头发。

小柳几乎整天没有一刻消停。她还没掌握爬行的要领，就自己发明了一种机动方式：坐在床上向前方扑倒，俯伏，再掉个头坐起，再向她要去的方向扑去，就这样做连续操作。看起来，十足像一个会翻跟斗的玩具机器猴儿。

小柳会模仿爸妈生气的样子，很严肃地说"嗯?!"会和人再见，小手翻来翻去像一朵白花。

因为妈妈常常指着墙上的照片告诉小柳："这个是爸爸。"于是，小柳心目中的爸爸成了双重的，而以照片上的为第一位。一问她"爸爸在哪儿?"小柳立刻就举手指墙。有一次我们一同上街,妈妈问她"爸爸呢?"小柳一看四面都没有墙,只好高举双手,表示爸爸在天上。

☆1961年6月21日

加强战备,军区机关也不例外,来了一次检验战备的夜间演习。凌晨两点半发出紧急集合的信号,用十分钟集合完毕,然后用两小时时间急行军十五公里,到达指定的疏散地区。这对平时缺乏锻炼的机关干部是个考验。往回走时,可就没有那么利索了。背包也越来越沉了。

然后我们又下公社劳动。不巧我又犯病了——营养严重缺乏导致的肝肿大,在相对稳定半年后重新发作,并引起连续发烧。

小柳也病了,高烧到40.2℃,使我紧张到了极点。6月15日,小柳连验血带打青霉素,一共挨了五针。可怜的小柳原先对医生很有好感,欢迎医生听诊、摸肚子,医生摸,她也帮医生摸。这一次吃了苦头,连试体温都以为是打针了。

☆1961年7—8月

本来就是偶记性质的"日记",渐渐地已变为月记或双月记了。

在科研处,主要是编写军事教材,包括战术、战史、战例。7月出差,还是汪永宓带队,到了湖北、河南等地。第一站到的是"汉高",即汉口高级步兵学校,这是我十年前初参军时工作和学习的地方。旧地重游,学校的范围扩大了一倍多,房屋建筑则增加了十倍。在武汉遥望，唯见长江天际流，而重游旧地像听旧时的歌一样，帮我们逆流而上唤回流逝的时间。我一面回想以前在这里的日子和学的课程，一面寻思该到以前的旧地都重游一遍。

7月6日晨经郑州，已见有饭店营业。我们想吃点最便宜的饭菜，但是一问，粮票自负不必说，茄子要一块五，豆腐皮三块五，哪里敢吃。

［飞白注：那年头，我月收入一百元算高收入的了，祖莲四十多元，我们要供给四口人，还和祖菊一同负担外公和补助阿伟。每人每月生活费平均二十几元还不能全部花在伙食上，五六块钱一餐饭岂能问津？］

郑州西行，渐渐呈现黄土高原的景色，到处是黄土的塬和沟，塬上是平的，而边缘却是直上直下。人家都住在窑洞里。到达洛阳，古城里一色青砖，但不见有市面。而出了西关又是另一幅景观：十五公里的大道两旁，高粱玉米地里点缀着拖拉机厂、轴承厂、矿山机械厂、有色金属厂等巨型厂房和高耸的烟囱。

借来到洛阳之便，参观了洛阳龙门石窟和第一拖拉机厂。龙门洋溢着北魏盛唐风韵，这里原有三千石窟十万佛像，可惜已被破坏了大半。拖拉机厂则吹响现代号角，每个车间都长达一里，一台台卡车在巨大的车间里来来往往，一桶桶钢水在空中飞来飞去，胳膊粗的钢棒一下就锻成了曲轴，冷压钢板一下就压成了油箱。但是与苏联关系破裂后，高锰钢不过关，只得用碳素钢做履带，以致我们可以看到院子里堆着大堆的断履带。今年计划的两万二千台"东方红"估计只能完成一万台。

我们也到了信阳，这是全国灾情最重的重灾区。〔注：我们来此时大灾荒已近尾声，站在荒芜的土地上，灼热的风让人感到烧心的痛。〕出差二十天间，处处遇到的场景都是课堂，都是考卷。

7月17日回到广州。小柳一下地就会走路了，这是她预先努力锻炼的成果。

八九个月大的时候，她就扶着床栏站着练腿功，——她的小床已拆掉摇床的弯木，恢复四脚落地，藤床有围栏，白天小柳在小床上有围栏保护，可以扶着栏练站。晚上则睡大床，在爸妈之间。练好腿功后，她时而放开双手做平衡动作，时而手扶床栏挪步，像动物园的小兽一样不停地转圈，尽管一天到黑不知摔多少跤，摔得小脸都乌青了她也毫不畏缩。

九、十个月大时，小柳可以牵着手走，我出差后她又自己在床上练。我回来放她下地，她就不需要人再牵了。这可是个"胜利成果"，所以小柳走路时要奏进行曲：又是笑，又是叫，一边还高唱着"行行，行行！"〔注：这是粤语。广州话保持着古汉语的义训，"行"是走（缓行），而"走"则是跑（疾走）。〕

同时小柳也不吃糊糊了，一天三餐跟大人吃饭，而她的好菜只不过是"瓜瓜"。晚上还稍微吃一点奶，安慰性的。夜间她不是老实睡在一处地方的，睡一会儿就从妈妈身上爬过去再睡，然后掉个头再睡，一夜要转移好几次。

八一节，带小柳上了动物园，小柳很高兴地走了一里路。

不幸刚满一岁，小柳就出疹子，出疹前先发了四天高烧，全家高度紧张。到8月22日病愈，小柳瘦了不少，但很逗。她

给爸爸梳头，给自己头上簪花，还保护妈妈不让医生给妈妈
打针。因为会走路了，她非常爱"鞋鞋"，不过鞋都嫌小了，
只一双能穿的，即便洗了没干，她也念念不忘。她现在的热
门语言是"打饭去！打饭去！"另外就是"斗斗鸡"，而"爸
爸""妈妈"已经不是流行语了。

我在桌边写东西，晚报送来了，我没回头，实验性地说了
声："柳柳，把报纸拿来。"小柳果然立刻把报纸捡来了。一旦
得到表扬，小柳又"噔噔噔"跑向门口，不一会儿又拿来一张
报纸，然后是第三张。怎么闹的？原来她把妈妈收在床下的旧
报纸都抽出来了。还有很逗的是没有任何人教她，小柳自己发
明了跳舞。只要听到妈妈唱歌，她就微微笑着，踏着脚跳起舞
来。于是我明白古代舞蹈的起源了。

☆1961年9月

军区图书馆邀请我作文艺讲座，讲我新出版的马雅可夫斯基
长诗《列宁》。这跟当翻译不一样，我是鼓起勇气才上了讲台的。

小柳又发明了模仿表演：弯着腰，背着手，学"外婆走
路"，真逗死人。还有喂娃娃吃饭：到吃饭时间，小柳不论自
己多么饿多么馋，也要先喂完娃娃才肯自己吃饭，真像个毫不
为己的母亲。

大饥荒到第三年，供应稍有改善，可是小柳还是瘦了。营
养本来很少，小柳又才长门牙，吃菜嚼不烂。外婆倒认为这不要
紧，因为她的观念是"吃饭有益，吃菜无益"。于是我只好全盘
接管包办小柳的伙食：每餐挑选菜叶，用小剪刀剪成菜泥给小柳

吃。食堂供应的几乎全是牛皮菜，因叶大皮厚产量高之故。供应改善的突出体现是每星期有两餐，菜里加了几根肉丝（哪怕是肥肉或肉皮），也都要挑出来剪成肉泥供给小柳。因为量很少，可以剪到极细极烂的程度。饭软就吃饭，饭硬则煮面条。

☆1962年1月1日

元旦假日，第二次带小柳上动物园。今天小柳大开眼界了，因为几个月前第一次去，小柳还不懂得"动物"是什么，而今天却兴奋地对着猴子、狐狸之类大叫："猫猫哟！猫猫哟！"凡是小型黄毛小兽一概是"猫猫"无疑，至于狮子老虎们，则是"大大猫猫"。另外还有许多"鸡鸡""鸭鸭"。

☆1962年1—2月

军区文化部通知我填表加入中国作家协会广东分会，是广东分会提名的。请示过科研处党支部得到支持，1月27日填表。

［飞白注：我因译诗一直遭批判压制，还颇有像杨德豫一样被打右派的危险，虽离开了翻译科是非之地仍有顾虑。虽是军区文化部通知我填表的，但干部得服从本单位，我在军区司令部，不属政治部的文化部领导，故需要本单位首肯才行。］

2月1日科研处党支部一致通过我入党。

［飞白注：十年前我是翻译科的第一个入党发展对象，但不久后中国发起一个接一个的政治运动，我又成了翻译科的第一个批判打击对象，入党的事就悬置了十年。政治运动要定重点打击对象，这是必不可少的，有时找起来还挺费事。但在翻译科

却根本不必费事"找",根据飞白在全科里工作负担最重,校改别人译文常得罪人,甚至"得罪军委来人",何况还搞文学这种"歪门邪道",所以每逢政治运动,要抓批判重点很现成。〕

翻译科宣告终止时,上级领导司令部办公厅赵力宽主任找我谈话,加以多方鼓励,并且表态说:"翻译科的问题,就不要介意了吧,由我承担责任。"其实我心里清楚,翻译科历次运动抓我重点事出必然,只要用"文人相轻","出头的椽子先烂","枪打出头鸟"三句成语就说明了。赵主任多次保护了我,我对他始终感念不忘。

我刚从翻译科调到科研处就通过入党,科研处副处长丁原昌告诉我:翻译科的人认为我译诗有问题,科研处党支部做了调查和考察,认为我根本扯不上什么"一本书主义",又说:"但不管人家怎么样,对群众关系和群众反映要加注意,不要对持批评意见者抱成见。"

同日,军区批准给我记第二次三等功〔注:前一次记功是1954年,但这随即引来了1955年的批斗〕。和平年代记功不容易,科研处群众讨论提名给我报功的理由包括"工作埋头苦干,克服困难,大胆主动,打破了本职与非本职工作的界限"和"业余积极从事文艺工作,宣传了革命精神"这两条。有趣的是,这两条恰好是翻译科对我连年批斗的罪状和要给处分的理由。

同样的事实同样的理由,轮流给我带来记功和批斗,这就是辩证法。我这些年的进步,就是比较地懂得了事物的辩证关系,也比较地有了自知之明,为以前自己有点锋芒毕露而感到羞愧,不会再因上述有趣对比而扬扬自得起来。事物都是两面的，受到非常不同的评价就是一种辩证，而从不同角度看问题也正是世界的常态。

2月14日，军区请外交部长陈毅元帅作国际形势报告，我受命坐在讲台旁负责记录，包括笔录和磁带录音［注：那时的录音机笨重原始，不大靠得住］，然后综合二者整理记录稿。

怜子如何不丈夫

☆1962年3月

元旦过后，小柳积极学话，除了学单词，还会造句，描写现实：

"爸爸爱柳柳，柳柳爱爸爸。"

"柳柳吃肉肉，爸爸吃萝卜。"

"爸爸上班，妈妈上班，柳柳也上班。"

小柳学话，从一开始就是bilingual，每句话都同时学普通话和粤语广州话两种说法。例如："喝水！爱茶！""画娃娃！wʌg-wʌg娃娃！"［这是"画"的粤语动词，入声，也即"笔画/笔划"的"画/划"，其繁体字写作"劃"］——小柳现在一天到晚缠着我画娃娃，因为她爱画画，但是自己还只会画"头发"。另外每天临睡，小柳都要我教几句话才睡。她自己也哄娃娃睡觉，或者吓唬娃娃"狗wowo来了！"或者唱"洪湖水呀，浪浪浪浪浪……"

一次，小柳遇到一件很令她不解的尴尬事。看到她自己半岁时头戴兔耳帽的照片，小柳高兴地指认说："娃娃！"因为周围的人大笑，她连忙更正为："姐姐！"莫名其妙的是大家笑得更凶了。小柳是很灵活的，马上又改口道："小白兔！"

一次睡到半夜，小柳爬起来满床乱走，拍着肚子说："柳柳饿了！柳柳饿了！唉，饼饼，好！"（这需要加上助词："要有饼饼就好了！"）说时表情丰富，说到"好"字时面带微笑点点头。

有时造的句听起来很洋气，例如这句："柳柳饿了，饿鱼。妈妈煮鱼吃柳柳。"词语倒装，及物动词"吃"是古汉语用法，如"饮之食（feed）之"。

3月19日凌晨4点多发生地震，烈度五级，比我们过去遇到的强些。地球没有僵化，可塑的熔岩在地下运行。大家都被摇醒了，门窗书架都晃荡起来，玻璃瓶叮叮当当乱响，天空中还出现了神秘的光。

祖莲这次预产期在5月份。她日夜盼望着再生儿子。而我的心情异常沉重。我看不透，想不开。现在知道婴儿发高烧应该查血相，但以前我没有这知识。有孩子的压力非常巨大，现在带一个孩子，我已把下班后的全部时间和精力都用上了，再添个孩子怎么办？我还要每天跑锯木厂拣木柴。祖莲也太辛苦了，夜里带孩子又睡不好觉。外婆年纪很大，怎么带得了两个小孩？一大堆的问题，再加上孩子闹病更不得了。

☆1962年4月

真是的，小柳又闹病发烧了。看病她倒蛮大方的："叔叔听听柳柳，阿姨听听柳柳。"可是要摊上一天打几针，可难为她了。每次我抱小柳出门，她都要谈判："柳柳去看病，骑大马，不打针噢！"（按：门诊部小儿科有可骑着摇的木马。）可惜的是：骑大马之后接下去一般都会打针。于是小柳动起了脑筋，提合理化建议道："爸爸买个大马，柳柳回家骑大马噢！"

但是小柳背起娃娃的时候，就会换位思考："娃娃，去骑大马，去打针，娃娃不怕。"

有一天小柳发烧不吃饭，呕吐，一宿到天亮总哭着要喝水。喝了十来次了，我就说："小柳不喝了吧，快睡觉！"小柳忽然像演京戏似的，"哇"地大叫一声，把所喝的水如数吐出，喷得满身满床皆湿。可怜的孩子，发高烧时情绪紧张，我问她怕什么，小柳描述她所见的情景说："不要柳柳扑通掉了洪湖水呀！不要柳柳鱼呀！"

☆1962年5月

4月20日凌晨，祖莲肚子痛了。吸取以前的经验教训，这次我们再也不敢拖延，门诊部也认真地派车，介绍她直接住进广州军区总医院。这样我就放心了。岂知这次情况来了一个大反转。肚子痛了两天不痛了，祖莲再三要求出院而医生却不同意，把她这个急性子人直急得唉声叹气。

上次要求入院而不得，这次一等（总以为明天就可能生）竟等了一个多月！她说今后再生产的话，宁肯生在家里也不住院了。

5月23日军区开纪念《延安文艺座谈会讲话》二十周年大会，宣布对优秀文艺工作者的嘉奖令，我获得了嘉奖。

好在小柳不找妈妈，只是万事离不开爸爸。我因低血压症严重头晕，晚间又常要抱小柳去打针，身体坚持不了，想叫小柳有时跟外婆睡，让我得一点休整，怎奈小柳总是一句话没商量："跟爸爸！！"这孩子大起来了，近来跟男孩子们（孙万洪的二儿子晓微他们）使枪弄棒，撒野，外婆奈何她不得。一次因为小柳满地打滚，外婆说："你睇睇你个女［粤语'你看看你的女儿'］！你同我打她！"我就轻打了三下。这好，以后小柳接连几天不跟我。我解释说："爸爸是爱柳柳的。"小柳说："不要爸爸爱！"我说："那你自个儿上屋顶睡觉吧。"她使劲点着头说："就去！"

☆1962年6月

等了整四十天小荣才诞生，是5月30日晚上7点钟过一点。还果然是个男孩，重3.6公斤，圆圆的脸，头发也很密。——后来满月时，祖莲和祖菊带着两个婴儿合影，小荣和阿铃的头发成鲜明对比。

小荣出世一天就过儿童节。名字先已起好了，再次用两个字写一首诗。最艰难的阶段即将过去，草木经霜而后荣。"荣"字本来也已用俗用滥了，但和"霜"组合可扫俗气。

经霜而向荣。

荒漠吐芳华。

默默地，向漠华表叔致敬……

6月5日接回了家。这孩子性格显然比姐姐乖，基本不需要人抱。而小柳呢不到两岁就当上姐姐了。弟弟回家前几天，我和外婆分别给小柳做思想准备工作。

230

我说："爸妈疼柳柳，也疼弟弟。小柳现在做姐姐了，也要疼弟弟的，懂吗？"

外婆却逗她说："柳柳有弟弟了。妈妈疼弟弟了，不疼柳柳了。柳柳的妈妈？哼！才不是柳柳的妈妈，是弟弟的妈妈了！柳柳没有人爱了！"小柳很有底气地回应："爸爸爱！！"

小柳还是有姐姐风度的，弟弟回来后，小柳会抱着小荣说："姐姐抱弟弟，弟弟不哭。"可是却小气不准爸爸抱弟弟，只准妈妈抱。

我买了荔枝，小柳很兴奋，从床上爬上桌子，不幸栽了下来，嘴唇摔出了血。祖莲在骂孩子贪嘴，正在不可开交之际，我从食堂打开水回来，见了这情景心疼孩子，赶紧剥荔枝给小柳吃。小柳正憋一肚子气没处出，为了表示不服和抗议，忍着嘴痛，"狠狠地"一个一个吞吃荔枝，这"小样儿"我永远也不会忘记。长大后肯定还是这脾气吧！

☆1962年7月

7月7日是日本侵华的卢沟桥事变二十五周年，恰好也是我随父母初到广州二十四周年，以及我随军区司令部南迁广州十周年。我已住过浙江、江苏、山东、上海、安徽、湖北、广东、广西、贵州、四川、北京十一个省市，接近"五湖四海"。

军队精简改编，科研处与军训处合并组成军训部。原来科研处的人员只选留我和孙万洪、刘兴安等六人，其余人都告别了。我到军训部接受的第一项任务是参加编写《四野战史》。这将是个难题，我有充分预计。

☆1962年8月

小荣两个月时就很认人了，每天中午祖莲趁午餐休息的短暂时机赶回家来喂奶［注：工厂在东山龟岗，离家约三里路］，只要妈妈抱起小荣叫一声"我的小荣荣呢？"小荣就满怀委屈地大哭出声来，倾吐半日以来对妈妈的思念。

外婆要带小荣，兼顾不了小柳。小柳等9月份开学要上司令部托儿所去全托了。暑假期间，暂时只得由祖莲带到保安路民办托儿所去日托。小柳回来叙述遭遇："在托儿所骑了大马，唱了歌。想爸爸，想妈妈，哭了。阿姨说我不乖。"

星期天慰问小柳，我带她上达道路玩，那边的诱惑当然是有冰室。小柳指着政治部理发室硬说是冰室，就往里钻，可是一伸进头去就吓得退出来了，叫道："这不是吃冰的，是打针的！"原来理发师们都穿白大褂。从政治部逃出后，小柳总算找到了司令部冰室，我说还没开门呢，小柳不想再等，灵机一动指着冰室对面的门说"这儿开门了！"不幸这儿又是司令部理发室！——达道路是司令部、政治部所在地，没有市面，只有军区设施。

我的星期日全叫小柳占了，特别是因为她长了许多痱子，又要抓痒痒，又要搭粉粉，折腾个没完。小荣却很乖，睡醒了就向人笑，"ng-ge-ng-ge"地学发音。

为写战史我住到珠江宾馆，一个多月间只能抽点空跑回家来。任务的艰难超出预期，加以天特别热，每天挥汗写材料直到半夜十二点。

我回家很少，一回到家小柳就报告冤枉："我没有调皮妈妈就揍我屁股，我唉唉地哭。外婆不打我，我中意［粤语'喜欢'］外婆了。"

小柳这样自报身份信息："我姓汪刚柳，我两岁。"但转念一想又说："我三个月。"——其实后者是弟弟的年龄。

晚上，小柳招呼月亮说："月亮，你来！我拖拖［粤语'牵手'的意思］你上街。——爸爸！她不答应我。"

小鸟飞

☆1962年9月

我带小柳游泳，小柳大为"中意"，回家后手舞足蹈，侧着头喊："这样泳泳！这样跳水！"她又学飞机："呜！……飞机来了！嘣！"同时用手作手枪状向上一指。——开学后小柳转到司令部托儿所，这个把戏就是从那儿学来的。可是外婆对此神经过敏，一想起日本飞机的空袭轰炸就头皮发麻，连忙制止小柳，岂知你越制止，小柳还打得越加起劲。

广东久旱，直到9月4日来了台风才得缓解。这次台风是1936年以来最强的一次，风速每秒达25米。为了表示欢迎，我登上了宾馆大楼的楼顶，见满天是破碎的乌云，好像几层幕布同时在迅速扯动，一层狂奔向东，一层疾驰向南；十二级阵风扑面，好像拳头般打人；四面八方的云也好似张大了嗓门在呜呜吼叫。站在大动荡的自然力之旋涡中，呼吸着暴烈的风云，颇能感受《海燕》的意境。

9月8日，写到第十遍稿还通不过的四平战役一章，不得不宣告收摊子了，我转入海南战役小组，写到10月间，奉命回军训部工作［后来知道难产的四野战史终于悬置］。

9月9日出了事：小柳丢失了！

是星期天，我在家，小柳在家，表姐阿伟也来我们家玩。祖莲下午是5点30分下班，偏偏5点40分下雨了，知道她没带伞，我匆匆拿了把伞便去接她。走得匆忙，当然不会想到回头去看身后（竟有个小柳跟我下了楼）。

走到半路雨下大了，天黑了下来，到工厂时已变成倾盆大雨。传达室说：封灌组（祖莲所在的针剂车间）还在开会。我没法，只好耐心等待，一直等到晚上七点多钟，才接得祖莲回来。

回到家我们才听说：在这两小时的时间里，刚满两岁的小柳像个小萝卜头似的进行了生平第一次大历险，——冒着倾盆大雨在黑乎乎的暮色里疯跑着到处找爸爸，最后还是两位好心阿姨捡到了她，给她脱去湿衣，用一件军衣包着孩子，到处打听，好不容易才送回我家。

阿姨们问小柳叫什么，她虽学会了自报身份却不肯说，只说要"找爸爸"。后来阿姨们发现她衣服上有线绣的名字，猜到她是托儿所的，到托儿所去问出了这是寺右新村的小孩。然后这两位阿姨又到寺右新村一栋楼一栋楼地打听。

外婆和阿伟在家，但她们都以为是我把小柳抱走了，所以没见小柳并不在意也没寻找。我和祖莲则根本不知有这回事。总之是谁也没有担惊受怕，到事后才被吓着。

我回来时两位阿姨已经走了，不知上哪儿去感谢这两位热心人。也不知她们是在哪儿捡到小柳的。我就问小柳："你上哪儿去了？"

小柳若无其事地唱道："小鸟飞，小鸟飞，找爸爸，看不见。"

我再问："你是往哪儿飞的？"

"上看电影那边。"也就是达道路、东山方向。仍无法判定她跑了多远。

黑压压的天，雷声隆隆，大雨如注，骤然一道电光照亮街路，照出一个鸡蛋大的两岁娃娃一面跑，一面上气不接下气地喊着："爸爸呀！爸爸呀！"湿淋淋的汗衫和裤衩紧贴身上，全身哗哗地淌水，——这是一只变成落汤鸡的"小鸟"。

☆1962年10月

那次淋雨后，小柳常断断续续地发烧咳嗽，夜间睡不安稳，有时两点钟就起来，坐在床上唱歌一直唱到天亮。

于是又得带小柳打针了。我从新村到军训部［在达道路南端］上班有两里多路，一天来回两三趟就是十几里，又要抱小柳上门诊部打几次针，距离也一样，不仅累得够呛而且时间根本不够用。只得用两百三十三元买了一辆飞鸽自行车做交通工具，还买了个小藤椅安在车座前面作小柳的座位。

再说小荣，也不像表面那么老实，三个月就会翻过身来趴着，四个月坐"坐车"，也不老实地坐，经常会踏上座位，从小桌的桌面上一个跟斗翻出来，不得不用安全带把他固定在座位上。起初小荣不大需要人管的，现在也变得要抱了，可能是因外婆抱多了之故。

小柳在托儿所学了不少东西，其中包括"私有观念"。不论什么东西都可用来宣扬："我有，你没有。"例如前面说到的，托儿所的孩子衣服上绣有名字，小柳就指着自己的衣服说："我有名字，你没有名字！"同时把头一偏，一副龙王比宝的神气。尤其是在遇见别的小孩时，小柳总要得意扬扬地夸耀："这是我的爸爸，不是你的爸爸！"叫我哭笑不得。

☆1962年11月

下部队检查战备训练情况，今天住在侨乡樟林。潮汕的许多华侨是从这个码头出海的。这里的房屋都用砂岩垒砌，因人多地少，小块的田地精耕细作如同锦绣。

27日考核夜间科目，恰逢阴历初一又下小雨，伸手不见五指，天地融合成黑漆一片。在这天和地的夹缝里穿行着一支夜战部队，我视力不如人，跟随在部队的后尾。其实既看不见人影，也听不见脚步声息，但凭着感觉却能感知队伍在我前方蜿蜒行进和搜索。

29日凌晨2时开始行军演习，一气爬了七座山。拂晓时分朝霞满天。军号声起山鸣谷应。队伍来到一座湛蓝的水库边，从上午一直到下午，沿着弯弯曲曲的山坡绕着水库行进，令人心旷神怡。次日晚宿营汤坑，这里因有个热汤般的温泉而得名，老远就看到有朵蒸汽的云悬在温泉上空。

☆1962年12月

6日赶回广州，7日起参加军训会议，要编印会议简报，整理讲话稿，一连两个星期天都带着小柳上印刷厂。会议结束又背起包出发，去了粤北山区。初冬的山区早晨一片银白，这是广州少见的霜。山溪还没上冻，因水温高于气温，蒸腾出一层缭绕的白雾。

小荣六个月，已可以扶着东西站起来，并移动几步了。虽然现在仍没有营养好的东西吃，他长得还挺结实，脾气好，整天除了跳就是笑，只要说起"爸爸"他就看看我，一看到我他就好笑。

☆1963年1月

两个孩子都出了水痘，过了一关。这之前，每周末我到托儿所去接小柳回家时，小柳总免不了"爸爸呀，爸爸呀"哭一场，现在终于锻炼出来了，不哭了，接回家的路上，她还坐在自行车的小椅上指指点点发表评论："这个叔叔骑单车不带小孩，他的小孩在家里。这个哥哥打饭去。这个哥哥为什么不打饭？"被指到的那个男孩回答道："你哩？你为什么不打饭？"

我带小柳上东山，经过保安街民办托儿所。小柳就说："这儿有托儿所。"我问："妈妈有没有送你上这儿？"她答道："可能是。"

小荣七个月，在学步车（广州话叫"椅笼"）里跑得飞快。看到什么就抓什么，最喜欢拿着竹竿舞枪弄棒。要是发现屋里没有旁人就会大哭，只要有人在他就玩得挺好。小荣最喜欢的当然是跟姐姐了，姐姐在家时，小荣就愿意跟着姐姐，寸步不离，姐姐玩什么小荣也要玩什么。

春节前全面调整营房，我家搬到13号楼军训部宿舍，一楼的东北角，虽处北侧但两面有窗。之前在16号楼住了三年整，在那里添了小柳小荣两个孩子。

☆1963年2月

工作正忙，偏偏两个孩子出水痘后又出麻疹。小柳回家过春节却发了四天高烧，39到40度。什么都不想吃，连水都不肯喝，因为她的嘴唇皮都剥离了，一嘴的血，咽喉还不知有多么痛呢。后来又合并肺炎，送小柳住了十天总医院，是外婆陪她住院。八个月的小荣显然也躲不过了，也病一场，好在小荣出得很轻，虽也合并了支气管炎，但照常吃饭，也没怎么闹。所以免了上医院。今年是麻疹大流行年，总算两个孩子又过一关。带孩子的这几年来每天神经都处于高度紧张之中，丝毫不敢放松大意，生怕再出任何闪失。

☆1963年3月

小柳黏着我不放："爸爸星期天工作，妈妈星期天工作，我也要工作！"

训练工作大忙，我每个星期天都加班。

〔注：当时没有双休日，实行的是每周休息一天；而部队比地方更严，每天晚上时间也都属于公家。因星期六晚上放假自由活动了，星期天晚上就不能再放，得开班务会/科务会把时间补回来，从而做到每周确实只休息一天，而不是一天加一晚上。可是每周休息一天是很难落实的，例如这个3月份就整月没一个休息日。而祖莲也常常晚上或休息日加班；即便不加班，

238

也很难轮到她星期天休息。因为各工厂用电轮休，每星期有一天不供电的就是"厂礼拜"。厂礼拜每季度轮一天，七个季度轮一圈，所以要隔六个季度（一年半）才能轮到有一个季度是休星期天的。]

小柳"也要工作"，好黏着我。实在没法子，我只好带小柳去工作。星期天加班时在部里不必讲规矩，我就把女儿带到办公室，找两张藤椅面对面拼合在一起，给小柳坐在里面当"船"，她除了看画报外，也真的会帮我做工作——给要邮发的"军训简报"糊封口，贴封条。小荣当然也很想跟去，只是他连走路都不会，暂时还"工作"不了。

小荣现在学会了说"娃娃"。

我每天回家，必能从小荣嘴里掏出一盒万金油或一块积木。

☆1963年4月

面临一个巨大难题：今年祖莲将再临预产。几个月来，我们已经久久踌躇，苦思也得不到良策，虽不忍给奶奶强加负担，但最后还是不得不下决心，把小荣送到北京去（想叫奶奶在京请个阿姨帮半天忙）。要不然这里两个小不点儿，谁也没法招架。

原打算四月初就去北京的，因有"四清"政治运动不能安排我休假，推迟到四月下旬。

儿要出远门了，祖莲为儿准备行装，做了一个多星期夜工，真个是临行密密缝，意恐迟迟归。送走小荣的主意本是祖莲先提起的，但行期临近，祖莲对这个主意感到了诧异和惊恐。现在比较坚定的是我，因为进北京临时户口、订牛奶、政治运动中请假这三个最困难的难题都已解决了，那么去就去吧！我是从来不爱后悔的。

4月21日全家到东山照了一张相；我给北京发了一个电报："23日到。"电文简洁，因为广州—北京每天只有一趟火车，下午4时到，爷爷奶奶知道的。21日下午上火车站，妈妈、外婆、姐姐一齐来送小荣。小柳本来一直也想跟我上北京的，但到了既生疏又紧张的车站环境中，她再也不敢缠我，只得听从局势的摆布，乖乖地向我们挥手再见。倒是祖莲强忍至此，在即将开车时终于哭出来了。我忙把小儿子抱给妈妈亲亲。

火车开动了。旅伴们无不为我担心，觉得不满周岁的孩子这么个小不点，必须妈妈带，我肯定带不了。后来发现担心是多余的，就改口称赞小荣的乖了。他玩儿得非常高兴，起初爱看车窗风景，后来看腻了，就到处乱爬。车厢摇晃着，小荣东碰西磕，却也不哭，还在途中学会了叫"爸爸"，是咬着下嘴唇叫的，发音像西班牙语。大家都喜欢他。

车行两昼夜，23日下午到京，奶奶还到车站来接。奶奶问我："第二个电报是怎么回事啊？"但是我也不知道。到家一看，与我简洁的电文相反，第二个电报是这样写的：

"父母亲：飞白三点钟到京，请你们到车站接。小荣在车上饿了，给他煮饭吃。"（加急）

我笑弯了腰，同时心里也为祖莲感到火辣辣的酸楚。祖莲是第一次打电报。

奶奶说："本来打算三点多来接的，但是两点钟我买菜回来，收到了这个电报，以为火车改点了，于是手忙脚乱地煮了饭（要等小荣来吃），用最快速度赶到车站，结果一等等了一个多小时。"

我说："你没法理解这个电报。这个电报的含义是：小小的孩子离开了娘，千万根线牵着为娘的心肠！小荣在火车上可饿不着。有面条，有妈妈买的面包、饼干、鸡蛋……食品还剩一半哩。"

爷爷在参加文联的会议，要很晚回来。虹妹、晴姐、吴佟等陆续都来了。小荣在火车上相当活跃，到了这个新环境里一时不能进入情况，见了这么多人不禁愣住了，表情呆呆的，只指着墙上的年画说："娃娃！"身为表姐的雁雁笑了："德行样儿！"——瞧人不上台面，北京话就说：小样儿、德行样儿。但什么叫德行样儿还真不好说。我让雁雁解释解释，雁雁却说不出所以然，伊虹替她翻译道："这个'德行'嘛，就是就是：真德行！"

后来熟悉之后，小荣和小姑姑伊虹特别亲密。小荣会走路了，如伊虹所说就成了她的"小尾巴"。

☆1963年5月

我用二十天假期帮助小荣慢慢适应环境。五一节我和吴佟、晴姐，带着雁雁玫玫小红三姐妹，在中山公园挤了一阵，游园的人太多，文艺演出也看不着，只是凑个热闹。不巧，我腰里长了个疖子，在广州动身时就有了，很小，没在意。据说是在火车上"上火"，竟长到了碗口大，既痛又烧。而小荣还不肯要别人抱，又没地方可以把他暂时放下，只好由我成天抱着。后来我把雁雁睡过的小车扎上了竹栏杆，才终于可以让小荣在里面站站。4月27日我到协和医院开了刀，到五一节时刀口里还塞着一块纱布哩，不过总算可以自由行动了。

入夜看焰火，我白天已经跑了一趟天安门，晚上走不动了，就这么远远地遥望节日的夜空。趁着西南风，焰火的降落伞纷纷飞向我们这边来，引得孩子们兴奋追逐。

北京已有牛奶供应，小荣的营养有了保证。环境熟了，小荣在小车里不肯待了，为了给他扩大活动场所，我又琢磨着在书桌边扎上竹篱笆，用以在房间的角落里隔出一小块隔间，把这块地板擦洗干净，再摆两把椅子当门。我在桌上写《红鼻子雪大王》的后记，小荣在桌边小隔间里玩，有个把小时相安无事。然后我站起来一看，里面却不见小荣。四面找去，原来他已经从椅子底下钻了出来，正咬着嘴唇在偷笑呢。只好把椅子下的空当也钉上栅栏以堵塞漏洞。

星期天美院放假，就和虹妹交流。虹妹小的时候主要是我带的，但长大后已有十多年很少相聚了。对艺术虹妹真是全副心灵投入的。她带我去参观画展，看戏曲演出，她懂得比我多得多。她喜欢电影《海之歌》《雁南飞》，她画创作追求的不是柔美而是粗犷有力。可是内心却有深深的感伤，她说："我怎样才能从心灵深处振作起来呢？怎样才能像一个十八岁的人那样渴望生活呢？"固然，在和我接触中，虹妹是活泼热情，充满上进心的，但她却说："不，其实还有另一个孤独的我。"

小荣人熟了之后谁都要了。虹妹是从来不喜欢小孩的，自从小荣活跃了以后，也爱抱他了，还连连说小荣是第一个让她抱的小孩。爷爷的喜欢就不用提了，早上6点钟小荣起床，喝过牛奶，爷爷就在里屋床上喊了："把小荣抱给我！"他从来睡得晚，也不嫌这样影响他的休息。白天，爷爷也有时抱小荣在院子里转，有时陪小荣坐我搭建的"老虎笼子"。小荣玩玩具喜新厌旧，爷爷就到处找新鲜玩意儿给孙儿玩，所以小荣也喜欢跟爷爷。督促小荣按时作息和定量吃喝，是爷爷的一宗大事，最认真不过的。爷爷把维生素、酵母片搁在牛奶里喂小荣，小荣只尝了一尝就一把推开碗，再抓过奶锅来要另倒新鲜的奶喝，爷爷见小荣并没有（如他所说那样）"出麻疹出笨了"，还高兴得眉开眼笑。

腰部的疮没有完全好，但我有了点空能够脱身后，就利用剩余的日子，忍着腰疼参观了革命、历史、军事、自然四大博物馆。5月13日离京。是趁小荣睡熟之际悄悄地走的。看着睡在小车里的孩子，还不满周岁，想亲一亲，又怕弄醒了不让爸爸走，只得硬了硬心肠就走了。

带回了两只徽州老家的洋铁（白铁皮）箱，原来装茶叶的，很古老了，上面分别用毛笔写着汪静之和我爷爷汪崇发的名字。我爸说广东天气潮湿，带去好存放需要防潮的东西。

一路上都淅淅沥沥地下雨，没想到广东却是烈日炎炎。本来这该是广东的雨季，要下到样样东西发霉才算完，可是今年继冬旱后，五月又赶上六十年不遇的大旱。只因政策宽松了，大旱也不再成灾，而且经济还在继续复苏，市场上东西越来越多。

以前傍晚到"大操场"（寺右新村和司令部间的一大片草地运动场）玩，见到蝙蝠满天飞舞，小柳叫它们作"小鸟"。这次回来后她告诉我："爸爸！我知道了！这不是小鸟，是天鼠！"——原来蝙蝠粤语叫"蝠鼠"，妈妈教给她了。普通话的蝙蝠加粤语的蝠鼠，再经小柳的浪漫加工，就综合成了"天鼠"。同时还出了另外一则语言误会：小柳喜欢普通话里的"闺女"一词，因相隔二十天了她要娇一下，就缠着我："爸爸，叫声闺女！"但妈妈可不接受这个外来词汇，听此言就笑道："什么叫规女？笑话！"直气得小柳跟妈妈大闹起来。

那年代的建筑都没有配纱窗，住在一楼，蚊子为患。我买了十尺钢丝编织的窗纱把窗户蒙上。但怎么开关窗纱外面的玻璃窗呢？我设计良久，在每扇窗纱的下部中央做了一扇小门儿，小门扇也是窗纱材料做的，矮而宽，铰链装在底部，翻开来可伸手出去操作开关两侧的玻璃窗，闭合时用一枝粗铁丝做插销。这样一装就好多了。

大旱过后

☆1963年6月

6月9日，清早4时50分小闪出生。又是一个男孩，重3.7公斤。随着经济情况稍稍复苏，三个孩子的体重也一个比一个有所增加。

因为祖莲在哺乳期中怀孕，预产期无法推算，所以我在北京时就非常惦记。

6月7日早晨感觉到了动静，我叫祖莲上医院，但她因去年住院一个多月住怕了，不肯去。蘑菇了一上午，到中午才好歹去了，偏偏这次产程又是长的，8日我去看她时还没生，于是祖莲吵着非出院不行。最后同意再住一夜，次日"不管肚子痛不痛都要出院上班"。结果她没过完这一夜就生产了。

我沉重的责任又加重一份，——其实不能称为"一份"，因为生命的重量永远是"全份"，非"一"即"零"，不存在分数、小数。这个"全份"的重，你即便用自己的生命也承担不起，未经历过生死关头的人无论如何也没法体会或想象的。

大旱至今，9日气象发生变化，风起云涌。我上医院看完祖莲回来时风雨大作，到晚上雨势更猛，电闪雷鸣连续不断。小柳抱着爸爸尖声大叫，一半是惊恐一半是撒娇。小闪生日是个好日子，满天电闪雷鸣为他热烈庆生，大旱之后甘霖初降，今夜禾苗解了渴了！

还在北京时，就在为新来者想名字，——为孩子命名要用两个字写一首诗，而且要"既是诗的，又是辩证的"。虹妹说："你这种要求太高，我是想不出，但霜荣是从冬到春的意象，接下去应该是从春到夏的意象了。"预计得没错，6月9日，风起云涌电闪雷鸣，从这个意象群中久久挑选琢磨，终于定名"云闪"。

从春到夏，云会生长。

在回归线以南的广州，炎热的午后烈日当空。但抬眼望窗外，那儿就有云在生长，它洁白，浓密，渐渐变得高耸，长成层峦叠嶂般的云岭、云峰，高达万米，重逾亿吨，气象万千。表面看来，云峰洁白耀眼，安详宁静，凝然不动，这是如诗的含蓄。但其中却蕴藏着、酝酿着眩目的闪电和万钧雷霆。

"雷"字么，太过张扬，艺术不宜描写激情的顶点。如莱辛所说，应当描写"能让想象自由活动的那一顷刻"。含蓄一点，蓄势待发，保持一点留白，比到达顶点提前一刻，就是"闪"。

风起云涌……电闪雷鸣……

大雨滂沱……甘霖……甘霖……

……恩涛……恩涛……

6月12日小闪三天大就出院了，现在因母亲的营养好一点了，他生得脸蛋又圆又红润，与一般新生儿不同，连一点皱纹都没有。乌油油的头发，也不像哥姐那样带点棕褐。小柳起初盼望一个小妹妹，但13日从托儿所接她回来看弟弟，她倒是喜欢这小弟弟的，关心地说："他的手这么小！"然后又思考起来："我的小荣——我的大荣——我的大小荣上了北京，——还没有回来！……"

☆1963年7月

添了孩子，在手忙脚乱中一个月过去了。一个半月的小闪，人们说长得像三个月的孩子。

入夜，浪漫主义的小柳告诉我："小星星叫了！爸爸你听，她们在天上叫了！"

细细听去，倒真的有许多又尖又细的，像小提琴般的，高高低低闪闪烁烁的声音在叫，汇成一片夏夜的交响曲。我没有同小柳辩论，我倒情愿同意小柳的感觉。

7月21日，难得的星期天休息日，带小柳上文化公园，骑了旋转木马，照了哈哈镜，又坐"风车"。在风车上转到最高处时小柳吓得尖叫了一声，司机叔叔连忙按了停车钮，小柳却恢复了镇定，回答道："勇敢！"不下车。见鱼池里有小鱼吃草，小柳评论道："妈妈上街了，他们就吃草，真不听话。"

我这里只能记述小柳，而小荣的情况则靠奶奶记述（7月3日来信）：

"小荣已经和我很好，把我当妈妈一样，亲亲热热。小荣脸色红润，胖了好些，动作敏捷，顽皮起来好像孙悟空大闹天宫。牵着，走得很好，放手，走几步就笑着坐下。会扫床，会帮我找东西，嘴里'嗯？嗯？'头左右转动，眼光四处寻找，——这是学我，一天到晚找眼镜之类的。大概我的整套习惯，他不久就都会学会。"

☆1963年9月

尽管奶奶分担去了小荣（她并没有请钟点工帮忙），我们这里两个孩子仍然压力巨大。小柳老要咳嗽，晚上得接她回家。祖莲在家和工厂间穿梭奔忙，但从不叫苦，这边是嗷嗷待哺的婴儿，那边是闷热不透风的高温车间，炙烤的喷灯，火红四溅的玻璃珠，白色的工作服，熟悉的工友……这一切是多么辛苦，又多么美好。

☆1964年1月

军区军训会议从12月跨年关开到1月8日。我做会议筹备工作和组织军训展览，大忙特忙。会议闭幕时，我们获得贺龙、徐向前、聂荣臻、叶剑英四位元帅接见并合影。

小柳常常咳嗽，总不能全愈，接回家吃吃药好了一些，送去托儿所只过几夜，就又厉害起来。究其根源，一定是在托儿所夜间没盖好被子，反复受凉造成的。只好下决心：不论多忙，每晚都接。我参加军训会议，住在珠江宾馆二十天，日夜都要工作，就趁晚饭后的短暂空隙，骑上自行车到处巡游着，搜寻司令部托儿所这支"队伍"，——只要不下雨，他们傍晚一定出来散步，大致总在司令部大院、大操场、珠江边这几处。找到后把小柳送回家，我再赶去珠江宾馆工作；次日清晨我又从宾馆赶回家，送小柳到托儿所"上班"后我再去开会。

小柳讲述："阿姨同我们去散步，看见一个叔叔在杀小狗。杀了肚子，又杀脚，把脚挂在绳子上。小狗不乖，杀掉了。"——被扣上"不乖"的帽子，竟能有如此严重的下场，幼小的心灵也被威慑笼罩。

小闪可真调皮！见了人。又跳又笑，还会咬。因祖莲老是背着他，几乎把小闪惯坏了，妈妈回来稍迟他就大闹。小柳和小荣是爱跟我的，小闪目前是跟妈妈的。

奶奶讲述小荣："小荣已比桌子高，爱听故事，能认识画上的二十多种动物，会说糕糕、拿、袜袜、抱抱、不、奶、球、奶奶、爷爷。说的话不算多，可心里样样明白。叫他关门、擦凳子、拿什么都会。你信上说：不行的话把小荣接回来。我就问小荣：爸爸来抱你回去，你去不去？他笑着摇摇头。我说爸爸来抱怎么不去？要去的。他就笑着微微点头，又马上微微摇头。很懂事的样子。"

☆1964年2月

小闪现在会叫爸爸，会亲亲妈妈，——张大嘴巴凑上来就是一口，跟咬人差不多。喜欢摇头。性格远比小柳小荣泼辣。从前，只要我穿上军雨衣，或祖莲戴上军帽（大盖帽），就准能把小柳小荣吓哭；但小闪看到另类打扮却很觉好笑。

外婆不严格掌控小闪的作息规律，哭得凶了就给东西吃，小闪想玩就老让他玩，玩得困了就让他睡。我不得不干预，在百忙中来管理小闪：每天中午我按规格做小闪的饭菜，给他吃完午餐又陪他睡个午觉，闹了几天别扭总算走上了轨道。

同事靳光铎逗小柳，问小柳要她的弟弟。小柳回答："拿什么也不换！"老靳就故意问祖莲要，祖莲说："给你了！"这下可把小柳逗哭了："我要闪闪的！要闪闪！"

☆1964年3月

小柳自去冬11月闹起的支气管炎一直没断根，每逢发得厉害就得打青霉素。这样可就把小柳锻炼出来了，进了诊室就大声宣告："阿姨，我打针不哭！"护士阿姨都特别喜欢她："好！阿姨给你轻轻推。"而对哭闹的孩子则不得不赶快猛推。小柳只有两次忍到最后终于哭出一点声，真是可人疼。

为防备受凉接回了小柳，而我晚上又不必上班时，小柳就讨一张纸坐在我身边写字，写的是一只只苍蝇、蚊子。写一阵，起身走一个圈，回来又坐下写。还夸耀说："爸爸，我写得比你快！"忽然小柳问："星星是自己亮的吧？"我答："对了，是自己亮的。"小柳："那她们全都装上电线了吧？"我只好默认。又问："今天月亮为什么破了？她破了，还能不能长圆？"有些问题太复杂，我觉得现在还说不明白（甚至现代科学也还不能完全说明白），只好说"不知道"。小柳对爸爸的无知大为感慨，便叹口气说："唉，不知道就算了。"

☆1964年4月2日

今天门诊部终于对小柳的病做出了确诊，由于反复受凉咳嗽，现在她的病已经成了支气管哮喘。这病非常顽固，还易引起肺气肿或肺心病，可有生命危险或导致终身残疾。小柳不能上托儿所了，要在家休养，现在用胎盘球蛋白加哮喘合剂治疗，加上超短波。至少连续治疗三个月。

小闪九个多月，能不扶东西自己站住了，会"再见"，还自己发明了拿一块手绢遮脸，和人做游戏。

☆1964年6月

今年3月到6月，我利用点滴时间翻译长诗《谁在俄罗斯能过好日子》，译出第一、二部，拿给永枚看了。但三个月来的主要精力都用以给小柳治病。4月下旬曾一度治好，五一节住外婆家又受了点凉，马上又发高烧，喘得厉害，受阻的支气管发出哨音，肚子一鼓一缩直使劲，却不能有效地吸进空气。小柳直叫唤"出不来气！"其实是憋住了吸不进气。折腾到了半夜，她开始哭叫："要打针！"——没空气，缺氧，比打针更难忍受！带她上门诊部打完针才睡了几小时。这段时间我经常整宿不合眼地抱着孩子，心里揪心地疼。平放床上她会被憋住而无法呼吸，只能抱起来过夜。

每天早上，祖莲上班途中先把小柳"捎"到门诊部，放在那里打针和理疗，她再去上班，然后我从军训部到门诊部去接回小柳。下午和晚上则由我带小柳打针。这样连打了二十天，才算把哮喘止住。接着我带小柳上省中医院设法进行根治。每次我都得凌晨5点钟就到中医院排队挂号，挂了号回来再带小柳看病，有时也由祖莲带她看病。

☆1964年8月

8月初天心药厂组织旅行，祖莲带小柳去了肇庆鼎湖。小柳回来兴奋地对我讲述："我们在鼎湖钻了许多洞！洞里有水，有船，没有老虎！"这是小柳的第二次旅行。7月间她就曾跟祖根舅舅"坐火车过火山"（其实是"佛山"）去玩过一趟。

喝汽水后嗓子冒汽，小柳说："不好了，我冒烟了！"

小闪满周岁学会走路，现在已经满处乱跑了。现在他成天追着我叫爸爸。之前，约十个月大的时候先会叫妈妈。小闪还最喜欢学姐姐跳舞。原来小柳是个戏迷，什么戏都爱看，看了回来就学着跳舞，一边跳，一边唱着自己编的曲子。这种时候，小闪就跟着姐姐转圈和哼哼。

外婆年纪老了，已经回去，现在暂请一个保姆带小闪。小柳没人管，光着脚满世界跑，我回来找她吃饭也找不到。

☆1964年9月

8月中到9月中，我在124师蹲点，试点总结如何全面推广训练"尖子班"的经验。这时部队在博罗县，9月5日台风登陆，台风中心恰好经过博罗，我们住的大棚子抗不住，眼看着瓦片纷纷飞走，雨水哗哗地往里浇，只得连夜转移。风雨过后遍地泥浆，混合了猪粪牛粪糊了厚厚一层。博罗的习俗是在村子周围筑一道篱笆和矮墙，人和猪、牛、狗、鸡、鸭同住圈内。因此连队开饭时，只要饭箩往地上一放，猪狗的鼻子已伸了进来，苍蝇也落了密密麻麻的一层，休想把它赶走。还有件别扭事是全村没有厕所，原来这里牛棚、粪房和厕所是"三合一"的，走进牛棚，其中的半边堆积着粪肥，你要想方便就给粪堆贡献一点，脚下太脏就只好将就了。

但是其间和八连、四连一起，畅畅快快练了三天游泳，大水库，罗浮山上下来的水又清凉又甜。我当游泳教练员，练一会，辅导一会，然后一边晒太阳一边找班长、战士们座谈。9月10日尽管又遇台风，我们也没收兵。

这段时间小柳只好住到外婆家去，小闪交给保姆带，一个月下来，小胖子都快变成瘦皮猴了。

☆1964年10月

小柳在外婆家两个月了，这段时候天热，小柳没犯病，胖了许多，还学了一口广州话。说也奇怪，小柳从小跟外婆，本来懂广州话，但从来不会说。而待上两个月就说得很地道了，可见环境对学语言的重要。

我出差回来，祖莲辞退了保姆，把小闪送去外婆家"疗养"，换回来小柳准备上幼儿园。现在小闪会走路不用人抱，放在外婆家可以对付。小柳满四岁，本已经办好上幼儿园的手续，不料国庆节上街淋了几滴雨，哮喘病就又复发了，哪里还上得了。无奈之下，只得把小柳仍送回外婆家，并请了政治部沈干事的内侄绮云当小保姆，帮帮外婆。

我回来后有一大堆东西要写：给《解放军报》写我军区普及"尖子"训练经验的报道，还有讲稿、规划等，国庆节放假三天，我只休息了半天。

孩子送到外婆家去了家中很静，可是常常要请假去领他们看病，这可就更加费事了，十三里路骑车跑两个来回就是五十多里，看一次病整耗掉半个工作日。再有一个问题是外婆家门口有三级高台阶，为了防小闪滚下来，我用半个星期日制作了一扇矮门，漆上浅苹果绿色，因矮门高度到了小闪头顶，所以又在门的上部开个小窗，以便他靠在门口看街景。

小闪现在会说：爸爸、妈妈、姐姐、阿婆、丹军、小宝宝（都是邻居的孩子）、要、不要、走、ɑ:m（吃）、mʌm–mʌm（吃的东西）、茶茶（喝的东西）、怕怕、尿尿、娃娃、wowo（狗）、miao（猫）、敬礼、再见，再加上他自己的一套语汇，能说得煞有介事。

☆1965年1月

"小荣的信"（奶奶代笔，尽量保持不改小荣的原话）：

"我想妈妈了，可是怎么上广州啊？火车在哪儿啊？赶明儿等我长大了，我自个儿就会去广州了。

"爸爸上班去了，妈妈上班去了，我只好把奶奶当妈妈了。我也不哭，我也不吵，总是笑眯眯的。奶奶叫我怎么着，我就怎么着。我天天跟爷爷做早操，面对面，像打架似的。我是民兵大队长，我有冲锋机关枪，有手枪，打坏蛋。我拿了两把尺子舞剑，一蹦一跳的。我不看有坏蛋的电影，可是哪一个电影里都有坏蛋。

"阿芹姐姐教我唱：'红领巾，胸前飘，少先队员志气高。'我唱：'少先队员吃块糖，少先队员吃丝糕。'逗死了。我还会说歌谣：'哥哥走，我也走，我和哥哥手拉手。手拉手，慢慢走，一走走到大街口。看见红灯停一停，看见绿灯盖被走。'阿芹姐姐说：'盖了被被怎么走哇？'往后我学会说'开步走'了。我天天听'小喇叭'，学歌谣，唱歌，还说谜语。

"国庆节奶奶带我看游行，看到好多大气球，天黑了，爷爷奶奶带我看焰火。"

而在广州，小柳小闪再过一道关：患了百日咳，从10月咳到12月，咳得一塌糊涂，连呛带吐。这些儿童病的传染性极强，几乎人人都要过关的。其间11月小闪还因并发支气管炎住总医院八天。出院后仍在外婆家养病。每次我去看他们，小闪就设法想跟我回家，很精明地关注我的动静，一发现我有想走的意思，他就立刻抢先向外公外婆等满屋子的人说："再见，再见。"一边说着，一边慌忙向四面招手，自己首先跑到门口等我，说是"走先！走先！"[粤语的词序，和英语的I go first相似]怕我走掉了又把他留下，就先走在我前头。但是这一切努力也不奏效，我还是走掉了。小闪急得大咳一顿，咳到满脸通红气都出不来。

到年底小闪百日咳基本好了，也长胖了，脸恢复了圆圆的轮廓，挺好玩儿。已经说了一口广州话。不过有点娇气，受点欺负就哭叫："阿婆呀！阿伟呀！"

12月绮云走了，小柳上幼儿园。小柳很高兴，但因怕她着凉，只得每晚接回家睡。可是即便在家也时常蹬被子，还是要犯喘。我反复琢磨小柳这病，都是由着凉引起，要想不犯病必须从源头上排除复发的病因。于是我剪开了一床被子，改制成一个睡袋，安上了拉链给小柳睡。为了让小柳喜欢，把睡袋比作一只船。还特意买印花布做了个"百鸟图"被面，博得了小柳的欢心，非常愿意睡睡袋。但是祖莲却不愿意了，为我剪被子的事不知吵了几场。因祖莲思想遵循传统，总觉得我做事另类有违常规，就碍难接受。而我做事从来不顾什么规矩，我认为只要有效，剪一床被子又算得了什么！

因为祖莲不肯配合，我只得自力更生踩缝纫机，缝得针脚密一截疏一截地。好歹做成了睡袋。结果实验成功了！睡袋远比打青霉素奏效，试用了一冬到如今小柳的哮喘没有再犯。小柳的支气管炎和哮喘从两岁发到四岁多，足足折腾了两年多时间，如今我心头的千钧巨石终于落地。

小柳问："北京是不是有很多雪？"我说"是。"小柳说："雪是和冰棍儿一样吧？那满地不都是冰棍儿了吧？"——广州、香港不下雪，粤语里"雪"的概念已经移位，管冰棍儿和冰激凌叫做"雪"，而吃冷饮就叫做"食雪"。于是在孩子心中出现了奇妙的童话世界。

还是去年春天小柳问过："月亮破了，还能不能长圆？"最近她自己作了回答："月亮破了，就躲起来，睡一觉就会长胖一点的。"

第三章 幸存的漂流瓶

255

服从调动没商量

☆1965年2月

朱德和董必武等同志今年在联欢会上和我们见面，共度春节。因为身在广州，尤其是在广州军区司令部，遇到国家领导人和元帅们的机会很多。每年都有些领导人到广州来过冬，而且住在我们司令部营区里，有时散步也遇到。

春节买了一个光管台灯。因为小闪曾有一次爬上桌子，并把手指伸进灯头里，所以我把灯头、电路全面改装了一下，把所有插头都装进了桌子里的抽屉后面。

小柳给小荣的回信（爸爸代笔，尽量保持小柳的原话不作改变）：

"小荣：姐姐想你！姐姐名字叫刚柳。你来吧！爸爸上班，妈妈上班，你跟我到幼儿园上班吧！我上的是小二班，我评上红五星了。幼儿园有滑梯，还有一个洞，可以钻的。我会唱：'我家小弟弟，半夜笑嘻嘻，问他干什么？他说梦见了毛主席。'姐姐也不看有坏蛋的电影。妈妈领我看《农奴》，我就把眼睛闭上了。

"小闪闪可好玩了。他跟伟姐姐学跳猴皮筋儿，一边唱，一边跳，一边转，不一会儿，自己就变作一个线团了，我们解都解不开。……"

我代笔写完信后，让小柳自己署名，她就很大方地签了"汪刚柳"的名〔注：这个签名零件正确但结构灵活，用形状相似的字符模拟如下］：

"pq木王三区ll"

从去年就传闻说要调我到政治部《战士报》社。军训部再三要求挽留，提多次意见无效。现在上级终于决定要调走了。我得到信息时可谓木已成舟，组织上再找我谈话，听听我的"个人意见"（我实在不愿意去）只不过是走个形式，对上级决定已毫无影响。服从组织分配天经地义，"个人意见"只反映我有思想问题，需要打通克服而已。

党小组讨论鉴定，摘要如下：

王哲：汪学习刻苦，肯钻研；工作作风扎扎实实，埋头苦干，不讲价钱。常受领突击任务，汪总是星期天加班，尽力完成。生活作风正派俭朴，不搞小圈子，没有"嘀嘀咕咕"的现象。但批评自我批评开展得还不够，希望思想要更开展一些。

曹兴泉：汪到军训部的时间不长，但可以说是思想工作双丰收。对革命事业认真负责，任劳任怨，拼命工作不计报酬。报社是知识分子多的地方，而老汪过去和知识分子相处时搞得不大愉快，因此有必要总结一下经验教训。

林瑞忠（科长）：和汪相处觉得不错，突出的是工作主动，肯用脑，干劲足，不拖泥带水。能及时对领导提出意见和建议，和同志们相处也不错。主要缺点是个性较孤僻，整天不是工作就是学习，不够活跃。汪到报社工作，业务上估计问题不大，希望汪注意抓好党的方针政策，做好党的宣传工作。

☆1965年3月

在军训部工作了两年八个月，本来3月1日要办调动转关系的，因军训部要我参加机关整风提完意见再走，延迟一星期到3月8日才转。

把在高级步校做训练工作也算上，我在军事系统工作已是第十五个年头了，如今突然转到政治系统，调动不可谓不大，要算是大改行，得从头学起。到了报社本来我以为会叫我管训练宣传报道的，因为我是军训部参谋，此前也写过不少训练报道，没想到叫我暂时主编副刊。先治了几天病（实为给小孩治病），3月15日才正式上班。原来的副刊主编调到新闻科（是管对外报道的——主要是对《解放军报》发稿）当天就走，办了一小时交接后，我就接手独立负责了。

每天来到我桌上的稿件有一百来篇，但质量好的少。如何计划、组稿、选稿、改稿、组版，问题真不少；况且还有"政治标准""艺术标准"之争，事关路线不得不非常认真。

☆1965年6月

6月1日，全军降低工资，取消军衔，换上了红军时代的红五星帽徽和无标志红布领章。

☆1965年10月

调到政治部半年。为适应新工作，忙是肯定的，其间还组织了抗日战争胜利二十周年的重点宣传报道。

重新分配宿舍，要从司令部宿舍搬到政治部宿舍八一新村6

号楼二楼〔注：这栋新建宿舍房子较好，是给中层干部建的；后来我在"文革"中挨整了，又被调整到旧房子3号楼楼下〕。我利用国庆假日，借一辆三轮车搬家，来回共拉了六趟东西，其中后三趟是书，说明我虽然努力控制着，书的增量仍然非常可观。书拉完时，突然发现小闪丢了！

怎么回事呢？原来说的小闪跟妈妈，是暂时的，如今两岁了，小闪已变得和小柳一个样，老是嚷嚷着"跟爸爸！"估计是当我蹬着三轮往西去的时候，小闪复制小柳三年前的场景，跟在车背后，沿着同一条路跑了。〔注：司令部宿舍解放新村和政治部宿舍八一新村都在寺右新马路北侧，路南侧是司令部大操场和警卫营，两个宿舍区之间隔一条小巷，政治部宿舍在西侧，靠近达道路军区大礼堂方向。〕小闪当然跟不上三轮车，我拐进政治部宿舍区去了，而小闪则顺着马路一直向西，往达道路、东山方向跑了。

当我把书和杂物搬上楼放好后，回到老宿舍。祖莲问："怎么不把小闪带回来？"她以为我把小闪带去玩了。我说："我拉了满满一车东西，怎么能把小闪拉走？你也不想想：难道能把他放在东西顶上而不掉下来么？"

没有时间互相埋怨，只得赶紧分头去找。祖莲在司令部宿舍区里找，我到马路上去找。找到小巷口，只见小闪正从达道路那边沿着人行道慌慌张张地往回跑，边跑边哭，一边上气不接下气地叫唤："爸，爸，呢？我的，爸，爸，呢？"跑到了小巷口，他蹲下来下台阶，一级又一级地，下得又快又稳妥。我大声喊他"小闪！小闪！"他根本就不听！又快跑起来。我一把把他抱了起来，他还在上气不接下气地："爸，爸，呢?……"

小闪在丢失一小时后，又自己跑回来，可算精明。这首先是因为他比小柳丢失时的年龄要大三个月，三个月可不是小数。不过小闪长期住外婆家，对这里的地形并不熟悉，偶尔回司令部来也是坐车的，他居然能认识回家的路，这可就不简单了。

对历险的过程，小闪同样说不明白。可能是：在路上有位解放军叔叔要把他捡起来，而他不让人抱，逃回来了。——他说不明白，我们猜他大概是这个意思。小闪在外婆家学了广州话，其中又夹七夹八杂有普通话，就更说不清也听不明了。他的发音也有点特别，普通话声母、汉语拼音的"x"（受粤语"s-x"的影响），在他口中变成了英语的"th"，所以"小星星"发音是"thiao thingthing"。

有一次小柳哭。原因大概无关紧要也无须解决，就是不开心。我便放她在腿上抖她。小柳还是哭个不住，而哭声变成了断断续续的"咯-咯-咯"声。小闪听了，便指着姐姐说："青——蛙！"这一下可把姐姐逗乐了，把自己为什么要哭也忘得一干二净。

☆1965年10—12月

从10月中到12月中旬，我赴广西海洋山区采访两次，这不是报社的任务，是政治部派的公差，任务是为全军政工会议写一位优秀军事干部的典型材料。[注：当时已经在对1964年全军大比武进行"纠偏"，这是发动"文化大革命"的前奏，因

260

此军事干部中也要宣传"突出政治"的典型。〕采访对象是全国战斗英雄郝忠云团长，他和部队正在海洋山区参加山岳丛林地带演习。我来到演习地区，住在劳江山沟里，周围都是大山，太阳要9点钟才露面。这里地处北回归线以北，已属温带但离热带很近，针叶树种较多但藤本植物也很发达，茅草长得有两人高。

小荣，1965年冬

　　海洋山上硝烟滚滚。每天上山，炮声响处，山鸣谷应。后来下开了雨，满山满谷里云雾弥漫，泉水奔涌，坐军用吉普车回桂林时，三次过河都熄了火，我们只好在滚滚山洪中推车，费了九牛二虎之力。

　　路过桂林，游了一趟七星岩和芦笛岩。芦笛岩里的石钟乳比我曾去过的七星岩更发达，而且不像七星岩里的被火把熏黑，都保持着天然的本色，如树、如花、如果、如珠、如瀑、如帘、如帐、如幔、如丝……解说员在数说着景色的名称如数家珍，我却听而不闻，我的思想在追踪着每一滴富含碳酸钙的地下水的奇异路径，并且惊异于几条最简单的物理学规律，如何会结晶成这样缤纷多姿的形态。"被断定为必然的东西，是由纯粹的偶然性构成的。而所谓偶然的东西，是一种有必然性隐藏在里面的形式。"（恩格斯）每件我们所谓的"偶然"之所以被认为偶然，仅仅因为我们对形成它的无数种必然因素既无法追踪也无法计算而已。于是人们便称之为偶然，为宿命，为天数，为上帝之手。

……

11月12日，我父母带着小荣从北京回到杭州。父亲来信说："这次搬家，票是组织代买的，行李托运也是组织代办的。我要买硬卧铺，他们却买了两张软卧票。党的照顾无微不至，我要以好好写作来报答。"父亲因毛主席先后通过臧克家、许志行两次给他捎来问候，非常感动。许志行是父亲在浙一师时的老同学，他因少年时代流落他乡得到过毛泽东搭救，特到北京来看望毛主席。毛请他吃饭，把自己稿费送给他，又派车让许志行到八达岭等地去玩，许便邀我父母同去。父亲说：在杭州一师，最早就是从同学许志行那里听到毛泽东这个名字的。

1965年年底，突出政治的气氛愈发浓厚。小闪在喊"打倒美帝，支援越南！我爱武装！我当空军！"小柳在唱永枚作的《人民军队忠于党》，但很难记住"开天辟地第一回，人民有了子弟兵"这一句。她问我："什么是子弟兵？"我告诉她"子弟兵"说的就是父母送孩子当兵，哥姐送弟弟当兵。小柳又问："妹妹也可以当兵吗？"我说"也可以。"她说"明白了。"下次再听到小柳唱这支歌使我觉得很逗："雄伟的井冈山，八一军旗红，弟弟去参军，妹妹也当兵！"

☆1966年1月

春节假日（21—23日），去了白云山山顶公园、流花湖、动物园、花市。给小闪买了一支他很想要的玩具冲锋枪，从此他吃饭睡觉枪不离身。妈妈几次想要"缴"他的枪,未能得逞。小闪喜欢讲故事,嘟嘟哝哝地讲不清楚,却又拿足了架子,用说书人卖关子的口气说:"听不听?讲出来吓死你呦!"

过春节小闪理了发,在外婆家莲花井边上的机巷理的。我问他:"你在哪里理了发?"小闪思考一下,回答道:"我在镜子里理的。"眼见为实嘛!亲眼看到是在镜子里理的。

路径正在急转

☆1966年2月

年初开展机关整风,整整一个月时间天天开会,而报纸还得照常出,格外紧张。

不出我调来报社时的所料,报社问题确实复杂,内部意见很多,对办报方针也看法不一,这次"鸣放"提了一大堆矛盾,首先是社领导的民主作风差,思想工作薄弱。我到报社不久,从去年夏天起已经负责编辑科全面工作,非正式地进入了领导层,要认真调查研究和吸取群众意见。作为一个新来者,面对这一切我还有点缩手缩脚,缺乏把握。我这个人,承担各种具体任务都是会努力去做好的,而组织领导工作却非我所长。

机关整风一结束,2月中旬又参加广州军区党委扩大会,因扩大到军师团级主要领导(指挥员、政治委员)参加,故又称军区四级干部会。

[飞白补记:1966年春军区下达了任命飞白为编辑处负责

人的命令（当时还叫"编辑科"，按《战士报》社是军区政治部领导的师级单位，其编辑科是团级/处级单位，后来正名为"编辑处"。）

飞白本不乐意调来报社，更不乐意接受这次升迁，可是命令必须服从。后来得知，政治部是为报社领导班子换届而请调飞白的，前年起就找参谋长谈判："你们司令部放着个作家干什么？"谁叫他顶了个作家头衔呢？

同时路径正在急转。中国的历史和个人的历史都悄悄地翻到了"史无前例"的一章。从参加军区党委扩大会起飞白被意外卷入了政治旋涡，三个月后，"文化大革命"大风暴席卷了中华大地。]

☆1966年5月

奶奶来信，讲述感情：

［外孙女］玫玫曾住我们家，因爷爷骂了她，就说："那么狠，我不在你们家住了！"

小荣养"家"了。玫玫养不"家"。

爷爷来信，讲述小荣如何推理：去年回到杭州时，一天看见马路边挖沟，小荣说：

"北京地下挖沟没有水；杭州地下挖沟就有水。北京家里有地下室，杭州没有地下室。——因为杭州地下有水，所以不能做地下室。"

小荣就要满四岁了，可能是首次做出的科学推理吧？

伊虹回杭州探家，给我写信时问小荣有什么话讲，小荣说：

"快点来吧！要是等到'文化大革命'完了以后，恐怕又要下部队。"小姑姑要小荣说说自己的生活，小荣说："不过我做的坏事是不能说的。""那么你做的好事有没有呢？""那就是开汽车、造房子，还练刺杀，再没有别的了。" 小荣会帮奶奶看钟报时间："那个短针在×字和×字的中间，那个长针呢，在×字和×字的中间。"奶奶就说："明白了。"

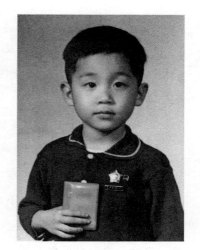

小闪，1966年

小闪上了幼儿园，他没有像一些孩子那样大哭大闹叫妈妈，只是到处"找爸爸"，足足找了三天。他说："我叫阿姨打电话找爸爸。"那时候办公室才有电话，而且要人工接线，大家家里并没有电话［更没有手机］，我笑了："怎么打电话呀？"小闪惊讶地反问："打电话你都不懂？"

小闪三岁，说话大气，现在的口头语是："爸爸，我找你有点事。"

小闪上幼儿园后，星期天我得带小柳小闪两个孩子。遇到工作忙，我得一早先把他们送到外婆家，晚上再接回。只能用自行车接送，小柳坐车后架，小闪坐搁在车座前横档上的小藤椅。一车三人常这样在军区和外婆家来回奔忙。

☆1967年3月

小闪常常摔倒。摔破了皮爬起身来，就大声说道："笨！蛋！"我说："说得不错。"小闪解释道："我每次摔跤，都说：笨！蛋！"

因幼儿园出现一例脑膜炎暂停开放，孩子全部回家。

小闪告诉我说：

"直升机撒过小报纸以后，我们幼儿园又出来了一个脑膜炎。真的！我看到了！告诉小鹏，小鹏也看到了，许多人都看到了。他飞过来，又飞过去。那个脑膜炎是最坏的了，他飞呀，飞呀，飞到我们班上了，那真危险！我看到脑膜炎了，他张开两个脚丫，就这样飞来飞去！"

☆1967年3月底

小柳病了一天。星期天晚上，我把她和小闪从外婆家接回来，小柳不吃晚饭。一摸额头发烫，就立即带她上门诊部去看，体温竟高达39.9度！打了一针青霉素和一针奎宁后，反而又升到40.2度。门诊部让小柳住院，小柳不肯，医生只好给她身上搽酒精降体温，说明天早上如果不好再住院。

我让祖莲带小闪睡，我护理小柳，绞冷水毛巾给她敷额。小柳老是重复一句话："我要着火了！"已经过了半夜，我坐在床边，天很凉，但是我感觉心里也要着火了。后来小柳迷糊了一会儿，又说："我搽过酒精了，我会着火的。"我说："不会的！酒精早已干了。"小柳又说："要是抽筋就要住医院了吧？爸爸，我不抽筋！"她的话触到我心里的痛处，我吻了孩子，一股血肉相连的感情涨满了心房。

终于，天蒙蒙发亮的时候，小柳的热度开始下降了。

☆1967年6月

没有料想到的离别已经来到面前。

5月中旬祖莲得病。经治疗有了缓解，她非常牵挂已四年不见的小荣，便想利用病休机会带孩子赴杭州探亲。

［飞白补记：当时我明白已在劫难逃，考虑的只是如何保护孩子。运动中原则上不准请假，何况我已遭监视，这情况不能向祖莲透露，只能目送有病的祖莲冒险离去。］

送祖莲带着小柳小闪到火车站，但车站不卖月台票。祖莲只得牵着两个孩子，肩上挎着一个提包和一筐荔枝，挤进了检票口。这时我的心揪紧了，小柳也不断回头望我，要想叫但紧张得叫不出声来。

这一天是6月9日，小闪四岁的生日。

他们到杭州后，终于商定小柳留杭。爷爷奶奶想要小柳和小荣做伴，我想的是让孩子避开日益迫近的打击，同时，小柳今年该上小学了，而广州的学校都不开学，只得在杭州上学；祖莲呢，虽有病回来还是要上班的，连兼顾小闪都很困难。

6月底，祖莲带着小闪回到广州。小闪告诉我："我们在杭州进了山洞。山洞里黑的地方躲着小老虎、小狮子。他们不敢叫。"

"那你怎么知道有小老虎、小狮子呢？"

"后来，"小闪说："我们从杭州坐火车回来，天黑了，我就听见小老虎、小狮子叫了。"

"他们怎么叫的？"

于是小闪尖着嗓子学道：

"他们叫：姐姐！！"

［素平注：这里根据飞白讲述插记两件事。

一件是遭车祸。那时报纸排字经常出现差错，这很可能会酿成大祸，所以身为副主编的飞白常常亲自骑自行车赶到印刷厂去校对报纸。1967年7月23日在校对后的归途中，他在东山口外（中山一路）大斜坡上遭了个小小的车祸，

车祸实况：东山口外有个两三百米长的大斜坡，飞白从郊区回来骑车顺坡而下时，一个骑车下坡的农民超他的车，恰巧又有辆载重卡车顺斜坡疾驰而下，农民为避让卡车往旁边挤靠，而他车后带着个一两百斤重的大麻包。说时迟那时快，横绑在车后的麻包猝不及防地挂住了飞白的左侧刹车把，飞白的车把被一下子拧转过来，把飞白摔出去三四米远。因下坡速度都非常快，在此瞬间大卡车紧擦身边疾驰而过，而肇事者的车也扬长远去。飞白虽从擦身而过的车轮下幸免，但在路面砂石上擦了几米远，把他左侧的衣袖、裤腿和皮肤几乎全部擦掉，半边可谓体无完肤。在门诊部绷带包扎得像个伤兵一般，成了个半边布人，样子十分够瞧。在别人眼中这个伤者肯定是武斗参与者无疑！

第二件是高烧住院。当时军区政治部规定处级干部轮流担任机关区安全值勤，8月中旬轮到飞白为轮值干部，要每夜在政治部值夜一周，负责处置临时情况。值勤地点是设置在政治部

顶楼上的广播室，这里便于观察大楼周边情况，需要时也可广播喊话。

在夜间没有情况时，飞白因开着吊扇躺在桌面休息而受了凉，高烧到42℃，经诊断为肺炎，8月24日入军区总医院住院一周。医院外面不时有武斗流弹打进医院里来，也不时有伤者被抬进来，给人以变成了战地医院的感觉。]

☆1967年11月

星期日在外婆家。祖莲正准备给小闪洗澡，提着一壶开水往椭圆形的锌铁盆里浇。岂知小闪突然把右脚伸了进去，让水浇在脚背上。他以为这样会很好玩的，结果却非常不妙，整个脚背烫起了一个巨大的水泡。"好疼啊！好疼啊！"小闪哭叫。这真的非常疼。

给小闪的脚搽了油，作了包扎，在上了自行车回家时，小闪基本不哭了："向麦贤得学习！"［注：麦贤得是海军战斗英雄，1965年东山岛海战中头部负重伤坚持战斗。］

后来在相当长的时间里，小闪都知道他哪只脚是"熟的"，而另外一只脚是"生的"。

☆1968年2月11日

小闪老是说他"想姐姐"。不论有什么好东西，都说："留给姐姐。"

今天小闪找我说："你把妈妈带到杭州去，把姐姐接回来吧。"

☆1968年3月3日

小闪样子怪可怜地说:

"姐姐去了这么久还不回来,我想不起姐姐的样子了!"

☆1968年3月16日

和祖莲、阿伟、小闪上越秀山,在孙中山纪念碑前有两棵松柏类的树,上面长着许多一条条的"尾巴"。小闪记得:曾经和姐姐在这树下捡过许多"尾巴",并给它起名为尾巴树。

小闪背上背一个鸟笼,打开笼门,请阿伟姐帮他看小鸟飞进去了没有。"飞进去了就告诉我,我好关门。"

回来后,在政治部服务社给小闪照了一个相。

☆1968年4月6日

小闪从幼儿园回来,头上有一个大青包,是今天刚摔的。

恰好,小闪的照片取到了。相片照得不错,挺精神的样子。

小闪看了相片,奇怪地说:"怎么相片里的我头上没有包呢?"

☆1968年6月

我为孩子给奶奶增加负担非常不安。伊虹来信谈小柳小荣:

"其实那两个孩子,只要安排得当,生活基本是可以自理的。

"我简直不能想象,如果下次我回杭,而家中是空空的,没有小荣飞出来迎接我,没有小柳唱歌,那简直不堪设想。

"当然小柳想你是真话,奶奶说她'养不家',而小荣是彻底养家了。但小荣离不开小柳,现在两个人做伴好得多。虽然会给爷爷奶奶添点麻烦，但他们给爷爷奶奶的安慰更大。"

当然这也是在试图安慰我。而我呢，真想接孩子回来，但目前只能是空想了：祖莲春节又犯病了，医生开了更大剂量的安定剂，药的副作用反倒使她坐卧不宁。每次达到极端烦躁的地步，就得上医院打针才能缓解一时。

"漂流瓶"日记在此中断

飞白"漂流瓶"的日记在此处中断了。

1966年早春参加广州军区党委扩大会时，作为报社代表的飞白被任命为会议材料组组长，这材料组的任务非同小可，身为材料组长的飞白掌握会议的敏感内情，不禁备感形势严峻。尽管，一切伏线暂时都安安静静地伏着，要到两年后"文革"高潮中才爆发。

记者写访谈录总是写飞白"生平坎坷"，这种感伤主义让飞白听了好笑，觉得文不对题。他试图纠正但是无效，记者仍继续写他们钟爱的习惯用语"生平坎坷"，而飞白自己感受的，则是真正意义上的"奇遇"。好像是一不小心踏进大仲马情节奇诡的小说里去了：

爱德蒙[后来的"基督山"]之被捕，其实并不因为他真是什么"拿破仑党"，而是因为他"知道的事情太多了"。尽管不过是一群妒忌者的陷害，但这一条构成了致命一击。

秘密逮捕飞白的一刻宣布的罪名正是：

"你知道的事情太多了！"

此刻其他罪名都已退居次席。"知道事情太多了"的罪名意味着什么，飞白很明白。第二次被转移时，专案组就当飞白的面点火，烧毁了堆积如山的纸张——飞白文稿、笔记、书信、抄家抄来的大批材料，以及办案的文牍，等等，同时得意洋洋地宣称：

"你的材料，我们专案组今后用不着了；"

又意味深长地添上：

"你呢，也用不着了。"

飞白遇上这档子"大洋荤"，得怪他碰巧被任命为那个倒霉的材料组长，从而沾了个大"包"。然而天下事既属偶然也属必然，一步步的航迹是前后连贯的，严格推论起来，走到这一步也完全合乎逻辑：

飞白因为爱诗并且又学外语，很自然地起意译诗；他译诗有了成绩而被作家协会吸收入会（不是他自己申请的），这样便成了作家；身为作家却又在司令部做军事工作，这显然"用人不当"；华南师院请调飞白，但是军区人才不可外流，当然舍不得给你；军区报社领导班子要换届了，政治部再三向司令部请调飞白，这回司令部抵挡不住了，不想给也得给，——译诗无用而办报有用，这样才能"物尽其用"啊；到了军区党委扩大会上，命报社代表充当材料组长，谁说不是最为合适？飞白便这样虽莫名其妙却顺理成章地落入了旋涡中心。

卷入了风暴旋涡的飞白将被漂流向何方？无人得知。

身为军事参谋的飞白很懂地理不需要问。然而，在被押送的船上，小说的主人公爱德蒙发问了：

"朋友"，他说，"我凭一个基督徒和水手的身份请求你，请你告诉我究竟是到哪儿去……"

"你四面看看吧。"

爱德蒙向前望去，他看到离他一百米之内，在那黑森森的岩石上，矗立着伊夫堡。……

料想不到的是四年之后，在广州军区司令部和政治部，因"知道的事情太多"而失踪的飞白竟出人意料地重新出现在人们面前。见到者无不瞪大了眼睛，仿佛见到鬼魂一般。

历史意外地峰回路转，命大的飞白经历了九死一生之后，于1972年6月复出，分配到广州郊区的部队工作。从飞白失踪到复出，时间失落四年。

1973年春邓小平复出工作。在此形势下，飞白时隔七年再次参加广州军区党委扩大会，并登上大会讲坛，作了揭发林彪集团的发言。飞白复出后，起初被压低职务任训练科长（相当团参谋长）职务，后来随着落实政策而改任政委。他不顾形势再次反复，在部队工作中冒着极大风险始终抓平反"文革"冤假错案，他顺藤摸瓜明察暗访，把受迫害者从监狱和农村群众管制下一个个挖掘出来，全力为他们落实政策，以致自己差一点又被打成了"右倾翻案风分子"。飞白有一位部下杜静波原是下放锻炼的大学生，虽未蒙受冤假错案，也遭受过不公待遇。在离别时刻杜静波塞给飞白笔记簿上撕下的巴掌大一页纸，上面是用铅笔写的英语，译意为："……你是一个完全正直的人，是一股清风吹到了连空头诺言都是奢侈品的地方。"

小说《基督山伯爵》的后半部故事是"基督山"为一己冤屈复仇，飞白"文革"漂流记的后半部故事则是为广大冤假错案受害者平反，从而显出了二者间的显著差别。当然，另一个差别是前者出海找到富可敌国的金银宝藏，而后者出海找到的是不能以金银论价的人类文明金字塔顶的花环——诗的宝藏。

复出后飞白再没有写日记。但我还是偶尔找到1972—1973年间飞白的几页零散记录，现也收集在下面，为幸存的"漂流瓶"日记续上一笔。

☆1972年

［注：囚禁中的飞白获得"分步骤解放"，第一步来到了位于井冈山以北、罗霄山脉西麓的湖南军区干校。此刻虽还处于"未解放"状态，但监管已放宽，家属也得到了飞白的音信并获准来访。］

祖莲带了小闪来。我挑肥上茶山，祖莲和小闪给我送开水。小闪喜欢在灌木丛中打游击，在水塘里捞鱼。祖莲特别喜欢到网岭去赶集，买鸡买蛋，第一次是我带去的，有七八里路还带上坡下坡，小闪回来走不动了，要我背回来。后来小闪又跟我坐连队的大车上网岭去拉化肥和糠饼。小闪坐在大车前边，在驾车叔叔旁边特别神气，但是面对马屁股，怕的就是辕马翘尾巴冲着他放马屁。而辕马偏偏时而要翘尾巴，小闪就手握树枝条，赶紧把马尾巴往大车的前挡板下面塞。

小闪已上小学，他给我讲幼儿园的故事：

"幼儿园的老师表扬我听故事专心，我很高兴，趴在桌面上悄悄地笑。旁边的小朋友就举手报告：'老师！我揭发：云闪笑了！'老师一听也笑了，说：'表扬还不笑，难道应该哭吗？'"［飞白按："揭发"是"文革"时期的关键词。］

"幼儿园搞防空演习，一发警报就赶快把全班带出去。已经走到门口，我连忙报告说：'报告老师！那柜子里的苹果怎么办？'"

［飞白补记：春节期间我和祖莲带小闪赴杭州探家。过完春节后，大家协议：小柳跟我到干校上小学，小闪和小荣暂留杭州，等我安定下来再接。6月我被分配到广州东北郊白灰场某部，终于时隔四年又安了家。小柳在驻地上京溪小学，暑假里小红来广州部队驻地看舅舅，然后汪晴也来，并接小红回河南明港五七干校。那时机关干部都得下放干校从事农业劳动，这些干校是遵照毛主席"五七"指示办的，故称"五七干校"。］

☆1973年2月

祖梅姐［注：祖莲的大姐］的儿子豪光来寻亲，在外婆家和我家度过几天。从豪光得知了祖梅更多情况：

1938年日军入侵广东，共产党在增城、东莞、惠阳一带组织抗日武装，年仅十五的祖梅便毅然离开女子师范参加抗日宣传队和前线服务队，到增城地区农村做群众工作，1939年入党，她的爱人卓扬任党支部书记。抗日游击队逐渐发展壮大，后来改组为东江纵队，他们在五华等县打游击，祖梅曾任区委书记、县委妇女委员。1942年生了一个女儿，当时正是东江纵队最艰难的时刻：东江地区大旱，国民党军和日伪军不断围攻封锁，部队常要跳出合围进行转移。因无法带着婴儿行动，只得送给了老乡。1944年在河源县生豪光，在他不满周岁时，就送回大埔卓扬家乡，交给奶奶带。因抗日斗争需要，卓扬祖梅在奶奶家只住了几天就走了，没想到这一走就是一岁的豪光与母亲的永别。

　　抗战胜利了，东江纵队的条件仍然艰难。1946年祖梅又生一个小女儿，但这时她病了，把婴儿送到广州外婆家，而外婆家非常穷困，养不起孩子，请卓扬的弟弟带回部队，可是叔叔身负其他任务，把孩子交给了另一位同志，他又把孩子交给了慈婴堂。解放后，尽管卓扬再三寻访小女儿的下落，终究石沉大海。

　　这时，根据国共协议，东江纵队离开根据地北撤到山东解放区，原为华侨的卓扬被党派到泰国去做报纸工作，而因病留下的祖梅不幸病故。

　　关于祖梅姐的事，孩子们的外婆也多次给我讲过。她说祖梅从小特别聪明，很爱读书，在女子师范经常考第一名。但抗战开始她怀着满腔革命热情，小小年纪就奔赴前线了。

陶祖梅，一位十五岁的女子师范生投身抗战，经历十年艰苦卓绝的斗争后，在二十五岁献出了年轻的生命，连一张照片都没有留给儿子。祖梅的三个孩子只留剩一个，这个孩子现在千里迢迢从西安来广州寻亲，希望从阿姨脸上依稀找出亲生母亲的容貌。

☆1973年4月

4月，出差到上海南京，归途到杭州接回小荣小闪，这次我们的三个孩子都回到广州了，这是全家的第二次相聚——第一次相聚是1972年春节从干校请假回杭探家时，全家来自五湖四海的短暂见面。这之前虽说是一家人却还从未相聚过，因为小闪出世时小荣已去了北京。从1960到1972历经灾荒危难，全家居然能平安相聚几乎是一个奇迹。

自然，要说"全家"仍是打引号的，一角已缺，不再复圆。只有我会时而独自去看苗苗，悄悄地不能让任何人发觉。此之为虚妄，我太明白了，也难说究竟是去疏导痛楚还是去加强痛楚。

如今这第二次相聚，时间会比1972年春节长点，但也不会很长的吧，至多就是三年五载，给我们留下小小的一段记忆，然后又将分散到五湖四海去了。

☆1973年8月

部队迁入握山新营房，在白云山东麓。这里山丘环抱，点缀着果树，山坡上到处是松林，虽还未能郁郁葱葱，但自然环境比白灰场好多了。

祖莲仍在病中。在飞白悉心照料下勉强能维持平衡。徐英石主任［解放军某专科病院内科主任］趁在157医院住院疗养之便，为157医院医护人员开办了三个月的讲习班。凭借我们和157医院是友邻部队的便利，我全程参加讲习班听课，并请了徐主任来我家看祖莲的病。徐认为：祖莲的情况比一般患者好得多。他夸奖道："汪政委，你创造了一个奇迹！"

祖莲每天到城里上班，从郊区握山到东山龟岗要换车两次，晚上下班回来，到达时天早就全黑了。郊区公交车站只是田野间的一块车牌，公路两边都是田野，左近没有人家，而从公路西侧到营房还要走几百米路。所以我得先煮好饭，然后提前到车站去接。祖莲养的猫每晚都跟我去接人的——本来只知道狗跟人，从来没听说过猫也会跟人或接人的。

祖莲起初在白灰场试养小鸡失败，因为惯于城市生活的祖莲不懂饲养，她光喂小鸡吃米，营养不全，于是一只也没有养活。迁握山后我家先住楼房宿舍，后来迁入独立的半栋平房，屋后有空地和开阔的山坡。利用环境条件，我为祖莲在屋后搭建了一个小小养禽场，并一手包办为她科学养鸡。祖莲见我养得好，又多方弄来火鸭、珍珠鸡等珍稀品种，竟发展成了一个小小动物园。养禽场里鸡鸭兴旺叽叽嘎嘎，祖莲天天早上拣蛋，这要算是"文革"十年和祖莲患病中唯一最开心的事了。

［飞白补记：一个个已逝的真实瞬间值得无比珍惜，但又含有过多的痛感。但愿能让回忆停留在一个开心的瞬间……］

日记之外

在挑出如上内容给我录入"漂流瓶"后，杂乱的原始资料飞白就不想继续保存了。

而我虽靠"漂流瓶"弥补了传记中家庭生活的空缺，仍感到有所不足，这是读者都看得出的。所以在"漂流瓶"日记之外，我还不得不再做一点概略的补充叙述：

飞白在1956年除夕与陶祖莲结婚。这在当时颇出人们意料，因为飞白的知识水平在军区机关人员中是突出的，而祖莲是文化水平不高的普通女工。

飞白和祖莲的相识有偶然性，不过也是历史背景的必然促成。1955年的肃反运动无故把飞白"肃"了两个月，让飞白首次体验了小约翰在荣儿家遭遇的"集体变脸"。他在机关内的友谊关系从此十分受伤。当时翻译科不和军区其他机关住在一起，为了工作方便和苏联顾问团一同住在军区"二所"即外宾招待所内。当时除三十多人的翻译科外，这里还住着保卫人员、汽车班和二所职工。职工和战士们觉得翻译科人员（他们所称的"翻译官"们）架子挺大，唯有飞白没有架子并能和他们打成一片，例如苏联专家上野外指导训练和演习时，保卫员要兼当服务员，为专家提热水壶和折叠凳，飞白总是协助他们做这些工作，而有些翻译人员却也要他们供应茶水，作风不同。所以职工和战士们与飞白有亲切的友谊关系，这在翻译科人员中是独一无二的。飞白的行为是他的习惯也是性格，他对不平等关系素来绝不能容忍。在武汉高级步校时团组织分配他到电话班、司号班开展团的工作，他和小战士们相处就特别融洽。如今经历肃反运动后，飞白和曾经集体变脸的翻译科人员相处已有点尴尬，和职工战士们的友谊却丝毫不受运动影响，飞白从中感受到人间的冷暖。

一天，有位职工方秋琴对飞白说："有个熟识的姑娘我想给你介绍，是你的家乡人。具体地名我说不准，就是你们梁山伯祝英台的那个家乡。她以前是我邻居，是个特别纯真的好女孩，今年刚十八岁。"

在这个年头上给飞白介绍对象，是有历史背景的。1955年解放军全军初次评定军衔，从供给制改为薪金制，这是个重大改变，像飞白这样的青年干部们领到薪金，就具有结婚成家的经济条件了。

之前的供给制是什么情况呢？就是你全部生活必需品都靠国家供给，主要是伙食和被服，外带挎包、搪瓷牙缸和饭碗、水壶和毛巾。白毛巾上印的一行红字"将革命进行到底"让飞白觉得非常提神。此外每月发一块钱的零用钱，可买牙膏肥皂。译员作为技术人员后期获得优待，增发至每月十元。因飞白不须接济家庭，除买书外还从这点钱里节约下不少，多次支援过家庭有困难的同事，每次支援五元。供给制是只供给你一人而不保证家庭需要的，必须等你升到团级以上才能获得批准结婚或家属随军，家属随军后若在当地安排不了工作，也可以享受战士级的供给标准。军中的女同志结婚则不受级别限制，只要嫁的是团级干部就行。

如今有了薪金收入，就意味着不再受级别所限，自己有谈婚论嫁的经济基础了。于是翻译科这批青年人都在纷纷找对象谈恋爱。而因作为机要人员不允许随意交际，从来交往圈子极为受限，他们只能多方设法请人介绍女友。飞白暂时还没有动静，心里当然不无

飞白与祖莲相识

考虑。起初他眼光曾朝向广州军区战士文工团的小明星，一段时间几乎心驰神往。这不算是空想，几年前就曾有文工团女演员接近过飞白，那是在桂林步校，当时校区就在风景如画的独秀峰下，飞白每次随顾问到达桂林步校入住招待所，次日早晨必定发现从房门底下塞进来的署名为"婉"的信。婉是个桂林步校文工团的小姑娘，看起来可能还不到十八岁，她请求飞白辅导学外语，常以此名义来和飞白亲近。飞白是初次和女孩子并肩同坐，心头不禁怦然，但在那供给制年头却不敢作非分之想。后来婉被本单位发现试图亲近外单位人员（而且还是"没条件谈对象"的年轻人），在遭狠批后哭成了一个泪人儿，从此不敢再与飞白联系。

由于军中女同志特别是女学生属"稀缺资源",早被未婚的团级干部们盯上了,各单位本着"肥水不可外流"的原则都管得很牢的。飞白华北大学的女同学莹也遇到了同样情况。在华大时她与飞白同为文艺活动骨干,因共同爱好说得来,但未建立特别密切的关系。同时参军后,莹被分配到北海舰队,在新建的潜艇部队当翻译,却思念起了远在南海之滨的同学,开始和飞白频繁通信。信中谈的当然是革命理想,虽有点感情流露但并没有公然谈情说爱。后来莹突然告知飞白停止通信,原因不太清楚。

二十多年时间逝去了,飞白"文化大革命"后期复出后,一次出差途中偶然得到了莹的消息。——当时在火车上,坐在飞白对面的也是一名军队干部,长途同乘,便一路闲谈起来。这位旅伴是哈军工(哈尔滨解放军军事工程学院)的,他谈起哈军工当年建海军系,潜艇翻译人员都调入哈军工。其中有位女同志,早先因为爱上一位陆军男同学并保持密切通信,在本单位遭到不断增大的压力,终致精神失常,每见到一位领导干部她就哭着问:"我是分配给你的吗?"……根据他谈的种种细节可以确定他讲的是莹的故事。

世界这么大,萍水偶相逢,想不到陌生的旅伴讲述的故事竟与自己相关。得知莹的病后来始终无法治愈时,飞白不禁黯然。

火车在黄河边的黄土高坡上奔驰着,飞白听着故事,尽量保持不动声色,而心中不禁浮现莹抄赠给他的诗句:

让我们痛饮

　　　　大地的全部酒浆，

把世界倾倒过来

　　　　如同倾倒一只酒杯！

这是莹译马雅可夫斯基的豪言壮语。

飞白心头紧缩起来。这节诗是马雅可夫斯基（也是莹）与他的初次撞击，这首诗他以后没有译，他不能。然而他译了姬娜伊达·吉皮乌斯的《干杯》：

……清朗的傍晚一片安闲，

清雾荡漾在风浪已静的水面；

最后一滴严酷含有无底温柔，

上帝的真理含有上帝的欺骗。

我爱我一无保留的绝望，

最后一滴总许诺给人陶醉。

我在世上只懂一点真髓：

不论喝的是什么，都要——干杯。

话扯远了，让我们再回到1955年来。实行薪金制后，飞白已有谈婚论嫁的条件，在文工团找对象不再是空谈。他自己本来也算人才出众，在战士文工团又有多位朋友可帮忙介绍，这是只需努力就能实现的事。但遭遇知识分子同事"集体变脸"

对飞白冲击非常大。加以有一次他上战士文工团诗友家去，又恰好撞见他家的婚姻不稳态导致"一地鸡毛"的活生生的画面，令人联想到1938年郁达夫家中的类似情景。这严重动摇了飞白的意向，使他的眼光转向了更纯朴的人。他本来从小就有强烈的平民意识。

飞白到广州三年，因对外界缺乏交际，还未能融入当地环境。他虽已学会广州话但当时说得还不够地道。那时广州基本上遇不到浙江人，听方秋琴说"梁山伯祝英台家乡"就有一种亲切感，于是约定了星期天一同去玩。姑娘姓陶名叫祖莲，原籍绍兴陶堰镇，父亲出自"绍兴师爷"世家（从前全国各地都有绍兴师爷，现代说法叫"文秘"），中华人民共和国成立前是广东省财政厅的文书，广州解放后失业了，现在全家靠祖莲在制药厂做工维持生计。星期日飞白去她家的时候祖莲外出挑水了，等了一会儿，她吃力地挑着两大木桶水回来，只见姑娘苗条白皙，穿的旧衣裳已洗得全白，恍如一枝白莲。而她家住的这条小巷恰巧又叫莲花井。第一留影，给了飞白一个勤劳纯朴而且诗化的印象。二人初相识时，祖莲拿出她在夜校学习的教材请飞白辅导，飞白一看是有机化学，恰是自己最熟悉的科目，给祖莲讲解一节后便表示："今后你学的科目我都可以帮助你。"

祖莲生于1937年，刚降生就遇上日本大举侵华，广州告急时，他父亲先随单位往粤北韶关撤退了，单位不管小职员的家属。她母亲拖儿带女逃难，半途中实在背不动了，只得把最小的女儿祖莲弃于路旁。亏得有个好心的卖煤油小贩见到，于心不忍，把这个才满周岁的婴儿放在他担子上挑着走，才捡回她一条命。因家境贫寒，祖莲只上过不到两年学，小小年纪就开始打工，当过缝纫店学徒，也曾在码头上打杂，1953年初佛山新建机场，政府"以工代赈"组织待业贫民当民工，十五岁的祖莲便随姐姐祖菊一同参加了工赈队，当时巨大的土方量全靠人工完成，祖莲勉强做着她力不胜任的挑土工。到年底终于获得政府安排进了天心制药厂针剂车间，祖菊也进了轴承厂，但是有三年学徒期，暂时没有工资收入。祖莲已有微薄工资（每月约三十元左右，祖莲现已去世，具体数字无法核实），她就省吃俭用地负起了供养父母的全责。正值青春年华的祖莲，穿的却全是妈妈的旧衣服，被褥蚊帐在全厂也最为寒酸，加上她头发色调较浅（带棕褐色），便在厂里得了个"白毛女"的昵称。

尽管飞白和祖莲二人文化水平差距太大，尽管祖莲觉得二人年龄差距也太大，但他们还是互相走近了。二人谈话都很纯朴，丝毫没有人家"谈恋爱"的浪漫抒情。祖莲不好意思地说："我只上过一年多学。"飞白回应道："我也只上过三年多。"一天祖莲悄悄地对飞白说："我问过妈妈了，妈妈对我们……也同意的。"这一句话确定了他俩的关系。规矩的姑娘，纯真的表白中带有"父母之命"的本分，而飞白也很想接过祖莲肩上的经济重担。

新中国成立初期的社会是纯朴的，没有彩礼聘金，没有花车婚纱，1956年除夕他们参加了翻译科四对新人的集体婚礼。住的单位宿舍，借的铺板桌凳，一只可折叠小书架是飞白唯一的自有家具。当时祖莲年仅十九，像孩子般纯真，飞白比她年长七八岁，刚过二十七岁生日。

可惜飞白帮助祖莲学习的愿景后来未能实现，因二人的工作都忙碌非常。如今中国实行每周四十小时工作制，而当时部

1956年飞白祖莲结婚照

队里是每周六十小时工作制，飞白还不止于此。他经常要出差跑军区所属各地部队，回广州期间的星期日和节日也大都有翻译任务。祖莲在车间有时要三班倒，若上夜班要上到凌晨，若上早班则凌晨四点半就要去接班，不时还要额外加班。她所在的是高温车间，为防细菌污染而密不透风，在里面汗流浃背，具体工作是在火焰上手工封装一排排的针剂安瓿，熔化四溅的玻璃珠每天把她的双臂烧灼得伤痕累累。她要承担自己家和父母家的家务，到有孩子后就更休想奢望学习了，祖莲原是广州工人文化宫的合唱团团员，也不能再去参加了。再说，药厂要求职工学习的有机化学超出了祖莲的文化水平，学了不久就难以为继。

尽管如此，与别人对他俩前景并不看好的预判相反，他们相处十分融洽，互相爱护备至，十年间从没拌过嘴。可是恰如狄金森所说"上帝是个嫉妒的上帝"，苗苗的不幸夭折给了他们沉重的一击。祖莲靠以后有了三个儿女而治愈了伤痛，但飞白无论如何不能。他也无法把不幸归结于当时的医疗条件。幼

小的孩子不能保护自己，作为父亲应负保护孩子的全责。人命关天——天或宇宙相对于每个人都是唯一，随着生命的终止他/她的天或宇宙也将消灭。苗苗病危时，无神论者飞白不由得在心底发出了祈祷的呼喊："求老天就宽宏这一次，恩准我用剩余的半生来赎苗苗一生吧，叫地面裂个火山口让我跳进去吧！"

代替老天回答的，是医生们要求家长签署同意遗体解剖的再三劝说。但不论怎么劝说，平素事事配合的飞白执拗了这一次："若是我本人，解剖、捐献我无条件同意，死了什么都不要留。但对受了这么大罪的孩子再动刀子，在我碎裂的心上作切割，我实在无法承受了。"在苗苗满月的6月4日，原先计划作第一次出游，并特意留着胶卷准备拍照的日子，他吻别孩子，把他抱进小小的棺木，给苗苗右手里握了半支铅笔，左手里拿了一卷纸，期盼苗苗将来捎个音信回家。飞白心中的伤口不为人见，永远在滴血。

飞白祖莲的生活轨迹，在他们结婚十周年之际被截断。"文化大革命"中飞白再次遭遇"集体变脸"，而这次比以往运动严峻得多。飞白早知自己身处险境，思想有充分准备；但祖莲对飞白面临厄运是毫不知情的。在集体宿舍楼里，报社同事和家属们一夜间集体变脸，原先有说有笑的邻居一下子都灰沉着脸不再招呼不再搭理，而背后呢，似乎又在交头接耳窃窃私语。这种情形完全能把不知情的人吓出病来，因为现实中上演的不折不扣是狂人眼里的剧情：

早上小心出门，赵贵翁的眼色便怪：似乎怕我，似乎想害我。还有七八个人，交头接耳的议论我，张着嘴，对我笑了一笑；我便从头直冷到脚根，晓得他们布置，都已妥当了。我可不怕，仍旧走我的路。前面一伙小孩子，也在那里议论我；眼色也同赵贵翁一样，脸色也铁青。

——这是学医的内行人鲁迅写的《狂人日记》。

1967年5月，祖莲病了。在飞白带她去医院时，她"晓得他们布置，都已妥当"，一路上极度恐惧，确信遭到严密跟踪，已经身陷"天罗地网"；还不时出现幻听，即无中生有清清楚楚地听见有人在做迫害她的密谋。

祖莲得病后，飞白的政治处境持续恶化，直至1968年7月，飞白进了军区沙河学习班，9月在学习班遭秘密逮捕而失踪。所幸，因"猫有九命"而幸存并于四年后复出。除离家失踪的四年外，飞白一直在日夜关怀呵护祖莲，并认真学习医学知识，努力试图减轻她的恐惧。

"文化大革命"结束后，广州军区政治部副主任李福尧将军专程到飞白家中来看望和慰问祖莲。1978年4月24日祖莲受邀出席了广州军区政治部平反大会（当时飞白因母病赶回杭州去了），她的座位安排在军区大礼堂前排中间，军区向仲华政委在会上致辞，会后是宴会和电影招待会。"变脸"时期过去了，获得平反的人员和受株连家属入场受到全场热烈鼓掌欢迎，政治部机关干部纷纷和祖莲打招呼。然而，对别人而言，平反和慰问宣告了"文化大革命"时代迫害的结束甚或是创伤的抚平，对祖莲却已经不能。

飞白作为家庭医生的处境十分艰难。在"文化大革命"过去后，祖莲仍觉得周围有许多针对她的陷害者。而因为飞白总是徒劳地试图向祖莲做解释，祖莲还说这些针对她的阴谋是飞白纵容出来的。1987年祖莲到了更年期易感时段，加上长期服药的副作用，引发了糖尿病和甲亢，她从安定剂导致的超重状态突然崩塌，眼看着一天天急剧消瘦下去。而飞白呢，因杭州大学教学和主持国家出版项目《世界诗库》任务很重，加上夜间得不到安静和休息，原本偏瘦的他眼看着也与祖莲同步急剧消瘦下去，体重从五十七公斤直降到四十七公斤，如友人们形容的，这时的他几乎已成了"一把骨头"。

　　祖莲的病使得她非常烦躁而不合作，飞白每天给她准备好的药现在她也拒吃了。1993年祖莲一次情绪激动导致飞白眼底动脉破裂出血，右眼视力骤降到0.03。这时《世界诗库》正值关键的攻坚阶段，飞白进退维谷。万不得已，他只得把照顾祖莲的重任交给子女，自己于1994年远赴云南大学继续完成《世界诗库》工程。拉开五千里路距离后，祖莲对飞白的对立情绪迅速得到缓解，飞白每年春秋两季回杭州探亲，在昆明的日子里则每天和祖莲互通电话，互相关切问候起居。祖莲除住在杭州小闪家外，小柳也把她接去波士顿住过多年，并带她在美国、加拿大和加勒比地区旅游散心。

第四章

扬帆诗海

开创另一生

　　飞白的父母已经年老，六十年代他们回杭州后生活条件差，困难多，飞白早有归意。尤其是1978年母亲动大手术后身体难以恢复，飞白遂向军区干部部提出回乡申请。本来在"文革"结束后的关键时刻，曾遭迫害的干部们正待落实政策。这首先意味着获得补偿性职位提升，因为他们现在官复原职，也还被压在十年前的职位上，显然不公，落实政策就该略作补偿。飞白面临的基本选项是至少晋升副师职，替补选项是（如觉得身体情况难以继续工作）也可在晋升师职的同时办理提前离休。"申请回乡"不在选项之列。一同遭过迫害的战友们也对飞白纷纷挽留，其中的高级将领们希望飞白留下，在"拨乱反正"中助他们一臂之力。但飞白对自己晋升师/部级全然不感兴趣，对物质利益也毫无考虑，不在意挂冠去当"水手"将使他的未来待遇蒙受下降过半的损失。做出放弃升迁、挂冠还乡的另类选择者没有别人，飞白是独此一个。

　　回乡不是无为，飞白打算回校作广阔诗海之航。与其当高干，他宁肯重新泛舟出海去当漂泊的水手。于是，在他终于完成部队落实政策工作，演完"包公"或"基督山"的那天，便径自挂冠"泛舟出海"而去。于是，

在那分隔天空和地中海的蓝线上，他们看见一片白色的大帆……

获得诺贝尔奖的圣卢西亚诗人沃尔柯特有一部自传体长诗，诗题却作"另一生"，全诗用想象的隐喻意象写成，呈现年轻主人公如何追求艺术的另一生。飞白度过了三十年戎马生涯，由于军队生活的紧张节奏和高强度，三十年艰辛已几乎称得上"戎马一生"，此时他年逾半百人过顶峰，满可以收拾行装下场离休了。但飞白却偏偏选择再次出海，他在演完"基督山伯爵"后径自挂冠而去，在结束之处重新开始，乘风驶向他诗海中的"另一生"。

飞白在完成部队落实政策工作同时便向军区打了辞职报告。干部的选拔升迁调动转退工作归军区干部部管辖。军区干部部在"文革"中曾是拥黄派的坚固阵地，因飞白向许世友司令和叶帅等报告过广州军区"文革"情况，干部部对飞白自然有点侧目。如今飞白不顾复出将领们的挽留而主动提出走人，在他们是巴不得的好事，立即组织了一个三人工作组保送飞白，为飞白安排转业工作。工作组这次可真一反常态，格外殷勤，不论转业地点或工作岗位，都唯飞白意见是听。地点请飞白按政策范围在广州（工作地）、北京（参军地）、杭州（家

乡）间自选，岗位也同样请飞白自选，由他们努力落实。

看飞白自身条件呢也不错：入伍前的大学本科；三十年的军龄；"文革"受林彪集团打击后复出；中国作协会员，已出版译著九本、内部出版军事教材三本；有翻译、参谋、副主编、训练科长（团参谋长）、团政委等多方面的工作经历。在"文革"刚结束百废待兴之际，这样的条件是颇有竞争力的。军区干部部派工作组保送为飞白安排官职，让飞白满意而去。这真是此一时也彼一时也，跟十年前"烧纸"送飞白上西天形成有趣对比。

三人小组面临的考验是：若按原任团职给飞白安排个县级职务是偏低了，因飞白受"文革"迫害，已在县团级上被压十五年之久，目前是正待落实政策晋升师职（相当于地方的地/市级）的干部。然而要给飞白安排个地/市级职务却得费一番功夫，他们铆足了劲而来。

然而飞白没有给他们发挥才干的机会。在所提供的三个地点中他选择回家乡杭州照顾父母，安排在杭州当然比北京容易。工作组于1979年夏护送飞白到杭州选择工作岗位，飞白又谢绝到政府部门任职而决定回校教书。在工作组看来这要求又偏低了，于是便给他安排了杭州大学中文系主任的职务，是把系主任作为一个官衔来安排的。中华人民共和国成立后院系调整，老浙大变成了工科大学，而浙江省的文理科综合大学此时已是杭大（直到20世纪末重新与浙大合并），学校下属有七个系，安排个系主任虽不是官，在中国官本位体系里也相当于团级，工作组也可以交差了。岂知飞白连这都不买账，他只要教书不当系主任，即便省委下了任命文件也拒不上任。后来他只当了没官衔的外国文学教研室主任而不接系主任工作，连打三次报告、做了五年韧性努力才终于把这个系主任头衔推掉。

飞白1949年底离校，直到1980年初才从部队重回杭州校园，名副其实地是"少小离家老大回"。由此可见，飞白做杭州人虽说合理但根底也浅，杭州话他就说得不十分地道，因为小时候是临平口音，和杭州城里话不大一样；在浙大学习时，因浙大刚从贵州迁回杭州不久，整个校园里通行的不是杭州话而是贵州话，凑巧飞白战时也住过贵州，所以就跟同学们一同说贵州话。其实他家乡观念不强，回杭州完全是为了照顾父母，选择到杭大则是为了方便他当诗海水手再次出海。

飞白尽其一生，都在争取广袤空间，而"诗海"即其象征：

从部队回乡的飞白，1980年

我一定要再次出海，驶向寂寥的海天之间，
我什么都不要只要一颗导航的星和一艘帆船，
还有舵轮的抗力和海风的歌和白帆的摇荡，
还有海面上灰蒙蒙的雾气和灰蒙蒙的晨光。

我一定要再次出海，因为这滚滚海潮的召唤
是野性的召唤是清晰的召唤是如此不可阻拦；
我什么都不要只盼着那起风的日子白云飞扬，
还有浪花喷涌海沫飞溅海鸥的叫声清亮……

（梅斯菲尔德《海恋》）

飞白从浙大外文系出去闯荡世界，回来时怎么却会回到中文系的呢？这说起来又真是"三十年河东三十年河西"了。1979年来杭州预先接洽工作时，飞白本是来到杭大外语系，尽管院系调整经历多次变迁，飞白还以为这里就是老浙大外文系的延续，何况系里现有的几位教授仍都是三十年前外文系的老教师。但等他和系领导谈妥回校问题接着谈到任课时，问题来了。外语系领导说："大家都教英语基础课——精读、泛读、听力等，没有文学课的。将来么或许会开文学课，目前还没有条件。"飞白一听才明白自己闭塞，不知世上已千年了。

"但是我是来教文学的呀，大学总该有教外国文学课的吧？"

"有的有的，中文系开外国文学课。"

这在飞白听来又很新奇：外文倒在中文系教！而三十年前

的中文系只教古文，所以那时代中国的作家都是外文系出身，没有中文系出身的。

至此飞白二话没说，马上转身就到中文系去洽谈了。起初他没注意到如今的外语系和当年的外文系里有一字之差，岂料"外文"里跑掉一个"文"字就相差千里了。几年后，外语系才逐渐开起文学课来，但仍然是点缀，学制以语言课为主干，各院校外语系都是如此，"语言取向"符合实用的需求，从前外文系的"文学取向"毕竟太阳春白雪而不实用了。

亏得中文系还保留一个"文"字，于是飞白便到了中文系外国文学教研室。可是一到这里又碰上了一桩新鲜事：这里教外国文学课的教师基本都是中文系出身，外语水平较低。悖论是教外国文学的老师却不能读外国文学作品，也不能看国外参考资料，这怎么能教呢？好比说布袋里的猫什么模样什么毛色你自己没见过，却在夸夸其谈地推销介绍这猫，岂不是忽悠人吗？飞白明白了：看来回校的挑战还真不小，如今改革开放，外国文学教研基地需要白手起家，从平地开始建设。

插叙一笔：飞白回杭大时，在人事科巧遇老同学郁飞，他也恰好回杭州来找工作。抗战中飞白和他在武昌曾一别十年，郁飞起先随父在新加坡，后来新加坡告急，郁达夫托人带郁飞辗转回国，抗战后与飞白重逢而成为浙大同学。从离开浙大到这次再度相逢，则又已阔别三十年了，这次见到时，郁飞的长相已同其父郁达夫简直一模一样，并且也是命运多舛。三十年遭遇一言难尽，概括说来是这样：郁飞在《新疆日报》工作时被打成右派，偷跑到北京去找郭沫若求助不遇，反陷冤狱，被判刑劳改十余年，"文革"结束后才获平反。他回到杭州求职，经过一番曲折后落实在浙江文艺出版社。

飞白回校执教时，像年轻人一般精神奋发地启动全新领域的开拓，毫无人过中年的疲态。他来到校园还穿一身绿军装，也仍旧保持着部队作息时刻和生活规律，他的学生形容说"飞白永远是绿色的"。"文革"复出时给飞白补发了好多套军装，他几乎穿了整个八十年代，而非绿色的服装他却只有一套卡其中山装，还是二十多年前公家为执行外事翻译任务特地为他定做的。到八十年代末他才开始买夹克衫和西装，买西装是因为出国任务。

八十年代飞白在杭大大干十年。在高校任教，制度上比部队松多了，时间基本可由自己安排，但飞白还像在部队一样忙，时间总是安排不过来。教研室教学任务重而师资不足，八十年代中期，外国文学教研室一张授课计划表中有如下安排：本科必修课三个班级，专科必修课两个班级，本科选修课两个班级两门课，夜大两个班级，函授本科计划中的面授课部分杭州湖州两地两个班级，函授专科的面授课也是两地两个班级，共计十三个班级，其中大的班级可多至百余人。而教研室当时只有五位教师，飞白排课就捉襟见肘了。此外还有指导本科生毕业论文、安排自学考试辅导课、参加华东片区自学考试命题等工作。飞白1985年招了研究生，每周要给研究生班上课六节，给本科和专科班上课八节，共十四节，其中研究生课是新开的，他不得不费大量时间现炒现卖。

如果光是教学那倒还好安排，飞白更不好安排的是其他环节。以当时情况而论，飞白要应付四方面的时间需求：第一是中文系、教研室、党组织的各种会议以及政治学习；第二是学术活动、作协译协等社团活动、调解译协会员争端、浙江省高校职称评审和其他各种评阅和评审、接待来访学者、探望病假教师等；第三是给父母修理窗户或电路之类、办父亲吩咐他办的事和父亲恢复的后期湖畔诗社要他办的事；第四是回应来信来访，特别是给报考研究生的考生写回信，应同行、学生、读者的要求写评语和推荐书，如常有人要求飞白看论文、译文或对诗稿提意见写推荐，要求飞白为他们的书稿写序言或推荐出版，要求飞白给他们介绍可译的材料等。外来任务之多实在超出飞白预料，即便打起精神高效办理，这四方面每周平均也各需一天半时间，共需六天，加上教学和备课至少需要的三天时间，就需九天。然而每周只有七天，哪里变得出九天来？结果飞白的业余时间经常呈现负数。他理一次发总要拖一个多月，要补一颗牙竟拖了两年，导致牙坏掉不能补了。

在此情况下飞白要想译诗或著述，难度和在部队相差无几。但关键的变化是：在院校里他的译诗和著述不称"不务正业"而称作"科研"，不但不受排斥还能与教学紧密结合互相促进。飞白备的研究生课后来都变成了专著和译著——飞白的主要科研选题大都是在教学中产生的，若不教书闭门写作就产生不了。

亏得飞白从部队带回的身体状况不错，1980年头一次参加杭大教职员体检，那时的检查项目比较少，检查结果出来后中文系一百多教职员中唯独飞白一人没发现病（他被囚时所患且一度较严重的风湿病也竟消失了），单子上荣幸地盖了个"健康"二字橡皮图章。同事们惊讶地问飞白有什么经验窍门，飞白只得说："看起来嘛，好像当兵比当老师有利健康！"

　　比课程和杂务压力更费心的是教研室内的人事矛盾。早在飞白来杭州报到之前，杭大外国文学教研室有一位老师就趁到广州开会之机，预先来部队访问了飞白。他反映说教研室内关系不和，教师们互相斗气，教研室成员每逢外出开会，必向兄弟院校同行大谈教研室内部纠纷，揭同事的老底，闹得杭大外国文学教研室的"窝里斗"名扬全国。其根源在于教研室内"文化大革命"遗留的矛盾错综复杂，"文化大革命"结束后又争当教研室主任和学会会长，加上还有一位浙江省"文化大革命"造反派"司令"在本教研室内！所以他来告诉飞白说：

　　"我们急切地盼望着你来。教研室问题非常纠结，何况有个司令在里面谁也治不了，我们都盼望赶快来个政委。"

　　飞白承担了超负荷的教学任务和教研室杂务，这还不够。他明白，要想建设好杭大的外国文学专业，首先要把教研室人员的关注焦点从窝里斗转移到学术上来。教研室不是一级行政单位而只是教学研究机构，最近几年飞白处理纷繁人事纠纷已积累了经验，不信像这么个五六人的小集体还对付不了。飞白到杭大后就用连队指导员关怀战士的方法来对待教研室成员。因有些成员互相一碰面就吵得不可开交，飞白就决定一段时间内不开或少开教研室的会。当年院校中开会多、布置事务多，飞白不召集教研室开会传达，而是把上级布置的事通过家访，一家家去上门传达并征求意见，教研室成员互相间的意见和矛盾也由飞白一家家转达和劝说化解。那年头工会给教师发福利全是发实物，八十年代家庭电话尚不普及，更别说移动通信了

（到八十年代末才有极少数"先富起来"的人拿着一块砖头般的"大哥大"炫耀），所以系工会只能通知到教研室主任，飞白便代表全室人员去领东西，并亲自分送到每个教师家里。因外国文学教研室刚选留了两名中文系优秀毕业生当助教，飞白现在要给七位教师分送东西，而他们住得又很分散，分布在杭大河南宿舍、杭大河东宿舍、杭大体育场路宿舍（在《浙江日报》旁）、庆丰村、花园新村和玉皇山下。有一次不记得是过什么节了，系里发的福利是每家一只杀白鸡。天气比较热，耽搁时间一长便要坏，飞白一看犯难了，只得在快递业诞生三十年前当了快递哥，骑自行车拉着一大批杀白鸡，急匆匆地跑遍了杭州市上城区、下城区和西湖区三个城区去送货上门。这样当教研室主任的另类教授，恐怕也绝无仅有了。

其实飞白在部队当政委期间也是同样作风，虽驻在乡间，他出行从不派公车，自己骑自行车到处跑。其他几位部队首长因此私下里对飞白颇有意见，认为他是"作秀"和想让爱派公车的他们难看。其实飞白的行为出自本性，哪有如此意识。

除了做教研室人员的工作，飞白另外还有人情负荷，包括化解两三家再婚老同学的家庭纠纷，郁飞家是其中之一。落实政策后郁飞重新组建家庭，妻子王永庆是原陆军医院的一位护士长，带有两个女儿。这次婚姻是郁飞热情追求的，应当很感满意，但他为人直筒子脾气爱激动，情绪一上来又特急躁，容易发生摩擦。另一位老同学新组的家庭情况也与此相仿，结果两家的新夫人都来向飞白求助，此起彼伏，飞白这里就应接不暇了。这时飞白家新安装了电话座机，他甚至半夜一点钟都会接到电话:"某某又欺负人啦!凶得很哪,快来劝劝他吧!"如果是王永庆,还会加上:"我是部队上下来的,我只能找你这位政委求助了!而且别人的话郁飞全都不听!"正如荷兰女诗人海兹伯格在《迟侣》中细腻地描写的,由于"迟侣"们的背后是"两片十分不同的荒野",虽"靠他们的唇软化距离",但汇流和融合还是十分不易:

> 他们在触摸吗,辨对方可辨认的印痕?
> 还有这儿那儿冒烟,踩熄了又闪现火苗——
> 闪避着,制服不了——可会经常扰乱安宁?
>
> 各人自有习惯,——但如何调整这偏的跛,
> 在一轮完整的太阳下捕获最后的温热,
> 臂挽着不可理解的臂,在散步的路上前行?

尽管飞白自己家中负荷沉重,但不能不对老同学家伸出援手。还有远在长沙的诗友杨德豫也属"迟侣"命运,而且妻子有病,家中的困难与飞白家非常类似。飞白为助友一臂之力专程去了一趟长沙,看望德豫并做他新婚妻子的工作。湖南在开外国文学研讨会,飞白是借学术活动之名去的,但实质是他在阔别之后迫切地想去会会这位同志趣同患难的好友。又例如,广东作协的朋友梵杨来信,说女儿来杭州旅游请飞白照顾,飞白傍晚到火车站接人,岂知火车晚点,一直等到凌晨一点多才到,带她住好已预订的招待所后回家——当时飞白全家还暂时栖身

于杭大校园内的学生宿舍，飞白回来已是凌晨三点，见学校大门已关，传达室无人值守，只得拿出当年军事障碍赛中翻越板障的身手，翻越两米高的大门进入校园。

在杭大教师中，飞白对职务和职称的态度堪称另类。他不仅以五年的不懈努力坚决辞掉了系主任之职，对众人焦急渴望的评定职称也全不在意。当时的情况是：十年"文革"结束后高校亟待恢复秩序，而师资却出现严重断裂。中华人民共和国成立前的老教授已届退休之年，而在这之后培养的大学生如今四五十岁了，最高职称只是讲师，还无一人是教授或副教授。此时亟待评定职称，教学体系要赖此建立，而知识分子的待遇、住房等迫切需求都与此挂钩，要靠评职称来解决，故竞争格外激烈。鉴于此，飞白在评职称时打了个另类报告，表示："教师们都有实际困难需要解决，而评定职称名额很紧。我的工资标准还是从部队带来的，转到地方虽打了折还比大家略高，所以我可以退出不参评。"（飞白1979年部队工资恢复到了1960年的水平每月120元，转业后打折为116元。）

不过杭大校方因教学工作需要，还是给飞白评了职称。为此叫飞白填表，因为既然评教授嘛，你总得曾经教过点什么课吧？飞白填出来的表格却另类得令人发噱：

毕业的学校："无"，

获得的学位："无"，

教过的课程："野战参谋勤务和军事地形学（授课、图上和现地作业），射击（射击兵器和学理、军用手枪射击），营团战

术（参与组织、指导图上作业和现地带通信工具的演习）"，

编教材：《中国古代战例》，《中国近代战例》，《林彪战术思想》。

这里做点说明：论学历，飞白上过三个月小学、四个月中学、两年半浙大、近一年华大/人大，实打实的总共上学四年，但确无一处正式毕业。"文革"结束后，杭大/浙大对中华人民共和国成立前后因参加革命未毕业即离校的同学一律补发毕业文凭和学位，连刚入学就离校参加革命的一年级生也不例外，但是飞白谢绝了，他说我还不如保持"无一处毕业无文凭无学位（从初小到博士）"的纪录好。他父亲静之连高中程度的师范都没毕业却教大学，飞白考上大学虽然使他的学历比父亲高了一档，但也同样没有毕业。这都是特殊时代出现的事。反正，无文凭无学位而教大学的也就是静之这一代，到飞白这一代这种事已非常罕见，今后恐怕有博士学位也难登高校讲台了。但开创阶段的学位总得先由无学位者授予对不对？否则学位从哪儿来？

杭大给飞白评了副教授（1983年）和教授（1986年），第一批分配住房也在新建的杭大新村分给他一套。杭大就是今日浙大的西溪校区，当时这里是杭州市区西北边缘，杭大新村边上当时还有稻田和菜田。飞白因工龄长而有优先选房权，他却很另类地要了顶层六楼西头的一套，这是大家认为条件最差的。那时还没有天然气或液化石油气，要到煤饼店买蜂窝煤作燃料，飞白不像别人那样叫煤店送煤，却用他从干校带来的"井冈山扁担"自己去挑，经过松木场大街和西溪路挑到杭大

新村，再挑上六楼。飞白觉得这很正常，本就应该如此，老八路本色嘛。但作为五十多岁的教授挑煤过街上六楼，在这里却被传为奇闻和笑谈。

飞白的努力略见成效，渐渐地，教研室成员的精力转了一点到学术方面来了。——飞白到杭大的头几年所做工作的实质，是清出一块场地以便伐木造船。飞白也在出版"文革"前和"文革"末翻译的旧稿，包括《马雅可夫斯基诗选》和涅克拉索夫长诗，同时也已开始了对广阔诗海的勘探。

飞白赴长沙看望战友杨德豫时，杨正在湖南人民出版社主持"诗苑译林"丛书编务，而飞白正在开设"世界诗歌"课程，并计划在杭大建设世界诗研究基地。自1949年中华人民共和国成立后，外国诗人里只有拜伦、雪莱、普希金等个别诗人因革命性强而得以翻译出版，外国诗的绝大部分都被划入禁区。直到20世纪80年代初，在改革开放的形势下，禁区渐渐解冻。他们的共同心愿是趁改革开放的春风，尽快启动诗海的破冰之旅，向国内读者译介原先被划入禁区的世界名诗。改革开放是向世界开放国门，前代的先行者是向西方取革命火种，今后面向的海景更广，要取来的是不同文化的优秀文明。尚未译介的世界名诗如此之多啊！两位战友面前展现了开阔的海景，耳边响起了丁尼生的名句：

尚未经历的世界在门外闪光……

德豫选译的是英国浪漫派诗人华兹华斯和柯尔律治，飞白选译的第一批名诗包括英国维多利亚时代诗歌、法国象征派诗歌和俄国白银时代诗歌。他们的译作在外国文学刊物上陆续刊登，大受欢迎。杨德豫主持编纂的"诗苑译林"丛书气魄宏大，十年间推出外国诗译本五十多种，被誉为"汉译诗歌第一丛书"。

在改革开放之初，外文原版资料极为缺乏，向国外订购原版书周期很长，外汇又紧缺。飞白能优先利用的只有杭大图书馆既有的藏书，这些书本是老浙大藏书，其中唯有原版英诗比较丰富，能满足飞白和德豫当前翻译所需。浙大建校于1897年，属我国建立最早的新式高等学府之列，故图书馆藏有不少十九世纪末二十世纪初出版的原版英诗，飞白四十年代上学时就读过，此时他再找到这批书时它们都已被束之高阁，尘封在顶楼上，看起来，他熟悉的这些藏书三十年间从来无人翻阅。飞白便和德豫商定：飞白给他邮寄提供各种版本的华氏、柯氏原版书，而飞白则选编翻译英国维多利亚时代诗歌，以此作为探访诗海禁区的头一站。商定后二人便把上班上课之余的全部时间精力都投入了激动人心的破冰之旅。

招募青年水手

飞白所译《英国维多利亚时代诗选》于1985年在"诗苑译林"丛书中出版，同时他也贴出了招募青年"水手"的布告。杭州大学1985年开始招收硕士研究生，飞白在"比较文学与世界文学"专业项下招生，研究方向"外国诗"在全国是独此一家。各校招生目录中有招"英诗"研究方向的，但还没见过招

"外国诗"研究方向的。"外国诗"的口子多大呀？好大的远景，好大的胆！

　　飞白有意通过培养研究生优化外国文学专业师资力量的组成和素质，所以他出考卷比其他老师要多花好几倍的力气。为了适应不同背景的考生，他备了两套考卷，一套面向中文系考生，主要考查文艺理论和外语水平，但不考二外；一套面向外语系考生，主要考查一外、二外水平，以及文艺知识和诗的悟性。这样飞白就能选拔出中文系考生中的外语优良者和外语系考生中的懂文学者。试卷中占比分最大的是"外国诗阅读、翻译和分析"题，用以综合考查对外国诗的理解、翻译能力与思辨、写作能力，面向外语系考生的那套考卷里还出了英语诗、法语诗、俄语诗三种考题供考生任选其一。

　　八十年代初学术性会议很多，很活跃，"文革"中历经劫难的学者借机相会互庆幸存，新到高校的飞白也借机结识了许多外国文学界前辈和同行专家。因校际交流活跃，飞白将招外国诗研究方向研究生的消息不胫而走，结果报考者异常踊跃。究其原因，自"文革"末期以来，知青和八十年代青年学生群体有很高涨的诗歌热情，近年来飞白发表的译诗和名诗评介也引起了读者广泛关注，何况他主持的入学考试又向中文专业、英语专业、法语专业和俄语专业的本科生都敞开了门。录取分数线出来了，杭大全校各专业九十多个研究方向，录取名额总共两百人，而各专业上线（达到录取分数线以上）的考生总数只有一百九十四人，不足两百。问题更在于：飞白"外国诗"方向原计划招生两名，而杭大上线考生中考"外国诗"方向的占了十七人。假如飞白只按计划录取两名，则杭大本年度的招生计划缺口就更大了。因此校方对飞白施加强大压力，要求飞白扩招。飞白为考生的热情所感也很愿多收，但个人又没能力带得太多，经多天的讨价还价，飞白逐步答应扩招到三名，四名，五名，六名，以至七名。飞白如此勉为其难，还因为杭大沈善洪校长打算在杭大建立外国诗研究中心，应允将来这批研究生尽量留校。不过随着国内形势向经济的转向，三年之后建立外国诗研究中心的计划和留校人数都大大缩水了。

飞白答应接收的第一批七名徒弟是：张德明、吴德艺（吴笛）、潘一禾、李力、彭少健、胡小跃和汪剑钊，外国诗方向上线的考生中剩余的十人，有四人转给了杭大外语系，其他则调剂给了华东师大等兄弟院校。飞白收的都是杰出人才，飞白亲切地称他们为"七星"（Pleiades，"七星诗社"是法国文艺复兴时代著名诗社）。他们在考研过程中多半有曲折的经历，考验了青年水手们的远大意向和坚韧意志，这里只举例说说其中几位。

张德明，1954年生，在"七星"中年龄居长，他没上过中学，1977年恢复高考时考进绍兴师专中文系，毕业留校，已教了几年外国文学。他决定报考杭大"外国诗"，但师专认为他是骨干教师不同意放人。当时中国人才流动还很受限制，按政策规定，考研须得到所在单位同意并开具介绍信，但对已工作两年以上的考研者所在单位不应阻挠。虽然张德明在绍兴师专已工作五年，师专却坚决不肯放他参加考研，交涉到报名期限的最后一天还是没有松动，张德明给学校留下了一封辞职信就走了。他报考研究生所持介绍信则是嵊县汽水厂的，介绍他为汽水厂工人。在张德明考上后师专仍然不肯甘休，不承认张德明的辞职，指他为"自动离职"并扣留了他的任职档案，致使德明不得不从头计算工龄。当年考研竞争激烈，本来是没有把握的事，德明有魄力采取这样破釜沉舟的措施，是由于他身为外国文学专业教师且英语也有一定功底，自信能在众多考生中脱颖而出。

德明读研的曲折还不算完，三年后他又碰上麻烦了。

由于"文革"造成中国高校师资断层情况严重，教授们已步入老年而中生代还没有职称，各专业对"文革"后培养的研究生都充满期待。1985年春，校方布置各系申报研究生毕业留校名单。外国文学教研室师资紧缺，每人要负担许多班级的课，教研室排课捉襟见肘，只指望从七位研究生中多留新生力量。但因这时办学方向已向理工和经济倾斜，最后外国文学教研室除在职读研的潘一禾外，只争到两个留人名额。因吴德艺（吴笛）和张德明科研能力出众，在充分酝酿商讨的基础上经教研室会议全票通过，申报系校两级批准毕业留校。

飞白办完毕业生留校这件大事后，4月中旬赴桂林出差，为讲稿出版事宜到漓江出版社去了一趟，5月4日回到杭州却获悉张德明名额已被取消。原来飞白一走，这里马上开展了幕后活动，在酝酿和通过留人名单时毫无异议的教研室副主任此刻以教研室名义，反对张德明留校任教，而中文系主任本来就顾忌外国文学科研成果压过中国古代文学，影响其主体地位，也有遏制外国文学发展的要求，便报请校方取消张德明的名额，这样可把外国文学教研室留人名额减至一人。在到处争夺留人名额之际你反倒主动谦让提出削减名额，当然易如顺水推舟。飞白回来发现留校计划遭遇变故，试图努力纠正，这时副主任便撕破情面，向飞白提出了"留他不留我，留我不留他"的强硬通牒。尽管最后张德明还是按原计划留了校，教研室副主任当然也并没有走人。

妒贤嫉能的情形在高校里屡见不鲜。教研室的窝里斗虽似略见收敛，一遇利益矛盾就会爆发。记得飞白来杭大后为了改变师资青黄不接的局面，对教研室副主任一直是悉心培养帮助的，在他评上讲师后不久，又全力扶持他破格报评副教授职称，并热心鼓励他科研上进。为了支持他搞科研以弥补"文革"十年的荒废，飞白自己承担起教研室全部行政事务，而副主任却受之无愧，那时要教研室主任参加的会议太多想请他分担一些他也不肯。非常幽默的是这位副主任不久前给飞白的信中还写过洋溢公心和善意的话："愿新的一代远远走在我们的前面。目前我国搞外国文学的不算太多，老一辈已风烛残年，正需要新的一代成长起来！"

飞白费尽周折才算处理完这宗纠缠事。在他当年的工作记事本上找到一个发言提纲。为了接下去还要合作共事，飞白语重心长地在教研室里说了一番恳切的话，在教研室他毕竟是个长者：

"我们的任务一致，目标一致，从根本上说不应该有冲突，只应当有竞争。不论在同代人间，或两代人间，竞争机制都是非常好的事。问题在于竞争必须注意两条：

"第一，努力方向要一致。如同龙舟赛的划手，竞争用力要一致向前。假如划手用力方向相左，互相对立，或互相掣肘，摩擦碰撞，大家就全都失去了速度，夺标希望就彻底免谈了；

"第二，竞争场地应该扩大。最小的竞赛场是全国，最大的竞赛场是世界。省级社科奖和科研基金不排除，但不是主要目标。至于在系里、教研室里争名次争地位则毫无意义。只要我们把精力放到全国学术竞赛中去，以全国读者和学术界为裁判，划手动作就会协调，龙舟速度就能提升。反之，我们的教学研究就变性为窝里斗，学术竞赛就变性为人事纠纷妇姑勃溪。

"待遇方面的要求请大家及时反映，不必谦让，飞白将为教研室向有关部门努力争取；互相间有意见望能善意地提出，如觉不便也可通过教研室予以疏通。一定要营造一种健康良好的气氛，我对此仍然满怀希望。"

后来吴笛、德明共同接班并成为博导，主持浙大比较文学与世界文学研究所，成功保持浙大处于本专业全国排名的前列。

胡小跃，1961年生，是广州外国语学院法语系1984届毕业生，因成绩优异，广外准备让他留校任教。此时，飞白将于1985年招"外国诗"方向研究生的消息已不胫而走，小跃为了次年报考，谢绝了留校邀请，而且在工作分配上只要求找个临时过渡性的岗位，以能同意"一年后放人考研"为唯一条件（因为一般要工作两年以上单位才会同意考研）。结果他到武汉高压研究所去工作了一年，但一年后单位不想放他走了，报考时还是经历不少折腾才报成。小跃以考研总分第一的成绩被录取，但他向飞白说明自己将来不能留在杭大/浙大，因已经与女同学晓玲有约，而晓玲是广东人并已分配到深圳大亚湾核电站工作。

小跃遭遇的麻烦主要还在研究生毕业以后。出乎意料地，他的研究生学历反而给他带来了麻烦。1988年小跃毕业赴深圳找工作时，深圳已经很难进入，他第一轮谋职跑遍深圳到处碰壁。第二轮作自我推荐时他总结经验，汲取了教训：首先要注意的是再也不能提法语专业，其次是再也不能提研究生学历，以免遭到挡驾。如此，他才在深圳国际展览中心谋得一个翻译职务，幽默的是这份工作是为一个德国工程师当英语翻译。这份不对口的工作他做了多年，然后又在深圳各报社工作，最后才比较对口地在深圳海天出版社当了海外部主任。飞白对小跃说：我俩的任职道路倒颇为相似呢，我们从事的"外国诗"，在高校是个专业方向，在社会上却没有这么个专业，我们的任职既对不上口，就只好"不务正业"了。在如此不对口的工作期间，小跃在法语诗翻译和促进中法文化交流方面却成绩斐然，获得了法国文化部授予的文艺"骑士"称号。

　　汪剑钊，1963年生，是杭大外语系俄语专业应届毕业生。剑钊在飞白的"七星"中年龄最小，在学兄学姐面前讷讷寡言，真想不到后来能成为中国诗歌界的活跃分子。当年为了请求飞白扩招，剑钊曾在飞白家里磨了三天，而且主动要了一个淮北煤炭师院的"定向"研究生名额，这是谁都不愿去的地方（后来才换成定向到宁波师院）。剑钊的坚忍和决心使飞白深为感动，这也是促使飞白终于扩招至七名，勉为其难地同时带一届分属中英法俄四个语种七名研究生的原因。如今汪剑钊是北京外国语大学外国文学研究所教授、博导，中国社科院外国文学研究员，著译成果累累，在诗歌界也颇有影响。

飞白在《诗海》前言中写道：

我希望在积淀着民族远古记忆的各国诗歌之间增进了解；

我希望在文化心理中引入一点负熵；

马雅可夫斯基曾抗议人们惯于把诗人制成木乃伊，我对诗人的心情深表同情，我希望我不是把木乃伊而是把诗人介绍给读者相识；

我希望人在诗中找回失落的自我；

我希望诗引发人对超越的向往……

抱着这种愿望，飞白带着一支小小的队伍于1985年向诗海启航了。

进入广袤诗海

飞白此前译的诗人包括涅克拉索夫、马雅可夫斯基、特瓦尔多夫斯基，尽管风格迥异其实也异中有同，都着重于时代的担当，都属于俄罗斯的平民血统公民意识，从大方向而言属于同一条河流。如今出了河口，在广袤诗海里就不再有河岸，好比兰波的"醉舟"一旦脱离河道约束，从此漂泊和沉浸于大海的诗：

我熟悉在电光下开裂的天空，

狂浪、激流、龙卷风；我熟悉黄昏

和像一群白鸽般振奋的黎明，
我还见过人们只能幻想的奇景！

我见过夕阳，被神秘的恐怖染黑，
闪耀着长长的紫色的凝辉，
海浪把颤动的百叶窗向远方卷去，
像远古时代戏剧里的合唱队！

我梦见绿的夜，在炫目的白雪中，
一个吻缓缓地涨上大海的眼睛，
闻所未闻的液汁的循环，
磷光歌唱家的黄与蓝的觉醒！

飞白给本科生开"外国名诗选讲"课程，而给研究生开系统的"世界诗歌史"和"现代外国诗"课程，以史为纲讲世界诗歌从古到今的源流和代表诗人，并从十多种外语译出这些诗人的五百首诗作为实例进行讲解。课程讲完后讲稿出版成为《诗海·世界诗歌史纲》，分上下两卷，上卷称传统卷，下卷称现代卷。

作为诗海破冰之旅，飞白开课时就说明"这是一部全方位的世界诗歌教程"。

"我不是说对世界诗歌就不该有所选择，有所取舍。每个读者理所当然享有取舍和偏爱的权利。但是其前提是眼界的开放。如果要谈尊重取舍的权利，读者就必须享有取舍的机会。

"作为一部世界诗歌教程，我想打破传统的封闭结构，让读者面对整个世界诗歌，进入整个诗歌世界，而不是在与读者见面之前先验地把某些类型的诗人与诗作封禁起来。例如，在现实主义与反现实主义、积极与颓废、理性与非理性、伦理与非伦理、功利主义与唯美主义、传统派与现代派之间，我不主张预先摒除其中任何一方。何况，大量的诗人和诗作是亦此亦彼的，舞神湿婆就是刚柔两种舞蹈的发明者。"

飞白引领着学生和读者一同航向广袤诗海，结识诗海各文化区的波浪、色彩和韵律，结识古往今来的优秀诗人，和他们见面交谈——

其中有第十个缪斯萨福，也有第一个人文主义者彼特拉克；

有到地狱去过的但丁，也有来自地狱的波德莱尔；

有呼唤异教诸神复归的荷尔德林，也有身残而神游无限之境的莱奥帕尔迪；

有拷问存在的海亚姆，也有抚慰心灵的普希金；

有醇酒美人的歌手哈菲兹，也有爱和欲的诗人艾吕雅；

有绞刑架下的大盗维庸，也有癌病房中的医生贝恩；

有七星诗社的明星龙萨，也有玄学派的怪才多恩；

有刻画人世百幕喜剧的拉封丹，也有象征人生巨大热情的歌德；

有日本武士松尾芭蕉，也有英国神父霍普金斯；

有叫天堂与地狱结婚的布莱克，也有使理性与非理性沟通的丘特切夫；

有为艺术而艺术的戈蒂耶，也有歌唱开水的歌手马雅可夫斯基；

有"把人心从里面翻到外面"的勃朗宁，也有作"百感交集抒情日记"的阿赫玛托娃；

有梦魇诗人爱伦·坡，也有迷宫诗人博尔赫斯；

有谱"无词歌"的魏尔伦，也有绘"图象诗"的阿波利奈尔；

有无锚的"醉舟"兰波，也有孤独的祈祷者里尔克；

有"重估一切价值"的尼采，也有"喝干最后一滴严酷"的吉皮乌斯；

有把诗解构为万花筒的特拉克尔，也有用想象赋予世界以秩序的斯蒂文斯；

有寻找印加遗址的聂鲁达，也有坚持记忆权利的特瓦尔多夫斯基；

有东方诗哲泰戈尔，也有黎巴嫩先知纪伯伦……

飞白和学生、读者一同去结识诗人的缪斯——

哈菲兹的红玉嘴唇的葡萄女儿，

但丁的天福化身的贝雅特丽齐，

海涅的自由而焕发的德国姑娘，

涅克拉索夫的遭受鞭刑的女农奴，

波德莱尔的"出售的缪斯"，

特瓦尔多夫斯基的"平易近人的缪斯"，

以及卡图卢斯的"蕾丝比亚"、锡德尼的"星"、叶芝的"海伦"、洛尔迦的"索蕾达"、翁加雷蒂的"诺雅"……

飞白和学生、读者一同去结识诗——

在金字塔如谜的沉默中和酒神节狂热的祭礼中，

在穹苍火云淡紫色的昏影中和白鸽般振奋的黎明中，

在此明彼灭的天边闪电中和默默自燃的银河之星中，

在石榴的爆裂中和窗格的轻轻剥啄中，

在蜂群的嗡嗡中和红雀翅膀的交织中，

在绿风吹拂下的绿枝丫中和红月亮映照的白夜中，

在野性的水陡峭的风中和退潮后一滩光秃秃的卵石中……

飞白的《诗海》体现飞白的鲜明主张。不论评介诗人或翻译诗，飞白都主张突显其个性风格，评介要摒弃"激情澎湃""情景交融"之类千篇一律的形容词，翻译要摒弃只译字面不问风格而译成千人一面的翻译腔。飞白认为："不论这种翻译腔可以算得上什么翻译，它总之算不上诗翻译。"

飞白的《诗海》又是一部为诗人辩护的规模宏大的辩护书。锡德尼、雪莱、克罗齐都曾写过《为诗一辩》，而《诗海》对诗歌史上每个时期、每个流派、每位代表诗人的讲解评述，基本性质都是"为诗人一辩"。在中国，此前数十年间特别是"文革"时期，世界名诗人几乎都已被划入禁区，最后仅剩寥寥几个也被加上了许多"局限性"。不仅英国维多利亚时代诗歌被贴上了"保守""唯美""颓废"三大标签，而且如前所述，即便如马雅可夫斯基这样被册封为"最优秀"的革命诗人也背负着不白的委屈。飞白素抱一股"侠义"之气，继七十年代全力为"文革"冤假错案平反之后，他八十年代全力要做的，就是为天下优秀诗人辩护平反，为他们说几句公道话。凡是经得起时间（即大量读者）淘洗的诗人，都一定表达了人性的一种价值，都一定触及了斯芬克斯"存在"之谜的一层秘密。诗是创造，诗人是创造者，每位杰出诗人都有自己的创造开拓，都有一己之长。挑剔诗人的"局限性"十分可笑：是凡人谁没有局限性？难道要他当"全能神"不成？

正是这一切使得飞白的课程和讲稿与别人的课程、讲稿很不一样。当时一位有魄力的出版家，漓江出版社总编刘硕良正在努力打开外国文学的窗户，敏锐地感到了飞白正在讲授的课程有特色，1987年便来杭州向飞白索要尚未讲完的讲稿。飞白说："我每堂课在匆忙中现炒现卖，讲稿很不成熟，还有待整理补充。"刘硕良说："我看你根本不会有时间整理。"结果他还是把讲稿匆匆要走了，根本没有细看，没提一处商榷修改意见，就决定出版。而且身为《诗海》的责编，刘硕良未改一字就敢于签发付排，显示了不一般的胆略和魄力。因《诗海》里有图有文，其中的诗全部是中外文对照，外文又包括十多种语言，使得排版工作异常困难，刘甚至把编排工作也全盘委托给了作者飞白。

好在飞白因1985年招收研究生多，此后的两三年不再招生，这届的七位研究生上课两年后也已进入了写论文阶段，他除指导论文外可以暂时腾出手来。于是在报告杭大校长后，飞白集中一段时间赶做《诗海》的编排，这本来是编辑和技工的工作。八十年代刚开始使用电脑排版，技术原始而操作异常麻烦。飞白不但画好全书每页的版样，1988到1989年间还数次南下，在广州和深圳三家印刷厂亲自参与排版，因文字稿在广州排版制版，图版制作和印刷装订则在深圳，所以他须穿梭在广深之间。

1988年飞白（左三）和他的七位研究生毕业告别

　　一次飞白乘公交车赴广州站时，还被窃了所带全部生活费四百元（大约是他两个月的收入）。当年广州站地带以秩序混乱闻名，人称"恐怖地带"，前一次飞白的提包曾在车站前遭抢夺未逞，这次他两手都提着沉重的排印资料，热天身上只穿衬衣，钱包是串在皮腰带上的。据说去广州站的每辆公交车上都有小偷值班，车上拥挤非常，飞白集中注意防护着两大包资料，现金放在腰包夹心层里有双层皮革保护，但小偷判断准确，刀法精湛，从腰包底部割开两层坚固皮革直达中心，抽出塞得很紧的一叠四张新百元钞票，只残留了四个米粒大小的钞票角在钱包内。飞白上火车后才发觉被窃，在发火的同时也不禁为小偷堪比外科医生的专业水平赞叹。

　　当时的电脑排版技术之原始现在的人无法想象：录入的文

字在电脑屏幕蓝色界面上和校样上都不能直观显示，飞白第一遍需要校对针孔打印得模模糊糊的"行印纸"，校改的是关于字体字号和排式的"指令"，然后第二遍再校对洗印出来能直观显示文字的"照相纸"，这"照相纸"是要用来制作印刷胶版的，照相纸上发现的错误只能做手工挖补剪贴，补改后再出一次蓝样以供审阅和签发付印。最麻烦的环节就是挖补这照相纸了：要先抠掉其中错误的文字、字母或标点，却不能把纸抠穿，只能小刀刻痕后揭掉照相纸的表层，然后再另制正确的字符，也揭下薄薄的表层，剪成小小的补丁，用乳胶精细粘补上去，还要尽可能补得看不出痕迹，使用的工具是眼科医生的手术刀、剪和镊子。不禁要寻思：小偷那么精的刀功真该来做这种工作，可是这非营利的手术他哪里肯干？他那一刀下去就赚四百元呢！

飞白做这挖补工作的情景，很像著名动画片《鼹鼠的故事》中小鼹鼠和一团甩不脱的口香糖搏斗。因为错得最多的是外文字母和标点，看来错误很小，但越小就越难挖补，而需要粘贴的又是照相纸的表层薄膜，剪得很小就像一只只苍蝇蚊子的翅膀，常粘在镊子尖上甩不下来。尽管纸面已涂好乳胶，但蚊子翅膀偏偏不肯老实就位，镊子一离纸面，蚊子翅膀也跟着离开纸面，和所粘的乳液一起，不断转移到镊子上、刀尖上和手指尖上，最后还往往宣告失踪去向不明。飞白就这样一股"傻劲"做了三个月"眼科手术"，同时兼演动画片里的小鼹鼠！

随同《诗海》一同排印的还有一本《世界名诗鉴赏辞典》，这是飞白应刘硕良要求在"外国名诗选讲"课程基础上主编的，鉴赏短文发动研究生参与撰写，烦琐的校对工作呢，因工厂来不及分寄校样给撰文作者，也就由主编飞白包了，其间胡小跃几次请假调休，从深圳来广州帮飞白干活共十天。飞白实际在车间当了一百二十五个日夜的义务技工，改正错误三万多处。在工人下班后他还常常独自一人在车间里做照相微雕，仿佛重温了往年在报社工作的日子。因为他来得早走得晚，那段时间里连车间钥匙都交给飞白带着。靠他这样傻干蛮干，才在原始的第一代电脑技术基础上印出超八十年代水平的图书。

飞白在《诗海》"编、排、校"上投入的时间，几乎和写作所用的时间相等！

一个是身为总编责编而竟敢全盘信托给作者去自编自排的另类出版家刘硕良，一个是身为作者却肯自编自排下车间当义工苦干几个月的另类教授飞白，都属世所罕见——应该说是"世所仅见"，恐怕再也难寻第二例了。他们的合作果然令人惊艳。

《诗海》还要配彩色插页。名诗配名画，学术性和审美性相得益彰，更会使她焕发光彩。

诗和画本是姐妹艺术，常会互相"翻译"而在诗歌史上留下佳话。不过那时还没有网络，为了给世界名诗配合适的图片，飞白带着杭大介绍信在炎热的夏天里跑遍了中国美术学院、中山图书馆和多家院校的美术书库，对资料管理人员说尽好话，才得以进入基藏书库翻查大量画册，又向广州军区政治部借高级摄影器材来翻拍。由于他不辞辛劳顶着烈日骑自行车跑了一千里以上的总程，也由于他对世界美术史很熟悉，才为《诗海》配上了一批有针对性的插图。刘硕良为此表扬飞白说："我看呀，没一个诗人能找出你这些画，也没一个画家能为图片写出你这些说明！"飞白把在广州制好的文字照相版和黑白图片带到深圳厂，做好所有版面的设计图，又在深圳参与彩色插页制版、套版定位等全部工作流程。在挂"闲人莫入"牌子的电分、照相、小版、大版、打稿车间里，飞白是"工友"而不是"闲人"。他和师傅们一起动手，及时发现问题一起商量修改，连吃饭都在车间里吃。正因如此，才得以避免许多大大小小的差错。

飞白最初计划赴广深工作一个月左右，不料一再延长，两次赴广深共待了四个半月。中秋节在厂里过，国庆节也在厂里过，但平日每天干十四小时活，节日只干八小时以示区别。终于，《诗海》完成制版即将开印了。在临行告别时，飞白最后一刻再看一眼待印的版面，却发现一帧彩页图片居然颠倒了，若这样印出来就成了大笑话。本来他已经把所有图片都排好了的

新出版的《诗海》，1989年

呀！怎么制成的大胶版中又弄颠倒一张呢？

原来是这样：这是一幅布莱克的名画（布莱克是英国大诗人、画家兼印刷刻版匠，如今飞白干的活正是在仿效布莱克），是为弥尔顿的《失乐园》作的插图，题为《驱逐反叛天使》。图中画的是大天使撒旦率部反叛天庭，战败被打入地狱火海。因图中反叛天使群像大都头冲下坠落，制作大胶版的师傅觉得这张图片放倒了，应该正过来叫他们头冲上才对。被飞白发现时木已成舟，整个胶版只得重制，印刷厂为此损失数千元之巨。

从夏到秋，飞白为插画辛劳，若要问他所得报酬几何，一定让人齿冷三天：出版社开给飞白的是"36幅图片翻拍费36元整"。比一比看，假如你叫商业性图片社翻拍的话，那么你把选好的图片送上门去，光请他摁一下快门，每一幅的翻拍费就要付100元整！这就是文学和商业的区别所在吧。

结果呢，凭借这种文学和艺术精神，《诗海》尽管不成熟不完美，于1989年推出时却引起了国内热烈反响，并荣获第四届中国图书奖一等奖。新华社消息称《诗海》为"奇书"和"诗史巨著"，是"我国第一部系统讲解和评析世界诗歌的学术著作"；《读书》杂志赞扬《诗海》是一部"美轮美奂的学术成果，精美绝伦，令人爱不忍释"；《中国图书评论》的获奖书专评指出《诗海》"避免了长期以来以偏赅全的毛病，还历史的本来面目"；国内各大报纷纷刊登评论、特写或专访，如《飞白精神推开世界诗歌之窗》《探海者》《诗魂流连遍域外》《他献出了"海"》……

王佐良在《文艺报》上满怀热情为《诗海》赋诗：

……据说诗歌现在的行情不高，
这是一个小说和电视的时期；
而且你看一看这里介绍的成百个诗人，
有几个生前走过运，而不是流泪又叹息？

但正是这些敏感人既是热烈的参与者，
布莱克、惠特曼、艾吕雅、马雅可夫斯基，
又能一语道出我们都感到而说不清的
期望、痛苦、道理，甚至宇宙的秘密……

为这些人立了传，
译出了他们的神奇，
何等的创举？你走了第一步，
你的辛苦里有我们的欢喜。

杨德豫也在香港《大公报》上撰文盛赞：

《诗海》既是世界诗歌史，又是世界名诗选译。囊括古今，包举寰宇，上下五千年，纵横十万里，数十个国家，十多个语种，推移递嬗的思潮，纷纭繁复的流派，有如建章之宫，千门万户，而又井然有序，一览无余。其体制之宏，收罗之富，都是没有前例的。

改革开放以前，大陆对外国诗歌介绍既不算多，研究更不充分。书刊上偶有评介文字，也都是划成分，贴标签，陈陈相因，新意绝少。飞白此书一扫陈规陋见，令人耳目一新。在大多数场合下，都不肯蹈常袭故，而能别树一帜，匠心独运，自成一家之言。

飞白此书的文风清朗，稳实，流丽，自如，时而风华掩映，时而逸趣横生，时而浑阔雄奇，时而绵密温润。书中对许多诗人生平的介绍和诗艺的评述，都写得摇曳多姿，用诗的语言来写诗歌史，这样的造诣可谓臻于极致了。

收入《诗海》的世界古今名诗达五百首之多，共包罗十几个语种，飞白的译文都不愧为精美绝伦之作。诗歌史写得好，这五百首诗也都译得好，可谓明珠艳卉，相得益彰。

"大哉诗海！美哉诗海！"

唐湜在杭州《诗海》座谈会上说：

《诗海》是浩瀚的诗歌之海，一部小型的诗歌百科全书。它宏观地说明了诗歌的发生发展和源流，一目了然。对现代派、唯美派等名词大家都不甚了解，过去说起"唯美"认为很坏很反动，《诗海》才给我们提供了客观翔实的资料，供大家分析判断，飞白给了我们一面镜子，特别是其中的"诗律学"一章，很巨大很全面。飞白勤奋异常，我们同学中没有别人写出这样巨大的作品，说明了飞白的魄力、功力、勇气和坚忍不拔的毅力。

《诗海》我读了一个月，"史纲"写得这样亲切和善可读性强引人入胜，是难得的。由于飞白全局在胸，能侃侃而谈如数家珍。译诗比自己写诗难多了，飞白译诗形神兼备神采飞扬，忠实而有古典简约的味道，经得起咀嚼，能使人真正感受到原诗的精神面貌。

　　漓江出版社给《诗海》做了精美的印刷装帧，在八十年代中国图书中达到最高档次。那年代中国一般书籍的售价还只是八角或一两块钱，但两卷《诗海》与《世界名诗鉴赏辞典》每卷定价都在三十元左右，相当于当时一人一月的伙食费。但飞白在杭大文科学生每间宿舍里几乎都见到了《诗海》，不禁为学生们心疼，他们是"在书店里徘徊再三，一咬牙拿出整个月的生活费"来购买的。八十年代是读书蔚然成风的年代。如今看来近乎不可思议的是：尽管《诗海》带有"世界诗歌史纲"这样的吓阻式副题，而且书里的外语含量特别大，在普通读者群中居然也大受欢迎，无数热情的读者来信如雪片飞来，信封上的收件人名址只有"杭大飞白"四字，杭大邮局也见怪不怪了。院校师生和文学界来信多是自然的，但读者中还有海边防哨所的战士、庙里带发修行的隐士、买不起书的打工族……

　　重庆的一个中学生来信说，他在书店里读完了《诗海》和《世界名诗鉴赏辞典》："说来惭愧，由于经济问题，只能跑到书店去站读，站读固然难受，但被恢宏的千古绝唱所震撼，竟然年余时间恍若瞬间，而这瞬间所得又犹胜十年。"青海的一个年轻记者说："我在骑自行车穿越柴达木盆地时，在都兰县新华书店看到《诗海》，高兴极了，掏出我所剩不多的钱买了它。我的背囊已经很重，但我还是背着这两本厚书骑车走了两千多公里，这书几乎成了我的圣经……从此我就在新闻和诗歌的频道之间不断来回调频。"河南一个拉板车的少年说："前日我为人家拉一次板车跑县城，给了五元，来回十几个小时四十五公里呀，就为了想买一本书。我请书店售货员把《世界名诗鉴赏辞典》拿给我看，她见我穿着褴褛，白我一眼轻蔑地说：'你个小破孩也想看二十七块钱的书？那是报销书，团体才买得起！'"飞白得知情况后给这位小读者寄赠了一本。

飞白的辛劳得到了读者的热情报答，与此同时，也唯有飞白对《诗海》的不足最为清楚。他觉得授课要以诗歌史和思潮流派为体系，实在也是不得已之举，飞白在《诗海》前言中已提到：每个真正的诗人都是他"自己"而非"类型"，把诗人纳入潮流和主义总有牵强之嫌。更大的不足源自当时原文资料的匮乏，也源自备课的匆促。中国封闭时间长了，飞白为讲授世界诗备课，只得忙于每周找材料现炒现卖。当时还没有互联网，找外国资料很难，英语以外各语种的资料就更为稀缺。飞白让校图书馆向国外订购，图书馆很帮忙，让飞白自填订单，但一直等到这一届研究生课上完时才有第一批进口书陆续到达，可惜《诗海》已要发稿，来不及利用了。

结果《诗海》仍然成了飞白遗憾的艺术。他感慨道："我多么希望每星期能有一天时间读书、一天时间写作啊！然而这点有限的愿望在生活中从未实现。"他的写作条件比在部队大为改善，然而教学和事务繁重，译诗和写作仍属业余。尽管怀着遗憾感慨，他还是在《诗海》中说道：

但是，也许我应该庆幸我是"业余"从事这项工作的，因为，也许只有从爱好出发，才会"异想天开"，做不自量力的事。

假设一开始就在优裕条件下，分配我做这样一项语种多、跨度大、头绪纷繁的工作，我按常规是碍难接受的。我会讲条件说：要给我二十个人的编制才能承担。

我对学生说过：诗，天生是业余的事业，途中的事业。

我在指挥车上写作，在轮船和驳船上写作，伴着火车轮磕碰的韵律写作，几乎成了一种痼癖。只有"文革"非常时期，只有洞庭西湖集中营——片纸不存滴水不漏的地方，是个例外。

一位编辑朋友满怀同情地祝愿我：在颠沛的生活中构筑诗之巢吧！

可是诗不是筑巢的材料。

是啊，诗的韵律，存在于途中，海流中，动荡中，撞击中，痛苦与向往、毁灭与创造的舞蹈之中，不完美之中，不安宁之中，未完成之中，

若等到完美、安宁、完成之时，湿婆之舞一旦休止之时，就不再会有诗。

于是，我只得怀着求教的诚挚和大胆的不安，送出这一叶简陋疏漏的诗海之舟，同时祝愿辽阔的诗海，对我们不再显得陌生。

飞白这里提到的编辑朋友是一位小个子女青年，她开过多年的载重卡车，装货卸货扛沉重的麻包，深谙生活的颠沛和艰

辛。她就是后来成为著名学者和作家的扬之水。

《诗海》"史纲版"1989年出版后也曾重印。但经过在美国和在云大执教的二十多年，飞白新译了许多外国诗，《诗海》若有机会更新，选择余地比当年大得多了。飞白设想，更新《诗海》可以摆脱"史纲"，不再追求体系和各方平衡，从而增加诗海漫游的情趣。此外，飞白在美国因教学所需曾将许多中国诗和非英语外国诗译成英文。现在的读者对多种外文不感兴趣，但学英语的多得多了，为满足对英语感兴趣的读者需要，可考虑在"诗海系列"里再编一套《诗海》"英汉对照版"。但他这些更新《诗海》的愿景实施起来将是庞大的工程，看来已超出飞白年岁和眼睛视力的海平线，有"超越西方星斗的浴场"的味道了。

让我们从愿景回转到《诗海》出版的当年。继五十年代飞白获得诗翻译中"地道汉语"的名声后，这次他获得了影响更大更广泛的"探海者"和"诗海水手"的昵称。

于是在1990年代初，飞白连续不断地接到"探海"邀请，包括马来西亚邀请飞白参加吉隆坡世界诗歌节活动，国家新闻出版总署邀请飞白主持国家"八五"出版规划重点项目《世界诗库》，还有一个赴美讲学的邀请，这后来又衍生出了中美合作录制的人物纪录片《探海者飞白》。

赴马来西亚参加了一星期的诗歌活动，飞白体验了一把香辣浓艳的热带风情。排得满满的日程包括参观游览、诵诗和交流，飞白作为90年代第一个访马的中国作家，在各地都成为记者捕捉的目标，不断被拉出来采访。马来西亚离中国不远，赴马参会本来是件简单的小事，与会的多数国家的诗人都是免签

证拎包登机的，但由于历史上的马共问题，中马间的交往1990
年才刚刚解冻，飞白是第一个正式访马的中国作家。飞白接到
邀请后，光办中方审批和马方签证手续就艰难地办了八个月之
久，最后还是在开幕式举行的半中间才勉强赶到。而且在一周
访问结束之时，马来西亚各地华文作家协会热情要求飞白继续
到各城市访问，马方当局还是拒绝了延长他的签证。这都说明
初开国门时国际交流之难。飞白还在暗自思忖：假如马方得知
飞白在广州军区的战友中就有从马来西亚回到琼崖纵队的前马
共中央委员，那么连飞白这次赴马开会的签证可能也不敢签。

　　诗人们在诗歌节频繁交流，飞白也交了许多新朋友。各国
诗人闲谈，谈起"谁到过国家多"时，都说想必是《诗海》作
者飞白到过的国家最多。飞白说恰恰相反，与你们时常跨国旅
行不同，我这还是第一次踏出国门。诗人们大为惊诧地问："那
你是怎么写《诗海》的呢？"飞白说："写《诗海》时没条件出
国当然很不方便，但那也不能阻绝诗的沟通，因为诗是穿越时
空和不需签证的。我校有位同事新近出版一本书叫《唐宋词通
论》，可是作者既没到过唐朝也没到过宋代呀！"

麦哲伦之航

　　《诗海》出版带来的一件大事，是《世界诗库》作为重点
项目列入了国家"八五"出版规划。先是王佐良先生在《诗
海》座谈会上建议飞白主持一项世界诗的编译工程，接着是袁
可嘉先生与国家新闻出版总署文艺处共同策划了这一项目，并

建议飞白主持。为什么他们都推荐飞白主编《世界诗库》呢？若是按照飞白的分析，那一定是因为飞白"不是专家"。

凡是专家，对自己研究的领域都有强烈的偏爱。就较大的领域而论，"文革"后我国的外国文学界有英美派和俄苏派的矛盾，俄苏派是中华人民共和国成立到"文革"前的十七年大学培养出来的，而在这之前和改革开放后的大学生则基本都属英美派，因所学文学不同，互相间没有共同语言。传统派与现代派之争是又一大矛盾，他们对传统文学和现代派文学各有偏爱，而对对方极力贬斥，觉得简直一文不值。飞白虽不属哪一派，但与偏爱现代派的郑敏大姐谈论起来却感觉不大对得上口径，因为她只推崇T.S.艾略特，而对维多利亚时代的英诗都嗤之以鼻。总之专家不论属哪一派，都常因偏爱而生偏见，当然他们自成一家之言，这样百家争鸣学术才有活力。但是若请专家来主编《世界诗库》，恐怕就难免片面了。飞白唯其因为不是专家，才能不抱偏见地面对浩瀚诗海，不抱成见地与各文化背景的诗人交谈。他像查良铮一样，1949年前学英美文学，中华人民共和国成立后又学俄语并翻译俄苏文学，对传统文学和现代派文学也一视同仁，不会偏袒或排斥哪一方。

然而飞白接到此邀请后却犹豫再三。《世界诗库》项目规模空前，编译《世界诗库》可谓诗海的麦哲伦之航，这一任务是令人神往的，也是令人望而生畏的。飞白比别人更了解此任务之艰巨，他虽爱漂泊诗海，但只是随意漫游，决不敢起环游世界的雄心。后来他之终于勉为其难，既是由于前辈学者的恳切督促，也是由于青年"水手"们的热情请缨，加上杭大校长沈善洪的雄心勃勃（"北京洽谈，要努力把项目签回来啊"）。在各方的劝说和动员下，如果他一人"从中作梗"，觉得未免说不过去，真有点被逼上梁山的味道。话说回来，在文化出现断层、诗歌生存维艰之际，看到中国尚有像《世界诗库》这样的文化壮举，觉得豁出来勉力为之一搏，也是值得的，成败在所不计了。

诗和画是一对姐妹艺术，但跨国传播的门槛却差异极大：画不经翻译即可直观呈现在外国观众面前，所以各种版本印刷精美的画库早已风行于世，而诗不但要经翻译的独木桥，而且还是号称"不可译"的危桥，获得入境签证艰难重重。时至今日，还未见哪个国家出版有分量的世界诗库。

飞白清楚知道中国迄今译介的外国诗有限，而"世界"二字也令飞白很感不安，担心打此大旗而名不副实。因为当今全球化时代，打"世界"旗号的货色满街都是，给人浓浓的广告味，国内号称"世界"的诗歌选本全是若干现成译文的剪辑产品，编者用剪刀加糨糊，几天就能拼凑一本，而且许多选本都是大同小异炒冷饭。而美国学者编的世界诗选只突出自己的英美诗，略选几首西欧国家诗陪衬陪衬，也就号称"世界"，飞白决不能作如此的拼凑。《世界诗库》计划期限紧迫，而飞白能掌握的梯队和资源虽比五年前初航诗海大有加强，仍十分不足。但他坚持主张：我国出版的重点项目《世界诗库》不能虚有其名，而应该真正是世界的，应该真正具有代表性、学术性和可欣赏性。如果由他来担任主编，那么对世界诗宝藏译介的重要缺口和漏洞都得补上，国内找不到人翻译的重要诗歌遗产，最后势必要逼着他自己动手翻译填补。这可不是开玩笑，因为谁也不可能兼通各国文字。飞白逼上梁山接受项目之时，心中对此已经有了面对困难的准备。

飞白带领大家克服重重困难，最后完成的十卷《世界诗库》，汇集了从三十五个语种译出的世界各文化区、一百三十多个国家的六千四百余首诗歌代表作，虽然远远不能自诩把世界名诗尽皆网罗在内，却已是世界上空前宏大的"百花园"和"民族村"工程。在大仲马的小说中，囚禁于伊夫堡的爱德蒙惊险脱身后重新出海，在一个名叫基督山的小岛上找到宝库，其中有包括古金币在内的巨大财富，从而华丽转身成为"基督山伯爵"。飞白此时和爱德蒙相似，也掌握多种外语，已富有经验并锻炼出了坚强的意志力，他从西湖集中营惊险脱身后重新出海，要探寻的宝库却是《世界诗库》，其中有起自各文化区古代诗歌谣曲在内的巨大财富，其价值远非基督山的宝库能比。

这样，飞白在国家"八五"出版规划中签下了《世界诗库》项目。和他一同签约的是花城出版社社长范汉生。虽然早先已在组织酝酿，但正式签约并召开编委会的时间已是1991年6月底，"八五"规划剩余的时间只有四年半，任务是相当紧迫的。

飞白虽接了项目，但他仍没有"二十个人的编制"。编委均为兼职，而且其中只有一半是干活的，他刚带出师的弟子张德明、吴德艺（吴笛）、胡小跃、汪剑钊、彭少健、李力、潘一禾虽已分散各地，仍构成了水手班子的主力；另邀请到钱鸿嘉、陈众议等加盟，钱鸿嘉是飞白的浙大外文系同学，靠自学成为意大利语翻译家和意大利文学学会副会长，陈众议是外文所的新生代，研究西班牙与拉美文学，刚从墨西哥读博归来。

《诗库》项目将要网罗全国三四百名译者，但几位核心骨干是决定成败的关键。

核心骨干仍然人手不足兼语种不足。十卷八百万字的《世界诗库》计划庞大，要编译三十多个语种、一百三十多个国家的诗歌名作，虽然是纸面上的航行，但也面临风浪险滩，确实是艰难重重。要探的许多海域以前从未涉足，找不到海图资料和识途的译者，而且当时国内外文资料极为欠缺，英语以外的许多语种诗歌资料国内根本没有，这些问题都压到了飞白肩上，他作为主编最终都得自己承担。

飞白本来不但对职称职务并不热心，而且对争取科研项目也不感兴趣。"麦哲伦之航"是飞白受命而为，它也是飞白曾承担的唯一国家项目。它迫使飞白去探寻许多本来绝不会去的艰难海域。飞白平素不爱随大溜凑热闹，译诗也爱填空补漏，那么为什么又不打算去这些海域呢？因为探一个古诗海域就得学一门古文，这绝非易事，飞白也视之为畏途。可是如今既率队启程，就不能再回避畏途和险境了。

恰好飞白1991年接到的另一邀请，给了他一个弥补资料不足的机会，那是一个赴美讲学的邀请。虽然讲学要占飞白的精力和时间，但资料问题他在美国（加上赴欧洲的编委配合）就可解决，而讲学能促进交流、开阔视野，对主编《世界诗库》工作也有裨益。

在为《世界诗库》拟定好细致的分卷编辑纲要、编选规格体例、各文化区重点诗人、各文化区诗歌概论与诗人介绍的写法等，做好部署分配后，1991年秋飞白参加中美间的教学交流计划，赴美国宾州尔赛纳斯学院（Ursinus College）去讲学了。这次出国前，烦琐的出国手续又办了八个月之久，这样，五年规划的第一年飞白实际只完成了《世界诗库》的策划部署和办出国手续，而且他办完手续终于到校之际也和赴吉隆坡时一样，已经误了秋季开学日期了。

这家文理学院距费城五十公里，规模不大而实力雄厚，在美国排名前百。学生仅一千二百人，但校园面积比人口上万的杭大校园大，人口密度只有杭大的十分之一。从杭大热闹的校园突然来到尔赛纳斯，好像落入了人迹稀少的大公园，飞白在校园里拍了许多风景照，橡树、雪松掩映间，只有一个学生偶然进入他的镜头，而不怕人的北美灰松鼠和蓝鸟倒随处可见。浓艳的秋色中一片熟识的金黄树冠特别引人注目，走近一看，果真是原产中国江南的古树银杏！在此遇到银杏，恰好和飞白要讲的诗歌史和比较诗学一同象征着古代现代一线相连，东方西方有径可通。

同事们已经为新来的飞白布置了住宅，数学系的罗森瑟尔老师特地为他买来一套中式炊具，而一应俱全的调料瓶子，上面贴有胡椒、辣椒、欧芹、月桂叶等细心写好的标签，显然出自一位主妇之手。当收到下个月的教学安排通知时，飞白偶然发现签名笔迹与标签字体一致，才知道布置厨房的是助理院长安妮特·卢卡斯教授。他们说：学院小些，家庭气氛浓些。确实如此。

不过中式炊具飞白并没有用上。做中餐是要食材配套的，否则炒锅和锅铲没有用武之地。飞白又不开车，如何跑到百里外费城的唐人街去买菜？他现在工作还忙不过来呢，中午在教师餐厅吃自助餐，晚上简单做点就对付了。

　　飞白在尔赛纳斯学院英文系开始讲世界诗和比较诗学。麻烦的是：课中讲到的诗除少数英语诗外，中文诗和非英语的外语诗全都要译成英语并印发讲义，这比译散文费神得多。其次是要讲中西诗比较，涉及的问题不论是诗或文化，都要作许多知识性或文字性的讲解。在美国授课，飞白不得不重点讲解中国文化背景、中国思想史和中国诗的发展轨迹，尽管只作粗浅介绍，也费了大量课时和口舌，哪怕对中国读者不言而喻的常识也得耐心解释，这和在国内授课要侧重讲解西方诗和西方文化背景形成对比。杭大讲课的内容在这里都不适用了，加以他英语口语长久不练也显生疏，所以教学压力不小。但美国学生觉得飞白讲的内容新颖有趣，并不觉得语言有障碍。

　　在美国开始讲的这门比较诗学的课，后来飞白选择部分内容成书在杭州出版，书名《诗海游踪》。当年费城有家出版社曾与飞白接触过，飞白因刚开课尚未成形而谢绝了。若不是为《世界诗库》任务紧迫而回国，他要在美国多教两年，通过师生交流互动把英语文笔打磨打磨，那就在美国出版了。当时飞白开课匆忙，每周现炒现卖，部分题目也在纽约圣约翰大学作过讲座。但是飞白访美的主要任务还是为《世界诗库》备料。

　　欲知其流，须探其源。《世界诗库》欲描绘世界诗歌，就得探古诗之源，世界主要的古诗源有七：亚洲的西亚（巴比伦泥板、希伯来《旧约》）、印度（《吠陀》）、中国（《诗经》），非洲的埃及（歌谣和《亡灵书》），欧洲的希腊（荷马史诗）、罗马和古诺斯（"埃达"诗）。飞白若非主编《世界诗库》就不会

飞白访纽汉布什尔州白山的弗罗斯特故居，1992

涉足的艰难海域，首先是其中最后两项，即古拉丁文诗和古诺斯文诗。可是这二者却属蕴藏丰富而我国又几无介绍的重点海域。回避或绕过都不可能，只有冒险一探了。

著名的丝绸之路跨越万水千山，一头连着长安，一头连着罗马。丝绸之路两头都是文明古国和诗之国，遗憾的是历时两千多年还未能实现诗的交流。近年来中国学者杨周翰虽已译出《埃涅阿斯纪》等古罗马诗歌名著，但均系从英译本转译的散文释义体，不符《世界诗库》体例要求，与拉丁原文核对也时有出入。这就把飞白逼进了重译拉丁文经典的艰难海途。因时间紧迫，飞白不及通读，只能在尔赛纳斯学院同事，古典系威克杉姆教授协助下精选古罗马诗歌经典篇目或段落作重点研读和翻译，在原来对拉丁文仅一知半解的基础上边干边学。

从中国来到西方高校，飞白发现在中西高校世界文学教学中古罗马文学的地位有云泥之别。这在中国高校里是最次点，讲课时一带而过，至多稍微点一下古罗马诗歌"模仿希腊""承上启下""多为歌颂皇帝之作"。而在西方高校它却是最重点，像中国人学习唐诗那样要反复研读，反复讨论的，而且由于比起古希腊文来，古拉丁文与欧洲现代语言更接近也更易学，他们读拉丁文学经典更多。在浓厚的拉丁文学氛围中，飞白走进了古罗马诗歌圆柱巍峨的门廊，拜识了至今一向无缘的罗马诗人群星，并且深深感到假如不结识他们，我们不但错过了这个令名赫赫的诗之国，也不会了解西方中世纪和文艺复兴以来的大诗人们从何处走来，从何处获得教导和灵感，不会了解但丁对维吉尔的由衷感谢：

> 你是我的导师和我的作者。
> 给我赢得荣誉的文风
> 也来自你。你是唯一的源泉。

假如不涉猎罗马诗，我们也难以领会西方文学中数不胜数的典故和意象。例如不读维吉尔描写地狱场景中把鬼魂之群比作秋风中的落叶，我们就不知雪莱何以把西风中的落叶比作鬼魂之群；不读贺拉斯千古传颂的《我建成一座纪念碑》，就不明白普希金等许多诗人何以都写出几乎与此相同的诗句和形象。但限于《世界诗库》的篇幅和飞白的条件，对古罗马诗歌名作只能筛了又筛选了又选，最后决定选译约三千行。但译古诗需要更多时间，不能当时完成，所以当古罗马诗歌宝藏应着

"芝麻开门"之声开启时，他就不得不宣告暂停，并匆匆起锚转舵，先得转赴古诺斯海域一探了。

第七个古诗源

第七个古诗源古诺斯诗流传于北欧，在各古诗源中产生的时间最晚，但是有自己独立的文化背景和精神气质。古诺斯语是现代北欧诸语言（日耳曼语族北支）的共同源头，其"埃达"诗口头流传于七至八世纪，成诗于九至十一世纪。斯堪的纳维亚地区僻处世界北隅，当时仍处于古代异教文化之下，没有进入欧洲中世纪基督教文化的主流，因此"埃达"诗仍然自成一家，以其化外之民的气质和雄奇魔幻的色彩展示着诗国北极光的魅力。

各种各样的世界史和世界文学教材大抵对诺斯人和他们的"埃达"诗略而不提，摒弃于世界门外，偶尔提及也只称之为"北欧海盗"，只因这些化外之民对欧洲各地的袭扰才提醒人们不忘他们的存在。因此古诺斯诗对于我们比古拉丁诗更为陌生。在美国古拉丁经典到处都见得到，而古诺斯诗资料不但中国国内没有，在美国也很难找，于是飞白计划在完成交流教学任务后，为古诺斯诗资料专程去一趟北欧。因赴欧短期签证要凭来回机票申请，而美国学校暑假放得早，五月底即可动身，飞白便提前购买了到巴黎的来回机票，联系好先到德国图宾根大学（诗人荷尔德林的母校）访问讲学，然后再赴丹麦、挪威作短期研究。然而当时公派出国者持的是公务护照，有些不便。德国驻纽约领事馆就对飞白护照的公务性质提出疑问，要请中国驻美大使馆打个条子，证明一下飞白的"公务"只是学术访问。飞白觉得此事不难，便给中国驻美大使馆打了电话，并把自己来美交流的手续、《世界诗库》项目列入国家"八五"出版规划的签约文件、浙江省政府的出国批件、政审材料等一应复印件寄去，说明赴北欧是项目需要，而费用由飞白个人从访美预算中调剂解决。要求十分简单：请开条子证明我赴欧是因学术公务而非政治外交公务。

然而得到的答复也十分简单："叫你们省政府打个报告来。"

飞白只得打越洋电话到省政府的外办，那年代打电话也非常不方便，一边说话一边接连投quarter（25美分硬币）都来不及。

而得到的答复是："叫你们杭大先打个报告来。"

答复是统一的。看来，这就是标准答复的默认格式了。

打个报告，说难倒也不难，可是当一个半月之后证明条子终于开出之时，机票和回美签证手续都过期了。航行海上，还真不能期盼处处顺风顺水的！

飞白只得办理赴欧来回机票的退票，又被告知飞白寄回的机票联航没有收到，最后飞白靠万事达卡公司去跟美国联航公司交涉，才总算完成退票。

《世界诗库》却不能因此就缺少一角。飞白立即启用"第二梯队"的备份计划：携尔赛纳斯学院介绍信申请到哈佛大学对古诺斯诗歌作短期研究。飞白已查明哈佛大学有些这方面的收藏，虽然不很丰富但也够飞白之用。此事进展十分顺利，于是飞白在参加完尔赛纳斯学院隆重的毕业与授学位典礼后，便辞别了一年来盛情接待他的尔赛纳斯校园转赴哈佛大学，办好手续就钻进怀德纳图书馆大楼，在这里埋头工作了整整三个月。

怀德纳图书馆是世界上规模最大的大学图书馆，藏书一千六百万册。本来楼层比较高，为了多放书把每个楼层用铁板分隔为上下两层，这样一来楼顶铁板对欧美人而言就触手可及了，而密密层层的书架也全部"顶天立地"。矮矮的楼顶铁板很像船上的甲板，加以到处有像舷梯般的铁制扶梯上下通连，走起路来还会哐哐作声，飞白这回真像是身为水手钻进了船舱。

飞白很快就找到了冷僻的船舱一角，熟悉了哈佛大学的全部家底，欣慰的是其中包括对古诺斯埃达诗的一些研究成果。飞白得到使用哈佛古籍藏书的便利就够了，凭他对欧洲语言和

飞白1992年摄于美国罗得岛纽波特

古典文学的广博知识基础，加上每天的汉堡包和水瓶，飞白就足以完成对中国读者初步译解埃达诗的任务，不须在此领域作更深的钻研，也不必再寻访和咨询有关专家了。在哈佛怀德纳图书馆大楼的船舱铁板与舷梯间整整一个夏天，飞白实现了探古诺斯海域的航行，也重温了一次少年时代在重庆两路口图书馆的日子，那个凭烧饼和水瓶度过的酷热的夏季。

秋季学期开学时，飞白带着古诺斯文的语言学资料、埃达诗的原文和各种近代语言译本、有关埃达诗的学术评论和背景资料，包括复印件和所记的笔记，准备返航回国，可谓满载而归。

本来，他这时还面临一道去留选择题，因为他的签证身份是可在美任教三年：头一年按中美交流计划不领薪酬，后两年可在美国院校受聘任职而领取薪酬。留美国当然有其优越之处，仅讲收入就是年薪五六万美元对比杭大的月薪三百元人民币（年薪三四千）。凭飞白爱挑战的性格，假如年轻二十岁他可能会留，但六十多岁的年龄已不适于到新大陆开拓新环境了。何况他是签了《世界诗库》项目，带着搜集原料的任务出国的，做事就要负责，不能把项目拖后两年。

一年前飞白赴美讲学时是顺便带着妻子祖莲去的，不放心把她单独留在杭州。这里插白一句：飞白刚出版的《诗海》等三本书得到了三万多元稿酬，这在当时是一笔可观的数额（下海经商的个体户能号称"万元户"的就已财大气粗了）。但是这三万多元先得纳税六千多元，赠书需要量很大，包括亲友、同学、同事、研究生、学者、诗人、社科院、报刊、出版社、国际交流等多方索要，虽尽量控制还是耗资七千多元。剩下两万元以一半支持三个子女结婚（每人只有约三千元，远不如别人家阔气），还有一半留给祖莲作赴美旅费（之前女儿小柳赴美，

郁飞与飞白在肯尼迪机场

飞白也有些支援）。飞白赴美时小柳已在波士顿定居，虽是租屋居住还立足未稳，已可邀请母亲赴美探亲。飞白先把祖莲带到波士顿放在小柳家中，然后自己才到费城去任课。他回国时也得从波士顿把祖莲带回杭州。从波士顿到杭州没有直达班机，可选择各种中转方案。当时祖莲的外甥豪光（祖莲大姐祖梅之子）在陕西某部门驻香港办事处工作，祖莲应豪光之邀，决定归途经停香港，到香港的航班要在纽约和台北中转。

得知飞白祖莲归国途中在纽约肯尼迪机场转机，郁飞的妻子王永庆立刻抓住了飞白候机的机会。原来王永庆的大女儿也在几年前定居美国，并于最近把母亲和继父郁飞接到了纽约。可是郁飞对美国的社会和文化不适应，想在纽约打点适合自己的工也摸不到门路，弄得他情绪极不稳定。王永庆又来搬飞白作救兵了："这位老同学，还是得靠你来开导开导他。"郁飞和王永庆赶到肯尼迪机场，飞白便尽自己所知所能，一面介绍美国情况和可能的打工门路，一面给郁飞做思想工作，努力调整稳定他的情绪，收到不错的效果（之后郁飞在纽约做过校对等

临时活，情绪稳定下来，还在市移民局找到一份工作一直做到七十岁）。如此把在纽约候机的三个小时全部用上，老同学告别的时刻到了。王永庆把一个装着四百美元的信封交给飞白，托飞白带交给她还在杭州的小女儿（像拍电影设置悬疑似的，这里埋下一个小伏笔）。

飞白和祖莲在香港住在豪光的办事处，飞白陪祖莲到处逛了三天，祖莲很开心，买了许多服装。第四天要回杭州了，因为带的东西多，豪光和办事处一位女秘书赴机场送行。豪光先出去叫来的士，起先是飞白坐在副驾驶位，后座挤三个人，但因办事处在小巷子里，出去要拐几个弯，司机记不得进来的路了，豪光为了给司机指路，临时和飞白调换座位。飞白要换到后座去，见祖莲这几天收获的十几个购物袋把后座空隙已塞得满满当当，还得挤坐三个人，只好把自己的随身提包暂留在了副驾驶座位脚下前面的空档里（这儿又是一个小伏笔）。这提包装的是飞白比较重要的东西，包括最近三个月在哈佛做的笔记原稿和复印的北欧古今诗歌资料，万事达卡、美国和中国学校的工作证，还有些精美的书和纪念品。

启德机场很快就到了，这曾是全球最拥挤最繁忙的机场之一，航站楼门前的的士排成长龙，望不见排尾，乘客必须迅速下车。飞白下车时见豪光正在给司机付车费，从市内打的到机场要百余港元，内地驻港机关人员经济很不宽裕，飞白当然不能让豪光付，经一番争执才把车费塞还给他，回头见祖莲和女秘书已卸下车内所有大包小包，正在卸后备箱的两件大行李箱却卸不下来，飞白又忙去帮她们把行李箱卸下。这辆的士在此已阻滞了车流，当飞白忙于清点物件时，随着一名绅士模样的白人男子一步踏上车，的士便绝尘而去，后面车流源源跟进。几秒钟后飞白猛地发觉十几件箱包中独缺了最重要的一件，即他留在前座脚下的手提包。——那个提包是灰色面料，与的士内部衬里颜色恰巧一致，豪光和两位女士都没注意。

飞白忙问豪光刚才付车费有没有开收据，豪光没有开，但他说这不要紧，司机拾到失物会上交招领的。飞白说："可是有个信封坏了事，我在肯尼迪机场随手把一个信封塞进提包，而信封里装有四百美元。"因此，提包就不会浮出水面，笔记资料将被塞进某个垃圾箱处理掉。

俗话说是"历史不会第二次重演"，又说是"医者不能自医"：五十多年前飞白因记住车牌而帮他爸爸找回了重要原稿，这回他却没记下车牌也无法帮自己找回重要原稿。他提包里其他东西都不如丢失的研究成果要紧。信用卡可以挂失，他为译古拉丁文准备的笔记、原稿、复印资料都已提前托运回国了，但那些资料也是较易获得的，却偏偏是更难找也更费工夫的古诺斯文研究成果和资料，包括涉及语言的和文学的，全部损失片纸不存。飞白学外语的逸事很多，其中学古诺斯文的这次可谓他遭到的滑铁卢。世上没有常胜将军，就像"三战四平"战役中一样，指挥者把第二梯队也已投入战斗并且消耗完了，而结果战役却遭完败。一无所获。

怎么办？当时飞白瞬间的冲动是"折回哈佛去！"有用的资料哪条在哪他记忆犹新，如果从头再干估计最多只要一半时间。然而，重新购机票吗？出国计划呢？批件呢？经费呢？还有国内编务呢？教学呢？这当然不现实。只得按捺住恼怒心情，采取现实措施：首先为丢包里的万事达卡挂失止损，然后照常办登机手续返回杭州，到杭州后一面补偿四百块美元给郁飞王永庆的小女儿，一面给从上海来杭探父却摔伤骨折的妹妹伊霓看病疗伤，一面凭记忆写出Vǫluspá, Alvíssmál等他记得的带有英语释义的埃达诗篇目、书目及其所在，函告女儿小柳请她复印寄来。后来飞白就是根据这几十页复印资料，从英译文转译了四个"埃达"名篇共八百行收入《世界诗库》，凑合着为缺口打了一个补丁。

飞白丢失了三个月的研究成果，只获得几十页的安慰，这个"补丁"却也很重要，起码它使第七个古诗源不至于在《诗库》缺席，起码我们从中听到了女先知惊心动魄的预言，起码我们看到了并不享有永生特权的北欧诸神枕戈待旦，迎接他们悲壮的最后一战和注定的末日，起码我们听到了侏儒"全智"之口表达的古诺斯智慧和语言巫术，起码我们看到了古哥特王女的英姿在鬼火飞掠间表现维京精神的另类内涵。虽然在外人眼里根本看不出这儿有个"补丁"，但对认真的主编和译者飞白却终究只是个极其碍眼的补丁。要知道他本已下了那么大工夫，对"埃达"诗作了全盘扫描，选了更多篇目和选段，作了详细注记，而如今却只能以一份资料、几个篇目和从英语转译的低级方式，代替他整整一提包的训诂考证、背景资料和多种语言的参考译文，反差太大了。那是研究成果，而现在的只是个"补丁"。所以时至今日，每当飞白翻开《诗库》第四卷，仍会遭到古诺斯海域海难记忆的冲击，使他心潮难平。

飞白损失稿件远不止这一次，而且情况五花八门。在原稿手写而尚无复印留底技术的年代，有飞白原稿在责编卢永福皮包里竟被小偷窃走的"奇案"；在电脑写作年代，也有因电脑故障加上飞白操作失误致书稿丢失无法恢复，结果不得不从头再写的"傻瓜案"。他有好几部书已完成稿约，出版社却因客观原因未能出版，由于当时没有签约稿合同的制度，所以结果都成了不了了之的"无头案"。如诗人绿原1983年出任人民文学出版社副总编后即约飞白选译《特瓦尔多夫斯基诗选》二卷或三卷集——在苏联文学改革年代，特瓦尔多夫斯基主张诗笔不能只写大吉大利，而要写真实，写普通人，写人的痛苦与尊严，写由于令人尴尬而被心安理得地忘诸脑后的真实历史，因而引人注目。飞白完成了选译工作，其中包括补足特氏代表作《山外青山天外天》中作者续写的四章而补成全译本，但出版计划随绿原卸任而搁置。飞白将《山外青山天外天》书稿转给湖南的杨德豫，德豫也很想出这本书，但随八十年代读书求知热潮消退而延宕，在杨任期内同样未能成功。后经反复交接寄递和飞白数次迁移，译稿下落不明。直到2019年四川人民出版社约稿，飞白又重整旗鼓，边收拾余稿边补译，再编《特瓦尔多夫斯基诗选》。这些事例都说明，飞白的成果累累并不是常胜将军的福星高照，而只不过是老水手屡败屡战的韧劲傻劲。

断粮危机和海难余生

飞白赴美的探海之旅还产生了一件视听材料副产品——飞

白从美回国前后，中美两国制片人合作录制了一部文化人物纪录片《探海者飞白》。当时飞白正为出海找来的资料丢失而懊丧，在片子录制中他一面感慨"海难余生"，一面又从哲学上自我宽慰：

"有一位诗人说过：人的需要很少——需要寻找，需要找到所寻。但是换了我，我必须再给他加一句：也需要找不到所寻。因为，如果人一旦自命找到了他的'金羊毛'，人就停止了他作为人的存在。"

四百多年前，麦哲伦率领着五艘舰船两百六十五人的船队浩浩荡荡开始了环球之航，然而出海不久，风浪、寒冬、触礁、减员、弃船、内讧、哗变、离队折返等麻烦就接踵袭来，麦哲伦手下有许多船长和水手不相信他环球航行的信念，不服领导，害怕把船驶出世界尽头落入无底深渊，但更严重的问题还在后面。船队遭遇断粮危机和坏血病，三年后只剩一艘船勉强回到塞维利亚港，幸存的十八名船员摇摇晃晃登上西班牙的土地。然而他们终究完成了环球之航，通过实地验证而证明了地球是圆的。

虽然飞白的船队做的是纸面的环球之航，不能与麦哲伦之航相提并论，却也遭遇了类似的麻烦。出海不久，十多个分卷责任编委中就有五位先后出国留学，不得不临阵换将，弄得主编捉襟见肘。这还是小问题，更大的问题是在飞白赴美交流的一年里，《世界诗库》也跟麦哲伦船队一样遭遇了"断粮"危机。

原来，自飞白1991年秋离开到1992年秋回国，仅仅一年时间，国内经济格局却已发生剧变，令人恍若隔世。随着中国改革开放进程的减压开闸，经济发展进入了快车道，遇到的每个人都在谈论和打算"下海"经商，见到的每个临街"单位"都在拆墙开店，市面上浮现转轨时期一片五色杂陈新旧混搭令人目眩的景象。飞白拍摄的这幅照片捕捉了当年的一个象征性画面：旧屋纷纷被

飞白1994年在昆明拍摄的街景

拆除的场地上，高楼迫不及待地拔地而起，蓬勃繁荣中到处又见鱼龙混杂，前些年还人见人怕的字眼"财、富、豪、霸"摇身一变，成了当今最吃香的字眼（如炫富、斗富，大土豪、土豪金），"傍大款"成了时髦取向。满街店铺宣扬的是"羊毛当草卖"，"忍痛抛售，卖完算球"，乃至触目惊心的"大亏本""大挥泪""大出血""大跳楼"，补品广告铺天盖地，亮出神功元气、延生护宝、生命核能、男宝女宝、养命宝和脑白金，共同渲染着一片热气腾腾的狂欢气象。与之呼应，高音喇叭播放着流行曲"潮起潮落，红尘滚滚，潇洒走一回"，书店里显眼位置摆着封面油光光的《厚黑学》。难跟潮流的出版业正经历经济转轨的阵痛，许多出版社对自负盈亏一时无法适

应，形成了出版业大滑坡，签约出版《世界诗库》的花城出版社也在其列。

此刻花城出版社已负债一千五百万，运行艰难，又逢社长换届，将接任的社长表示无力负担《世界诗库》这个非盈利国家项目，《世界诗库》已命悬一线岌岌可危。飞白既签了《世界诗库》的约，就很把这当回事儿，在他概念里既是国家计划就必须完成，既签了约就必须守信，可是像他这样想法的人不多，多数人并没把这计划太当回事儿。一年来，眼看《世界诗库》面临"断粮"，大家都开始停步观望，编委会实际已处于完全停摆状态，都在等待主编回来，看他怎么办。

这就是飞白回国面临的严峻形势。《世界诗库》剩下的唯一生路，是广东省政府方面于1993年提出的方案：从提升广东省文化形象出发，省政府愿为《世界诗库》救场，贷款一百二十万元来救活这个重点项目。但附有苛刻条件：《世界诗库》要比原定计划提前一年出版，在1995年赶上参评国家图书奖。

本来只有四年半时间已很紧张，如今前期的1991到1992年工作停摆进展甚微，后面的1995年又要扣除，五年中实际可用时间仅剩1993到1994的不足两年了。若按常规程序，要在两年内完成庞杂的《诗库》根本没有可行性，换谁来主持都只能宣告下马了。下马是出版社经济状况造成，并没有主编的责任。如何回应挑战？接不接受"提前一年完成"的苛刻条件？主编飞白面对艰难抉择。

一方面，国家计划不应视同儿戏。飞白在海外紧张备料一年，带回了填补主要缺口所需材料，首要的是古罗马诗选，他已完成备料、选题选段、文字训诂、研究历史背景等大量工作；丢失的古诺斯诗选资料，也尽可能做了弥补；此外飞白利用在美外语资料丰富的条件，还搜寻了填补世界诗歌其他大小缺口包括斯堪的纳维亚诸语言和荷兰语的不少资料。除主编飞白做的大量工作外，参与本项目的编委、译者也已花费了不少劳动。假如半途而废，让这一切付诸东流，怎么对得起大家？然而另一方面，假如飞白贸然接受"提前一年"的条件，而结果完成不了呢？动员众多译者和编辑班子全力以赴投入决战，到头来仍是白干一场，他又将如何向大家交代？

经一番分析评估，飞白觉得各卷较困难部分有他的青年水手扛着，可以放心，老同学钱鸿嘉虽身体不佳，却全力相助愿意多挑重担。而最终《世界诗库》成败的关键还系于他自身，因为最艰难的部分得靠他自己来做，只要他能坚持下来，提前完成其他部分的把握应当还是有的。飞白最初对这项目完全是被动应战，但凡是一件大事，既然决心肩负起来了，他还从来没有半途而废的纪录。这就是水手的韧性。船队在半途中，是进？是退？等他一句话。

此时此刻，飞白青年时代那股好冒险好挑战极限的劲儿涌了上来。现在没时间再犹豫彷徨，他断然拍板，接受"提前一年"的条件，挑战"不可能"。

这时他的船队好比正处在麦哲伦海峡的曲折弯道里，艰巨的航程和未卜的命运还在前面，任务和时间都非常紧迫。而对飞白雪上加霜的，是他家里的环境也愈趋窘困，使他无法继续工作。飞白的右眼眼底出血，病中的祖莲多次说"把你的资料全部烧掉",这事很可能成真。飞白重任在身,危机状态下为找个安静角落专心攻关,决定把工作"车间"从西湖畔转移到滇池边。《世界诗库》最后一年最艰巨的航程,飞白是到云南大学完成的。他转战云大去教外语系,考虑的既是为当前紧迫任务找个不受干扰的环境,也是为他即将到来的退休之年选择继续开拓的前景。

本来飞白是1989年底年满六十岁就该办离休的,与他一同从浙大参加杭州青年干校的同学们在那年前后都已办了离休。但杭大不让飞白下课,那年正值《诗海》出版,杭大利用《诗海》的影响趁热打铁,又拿到国家重点项目《世界诗库》,决定延长飞白工作年限至六十五岁即1994年底。岂知到了1994年浙江省委组织部对他们这批人办离休的工作早已结束,飞白向省委组织部询问、打报告,得到的回答是"过期不办"。掌握的原则干脆明了:"已经办的就办了,没有办的就算了。"所以飞白多干了五年,待遇却从离休变作了退休,待遇差别颇大。飞白对此倒也不很在意,当年的革命者,岂是冲着优厚待遇来的?

对飞白而言这就算又一桩逸事吧。而且他办退休也不过是个形式,作为水手的飞白仍在航行。为了开展工作,依托一家院校方便得多,飞白年岁大了,也要选个气候条件较好的地方。再说,家中书籍在他座位背后的墙角堆积如山,看起来不像书房倒像废品站,要找任何资料都翻不出来。浙江电视台在录制纪录片《探海者飞白》时,镜头拍到这个角落使飞白很尴尬,不禁说道:"这次我如果还能海难余生的话,一定要为自己建一个书房！"

飞白1994年初利用寒假初访云大，受到校长王学仁、常务副校长盛作斌热情接待。飞白说："我抗战年代是在西南度过的，但遗憾没来过昆明。听说昆明是春城，还以为是旅游宣传。这次春节到此才知道是真的，又看到云大校园很漂亮。我一年后将在杭大退休了，虽然觉得提要求很冒昧，但还是想问一下：不知能否给我设一间小书房，好在这里写作？"出乎意料的是，盛作斌接话道："是飞白呀，我们上大学的时候读的就是你的书！远方的客人留下来，欢迎你今后长住这里，不要走了！"他说的书是飞白译的《瓦西里·焦尔金》，由此也可见那本小书在五十年代影响之广。当时盛作斌正在北师大学习。

这样就说定了，飞白选择了昆明。昆明虽不是独山，但同在云贵高原，有高原的蓝天白云，吃的有大苦菜（做"盐酸"的大芥菜），有浅灰色半透明的魔芋豆腐，有沙瓜，有糍粑，有花色繁多的菌类等很多引他回忆的东西，而这里的气候比贵州好得多。飞白后来在这里教书感到很自在，昆明虽然没有大海，却有成群飞舞的红嘴鸥与老水手为伴。

飞白没等1994年底在杭大办理退休，在放暑假的七月初就到云大报到了。飞白在杭大任教十五年，外加因这时还带着研究生而返聘三年（到1997年），为杭大也即不久后合并的浙大打好了比较文学与世界文学专业博士点的基础，飞白在浙大指导的硕士生后来成果颇丰，其中至少有六位日后成了博士生导师。目前，因飞白远赴昆明，杭州方面任命张德明为《世界诗库》常务副主编，主持前方全盘日常事务；飞白家里的事务托

付给儿子小闪和他
在杭大带的最后一
位研究生傅守祥（飞
白赴云大后，定期回
杭指导傅的学业和论
文）。飞白给傅守祥
的一封信中衷心感谢
傅对他家事务的协
助，并为自己不能在
他身边随时指导表示
歉意，信中说："希
望你理解，我这人根
本不是做学问的，我

飞白1994年春节初访昆明

之如今被人看作学者只是偶然的副产品。其实我一生的精力一
半用于军事，一半用于护理；或者说，一半是'卫国'，一半是
'保家'，此外基本就做不成什么了。""保家卫国"是中华人民
共和国成立初期动员人民抗美援朝的口号，其实也是中华儿女
自古以来的道德理念和使命。为保家卫国，飞白从1949年一口
气干到了1994年，感觉很累，所以："……我也算鞠躬尽瘁了，
即便说是要休息一下，也是说得过去的。"

　　他离开杭州虽说是躲避时时刻刻围绕着他的干扰，但若要
谈"休息一下"却还早得很呢！目前每分钟都得抓紧。飞白先
在杭大借了一辆三轮车自己蹬着，一趟趟把许多纸皮箱拉到杭
州南星桥铁路货运站去托运，这是编辑《世界诗库》需要的大

批书籍和资料。云大给他提供了三处（大套、中套、小套）宿舍住房供选择，他选了云大北院的一个小套，一厅一室，卧室小而客厅较大，这里靠近校图书馆和其他设施，也可随时在校园里走路锻炼，只可惜光线不好。提供给他的中套宿舍环境要差些，大套宿舍则在江岸小区，离校园两公里，不如住校内的小套方便。飞白独自来昆，一个人又何必住大套呢？没有装修也没有家具，飞白暂向云大借了一床一椅和一张单人课桌，没打开行李就傍着堆积如山的资料纸箱投入了夜以继日的紧张工作。

他第一批运来二十四个纸皮箱的书，十月份回杭州又续运十二箱，他自己蹬三轮车到货运站每趟来回二十多公里，拉了七八趟，运书共三十六

飞白初到云大时的书房或"世界诗库总编室"

纸箱。书箱在光线昏暗的厅里堆成巨大的堆，边上仅留能容一人通过的狭道。飞白这个工作车间里都是书，但要叫"书房"是抬举了它，书没上架就只是堆栈。而且叫"堆栈"也还是抬举了它，因为堆栈应该有序而这堆书箱无序，很像飞白1946年重庆回杭途中在宜昌码头所见触礁船上抢出的大堆湿漉漉的行李。在杭州录制纪录片最后镜头时，飞白说的"海难余生"倒成了一句预言，他如今看起来正像个海难中和一堆残骸一起被

抛到岸上的落难海员。

在距《世界诗库》交稿不足一年的时间里,这堆书箱就是飞白的工作车间和生活空间。要查找任何资料都得努力搬动翻找许多书箱。麻烦在于装运匆促没有内容清单,查找只能凭印象,翻寻了许多书箱还常以失败告终。因每箱书重达二三十公斤,这倒是很好的体育锻炼。当水手嘛,本来就是干粗重体力活的,目前没时间走路锻炼,就靠这个锻炼身体了。不过他也常会白费一两小时时间,除体力锻炼一无所获。结果导致《世界诗库》中不少纰漏,如有些诗人介绍资料因当时无法找出而空缺。

飞白当主编,一半精力和时间用在为《世界诗库》的生存奋斗与解决内外各种矛盾纠纷上,另一半用在为使《世界诗库》名副其实而补缺填空上。因当时通信联络不便,手机还未普及,上电话局或传呼站打长途电话不但费用高,传呼还往往找不到人,所以飞白只得主要靠书信联络全国,重点是与花城方面的联络和为解决各卷编务与人事问题的联络。这两年飞白作为主编写信达百万字,超过他为《诗库》写的评介文和译文字数,而除《诗库》事务外,他的其他信件则几乎全部冻结。飞白在云大的宿舍到《世界诗库》出版后才安装云大电话分机,但已赶不上编《世界诗库》的需要了。另一方面,他为《诗库》撰的文和译的诗,又全是冷门难题的"填空""堵漏",都是"啃骨头"的活。因为他曾承诺:各分卷责任编委遇到无人承担、无法翻译的语种就上交主编。为了保证《世界诗库》的世界性,结果把他这个主编变成了救火队和填空堵漏专业户。

飞白转移到云大是一次"撤退"，他躲开了杭州的会议、社会活动和各种干扰，全力赶《世界诗库》任务，每天干十六个小时。虽然他在杭州已发生眼底出血，右眼视力降至0.03达到"二级盲人"水平，医生禁止他多用眼，但飞白目前却要用眼用到极限，这得冒很大风险，他若是左眼再出事可就"抓瞎"了。他这时就像《老人与海》中圣提亚哥跟大鱼搏斗时的状况：头晕目眩，视野中出现一群群的黑点，但必须坚持住，头最好不要太晕。其间他还发作过两次心绞痛，他觉得不太严重，没有加以理会。《世界诗库》能否提前完工，"瓶颈"在他这个环节，倒计时的其余环节都在后面排着队呢！在飞白目前的价值排列中，《世界诗库》排列第一，他连短暂的休息都没条件考虑。

而云大方面对飞白表示热情接待，在未签聘约的情况下就给予飞白住房、水电燃气免费，外加每月补助二百元的待遇，如果飞白为云大任课则将另签聘约。这实际是一种招待费，每月二百元之数也已经是当年平均工资的一半。

飞白为云大的好客所感，为表示答谢和礼尚往来，虽在百忙中也决定为云大外语系（不久后升级为外语学院）研究生开课。飞白来到云大是撤退也是一次启航，甚至是他在退休之年开启了"第三生"。他回杭大开启"第二生"的任务已经完成，教了十五年的中文系，现在开始教外文专业的课程了。此时的外语学院跟"文革"刚结束时不同，教学里已有文学课，飞白所上的课是在美国开始讲的"比较诗与比较文化"，接着，根据研究生的需要又开了一门"翻译学"，他在哈佛大学研究期间也曾与麻省理工学院的翻译学教授做过学术交流，参考过该校的翻译学教学大纲，对此有所准备。他虽要赶《诗库》工作，但总不能每天埋头干十六小时而不与人接触吧，上点课是个调剂。他每周上课两个下午，课程是在尔赛纳斯学院讲过的，备课费时不多，而得以与青年人保持密切接触和交流。

然而这里又显出了飞白行为的另类——他虽任课却拒签聘约，不领聘金，只从外语系领少量论文指导答辩费，指导一名研究生五十元。2000年成立了外语学院，升到指导每名研究生每学期两百元，还有上每门课每学期课时费一千元。

飞白的行为被云大老教授们传为笑谈，认为他"犯傻"。飞白笑答："其实我的办法对云大和对自己都是最佳选择。杭州风光秀美，可是只有春秋两季是宜人的。从长计较，我到昆明是避杭州的冬寒夏暑，每年专挑春秋两季回杭探家。我不签聘约，什么时候上课什么时候探家就是我的自由。如果我签约当了雇员呢，岂不是要专在寒暑假回杭州吗？那才犯傻呢。"

在这样另类的安排和默契下，飞白从1994年7月任云大教授，成为云大成员却不是"雇员"，而是如他自称的"半个志愿者"。如今飞白仍在领云大发的每月二百元补助。在市场化的今天，这是一桩"笑谈"也是一桩"美谈"。

别人很难认同他教书而不拿聘金，而且更诧异他为什么不到深圳珠海去拿更高额的聘金。飞白简单回应说，他不是来"创收"的，如果为创收当雇员的话，那么他到深圳珠海去还不如在美国拿聘金呢。

在《世界诗库》方面，除其他工作外，飞白在1994年暑假和秋季集中主要精力，重点完成了在访美时做了先期准备的古罗马诗翻译。由于他是初学拉丁文缺乏功底，只能采取笨法子，除了熟识的词，其他缺乏把握的词都逐一查词典，把每个句子都理清后，还要与英译本校核来保证理解无误。飞白手头虽有权威的英译本，但他不像前人那样采取从英译本转译

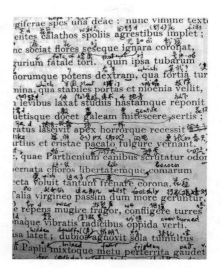

飞白译古罗马诗时，在拉丁文的字里行间几乎逐字做注记

的简易方法，坚持不走捷径不避困难多花工夫，句句译自原文以保证译文忠实，包括风格的忠实、诗体形式的忠实、意象的忠实。总之要做到以诗译诗，这唯有译自原文才能做到。而转译却是"隔着布袋买猫"，因为每次翻译都是一次重写，经过两道重写移位后，诗歌常已面目全非而落入"转译陷阱"。

　　例如古罗马诗人奥维德《变形记·洪水的传说》中描写洪荒之年各种动物在洪水中无助地漂流，有句曰：nec vires fulminis apro...prosunt，准确译文应是"闪电之力也帮不了野猪"，而别人从英语的转译本却是："大熊的风驰电掣的拳头也使不出力气"；

　　又如涅克拉索夫《谁在俄罗斯能过好日子·醉的夜》中的一段小对白：Иван кричит: «Я спать хочу», /А Марьюшка:

«И я с тобой!»/Иван кричит: «Постель узка», /А Марьюшка: «Уляжемся!» 准确译文应是：

> 伊凡嚷嚷："我想睡，"
>
> 玛留莎说："我陪你！"
>
> 伊凡嚷嚷："铺太窄，"
>
> 玛留莎说："挤一挤！"

而别人从英语的转译本却是：

> 伊凡叫着说："我爱你！"
>
> 马利斯加说："我也爱你哟！"
>
> 伊凡说："搂紧些！"
>
> 马利斯加说："亲我的嘴吧！"

这就形象化地说明了转译造成的"隔"。这样译倒很省事，但结果却会相差千里。

高原与低地的巧遇

飞白又处理了许多紧迫事务，赶任务到1994年秋，《世界诗库》已在一天一天地倒计时，飞白连《诗库》总序都已写好，诗翻译却还剩若干缺口待填，最后一个主要缺口就是荷兰诗。——飞白为《诗库》补漏填空所到的海域，全是他写《诗海》时未曾涉足的。

　　飞白从小就因读了《小约翰》而心仪荷兰文学，但直到半个多世纪之后才有缘接触到荷兰诗原文。荷兰诗在中国缺乏译介，组稿未能约到译者。当时虽已有中荷译者合译一些当代荷兰诗，但荷兰诗的重点部分在荷兰的两次文艺复兴，这些不可或缺的诗却无人翻译，况且第一次文艺复兴时代的诗用的还是古典荷兰文，更增其翻译难度。

　　飞白在美国搜寻荷兰诗的资料所得无几，远远不及所需，于是早早就向荷兰驻华大使馆文化处提出请求：为编撰《世界诗库》需要，希望荷方协助提供荷兰诗歌名著。为此飞白开列了《诗库》计划收录的荷兰文艺复兴以来的重点和次重点诗人名单，请荷方提供作品；又因中方翻译水平所限，希望荷方除荷兰文原著外还尽可能找些英译文以供参考。荷兰大使馆对这一文化交流项目给予了积极配合，从国内调集了丰富的资料，不过这事进行得稍慢了一拍，以致飞白一直焦急等待到1994年即将过完，在圣诞节前夕一个大邮包才终于寄到了昆明。飞白接邮局通知，到昆明火车站前专管国际邮件的北京路邮局领到邮包，未及离开柜台就急切地打开，看到荷方把他索要的书目已全部配齐，这使他十分高兴；但马上发现其中不包含英译本或荷英双语本又使他大失所望，像乘过山车似的情绪又跌入谷底。

　　飞白尽管很有学外语的经验，但此前在美国仅跟荷兰人学过二十分钟荷兰文。如今在如此紧迫的情况下，既没有英译文或英语注释可供参考，也没有荷英词典可查，叫他怎能读完这么多原文书，况且大部分还是文艺复兴时代的古文？又叫他怎么来得及选诗译诗？飞白这时简直一筹莫展，濒临绝望了。

飞白原来希望荷兰诗歌名著都能有英译本，这其实是对英美文学翻译出版状况的过高奢望。英语文学对其他语种文学的翻译呈现严重"出超"，即英语文学（出口）译为各种外语的很多，而小语种文学（进口）译为英语的很少。飞白在美国难找英译荷兰诗歌名著并非偶然，要荷兰大使馆帮助寻找也同样落空。

古人说天道轮回，而运气的实质不过是数学概率。接连撞红灯后可能碰上个绿灯，诺斯海域遭海难之后，似乎也应当有个天降好运来做补偿。

一位刚才排在飞白后面的顾客，这时与邮局职员起了争执。他在用英语抱怨："怎么会把我的邮包退回了？包裹单是学校刚刚交给我的呀，我又没耽误时间，……过期了？哪个环节耽搁的？"飞白只顾自己发愣，本没注意人家在说什么，却突然被他接下去的一句话唤醒了：

"真把我的圣诞包裹退回荷兰了吗？"

"两个发愁，凑成一对合作。"——荷兰学者伟慕后来这样说。伟慕·克拉能东克是个周游四海的人，当时他浪迹到昆明，在高校任英语外教。飞白立即抓住了天上掉下来的良机，伟慕也给了他最热情的义务支持："既然你是中国第一个研究荷兰文荷兰诗的人，而我又是昆明唯一的荷兰老师，我们的合作就算注定了。"

靠伟慕的指点和他的一本荷英小词典，飞白迅速提高了荷兰语阅读能力，在三个月时间内完成了《世界诗库》所要求的荷兰诗选译任务。飞白学外语因情况不同而学的侧重也各有不同。飞白学荷兰语（包括荷兰古文）目的性太强，故以"读""译"为主，在时间催逼下，除交换些"Dag！"（你好）"hartelijk bedankt"（感谢不尽）之类日常用语外顾不上练"听""说"。好在荷兰语属日耳曼语族西支，如飞白开玩笑说的，"英语加德语再除以二"就可得出荷兰语，所以进展非常顺利。他们的合作流程是：文学教师伟慕协助飞白选诗，这大大缩小了飞白的阅读量；而飞白借助词典，把初选入围的每首诗翻译两遍：第一遍从荷兰原文译成英文，经伟慕审阅理解无误，飞白第二遍再从原文译成中文。一个月后飞白已能自己译现代诗，古文还须伟慕作些指点。

荷兰学者伟慕·克拉能东克在中国与荷兰报刊上
发表文章及他和飞白的合影

他们全部完稿时实际上已到了1995年3月，不过《世界诗库》版权页上印的出版时间还是"1994年12月"。荷兰大使馆提供资料延误了时机，而飞白最终仍得以填补荷兰诗的缺口，是由于国家图书奖的最后申报期限为1995年4月，所以他们得到了三个月宝贵的缓冲期。《世界诗库》1994年底各方面汇稿时，出现了许多人为的和技术的延误，实际付印时间正是1995年3月底，所幸这没有耽误广东省政府要求的如期申报。

　　关于此事，伟慕在中国和荷兰报刊上都写了报道：

　　"碰巧发生的这件逸事，就叫做远在天边，近在身边。由于我们两人的发愁，凑成了一段短时间的紧张的合作。紧张，是因为赶《世界诗库》开印的期限；短时间，是因为飞白读荷兰诗的能力增长奇快，用不了几天，我就只需作几处诠释就够了。

　　"这是一次低地与高原的友好而富有成果的合作。——荷兰是世界最低之国，国名尼德兰，意即低地；而昆明地处高原，位于紧靠世界屋脊西藏高原的半台阶上。"

　　1995年初《世界诗库》各卷陆续汇稿，刚过春节飞白与新闻出版署、花城出版社负责人就飞赴杭州开紧急编委会，排定争分夺秒的倒计时日程。出版流程的各环节必须环环紧扣，一天也不能耽误，为了各环节衔接紧凑避免杭州广州间的寄递，《世界诗库》就在杭大电脑房录入排版（那时电脑尚不普及，做录入和排版的车间因集中多台电脑而称为电脑房）。飞白在昆明还要赶译荷兰诗和做许多文字工作，而汇稿、审稿、发稿、排版、校对、检查、封面设计制作等工序均在杭州进行，除常务副主编张德明外，飞白也不能不顾，特别是审稿、校对等关键环节，为此他排版期间在昆明杭州间来回奔波了三四趟。旅途火车上也争分夺秒赶工作。杭大电脑房人员连续两个月天天加班到半夜十二点，飞白把《世界诗库》的办公费全部给他们发了加班费。飞白、德明也在电脑房里奉陪，现场审稿校稿。花城出版社卸任社长范汉生和常务编委林青华等也来杭州住了一段时间，现场编辑和发排。广东省答应的注资当时仅有四十万到位，资金非常紧张，他们住的是十元一晚的招待所。

1995年初的时钟嘀嗒作响，千头万绪的收尾工作都在倒计时，飞白、德明二人任务繁重，既要时时督促检查，又要全面审校，每天都会发现意想不到的纰漏和差错，哪里发现就在哪里解决。最后六十天飞白干了一百二十天的活，六十天内每天平均只睡五到五个半小时，相当于六十天里少睡二十夜。飞白参加革命以来常连续加夜班，几乎成了常态，众人都认为飞白不怎么需要睡觉或不爱睡觉。以前在家里带孩子时，一旦小孩感冒发烧也多半是由飞白照顾，常常彻夜无眠，因祖莲工厂里要三班倒，不时也要加班，夜里得努力保证她的休息。

而其实飞白是长期处于睡眠不足状态。他有一次说出了真相："世上只有我妈一人知道'阿波爱睡觉'。"这就是说，他其实是需要睡得多一些的。特具讽刺意味的是：大概只有在监狱里他才睡够了每天将近八小时。

这时他在火车上要争分夺秒赶译荷兰诗，一下车到电脑房又连夜做最后的终校。本来，编、译、介绍世界诗，应该是一次迷人的诗海之旅，岂知到最后阶段还真弄成了像麦哲伦之航那样的苦斗。飞白对校对很在意，这是经历逼出来的。"文革"时期他在报社工作，那时的报纸版面满是"文革"政治语言，万万错不得。而排字工人因专注于"文革"造反和两派间的斗争，根本无心上班，总是排得错字百出。这类敏感词语，一字之差就会形成荒谬错误，而对千万次重复的词汇，校对者的目光又很容易一滑而过，致使错字漏网酿成重大事故。带有严重错字的报纸刚刚发行，报社立即遭到本地电话轰炸且面临冲击："砸烂你们的狗头！你们报社是暗藏反革命的黑窝！"而此时装载大批报纸发往外地的火车已驶离广州车站，为了追回印错的当日报纸并全部销毁，报社只得派军用摩托追火车，上演好莱坞电影中的惊险一幕。但这儿可不是演电影，而是真实镜头。

因此，时任副主编的飞白不得不经常自己跑印刷厂做终校。那时离电脑时代还很远，排字车间里满满的都是黑压压的铅字架。排字要拣出一颗颗铅字，倒过来砌入字盘，所以叫"植字"。排字工人草草地排完版早已跑掉了，开印时间在倒计时，而飞白则满头大汗，盯着排好版的一盘盘黑乎乎的字盘（铅字上的字还是反的，像图章上的字那样很难辨认），并在铅字架间来回奔忙，一个个找出铅字来替换改错。

经过这样的修炼，飞白"捉虱子"的本领非同一般。九十年代他主编《世界诗库》时，除杭大电脑房职工做的校对外，责任编委要做三遍校对，最后付印的清样才会送交主编签发。可是他还是能发现清样中错误百出。其实岂止"百出"？"千出""万出"都打不住。稍举几个飞白耿耿于怀至今难忘的错字，也可看出校对的重要：

录入词汇时自动带出关联词汇的，如西班牙变作了"西班牙膏"，古希腊出现"阿波罗基金"，梯布卢斯成了古罗马"反法西斯战争诗人"，美国诗人爱伦坡也因一个"爱"字而获得了"爱国华侨"头衔。

因笔画字形相似而误录的更比比皆是，如某诗人胸中怀有"孤狗情绪"——"孤狗"实为"孤独"；

某首诗非常动人，"把托尔斯泰感动得骂起来了"——"骂"为"哭"之误；

某诗人的音乐感很强，被称作"诗坛的小提琴大便"——原文为"小提琴大师"，输入"大师"时误输"大使"，而"大使"化作了字形相似的"大便"；

就连勃朗宁夫人唯美纯情的爱情十四行中，也出现了极滑稽可笑的诗行：

当我哭泣悲哀，一个神秘的影子袭来，
从我背后紧紧地揪住了我的头发，
对我的挣扎毫不理睬，威严地说："猪！
这回是谁掌握了你？""死，"我说……

爱情诗干吗要"杀猪"呀？随便哪个读者读了，也会笑喷而百思不得其解。只有看了原稿才恍然大悟"猪"是从哪里来的。请看原稿：

当我哭泣悲哀，一个神秘的影子袭来，

从我背后紧紧地揪住了我的头发，

对我的挣扎毫不理睬，威严地说："猜！

这回是谁掌握了你？""死，"我说。但是呀，

银钟般的声音回答："不是死，而是爱！"

　　此诗作者伊丽莎白，即后来的勃朗宁夫人，在十五岁就因坠马伤残而长期卧病，以病残之身不敢奢望爱情的幸福。后遇勃朗宁竭诚的追求，情感终如春汛爆发，写下了如此真挚感人的爱情十四行诗。如今却因一字误植，把爱情诗变作"杀猪"闹剧，成了连相声演员也想不出来的"包袱"和笑话。若不是在最后一刻被飞白发现，一处这样致命的差错就会使《世界诗库》沦为天下笑柄。

　　飞白真想不到，居然还有比这更糟糕的问题。

　　在逐卷发排争分夺秒的时刻，两位分卷责任编委联手发难，拒不交稿，向主编提出了条件：除非也任命他们为副主编并排名在张德明之前，否则就扣押已收集在他们手中的那两部分稿件。关于交稿的事，飞白和德明已催促他们很久，但他们一直拖延，而且不掩饰对德明的"不屑"之情。对飞白他们总推说"快了快了"，其实却在等待最后的关键时机，等到飞白毫无缓冲回旋时才发难。

　　编委会的组成最初并没有考虑这两位，因他们外语较差，在《诗库》工程中干不了真正的活。但他们凭资历和情面坚持要求加入进来："我们教研室拿到的国家项目，怎么能排除本教

研室成员？"这理由确实很充足。为了照顾团结那就参加进来吧，分配点组稿编稿事务给他们做。而他们又交给了学生代做（"具体事不要来问我，问我的学生去"）。其中一位因不能读外语资料，连他负责的诗歌史导言也只得由飞白代笔起草，基本写好后才署上他的名字。

还记得飞白初回学校时，教研室窝里斗现象严重，而两位"中生代"老师是其中主将，二人针尖对麦芒，势同水火。飞白对他们耐心说服，做了大量思想工作，归结到"以全国为竞赛场"。十几年的耐心劝导培养，一次又一次的扶助评职称，终于产生了效果。素来互不相容势同水火的两位对手，今天终于如飞白一贯劝说他们的那样消除了宿怨，出乎意料地突然结盟，一起对飞白发难了：

"张德明是小辈，凭什么当常务副主编而排名在我们前面？你一直在号召要以全国为竞赛场，这次总算拿到一个全国项目，我们怎能不全力一争？"

发稿的最后期限迫在眉睫，把你飞白逼进死角，看你答不答应要求？——"想叫我为你飞白干活？笑话么！我这个人就是不怕压的！"和当初请求加入时的话语和语气很不一样了。今天摊牌为什么底气这么足呢？理由也毫不掩饰地摆明了："现在我们已经是正教授，我们谁都不怕了！"原来如此。

几年前一次次报评职称时的话语墨迹未消，句句还都在信纸上："我的研究项目都是您来杭大以后得到您的鼓励才搞的，您对我的鼓励将永远铭记在我的心中。""由于您在学校的影响，您对这次［评职称］不升我提的抗议，学校可能重视，但系里为维护权威不大会改变了。不过对我来说已得到了安慰，由于您这样真诚的关心，我是深受感动的。""对您的鼓励和正直的行动非常感激！"落款还常常谦虚地写着"您的学生"。真是此一时彼一时也。——人之常情，世之常道吧？

飞白可以赔笑脸，但不能向要挟低头，不能拿职位排名做交易。尽管深感灰心，仍苦口婆心地晓之以理；明知感动不了，还是循循善诱地动之以情。跟他们耐心解释：这并不是"为飞白干活"，要知道这个《诗库》完全是为大家才揽下的，其实是飞白在为大家干活。劝说他们：无论如何不能以个人意气拖垮国家项目。双方陷入了僵持。

在僵持中整整对峙四天，《诗库》已付了加班费的杭大电脑房也整整停工四天。当然，他们两位也不能真的把项目拖垮，对峙四天后终于不得不交稿了。

冬末寒冷的子夜时分，飞白在电脑房匆匆审阅交来的稿。停工待稿的电脑房明天一早就要开足马力全速录入了。但不论时间多么紧迫，主编也不敢不过目而去睡觉。突然的一个发现叫飞白冒出一身冷汗：继瑞典诗人"特朗斯特吕默"部分之后接着出现的，居然是收有台湾译者译诗的瑞典诗人"川斯卓莫"部分（"川斯卓莫"是台湾对特朗斯特吕默的译名，因为tran-的英语发音近似"川"，虽然瑞典语一点也不似"川"，但台湾是从英语译的）。

特朗斯特吕默或译特朗斯特罗默，在北欧诸国名列诗人之首，在2011年获得诺贝尔文学奖，他来访问中国时曾与飞白会面。分卷主编真不该不知道这位大名鼎鼎的当代诗人，况且所编的稿中，对"特朗斯特吕默"和对"川斯卓莫"二人的介绍、简历等内容完全是一模一样重复一遍；外文原文名Tomas Tranströmer和生年1931完全一模一样，却居然会化身二人重复出现，编出一对孪生分身的北欧头号诗人来。这好比主编唐诗选而编出一对"李白"和"李太白"孪生分身的头号诗人来，这奇葩事件比"杀猪"严重得多了。"爱情诗杀猪"不过是个笑柄，而对世界一流诗人的无知却要摧毁《世界诗库》的学术地基。这就是要"以全国为竞赛场而全力一争"者的态度吗？

飞白默然无语了，事情已经过去说它无益。这种工程他再也不会承担第二次。不论在什么场合，他没有对此事作一字评论。

十卷《世界诗库》的排印胶片用特快专递寄往广州，广州三家印刷厂一齐开机赶印，总算赶上了1995年国家图书奖评奖时间，飞白对广东省政府负的一百二十万贷款债务重担可以交代了。飞白的倒计时任务中只剩最后一项未完成——撰写英文总序。他两天后才写完，没赶上付印，但那倒可有可无，没印进书里也无妨。飞白把英文总序另行打印，作为《世界诗库》的附件分寄给有关外国院校、外国使馆、外国诗人和给予过《世界诗库》协助的外国友人们。

飞白作为主编，是《世界诗库》项目中承担最重压力的人。这件工作能用经济价值来衡量吗？他争分夺秒日夜苦干四年零三个月，书出版后他到1996年才收到的主编费为八千元，同时杭大也发给《世界诗库》主编和分卷责任编委每人二百元奖金。有人在议论飞白谋取主编之职以获利。殊不知要算经济账的话，飞白放弃高干待遇和离休机会，其长期积累的差距为数百万元数量级；飞白为回国完成《世界诗库》任务，放弃在美继续任教两年的机会和十万美元薪酬，也等于八十万元人民币。

大马林鱼

"文革"结束后飞白就进入了他"三部曲"的第三部《老人与海》。海上遭遇袭击是寻常事，飞白出海后的遭遇，其实开始就已注定，怪只怪他出海太远了，何况《世界诗库》又是一条如桑提亚哥所捕到的空前大的马林鱼：

> 他把绑鱼的绳子系在船头、船艄和中间的座板上。那条鱼可真大，活像小船旁边绑着一只比它大得多的船。……

何况大鱼身上还有伤，带有血迹，他没法叫鱼肉的气味不散发到海水里去。那么它招致凶猛攻击是无可避免的了。但飞白和桑提亚哥一样已是老水手，丰富的经历加强了水手的韧性，不会连一点打击都经受不起。飞白所戏言的自传体三部曲《小约翰》《基督山伯爵》和《老人与海》作为小说文本，本属于全然不同的类型、主题和风格，但细看起来它们间还真有个共同点，这唯一的共同点就是：三本书的主人公都有顽强的韧性。

《世界诗库》出版了，但折腾没有完。他捕的鱼太大了。

何以见得捕的鱼太大？在此我们先看看飞白主编《世界诗库》所得的赞誉：

谢冕：

这部《世界诗库》的出版展现了世界诗史的一个奇观。我所知有限，不知道在此前是否有过堪与之比美的举措，但像如今这样范围涉及百余个国家、三十多个语种，收入诗作约二十余万行，全书总量达八百余万字的诗歌总汇的推出，真是惊人之举。由此不能不使人对诗库的创意、策划最后促其实现的人们的非凡魄力、持恒劳作产生极大的敬意。

这工作不仅造福于当今，而且将载之于出版史册。其功德不仅在于为诗人和文学家提供创作的滋养，更在于通过诗的种子的播撒提高民众的文明水准，最终净化民众的心灵，并改善他们的心理素质。

（《我读〈世界诗库〉》，

载《中华读书报》，1995年11月1日）

袁可嘉：

《世界诗库》是精心策划，精心编译，精心制作的有鲜明特色的好书。

它把我国诗歌译介的水平提到了一个新的高度：既有较高的鉴赏性，又有较高的学术性。《诗库》的问世是一个非凡的业绩，一个卓越的贡献。我们应当感谢以飞白为首的编译家们的辛勤劳动。

（《非凡的业绩，卓越的贡献》，

载《中华读书报》，1995年11月1日）

吕同六：

飞白为《世界诗库》作了准确的定位：译介与研究评论结合，较高的鉴赏价值和较高的学术价值结合。飞白集译家和学者于一身，因此才有足够的学术胆识，提出这一高标准，才有足够的学术水平，去实践这一高标准。

古罗马诗歌是世界诗的源头之一，但长期以来，我国的译介却是一大空白。《诗库》拓荒进取，选译了罗马十大诗人的作品，凡六十三卷，让人感觉到了沉甸甸的分量。在"罗马诗歌导言"中，飞白又对古罗马诗歌作了历史的描述和言简意赅的评价。"罗马诗歌既启发了中古诗，又哺育了近代和现代诗"，"没有一个西方诗人是不受到罗马诗的影响的。"对古罗马诗歌成就的这一番总结，可以说深中肯綮，一语中的。

飞白是译诗的高手，他的译品神似形似兼备，注重诗的整体、风格和诗感，独有韵味，因而一直深受翻译界好评。

（《翻译和研究世界诗的宏伟工程》，

载《中华读书报》，1995年11月1日）

飞白主编的《世界诗库》十卷八百万字

屠岸：

《世界诗库》这个巨大的系统工程的竣工，是中国文学界、诗歌界、外国文学研究界、翻译界、出版界的一个创举，也是世界诗歌界的一件值得欣慰的事情。

这种构架，在中国是空前的，在世界上也是罕见的。

笔者见过美国诗人、学者马克·凡·多伦选编的英文版《世界诗歌选编》。此书从本世纪二十年代到六十年代印过十五版，几经修订，风行欧美。但就其规模来看，则远逊于我们这部《诗库》。凡·多伦的选编中，中国、印度、日本，只有少量的古代诗；广大的亚洲、非洲、拉丁美洲各国近代现代的诗歌一概空缺；欧洲部分，缺了葡萄牙、比利时、荷兰、瑞士以及东欧诸国的诗作。即使是英语诗歌，除英美两国外，加拿大、澳大利亚、新西兰等国的诗，全都不见。称之为《世界诗歌选编》，恐怕会感到遗憾的。

（《倾听人类心灵的声音——贺〈世界诗库〉问世》，

载《光明日报》，1995年11月9日）

杨匡汉：

面对我们这个"泱泱诗国"，多年来我一直渴念有更多的人投入诗歌的建设工程。

当我接读飞白教授主编、皇皇十卷八百万言的诗选巨著《世界诗库》时，受到一种强烈的心灵震撼，我要说：谢谢飞白教授。谢谢为此工程付尽心血的诗歌翻译家和研究家们。谢谢有出版家气魄的花城出版社。……

第四章　扬帆诗海

《诗库》为我们布置了一个全景缩微型的世界诗歌的民族村，引领读者一起神游和观赏，去感受那种诗意地栖居的气氛。……飞白教授自然功不可没。每一个有社会良知的人都为中国有这样甘于清贫与寂寞而献身于文化建设的学者而骄傲。正是这样的诗域守望者们，支撑着建设工程，支撑着学术殿堂。

（《大视野中的诗书——评〈世界诗库〉》，

载《文艺报》1996年1月5日）

在一片赞许和褒奖声中，如果也能听到客观公正的批评之声，那是非常值得欢迎的好事，可惜翻译界尚未能培养起这种良性批评的风气。《世界诗库》除收获赞许外，不出所料也收获了批判：翻译家江枫在1995年12月23日上海《文汇读书周报》发表《欺世盗名侵权之风不可长——读〈世界诗库〉二、七两卷》的宏文（江枫挑出第二、七两卷来批判，因为如他声明他"不可能细读全书"，只读了译自英语的两卷）。这篇批判文章以报纸整个头版刊出，显要位置压倒了正面声音，其声势之大和标题之触目惊心可直追"文革"中的"大批判"和"十大罪状"。

《世界诗库》之招来攻击，除了由于"这条马林鱼太大"，还由于鱼身上有不少"破损"：出版社方面的缺陷是发稿酬寄样书都拖延太久而且太抠门。由于签《世界诗库》项目的范汉生社长已经卸任，加以目前出版社经济周转困难，换届后的花城出版社把《世界诗库》视作上届的功业和本届的负担，对后期保障持消极态度。尽管飞白和编委不断写信督促，仍拖延一年才发一点低标准的稿酬；对大多数译者又舍不得赠样书，引起普遍不满，这为指控《世界诗库》提供了客观理由。编辑方面的缺陷则是在严峻条件下赶出来的《世界诗库》必有纰漏，尽管飞白拦截了数以千计的差错，但仍有一些差错漏网，另外还加上飞白对选入江枫译作"偏少"的失察。

要说选多选少，本无绝对标准，对江枫照顾不周至多只能算个小纰漏，跟飞白拦截的"孪生川斯卓莫"和"猪！"之类严重错误相比，根本算不上什么问题。不过就飞白而言毕竟是个"失察"。这失察是怎么发生的呢？飞白作为主编要处理的难题实在太多，首先他要用很多精力解决《世界诗库》经济上的存活问题和复杂的人事问题，同时又要非常关注《世界诗库》学术上的存活问题，就是说要使它在学术上能副"世界诗库"之名。飞白的工作重心放在开拓和探索上，自己承担起了最艰难的填空补漏工程。而江枫是英语译者，由于英美诗歌（《世界诗库》第二、七两卷）的原文资料最全，国内译者最多，已有的现成可选的译作也最丰而缺口很少，分卷责任编委对英美诗歌也并非外行，依托着国内百年来比较成熟的翻译研究基础，这两卷的编辑工作实无困难。所以飞白就信托给了责任编委，自己没时间、没精力也没必要再多加照顾了。

江枫译的是雪莱和狄金森的诗，这两位分别是英、美重要诗人，国内译者众多，江枫译的雪莱诗选和狄金森诗选在杨德豫主编的"诗苑译林"丛书中出版，影响相对较大。《世界诗库》第二、七两卷的责任编委选入江枫译雪莱和狄金森诗各两首，显得有点偏少了。像这样选法本来也没问题，但既是飞白在主编，如飞白自己操作的话对江枫译作肯定会选得更多些。但分卷责任编委有责有权，既由责编来选，就得由他们衡量取舍了。试看其他人编的各种诗选，选入江枫译作或飞白译作多少不一，从无定规，这属编者的权限。有些重要选本一首江译不选也无可挑剔。一名译者，不论把自己估得多高，在选家面前也无权强加于人。

飞白在《世界诗库》终审中全力专注于防止严重差错，还得杭州昆明两头奔忙，时间极为仓促，哪里还注意得到每位译者包括江枫译作的占比多少！结果失察而对江枫照顾不周。而江枫的性子翻译界都知道，在江枫看来入选《世界诗库》多少决非小事，占比小了就是对他不恭，他决计要大兴问罪之师了。

《世界诗库》参评国家奖时，第一轮投票以全票入围国家奖。而在第二轮投票前夕翻译家江枫对《世界诗库》发起了大规模的猛烈攻势。他给每位评委寄了一份"万言"檄文（实际近三万字），同时也给了影响很大的《文汇读书周报》，该报以头版整个版面发表了江文的详细摘要，这篇极具震撼力的文章给《世界诗库》扣上"欺世盗名"和"侵权"的重罪，文末还对国家奖评委发出警告式通牒：

"据说，在国家图书评奖中，《世界诗库》业经初评通过，如果果真获奖，在国内外都将成为一起不大不小的丑闻。"

对照一下江枫的前恭后倨，真让人见识一幕人间喜剧。

江枫原名吴云森，曾一度与杨德豫同学并一同参军，还和几位参军同学共商改名"江"姓（江声、江枫等）。江枫是杨德豫1985年介绍给飞白的，次年他给尚未见面的飞白写来热情洋溢的信件［注：飞白收的一些作家翻译家信件现存上海图书馆内的中国文化名人手稿馆］：

今天我读《名作欣赏》1986年2期，尽管按时寄来的这份刊物，有许多，搁在那里，还没有读过一字。

我读这1986年的第二期，只是由于有飞白的译作和飞白的赏析。

我读了，非常满足。

译得美，析得美。

我从阅读中得了启迪，得到喜悦，使我按捺不住，拿起笔来，写这几句话给你，一位不曾见过面的老友（这个老字是恰切的，三中全会以后的一年能胜过那狂乱十年中的多少年！），一位我钦佩的多种语言诗歌翻译家，只是为了说：

作为读者，我感谢你。

作为诗歌翻译爱好者，我感谢你！

江枫　1986年6月1日

在11月28日的来信中江枫还自谦地表示：

如果我还年轻，我一定要到你那个班里去当两年研究生。可惜，老了，明年60岁。

1987年早春，江枫从北京专程来杭州初访飞白，然后到长沙会德豫。1991年江枫致飞白信中进一步这样说：

> 现在，既然有不少人把你我和德豫连到了一起，就让人们这么想，这么记住吧，只是三人中我的成就瞠乎其后。

然而之后江枫的自我估价迅速膨胀，再不"甘附骥尾"。当他觉得自我估价受到选稿人触碰，就上演变脸特技，发动对飞白的全面攻势，在文学界和出版界造成了轰动。

这么一来，就再不会被人们"连到一起"了。

江枫选择投票前夕评委已不可能再做核实的敏感时刻"爆出猛料"，有效遏制了第二轮投票，使在第一轮投票中名列前茅的《世界诗库》跌落到国家图书奖提名奖，对花城出版社造成一大打击。

江枫檄文给《世界诗库》扣"欺世盗名侵权"的大帽子，举出的是什么具体罪状呢？《世界诗库》触怒江枫，本因江枫嫌选他的译诗少，但对这私人动机必须罗织其他罪名略加掩饰。而《文汇读书周报》发表江枫长文时，又删掉了透露《世界诗库》缘何触怒江枫的关键段落，这就掩饰得更好了。在删掉的一节中江枫先批评《诗库》编者对余光中等台湾译者的译诗"表现特殊兴趣"，然后捎带出飞白："例如狄金森诗共选22首，余光中译的就用了10首，而从大陆和台湾评论甚至包括飞白本人也承认是最佳译作的《狄金森诗选》[江枫译]216首中却只选了两首，另外10首则均为飞白所'译'。"报社编者感到江枫如此评比余光中、自己和飞白译作有失风度，所以删去这段，使得批评好像是出自公心。

刊登出来的檄文为《世界诗库》罗织的是这五大罪状：罪状一是书里有错字，罪状二是"偏爱台湾译者"，罪状三是"编者不学无术信口雌黄"，罪状四是飞白对江枫"涉嫌抄袭剽窃"，罪状五是出版社拖欠稿酬侵犯译者著作权。尽管江枫的指控大部分虚张声势而缺乏实际依据，但在投票的关键时刻突然抛出却对造舆论十分有效，事后你再辩白也已经迟了，使得花城出版社大呼晦气不已。但飞白对此倒不太在意，他作为水手只顾航海，既不需要评奖也不需要评职称，还力劝好友杨德豫不要太在意。

麦子转黄了

飞白自己对此虽不在意，但《世界诗库》争议既已成1995—1996年度出版界舆论热点，作为《世界诗库》主编不能不表明态度。在出版社和编委会催促下，他于读到《文汇读书周报》的当夜就急就了《中国人啊，中国人……》一文（刊《当代文坛报》1996年第2期），作为对江枫的回应。他首先表示：《世界诗库》编委同人诚恳期待学术界和读者的批评指教。江枫抓住《世界诗库》编辑方针中"以提高质量为准绳"一语，指责诗库所选某些译诗质量不够"最佳"。这本来与飞白在《世界诗库》总序中说的意思相符，总序说的是："把世界诗的精华一网打尽、集于一库，当然是我们美好的梦，但太美的梦难圆，……译诗之难，语种之多，资料之不足，时间之紧张，也必然给质量带来影响，使我们难臻美好之梦境。"然而江枫却据此得出了"欺世盗名""国内外的丑闻"等耸人听闻的结论。这就有必要探讨一下：我们需要的是什么样的批评方针。

飞白说：编辑方针当然要定在"提高质量"上，否则难道要定在"降低质量"上不成？然而实际选入的诗水平总不可能一刀切。编者曾花大力气消灭错字，但总有个别错字漏网。编者当然难辞其咎，但这也是理想与实际、方针与贯彻之间难以完全弥合的差距。不能因花园有几株杂草就平毁花园，因脸上有一颗黑痣就砍掉脑袋是不是？不承认这一点，美丽的理想就将化为可怕的灾祸。"中国人啊，中国人，'文革'仅过去十几年，难道对此已经丧失了记忆吗？"

在实事求是地讨论几个争议问题后，飞白补充道："但是江枫指控的口气是不容对方洗刷的，而我对洗刷也并无兴趣，今天就此打住，以免无意间引出庄子的寓言。"

"作为经过一生风浪的水手，我毫不在意评奖或挨批，我只为有些中国人的健忘感到深深的忧伤。"

江枫当然不肯收手，打掉《世界诗库》的国家图书奖是他的初步战果，但"提名奖"性质仍属国家图书奖二等奖，这结果还不够使江枫满意，还得乘胜追击。《文汇读书周报》用整个头版刊登的只是江文的摘要一万字，他又将三万字全文再发《书屋》杂志。不过《书屋》发表时（1996年第3期）也做了不少删节，特别是删去其中的粗暴用语。接着《书屋》便向飞白约稿，请飞白作文答辩。

报刊都愿意刊登江枫大作，原因很明白。在《文汇读书周报》发过江枫文后，主编碰到飞白首先向飞白道歉，然后解释道："办报纸嘛，你懂的……"飞白一笑，这还不懂？新闻界最怕的就是"没新闻"，江枫制造轰动新闻，媒体实在是求之不得，给他个头版不足为奇。接下去报纸还会做后续跟进报道，请被炮轰者答辩等，借此大大活跃版面，吸引关注。只不过对被炮轰者而言，抹黑容易而洗白难，后遗影响难以消除。

对这类官司飞白实在厌倦，虽知这也是常见的海上风浪，但又只不过是对"文革"大批判的一场模仿秀，不值得投入平反冤假错案的激情。所以他一再向《书屋》编辑部辞谢说鼓不起兴趣再写。但已经刊登江枫文章的《书屋》感到收不了场，恳切向飞白约稿。而花城出版社因江枫加给《世界诗库》的罪名涉及原则乃至法律问题，坚持要主编飞白再著文回应，好友杨德豫也力劝飞白作文答辩，飞白难以推辞。考虑到这不是主编个人的事，涉及《世界诗库》编委群体和众多作译者；同时也想起了以前每逢批判必被剥夺答辩权的往事，觉得如今时代进步了，也该体现一下这来之不易的进步。于是飞白终于提笔再写《关于〈世界诗库〉的批评》一文（刊《书屋》1996年第6期）。

作为主编，飞白文中先评估一下《世界诗库》的成败得失。

"得"的是：像麦哲伦之航一样，虽然屡遭海难，最后仅剩的十八名船员终于完成了世界首次环球航行，精疲力竭摇摇晃晃地踏上了塞维利亚的码头。《世界诗库》的水手班子也终于完成了世界首次选编翻译三十多个语种一百三十多个国家诗歌名作的十卷诗库，这一条"得"实在是得来不易。

飞白文中说：《世界诗库》完成环球之航而基本达到"世界性"标杆，靠的是填补大量此前的空白。如若不然而冒称"世界"，编委会和主编将愧对读者，愧对世界，"即便没有人想到给我们戴'欺世盗名'的帽子，我们也将恭恭敬敬地自己戴上"。

作为对照，除前面屠岸所举美国《世界诗歌选编》的例子外，几年后飞白又收到一部美国的《世界诗库》，其资历更老也更有名，是美国十九世纪著名诗人布莱恩特主编的，1870年初版，后经不断修订增补，到1984年已出到第二十版。一位当年旁听飞白课的杭大研究生杨思梁，现在是在美国做大数据的工程师，寄赠给飞白一本，该《世界诗库》共一厚卷，真皮豪华精装，页边切口三面烫金，比花城版气派多了。拿中美两部《世界诗库》可做一番有趣的对比：

美国《世界诗库》（*Library of World Poetry*）共收诗约1500首，几乎全部是英美诗（含少量爱尔兰和加拿大的，这在十九世纪均属英国版图），而译自外语的其他国家的诗一共只收30首，且全属西欧，计古希腊3首、古罗马1首、德国16首、法国5首、意大利2首、西班牙1首、葡萄牙1首、荷兰1首。英诗占全书98%，译自外语的诗共占全书2%，却俨然挂上了《世界诗库》牌子。

飞白主编的《世界诗库》（*BIBLIOTHECA MVNDI POETICA*）共收诗约6400首，十卷篇幅是这样分配的：第一卷古希腊、古罗马、意大利，第二卷英国、爱尔兰，第三卷法国、荷兰、比利时，第四卷德奥瑞士和北欧诸国，第五卷俄罗斯和东欧诸国，第六卷西葡和拉美诸国，第七卷北美、大洋洲，第八卷西亚、中亚、非洲，第九卷南亚、东北亚、东南亚，第十卷中国作为东道主压轴出场，这是仿照奥运会的常规。英语国家在十卷中得到第二、七两卷份额共占20%，对繁荣的英诗已给了应有的尊重。

论卷数，东道主中国诗只占十卷中的一卷，即10%，但因中国诗有简洁凝练的传统，若论所收诗数则占比要大些。《世界诗库》在全部6400首中，收中国诗约1100首，占17%，而以开放包容的心态收外国诗约5300首，占83%。冠以"世界"之名是扎扎实实于世"无欺"的。不难理解，要做到如此无欺程度得付出何等辛劳和努力。

我们再回来说《世界诗库》的"失"。这也与麦哲伦之航相像：众所周知麦哲伦之航是"粗糙"的，一路上出乱子犯错误闹矛盾不断，越往前走船越少，进入太平洋时已近断粮，麦哲伦本人也卷入愚蠢的冲突而丢了命，这也真够"粗糙"了吧。环球首航绝不可能是"光滑"的，飞白认为《世界诗库》作为环球首航，在选编上和技术上也"均感粗糙"。选编上的粗糙，包括对江枫照顾不周的疏漏；技术上的粗糙，如江枫严厉批评的几处校对差错。飞白对江枫发现了三处漏网错字表示真心的感谢。

很可惜，江枫指控的"错译"大多数却是颠倒黑白。对此飞白表示：批评值得欢迎，并不要求批评得中肯而确切，但批评方针值得好好探讨。中国学术界尤其是翻译界的批评往往由非学术动机引发，并且用非学术方式进行，这实在是我们的悲哀。尤其是那种使用权势话语的批评，强词夺理，明显有"大批判"的气味。飞白对江枫的批评逐条作了辨析。如江枫自己把狄金森诗句"if bees are few"译作"假如没有蜂"，而指控飞白译文"要是蜜蜂少"为错译："错在飞白未能注意到英语里不带冠词的few是否定意义的少，类似于汉语的'微'或'鲜'而有时可以理解为'无'。"这就是强词夺理"指鹿为马"式批评。英语的few在否定意义上解作"少"而不可解为"无"，本是中学生应具备的基础知识。请看词典例句：

"A man of few words"是"寡言少语的人"（飞白按：不可理解为"哑巴"）；

"One of his few pleasures"是"他的少数几种乐趣之一"（按：不可理解为"他的无乐趣之一"）；

"Holidays were few and far between"是"假日少而且间隔久"（按：不可理解为"无假日而且间隔久"）。

至于江文指控飞白剽窃江枫译文，飞白不禁叹息道："假如在诗库倒计时的紧张关头，飞白忙于'窃'的不是天火、不是人类文化金字塔顶的花环、不是贺拉斯而是江枫，那么根据飞白的判断力障碍就该立即送进精神病房了。"

因批《世界诗库》也引发了江枫与杨德豫的龃龉。根据同窗和一同参军的交情，江枫认为德豫应无条件地挺他，而德豫却极力劝告江枫："不要写这样的文章"，花城不发稿费不赠样书固然不对，但你文中的"欺世盗名"等语是人身攻击，"这种东西"和"丑闻"等语是谩骂,"你写作该文的态度、文风和笔调是从'文革'期间和'文革'以前专门整人的所谓左派那里学来的。"

德豫又以"种瓜得瓜种豆得豆"劝诫江枫,要他"三思","三思"不足还该"六思,九思",但江枫非写不可。于是德豫又试图劝《书屋》不要刊出江文,也未果,害得德豫焦虑万分。当时德豫已疾病缠身,青光眼又对他构成失明威胁。因医生严格限制他用脑用眼,已不得不停止译诗作文。但为此事他却给江枫、给《书屋》编者和飞白分别写了许多信,字数远超万字,令飞白深感痛惜。

飞白劝解德豫:"你眼睛不好,还累你写这样长的信,非常抱歉和不安!关于《诗库》的争论,其起因还是我作为主编的失职,虽然并非飞白故意。"他在信中简述主编《诗库》时焦头烂额的情况后接着说:"……我实在是没能力顾及,在内容选编上如发生权衡失当、摆不平等现象,是我的失职。例如狄金森诗,选江枫译作少、飞白译作反而多,不但江枫认为'不够意思',我也认为'不够意思'。我未及时发觉,为此应向江道歉。就总体来说,'博采众家'等方针是我定的,而编选则是各卷责任编委掌握的;我也交代过不要多选飞白译作,但有些责任编委选飞白译作仍然偏多。加以编委分处全国各地以至于国外,联络不便,我电话未通,快件送达速度则为最快7天最慢39天!尽管我在昆杭间跑了6个来回,在火车上生活了31天,路程几乎绕地球一周,还是来不及对全部稿件做细致终审。……当然,这些客观困难是不足以为主编开脱的。因此,对编选不妥当处（特别是第二、七卷）我不仅要向江枫，也要向你、屠岸和其他主要译家作过迟的道歉。""你不必劝《书屋》不登江文，他已在文汇上宣布了，不能不登的。谢谢关心，别为此伤神了，多保重！"

多次书信往还后，德豫最后来信说："你来信中用了'人格感召'等语，我实在愧不敢当。我只是因你和江枫都是我的好友，我夹在中间不免左右为难。当然，事情的是非曲直，我心中是一清二楚的。江枫也知道我不可能站在他一边，但他曾在电话中要求我'严守中立'。在道义上'严守中立'是办不到的，但我今后可以尽量少插手。你信中也劝我超脱一点，不要为此伤神，我一定尽量照办。"德豫字里行间透出的，正是飞白所说的人格感召。

《书屋》刊登飞白答辩文后江枫不服，再发第二篇大同小异的文章给《书屋》，但遭《书屋》拒登。

1998年德豫因事到北京，看望了卞之琳、屠岸、袁可嘉、绿原等人，却没有同江枫联系。江枫向屠岸打听出了德豫住处后跑来，"恨恨不绝地"指责他"偏袒飞白"，甚至说："如果我气死的话，至少有百分之五十一是被你气死的。"

1999年初云南大学在昆明主办文学翻译研讨会，江枫也在受邀之列，飞白作为东道主首先伸出手来欢迎江枫，可是并没能缓解江枫的火气，他不顾会议议题，抓住一切机会声讨飞白和《世界诗库》。在研讨会上，不论讨论什么议题，他都抢话筒发言来批《世界诗库》，批飞白主编《世界诗库》欺世盗名评上众多奖项，"飞白和编委们高兴得满地打滚"。江枫在《文汇读书周报》和《书屋》杂志发文时，此类句子曾被编者删去，使江枫非常不满，所以他自己打印了再在各次研讨会上散发。饱经风浪而心胸开阔的飞白不计较江枫言辞无礼，起身做了大度的表态。他说：

"江枫是我们邀请来的客人，是我首先对江枫伸出手来的。对江枫和江枫的批评，我们都表示欢迎。

"江枫的意见集中于《世界诗库》，使江枫极为不满的是《世界诗库》获奖太多。我也觉得：《世界诗库》获七八个奖，是不是有点太多了，应当匀一匀。要说明的是，《世界诗库》之所以屡屡获奖不是由于它毫无缺点，而是由于它的开创性，它是世界上的第一部。'麦哲伦之航'是不可能没有许多缺点的，对它的缺点我比任何人都清楚。所以，如果要问世界上谁对《世界诗库》意见最大？那么我可以肯定地回答：不是江枫，而是飞白。"

话头再回转到《世界诗库》出版之际。返航的飞白从杭州回到云大，有两周时间处于没生病又要想生病的中间状态。努力想要放松，但凭惯性仍是半夜睡着五更就醒，用了整两周时间才把作息时间调整到接近正常。因为他住的小套宿舍地势低洼，虽住二楼但窗口全被树木遮挡光线昏暗，他早先已提了申请，希望调整到光线明亮的本单元三四楼去。这时他从云大领到了四楼的钥匙，来云大一年后终于能分出点时间和精力来建设书房了。因房子不是自己的，飞白打算只做点不动结构的简易装修，他作了设计，绘了图，设计意图是使它比较适于工作，或者说，使它比较像个书房、工作房或诗海"船舱"。不待说，其中的主要部件是书架。

飞白筹建书房由来已久，早在四十年前的1955年他就走了第一步，那时他在部队，已自己设计叫木匠制作了一个迷你木书架，像蛤蜊那样分两瓣用铰链相连，可开可合的。两瓣合起来扣住是一只书箱，打开了立起，两边就是各有三层的小书架。因每层都很窄，飞白买的书也都是最小开本或袖珍本的。最上面一层的高度16厘米，放的是袖珍诗集，当时外文书店能买到的袖珍外文诗集飞白差不多买齐了，包括彭斯、拜伦、雪莱、济慈、普希金、丁尼生、涅克拉索夫、马雅可夫斯基，另外就是他的笔记本和自己编写的诗韵、俗语等小册子，这个迷你书架是飞白自己的第一件家具，其余东西包括铺板都是借公家的。当兵的人本来只有一个背包，但当兵五年，尽管经济拮据也积累了一些藏书，占满了这样一个小书架。正是这一年他开始从事文学，于是藏书也继续增加。虽极力控制，到1980年初从部队回杭州时，飞白还是不得不再制作十八只小书箱才把书运回来。

从部队回杭大后环境安定，又逢出版改革开放，飞白买书更骤然增多，无处可放，只好堆积在自己座位左侧和背后地上，这个"图书角"于是书如山积，而且其"海拔"逐日升高。书不能分类，只能如地层那样一层层积压上去，使下面的书如古老地层那样难见天日了。

飞白在杭州时记者来访，总认为他的风格和精神面貌就是满地堆书，到处喂猫，不修边幅，乱七八糟。现场摆在那里，任他狡辩也跑不掉的。因此他筹建书房的需求随着书堆与日俱增，越来越迫切了。这次来到云大，而且小套居室里还有个不太小的客厅，便把客厅用作了书房，两面完整的墙面完全规划成无背板式的靠墙书架，书架每层的高度按不同开本的书量身定做，从地面到天花板不留空隙。以致后来客人一踏进门来都不禁发出一声"Wow！"

固然，筹划了四十年他才建书房，实际上已经为时过晚。飞白做《诗海》和《世界诗库》时需要使用世界诗歌各方面的资料，那时最需要书架以便手到擒来，然而那时的工作却是在完全缺乏条件的"途中"进行的。而现在，在大规模的和最艰难的工作完成后才来创设工作条件，岂非一个悖论？

1995年底，飞白的船舱/书房挂满了圣诞卡、贺年卡

飞白拒不写诗，但偶尔一不小心，也有一声感慨漏出：

麦子转黄了

从茎到叶

当绿色的疲劳终于结束时

中国自1995年5月起周末有双休日，实行四十小时工作周。飞白以前当兵是六十小时工作周，而自己还要外加至少十小时的文学工作，变成超七十小时工作周，长期如此。今年赶任务又赶成了超一百小时工作周。亏得"猫命"保住了眼睛和心脏，海难余生后，飞白下了决心：从今后他将是自由写作者。再也不签把自己套牢的合同了。

虽说是疲劳终于结束，但他此时真已精疲力竭，却又有两位研究生要做论文答辩，碰巧一在云大一在杭大，又得来回奔波一番。对小"船舱"的装修却顾不上监督检查了，只好随它简陋粗糙点儿吧！有海风气息就行了。

第五章

回头不是岸

告别湖畔

汪静之身为绩溪人，却有牢固的"湖畔"情结，绩溪与杭州一水相连同属新安江水系，他沿新安江顺流而下，来到西湖之畔求学，在湖畔和诗友结成情逾手足的湖畔诗社，在湖畔和爱侣绿漪相恋，于是西湖成了他的精神故乡，成了他一切美好情感的源泉、象征和锚地。从此不论再去哪里他

杭州西湖

总心系湖畔，总千方百计还要回到湖畔，"文革"结束后，年老的汪静之又在杭州恢复重办湖畔诗社，以纪念死难的诗友。

飞白身为杭州人，却没有这样的湖畔情结。他闯荡五湖四

海而终于回到杭州，是为了父母年老身边需人照顾。1978年母亲竹因胃大出血做胃切除手术，因高龄加高血压冠心病，危险性很大，飞白在部队得电报，而在售票窗口买不到当天车票，他站在火车站一直等到有人退票，方才紧急赶回杭州，并在病房日夜陪护母亲二十天。这次大手术对竹因身体打击太大，术后不能再恢复健康，飞白正是因此才迫切申请离队回乡的。但飞白回杭仅六年就送别了母亲，这几年间他因工作太忙对父母照顾不周，深感愧疚和心痛。他虽以最大努力把父母住房从望江门外迁到了西湖区，但这处房子位于三楼，而楼梯既长又无扶手，竹因身体太差行动不便，已不能下楼。飞白希望再换方便一点的住房（例如换到一楼），然后买一辆轮椅好推着母亲到湖畔去。但母亲说她不希望有坐轮椅的一天。

竹因从来是麻烦独揽而不肯麻烦别人。她永远在默默地为家庭付出，还为子女承担额外义务，特别是"文革"非常时期，子女或下放干校或进了"学习班"，纷纷把第三代送到杭州来交奶奶/姥姥托管，最多时同时集中过七个小孩。她不仅管全家吃喝，还要给孩子们缝制衣服。"文革"期间竹因已六十三到七十三岁，她的承担远远超出了她的能力，"文革"结束她终于闹出大病，几乎丧命。做大手术后竹因仍自己做家务劳作，在她带病坚持的八年间很少看病诊治。此前竹因1952年从上海赴北京时，因家务事忙而请保姆太贵，就自做家务没有再任教师，结果导致她没有医保也没有退休金。静之被解雇后家里经济条件又不好，所以竹因总说自己是小病小痛问题不大，不肯看病做检查，直到1986年3月18日突然倒在厨房里。

即便是最后的告别，竹因也是以自己的方式：悄然离去，没有麻烦别人。竹因脑动脉事故发病太急，飞白闻讯赶到时她已重度昏迷，飞白没能赶上给母亲任何帮助。当夜飞白在浙江医院守护通宵，但竹因再也没有醒来。竹因从来默默坚持，纵有病痛也没有发过告急求助信号，而飞白回杭后也未能主动帮助母亲好好检查诊治，此刻负疚已经来不及了。

19日晚6时竹因去世。飞白在太平间彻夜守灵，守护第二个通宵。他独自坐在亡母身边，手里一直紧紧握着亡母的手。早春时节黎明前寒意侵人，但感到母亲的手渐渐变得温暖，并确实地感到了血脉的微微跳动。

难道是出现了奇迹？——不，那是飞白自己的血脉在跳动。

飞白小时候在贵州读过一篇西班牙小说，记得说的是某处有个岩洞，里面隐约传出神秘的音乐，但进洞探险的人从无一人返回过。于是人们越发好奇，他们紧紧地手拉手，结成人链再走进洞去。但是只要一走过神秘的拐弯，前面的那只手就忽地松脱，人链前的那个环节就消失在拐弯后了，拉得再紧也没有用。母亲去世那天，茫茫黑夜中，他眼前浮现了小说里的那条人链，以及握得再紧也拉不住的手。飞白于是明白：在思想还无准备时，前方环节已忽然消失，从此他自己是抵挡黑暗的前方环节了……

在西湖之西，夹道的白玉兰花和纷纷春雨中，飞白送母亲最后一程。"妈妈，我的爱随你归去"——他送的花圈上这样题着。而落款是："连名字也随你归去了的阿波。"

竹因一生为静之、为家庭辛勤付出，任劳任怨，因长年在压力下和焦虑中度日，早早离去了。静之心理上比竹因乐观豁达得多，他又坚持了十年。但他一心只顾着湖畔诗社及纪念馆，却忽视了自己多年来的足部水肿，到1996年7月水肿加剧，并发支气管炎，住进浙江医院。入院数日便转入重症监护病房并发出病危通知。这次飞白赶上了陪护父亲，和我一同陪护了静之最后的三个月。

此前飞白在主持《世界诗库》时自己曾多次胸闷胸痛，尤其是《诗库》最后冲刺阶段他是豁出去冒了很大风险的。好在完成《诗库》后他得到了一年非常难得的休整：一面恢复体力一面教课和建设书房，同时还自己开了伙。本来他的宿舍一下楼，对面就有云大的食堂，但昆明口味对他而言太重太咸，炒菜又用猪油，他自己开伙能吃得顺口一点。飞白两次被小偷偷了自行车，第二次花四百元新买的凤凰牌自行车，加两把锁锁在楼梯下的铁栏上也不管用，第三夜就丢了。他火起来就再不"为小偷"买车，自己重新当起了步兵，经常走南面的钱局街或北面的龙泉路，上超市、菜场采购粮菜，这样负一点重快步来回走五千多米，正好作为日常锻炼。他甚至还以并不高明的厨艺请客吃饭。记得在美国时，同事们一家家请他做客，使他很不好意思，只得托个空头人情说：等你们来中国玩时我再回请。如今他总算有做饭菜的条件了。1995至1996年间便常组织派对，宴请同事和在昆明结识的荷兰、瑞典等国朋友，还有他指导的研究生和一位丹麦留学生。限于住房狭小没有客厅，他一次最多能请三四位，而且因他连餐桌都没有，只能以茶几代替餐桌，就像巴黎街边的咖啡座，促膝围坐倒也是一种温馨。那时想不到，飞白有机会宴请朋友的时间，前后仅持续了一年。

为了诗海航行，飞白在教师中还最早一批装备了电脑，这既是现代化设施也是奢侈品，当时可真是要下本钱的，486兼容机，请计算机老师帮他组装的，8M的内存，硬盘850M不到一个G，购买配置共花了一万一千五，加上打印机四千六，再加扫描仪等其他设备共投入两万元，这对飞白而言是一笔空前"巨资"，超过了他对所住房屋全部装修加（电脑设备以外的）全部家电的投资。要知道飞白1994年底退休后，每月退休金才七百多元，而恰逢此时他又要负担杭大新村和（父亲的）曙光新村两处房改购房资金。至此他真是储备见底捉襟见肘了。

不过在他的小船舱里，量身定制的小冰箱、小洗衣机、燃气炉终于各就其位，在亚特兰大奥运会前他也选到了一台合适的小电视机。这个时代，别人选购电视机都讲究大尺码、大屏幕，而飞白选购的尺码却是"必须能纳入书架预留空格"。飞白这台21英寸电视机也挺争气的，一直用到如今已二十五年机龄了还在继续服役。但在当年，电视机虽买好了，亚特兰大奥运会他却没有机会看了。

总的来说，从1995到1996年他虽有与江枫论战的麻烦，但算不上大风浪，飞白得到了宝贵的休整机会，到1996年7月初放暑假时，据他说"感觉好像恢复到了十年前"。但是风浪说来就来，正如《瓦西里·焦尔金》里说的：你正准备干这干那，可是战争来了，只好把一切都忘掉，下来了命令："一切都取消！"

飞白1996年5月回杭州探家时，父亲还是好好儿的，但到云

难得的一张合影：1987年静之、飞白和家人在苏堤，
左起：汪晴，刚柳，飞白，静之，霜荣，祖莲，云闪

大刚放暑假，飞白刚把电脑设施装备停当，坐到电脑桌前准备成为自由写作者徜徉诗海时，接到了"父病危"的电话。

下午五时接电话，飞白立即扔下一切，在一小时内购到次日凌晨到上海的机票（没有直飞杭州的）辗转赶回杭州。这是小约翰赶回父亲病危床边的一幕重现。

浙江医院ICU重症监护病房。小妹伊虹和妹夫祝焘已先期赶到杭州，他俩陪护一个夜班，飞白和我陪护一个夜班，两班轮换。静之的咳嗽在加剧，脚肿也不断往上发展，达到了腿部、腰部。我们缺乏医学知识，医生说话又很保留，所以直到后来才明白：其实他咳嗽和水肿两种症状不是两种局部的病，而是心衰发展到严重阶段即"全心衰"的典型表现。伊虹和祝焘因须为十月中下旬在中国美术馆举办的个人画展做准备，与飞白完成交接后回太原去了，约定10月底办完画展再来接飞白的班。

静之是非常天真乐观的，他始终不信自己病重，坚信他的心脏肾脏健康，他体内已潴留几十斤的水不能排出，一餐吃一小块馒头都难以下咽，还要起床试图原地踏步"锻炼身体"，以求早日康复。飞白和我在他积极精神鼓舞下也保持着焦虑的乐观：心想精神状态如此好的人，怎么会已经不能治了呢？我们竭尽全力帮助着他。

　　病床的倾斜角度可用手摇柄控制，因为咳呛静之不能平卧，基本得保持坐姿。夜间把床的倾斜度摇低一点好让他睡觉，但摇得角度稍微过低，就造成他像肺部进水似的剧烈咳呛，又得立即把角度摇高，让他端坐呼吸。每一夜都是这样在摇低摇高的不断折腾中艰难度过。有时他从睡梦中突然咳醒，咳出大量粉红色的泡沫；有时也会突然停止呼吸。发生这类情况，就得立即呼叫医生抢救，所以陪护是件提心吊胆的事，除了飞白和我别人基本干不来。其他亲属被请来帮忙的，只能在一旁给飞白和我当个帮手（比如说两人把静之抬一下比一人容易得多），但不能应付和处理各种临时情况，因此我们二人自始至终至少要有一个在场，不敢离开须臾。静之在八月份就发生了七次突然停止呼吸事件，其中几次虽有其他亲属在场，但他们从未察觉，都是飞白和我及时发觉呼叫医生的。为了全力陪护静之公公，我把我母亲也从绩溪乡下请出来帮我照看孩子，因为恰逢暑假幼儿园放假了，有我母亲带孩子，我才能大部分时间待在医院里。

　　外地的亲属们非常关切静之病情。他们分布在北京、上海、太原和国外的巴黎、波士顿、圣弗朗西斯科、温哥华。汪晴刚赴温哥华去帮助女儿玫玫带孩子，她尤其关切父亲的病情。因当时还没有移动通信，只有家里有电话座机，飞白和亲属们约定，他每三天的第三夜从医院回曙光新村过夜，请大家在这一夜里来电话，飞白向大家通报病情。这样安排，一夜要通六七处电话，使飞白每三天回家"睡"一夜有名无实，常常睡不成觉。飞白遵父嘱，临时抱佛脚跑书店去买有关医学书籍，骑自行车进城时，他竟在湖滨路上睡着过两次，睡着了还继续骑行，直至失去平衡车要倒地的瞬间才惊醒。那时大街上汽车远没有现在多，故未酿成车祸。

静之直到最后还在与疾病顽强抗争，他一直坚持了三个月，我们也因他而抖擞，陪他坚持了三个月，每天只轮流在病床边的地板上稍微躺躺。我们要时刻管滴注，管大小便，每天十几次喂药，十几次喂食喂水，静之实在是吃不下，得千方百计使他吃一小口。他体内积水至少五十斤，因过重在病床斜面上不停地要滑下来，需要随时帮他拉上去。因他躺得难受，又要昼夜不停地帮他翻身。静之还不断要求起床，因水肿和血脉不通使他下肢冰凉，虽是盛夏，起床也得穿上毛衣、棉裤和毛线袜，起床后坐椅子或轮椅他又无力久坐，所以一天到晚就得这样反复折腾十几遍。一天数十次上下床是飞白抱的，静之本来不很重，现在因积水而变得很重，他觉得被飞白抱起来很不好意思，但不抱又不行，现在他自己连简单动作都难以做到。可是他还在不断地叮嘱，叫外地亲人们不要远程赶来："要等我出院，明年春天再来聚会。"

第二个月静之已有严重的腹水胸水，肾衰渐渐赶超了心衰。他在病床上常处在溺水窒息的边缘，使我们难以合眼，从没睡过一夜正经觉。这时飞白终于意识到父亲的病已不治。浙江医院对面就是静之非常喜爱的杭州植物园，依照静之的要求，飞白每天在医生查房之前冒险为他摘掉供氧，大清早就用轮椅推他到植物园去亲近自然。到第三个月，为了改善环境又把静之迁出ICU病房。由于静之的坚持奋斗，他终于等到了热切盼望的诗集《六美缘》出版。这部静之心爱的诗集是他早年爱情史的记录，因其"不合时宜"而封存秘藏了六十年，直到九十年代初静之确信抒发个人情感已经解禁，才翻出箱底的宝贵诗稿整理出版。久盼的《六美缘》样书，湖绿色的封面上印着玫瑰色的书名，终于送到了作者病危的床边。当年稚气的少年诗人，如今已是历尽沧桑的九十四岁老翁，却还天真依旧，沉浸在青春岁月的浪漫旧梦里。

试看静之病危进入第三个月时拍的照片：看得出这是已经断气八次、医生认为每夜都"可能过不去"的垂危之人吗？

天真的老诗人在最后阶段显示出了超常的坚忍。他不能安睡，不能吃喝，医院供应的小馒头本来一口可以吃一个，我却得撕碎了一点一点喂他，他难以下咽，要用极大努力花半小时才吃掉半个。

面对死亡时刻静之仍不相信死亡。双方对峙，一个月，又一个月。

仿佛古战场上两军对垒，射住阵脚，由双方主将出阵作数十个回合的决战，而我们作为兵丁，只能在后面摇旗呐喊和等待决出胜负；

飞白和病危的父亲汪静之

　　仿佛两头牛全力相抵，久久相峙而出现了一种极其不稳的稳态，一种精疲力竭的凝固；

　　仿佛足球决赛场上出现双方相持局面，加时赛在不断延长。……病房门外的厅廊里播放着奥运会电视转播，亚特兰大奥运会采用了加时进球的"突然死亡法"；病房门内我们这边的规则与此相似，但有一点显著的不同和不平等，那就是我们这里只有半场攻防，而死神一方不设球门。我们只有死守己方球门，抵御对方一波一波的轮番攻击。扑出了八个势在必进的险球，每次都使得加时赛继续延时。当静之第九次停止呼吸时，肾功能已完全衰竭，球进了。

　　静之临终前最后一句话是："这里留一两个人，其他的都回去！"后来报纸报道说：汪静之临终"吩咐后事"，说"我要走了"等全属虚构。静之虽然早在八十年代就对身后事做了安排，但是他此刻绝无"临终"意识。其实他叫人"都回去"，意思是："不要大惊小怪！"他直至最终还拒绝死亡概念。真是天下奇人。

我目睹了他心态的乐观和生命的顽强，在病床前默默陪他到生命最后一息，默默地和护士一起为他擦身，换上他爱穿的干净的中式白小衫短裤……

自己也已六十六岁的飞白呢，多亏在《世界诗库》苦战后有过休整恢复，几乎也把这艰难的三个月坚持到底了。但最后几根稻草压倒了他，除三个月的积劳成疾外，有一根"稻草"是他长子小荣受公司老总案子的株连，难以撇清，飞白不得不为此事外出奔走打听；另一根"稻草"是我幼小的孩子发烧一个多星期，飞白极力把我劝回家去照看孩子，而医院里由他多负担一点（白天他全包，夜间我仍来参与轮值）。这一个多星期他太累了，终于在最后这天凌晨，静之逝世前数小时，飞白突发脑动脉供血障碍晕倒在家。——那夜是我到医院值夜，轮到他回曙光新村接亲友电话。天色微明时，飞白正欲起床赶赴浙江医院，刚抬起身来却一头栽倒在床，感觉顷刻间天崩地陷恰如遭遇大地震，而且崩塌的世界又在急剧旋转，人好比落入了洗衣机滚筒，虽还有知觉但已毫无抵抗能力。这样被"强洗""甩干"一小时之后飞白才勉强挣扎起身来。

那年云南发生丽江大地震，报纸报道抗震救灾模范事迹说，有位村主任坚持救灾，一个半月没睡一夜安生觉，最后晕倒了再没能站起来。飞白坚持了三个月没睡一夜安生觉最后才晕倒，而晕倒一小时后他刚能动弹就又凭意志站了起来，骑上自行车就往医院赶。他仍在剧烈头晕中，但知道静之危在旦夕，不容他休息。

告别湖畔续集

当天中午静之去世，飞白马上又得张罗一应后事，他首先通知了浙江作协。作协负责人在汪静之去世后两小时便赶到曙光新村来吊唁和协办后事，同时也是特意赶来给飞白一个重要提醒：

"千万注意：某诗人是不可以当湖畔诗社社长的，他的作风和口碑会影响湖畔诗社声誉。"

其实这也是静之生前最担心的事，他早在去世的十年前就曾写过："我死后［湖畔诗社］必被人把持，毁坏湖畔声誉。如果解散，我死后，马上有人恢复湖畔［诗社］。拙诗人［原文如此］千方百计想把持湖畔诗社，加以利用，把持之后，谁也无法奈何他们，结果成为文学史上的笑话，我就成为湖畔的罪人！"（《恢复湖畔诗社的经过》，《汪静之文集》回忆杂文卷53页）

随后，所说及的某诗人也上门来吊唁了，但说的话不大像吊唁：

"我是当兵二十年的人。"

登门的实质是来摊牌，告知飞白"不要拦路"。但这好像并没发挥预期作用，飞白很平静地淡淡回应了一句：

"我当兵是三十年。"飞白这话不是为示强，话里暗含着一声喟叹。

飞白刚从脑动脉事故中爬起身来，遵医嘱必须"绝对卧床休息"，但从这番对话看来，面临的风浪又无可避免了。这其实没太出乎飞白意料，飞白知道迟早会有告别湖畔的这一天，这番风浪也迟早会来。静之虽不信他这次一病不起，但对自己身后事也早有安排，有些事还反复叮嘱交代。他最担心和忧虑的事，莫过于湖畔诗社及其纪念馆的命运了。

到底是怎么回事呢，还得交代一番来龙去脉。

却说静之1952年应湖畔诗友冯雪峰之邀到北京人民文学出版社去工作，但时任出版社社长的冯雪峰不久后就连遭政治打击，静之也在1954年无辜被停发工资，解雇了（虽然那时的中国并没有"解雇"这一说）。两年后他才得到中国作协救助，靠每月一百二十元创作补贴生活。1965年静之被打发离京回乡，与竹因同回杭州。回到杭州安家本是他们的夙愿，然而想住得离西湖湖畔近点却是个无法实现的奢望，为住房交涉许久，好不容易才在望江门外工人居住区里得到安置。到"文革"中，中国作协被解散，作协留守处给静之办理了退休，停发创作补贴，通过军宣队改为由居住的街道发放退休金，每月只有八十元。在这一连串倒霉事之后，汪静之完全"没有单位管"了，街道添了一位不声不响的银发退休老人，红卫兵却无人知道这街道里"藏"有一名作家。因祸得福，倒使不谙世故的汪静之奇迹般地躲过了"文革"风暴冲击和抄家，尽管生活贫困，却安然度过十年劫难，成为中国作家中罕见的特例。

"文革"结束后汪静之被"重新发现"，他以"出土文物"自嘲。

1922年汪静之和应修人、潘漠华、冯雪峰组成的湖畔诗社曾是中国新文学运动的第一个新诗社，四位青年诗人以反传统的姿态和天真自然无拘无束的风格，唱出了个性解放的时代新声，引发了强烈社会反响。不久后湖畔诗人们纷纷投身革命，应修人、潘漠华都在三十年代牺牲，冯雪峰则死于"文革"，稍晚加入湖畔诗社的谢旦如和魏金枝两人这时也已去世。"文革"结束后汪静之发现自己已是湖畔诗人中孑遗的唯一幸存者，他也被袁鹰报道为"天留一老伴湖山"。而静之一面为自己庆幸，一面为好友们哀恸不已。

　　这时，有些杭州诗人向汪静之建议恢复湖畔诗社。静之想：湖畔诗友都已故去，在湖畔诗人仅剩他一人的情况下怎么可能恢复？当即表示不同意。恰好这时潘漠华烈士之弟潘应人从上海来访，静之提起此事，潘应人考虑了一下，认为可以通过恢复湖畔诗社来纪念先烈先贤，这个设想赢得了重感情的静之热烈赞同。于是湖畔诗社便以汪静之为社长，挂靠中国作协浙江分会，于1980年12月10日恢复活动，不少当地诗人和热爱诗歌的青年慕名加入。这个恢复活动的湖畔诗社有别于载入中国现代文学史的二十年代湖畔诗社，它是为纪念而组成的团体，为区别起见我们在这里称之为后期湖畔诗社。

　　诗社恢复活动后，静之便致力于纪念死难诗友和发扬诗教这两件大事。他天真地深信：依托湖畔诗社和纪念馆，可以大办诗歌讲习班乃至诗歌学院，出版诗歌刊物，发扬光大湖畔诗社精神，熏陶感染千万青年人的心灵，使人人都变成诗人。他的思想方法显然一如既往地过于浪漫，在现实面前不能不遭到挫折。由于加入者的目的未必与发起者相同，诗社办起来后内部便出现分歧，这在现实世界本来很自然。试想一下就知道：有多少人像汪静之、潘应人那样沉浸在对故人的缅怀之中呢？后来诗社发生矛盾纠纷，种子其实已埋伏在当初恢复诗社活动的构想之中。

后期湖畔诗社的主要工作可分两个阶段：起初是办诗歌讲习班，后来是办湖畔诗社纪念馆。这两件事做起来都比较费劲，静之因年老不能事事自己跑腿，需人协助。当时有几位诗社理事愿意办事，其中某诗人最为积极主动，往社长家里跑得也最勤。想得到社长培养帮助，这是人之常情。不过事情还有另一方面：虽然社章里并没有"常务

静之在后期湖畔诗社会议上

理事会"这个机构，但某诗人和几位理事却以"常务理事会"名义把持了社务，而以"年老"为由把静之排除在"常务理事会"外，不让他过问社务。这引起了静之的警觉，他说："我不放心，我怕你们糟蹋了湖畔诗社，毁了湖畔诗社的名誉。我要管着湖畔诗社，否则我对不起我的已死了的知交好友。"（"社内通信"，《汪静之文集》回忆·杂文卷54页）由于"常务理事会"对静之的意见置之不理，静之便向浙江作协分会申诉，说"湖畔诗社被霸占"，他决心解散湖畔诗社。但作协的态度是劝和，

不赞成解散，结果双方在作协调解下达成妥协，因静之没建成纪念馆还是不甘心，而那几位为防止解散也做了点让步，同意让静之参加"常务理事"会议。不过让步只是形式上的，因为社长不论在会上说什么，总是没人听也不被采纳。

　　1983至1984年间湖畔诗社办了三期诗歌讲习班。那时正值诗歌高潮年代，靠着湖畔诗社的声誉，加以招生广告承诺要请许多著名诗人来讲课，使得爱诗的青年报名踊跃，每期有一百多人。可是办班中矛盾继续凸现，例如"常务理事"经手报名注册和收学费，但社长三次向他们要学员名单和通讯录，他们始终不给；对所收学费始终不报账，也不按约定给请来授课的诗人付讲课费和报销路费，不论社长怎么说都不起作用。外地诗人是静之和飞白请来授课的，既不给报酬，就不好意思再请人来了，剩下的课程只得全由静之和飞白二人救场。老社长已八十多岁高龄，满头银发，冬夜冒着风雪从望江门外远途赶到武林广场省文化会堂来上课，而飞白杭大工作非常忙碌，受父命又要给诗歌讲习班上课，许多听课学员为之感动。可是招生广告预告的著名诗人有多人没有来上课，又使学员们感觉受骗，因不知就里而责骂湖畔诗社办学是"父子办学，父子骗钱"。殊不知父子上课完全是义务奉献没有报酬的。

　　这样办诗歌讲习班显然难以为继，经飞白努力劝说，好不容易才叫静之同意在三期后下马停办。飞白自己则在完成补台救场后辞去了理事之职，这是给父亲拆台，因为组织讲课和编印教材本来都要靠他的。飞白又不是三头六臂，这时他的《英国维多利亚时代诗选》已久拖无法交稿，杨德豫已为他两次改变计划，他实在不能再耽误失信，也不能再为某诗人补台救场了。

　　另几位理事在受到社长批评或觉得意见不合后，就不再往静之家里跑了。但某诗人对此并不在意，讲习班停办后照旧不断登门拜访，神态自若地叫着"汪老"和"恩师"，帮社长联络和办事，并依靠媒体窗口给湖畔诗社做些报道。某诗人在杭州文化传媒界联络广泛，活动能力强，他常带外地来杭的包括台湾来杭的著名诗人来看望静之，也常介绍青年女诗歌作者入社。后来静之为建湖畔诗社纪念馆向省市领导打报告，某诗人也称有关系可以帮他转呈。静之缺乏联络手段，需要靠他办事。某诗人确实办了不少诗社的事，同时也带自己的诗作登门，请静之提修改意见并把评语写在他的诗稿上，因为向全国知名刊物投稿很难，需要静之为他写推荐信。靠着静之的大力推荐，诗稿果然顺利刊登。静之和某诗人就这样保持了十多年交往。

　　停办诗歌讲习班后，静之主要就是为办湖畔诗社纪念馆而奔走呼吁了。1984年底他到北京参加中国作协第四次代表会时，巴金、丁玲、冰心、艾青等二十多位全国著名的作家诗人响应他的呼吁共同签署了倡议书，发起在杭州西湖湖畔建立湖畔诗社纪念馆的行动。这给诗社工作注入了新的动力。

　　那么诗社的内部矛盾怎么办呢？作协调解达成妥协后，仍使静之十分忧心。正巧那时有几位著名诗人要求加入湖畔诗社。于是静之高兴地想道：有著名诗人加入，凭其著作和名望就可遏制个别理事的擅权。于是他又主动邀请了一些有全国声望的著名诗人入社。他介绍每一位入社时，某诗人等人都竭力反对，直到静之表态说"谁反对的请退社！"才得以通过。这样从1982年磨到了1985年，诗社在成立五年之际召开了换届会，此时后期湖畔诗社达到鼎盛，登记的社员有一百多人。在筹划已久的换届会议上，静之终于克服重重阻挠，通过了新修订的诗社章程，其关键就是湖畔诗社设主席团为常设领导机构。静之的构想是设主席团就可取代自封的"常务理事会"，他又把选入主席团的门槛定得很高，以保证诗社领导权掌握在著名诗人手里。这样他就可全力转入筹建湖畔诗社纪念馆的努力了。

换届会的成功是静之苦心经营三年的成果，选出了十余人的主席团使他放心不少，觉得湖畔诗社不至于"被霸占"了。而某诗人呢，见当选的主席团成员多在外地鞭长莫及，觉得仍可对他们置之不理。双方便在这样的心态下继续共事。数年后静之本着诗人气度，还为某诗人的第一本集子作序推荐。某诗人在汪静之扶持下成功出版了诗集并渐渐有了影响，这很值得为他祝贺。

1986年6月胡耀邦总书记应静之要求为湖畔诗社纪念馆题写了匾额，此前不久陈云同志也为湖畔诗社题写了匾额，给了建纪念馆以巨大鼓舞。静之当即将二位领导人的题字连同著名作家建馆倡议书复印寄交杭州市委和市政府，写信要求拨给建馆房舍。时任杭州市委书记厉德馨十分重视文化建设，当时正在西湖周围雷厉风行地动迁拆旧，克服巨大阻力清除占据西湖湖边地段的各种单位，实施"还湖于民"，恢复西湖的绿色面貌，他对湖畔诗社纪念馆也给予了大力支持。于是杭州市政府做了决定，市府办公室于1986年8月1日复函静之，通知将由市园林文物管理局为湖畔诗社拨出房舍。

胡耀邦为筹建中的湖畔诗社纪念馆题字

但好事多磨，正当看来一切顺利之时，胡耀邦总书记和厉德馨相继离任，纪念馆的建馆进程随即放慢了步骤，终于陷入完全停滞。

静之不气馁，他仍坚持不懈地继续着他的努力。这时竹因已去世，静之更成了孤独的幸存者，他更多地生活在忆旧之中，而关注湖畔诗社和筹建纪念馆几乎构成了他现实生活的全部内容。他写了无数的信，不断求见省市领导和有关部门，但数年间都没得到什么反应。直到1991年春厉德馨从海南回杭州，从静之来信得知了有关情况，这时他挂的职务是省政协副主席，管不着杭州市的工作了，但他仍再三敦请原先熟悉的园文局长施奠东设法继续办湖畔诗社这件事。1992年初，杭州市园文局终于在湖滨六公园玉屏楼拨出两间房舍给湖畔诗社建纪念馆；并与静之协商确定了"公助民办""以商养文"的方针：规定纪念馆可以一室开设经营部，经营书刊等文化用品和饮料，以收入抵补管理人员工资开支。

静之十二年的努力终于落地，建馆进入操作阶段。这次仍是某诗人自告奋勇，替静之跑腿承办有关手续，还为开馆拉来一笔三万元的赞助，这些方面他是有成绩的。不过三万元中他拿回扣和开馆费（不报账）先已用去一半，交到社里入账的余款一万五，还是静之在索要未果后，特邀资深会计师一同登门催讨才讨出来的。某诗人凭拉赞助的功劳要求当纪念馆副馆长未如愿，接着他又自告奋勇承办经营部注册和承包事宜，办完也同样不上交经办的文件和执照。

湖畔诗社纪念馆真正可谓来之不易。虽于1992年秋开了馆，却一直处于草创和不稳阶段，而最后还是未能建设成功。问题何在呢？静之在世时已察觉某诗人经办纪念馆经营部手续有猫腻，某诗人拿承包合同来要社长签字时，又不让他看合同内容，只说是"一切都已谈妥，我已经代表湖畔诗社签好合同了，现在时间紧迫，你不用再看条款，只要在我签名之上加签个社长的名就行了"。静之签合同后才发现：承包合同把地处杭州湖畔黄金宝地的经营部以一万五千元一年的超低价包给了茶业公司，承包租金是每年先住后付，租金标准是一定四年，还附加一个特别条款，规定"本合同中途不得变更、废除和终止，如有一方提出中止合同，一切经济损失由该方负担"。这个条款其实是专为防备静之而制定的。

结果造成湖畔诗社经济窘困，原定"以商养文"的方针难以落实，因纪念馆没有资金以致馆内毫无装修，布置十分简陋，说明词只是静之用毛笔手书几张纸贴在墙上。静之为被骗签名追悔莫及，连续失眠四个月，身体从此难以恢复。他去世前忧心忡忡放心不下湖畔诗社和纪念馆的命运。

静之去世后，某诗人等三位自封的"常务理事"立即发了一份"纪要"，宣称不承认社章和湖畔诗社主席团，湖畔诗社由他们接管并准备查老社长的账。与此同时，茶业公司停交承包租金。

完璧归还文学史

飞白还没能跳出"洗衣机"，仍处于在洗衣机滚筒"弱洗程序"即阵发性的晕眩中，突然发生，突然停止，每天十来次。但他顾不得按医嘱住院或静卧休息，带病支撑着组织治丧小组、发讣告、开告别会。10月下旬办完后事，秋季学期已经过掉两个月了，他才获得回云大上课和喘息的机会。在云大直等到

1992年静之摄于湖畔诗社纪念馆门前

"弱洗程序"渐弱渐停，他的感觉像是洗后晾在晾衣绳上的衣服，在风中飘飘荡荡，这种飘荡持续了数年之久。

然而在杭州，静之"文革"后倾注十六年心血建起来的湖畔诗社及其纪念馆情况危急。对方在紧锣密鼓，广发新闻报

道，宣传湖畔诗社已由他们接管，在行动上他们也跑到湖畔诗社纪念馆来，逼我交出湖畔诗社公章、账目及纪念馆展室钥匙。我回答他们说："社长去世，诗社公章、账目要交给选出的下一任社长，我无权交给任何一位理事的。"

这时，纪鹏、丁芒、柯原等湖畔诗社主席团成员纷纷来信，遵循社章提名补选飞白继任社长以应对诗社危机。全体社员以通信投票方式一致通过了补选，仅前述几位不承认社章而另立门户的社员拒绝参与。飞白本不想管湖畔诗社事务，但被形势所逼，又一次被推上了风口浪尖。

英语谚语说"Don't trouble trouble until trouble troubles you"，这句绕口令直译出来是"只要麻烦不来麻烦你你就不要去麻烦麻烦"，译得顺一点儿则是："只要麻烦不惹你，你就别去惹麻烦。"飞白就属于这种人。他本来因嫌麻烦而不热衷于社会职务——他连正式官职都避之唯恐不及，哪里还会去谋求社长、会长等差事？在浙江省的外国文学和翻译等领域里飞白本来是公认的领军人，但对所有的会长他都辞谢了没有担任，只挂个副会长名应付差事。然而这次有亡父重托在身，他不得不在危机时刻勉力担起他极不想担的社长重任。

思想上当然有斗争。"犯不犯得着管"是个价值判断问题，而"犯不着管"是旁观者的共识："你卷入这场麻烦，仅凭社章、事实、文学史，想去对付人家的财力、酒宴、媒体和关系网，能有多少胜算啊？作协都管不了的事你岂管得了？要说不法行为嘛，现在哪儿没有？为纪念馆这两间旧房子真犯不着惹麻烦、得罪人。"何况飞白处在阵发性头晕即脑动脉障碍中，卷入麻烦对他恐怕凶多吉少。所以他的研究生们忧心忡忡，极力劝阻：

"你真是个哈姆雷特被鬼魂迷住了！"

静之去世后，某诗人等几位就攻击老社长"不民主"并有经济问题。由于以前静之曾多次批评他们经手款项从不报账，现在趁社长去世就倒打一耙攻击静之"账目不清"。实际上湖畔诗社财务制度严格，账目规范，单据齐全，只有某诗人不报账的部分欠缺。

小小湖畔诗社闹这种纠纷当然很有讽刺性。前辈的湖畔诗社是"当时几个爱好文学的青年的一种友爱的结合"（冯雪峰：《应修人潘漠华选集》序），诗社是以诗会友之地，怎么竟要闹窝里斗呢？飞白和多数人一样，对窝里斗厌烦至极，他到云南去本就带"撤离"性质，是打算撤到那里去"偏安"的。可是袭来湖畔诗社危机这一档子大麻烦，使他无法偏安不管。——假如"文革"后没有恢复湖畔诗社活动也就罢了，如今既然有湖畔诗社及其纪念馆的危机，又有父亲的遗嘱，有老一辈作家的心愿和作协的叮咛，又事关中国文学史上湖畔诗社的声誉，飞白义不容辞，偏安不了。

"唉，你真是个哈姆雷特被鬼魂迷住了！"

飞白终于犯傻而卷入了大麻烦。计划中的事都没法做了，云大的教学工作只应付到最低限度，自己准备做的选题（在院校里称作"科研"的）被迫全部冻结或放弃。假如他是云大雇员的话，这时该被"炒鱿鱼"了。

飞白和主席团委员纪鹏以电话、书信等方式尝试与另立门户的理事诚意商谈但均遭断然拒绝，不得不和全体湖畔诗社社员一起，在文学界以及行政、法制、舆论等多条战线与对方做了两年多的艰难较量。在此期间，另立门户的三位原诗社理事扩大到了五位，他们在社会关系和财力上拥有压倒优势，他们的宣传占据了全国性权威报刊的版面。尽管飞白以他水手的韧性和参谋长的历练沉着应对，也未必能对付得了，还得靠高人相助。亏得许多高人也跟他一样"犯傻"。

例如，律师本是为报酬而服务的行业，但是得知了湖畔诗社的境遇，有位白洪顺律师却仗义执言，义务协助湖畔诗社做了深入调查而不收分文报酬，查明了某诗人在办理湖畔诗社经营部承包工作中的猫腻：原来在登记开业之初，市政府批给湖畔诗社作纪念馆经济来源的"湖畔诗社经营部"就被注册成了独立的茶业经营部（公司），文件规定经营部法人代表汪静之就被改为了某诗人。脱钩后茶业公司实际上与湖畔诗社已毫无关系，本不需交纳租金，所谓办理经营部"承包"和暂时象征性地向湖畔诗社交纳低额"租金"等，都只是做做样子安抚老社长的措施，而且只待老社长去世就要接管整个纪念馆了。得知律师查明的真相，市园林文化局施奠东局长真正大吃了一惊。

这些猫腻在商界大概没什么了不起，但这点小手脚却掐了湖畔诗社纪念馆的命脉。而静之对商界内情无知，他是一介儒生，徽商祖先一丁点儿商业意识都没有传给他。天真的老社长做梦也猜不到他委托"全权办理"办成的是什么事。

诗是一种精神而不是谋利，是创造而不是沾光。静之去世和湖畔诗社危机曝光后，中国作协主席巴金、名誉主席冰心、名誉副主席臧克家、张光年等数十位全国著名作家、诗人和人文学者表明立场，联名发表呼吁，反对个别人分裂和假冒"湖畔诗社"活动并侵占湖畔诗社纪念馆。最令人感动的是九十二岁高龄的巴金老人，因他年高体弱，大家本不想打搅他养病，想不到巴老和冰心老人一样，十分关心湖畔诗社纪念馆，用许多精力详细了解湖畔诗社的情况，并在病床

巴金、冰心、臧克家、张光年等著名作家诗人1997年共同签名要求制止非法侵占湖畔诗社纪念馆的呼吁书（第一页局部）

上用颤抖的手为呼吁书签了名。记得十多年前，就是巴金、丁玲、冰心、臧克家、张光年、艾青等著名作家、诗人联名发起建设湖畔诗社纪念馆的，到1997年他们又再次带头签名呼吁反对假冒和侵占行为。十余年前签名的发起人中有的已经亡故，他们的未亡人此次接替续签。丁玲去世后由陈明签，艾青去世后由高瑛签，田间去世后由葛文签，表现了中国文坛的正气，令后辈们十分敬佩。依靠老作家的巨大道义压力，终于使湖畔诗社危机解决。必须提及的是，在此过程中主席团委员纪鹏付出大量时间和精力，在北京一家一家地在老一辈诗人、作家和中国作协之间奔走联络，为坚持正义不辞辛劳。飞白致函纪鹏感慨地说："感谢中国文坛主持正义，诗脉未绝。而在当今社会，正

义获胜本已属罕见（人家首先会问：'正义值几个钱？'）。如今湖畔诗社清誉得保完璧，先烈先贤有灵，当可含笑九泉。"

猫腻揭开后，湖畔诗社和杭州市园文局领导商谈研究，考虑到原定湖畔诗社纪念馆"民办公助，以商养文"方针未能实现，湖畔诗社不具备建设纪念馆的经济实力，故决定："提前终止1992年双方关于以商养文的协议书，将民办公助的湖畔诗社纪念馆包括湖畔诗社经营部交还园文局；建议市园文局改用公办民助方式继续完成湖畔诗社纪念馆的建设，为杭州西湖增添一处品位高雅诗意浓郁的永久性景点，湖畔诗社将对纪念馆的设计布置、文物收集、说明资料等方面提供全面协助。"

在最后一位湖畔诗人汪静之已经去世，而湖畔诗社基本完成了处理危机及善后事宜的情况下，后期湖畔诗社社长飞白、主席团和理事会认为，湖畔诗社现在应当终止而回归文学史了，诗社终止后将改组为湖畔诗社纪念馆顾问委员会，继续协助市园文局建设纪念馆。但结束湖畔诗社要以能防止别人冒用湖畔诗社旗号为前提条件。湖畔诗社在1998年得到中国作协和浙江作协的支持后，做出了湖畔诗社终止的决定。

浙江作协方面，先在作协机关报《浙江作家报》上刊发公告声明：

二十年代的湖畔诗社，作为我国文学史上重要的文学现象，已属历史。我协会现阶段不赞成任何人再以'湖畔诗社'名称重新登记文学社团。特公告周知。

浙江省作家协会创作联络部，1998年6月11日。

中国作协方面，由中国作协机关报《作家通讯》发表《湖畔诗社宣告终止的声明》，以此表明作协立场。这份声明宣告：

湖畔诗社是二十世纪文学史上的存在，随着最后一位湖畔诗人汪静之的去世，实际上湖畔诗社已属历史；我社在汪静之社长去世后暂时的过渡性存在，主要任务是制止个别人冒用湖畔诗社旗号招摇撞骗和非法侵占湖畔诗社纪念馆经商牟利，玷污湖畔诗社的声誉，闹出汪静之社长极为担心的"文学史的笑话"；我社力争在达到上述目的后，尽早结束湖畔诗社。我社的立场得到了巴金、冰心、臧克家、张光年、朱子奇等全国大批著名作家、诗人、人文学者的道义支持和签名声援，也得到了浙江省作家协会的理解和支持，浙江作协并为此发布公告。鉴于我社的上述任务已基本达成，经理事会决定，宣告湖畔诗社自即日起终止，不再进行社团登记，特此声明，公告天下：今后任何人不得再冒用"湖畔诗社"名义进行活动。在湖畔诗社解散后，我社同仁将继承先人遗愿，为维护湖畔诗社的声誉，为实现建湖畔诗社纪念馆的目标而继续努力。

湖畔诗社，1998年10月15日

飞白与同仁继续为保住湖畔诗社纪念馆并把它建成文化景点做了艰苦努力，可惜受限于客观条件未能成功。尽管杭州市委主管文化工作的副书记沈者寿积极支持，并就飞白的报告作了批示："湖畔诗社是杭城气质高雅的一个象征，是杭州的荣耀，建设好这个名社，将是本届政府在文化建设上的一大功德。它符合杭州市民尤其是文化界人士的心愿，建议市政府审定。"但没有得到响应。虽然对方茶业公司已被责令从纪念馆迁出，湖畔诗社也已由汪伊虹约请著名专家、教授、雕塑家完成了精美的艺术设计，但纪念馆后来不但未能实施装修布展，还直接面临文物将被毁损的危险，飞白只得把纪念馆收藏品紧急转移到上海鲁迅博物馆——回想当年，青年湖畔诗人们本是在鲁迅指点和保护下成长的，现在还是再回到鲁迅的保护下去吧。

未建成纪念馆虽是一大憾事，但鉴于保护湖畔诗社名誉的主要目的已经达成，非法侵占纪念馆的公司已经撤出，后期湖畔诗社的历史使命也基本完成了。已做好的湖畔诗社纪念馆艺术设计和飞白撰写的全部说明文字，分别归档于中国现代文学馆和上海鲁迅博物馆。如果杭州市有朝一日重新将湖畔诗社纪念馆提上日程，这些设计尚可给后人提供帮助。

自从飞白"文革"期间一度失踪后，他似乎得了个"失踪"复发病，不断地对亲友躲猫猫，玩失踪。包括1989年到广州深圳排印《诗海》期间，1991至1992年赴美任教期间，1994至1995年撤往云大赶《诗库》任务期间，1996年医院陪护老父期间，1997至1998年应对湖畔诗社危机期间，每次都是深陷其中什么信都顾不上回，直到事后才能给人家一个迟到的道歉。湖畔诗社危机初步解决后，飞白又一次给众人发出复印的致歉和汇报信，说明失踪原委并表示：飞白又返航了，这是最后一次"海难余生"。飞白所负保家卫国的义务至此应当终于尽完了。

始料未及的是，飞白于1996年投入"巨资"装备起来的电脑、打印机等设备，并没有用于诗海之航，却恰好用在了应对湖畔诗社及纪念馆危机上。在两三年时间里，飞白用这套设备起草打印了大量湖畔诗社文件、湖畔诗社简报、各种报告、书信、新闻报道和有关材料，再次远超了百万字的数量级。等到湖畔诗社危机解决，全套电脑设备已须更新换代了。飞白第二次购置的电脑内存256M，硬盘达到40G。

百万字文件中除各种公文文牍外，费笔墨很多的是说理论证。因为许多不了解情况者总会问："人家用湖畔诗社名称就让他用呗，你何必管他？"飞白不得不一遍遍地耐心阐明道理：

文学社团与商业品牌有本质区别。公司的董事会和法人代表尽管换届，品牌仍一代代传承下去，牌子越老越值钱。而文学的特征却是"独创性"和"不可复制性"，诗社属文学团体，是特殊时代背景下具有独特风格的"这一个"，时过境迁无法再现。

所以老字号如张小泉和胡庆余堂都延续至今，但湖畔诗社和文学研究会、创造社、新月社一样都不能按商业模式延续，在它们成为文学史而定格后，谁要"贴牌"其实于他自己也不利，因为结果只能如汪静之担心的那样，闹出"文学史的笑话"。

湖畔诗社纠纷可能是1997年中国文坛最引人注目的一场风波，但在持续两年后终于得到解决。危机期间飞白身体状况堪忧，1998年他复发脑动脉意外，又在云大宿舍晕倒。我闻讯后赴昆明帮助但未能及时赶到，到达时他已在自行恢复之中。飞白心理和身体素质历经磨炼，他开玩笑说，他就好比是侯宝林相声中说的京剧《武松打虎》里的那个"老虎"。——相声中说，那天，演"老虎"的演员在演出前喝了点酒。当武松在台上把虎"打死"后，转身一个亮相，背后那老虎却晃晃悠悠爬起来了。这简直是大出洋相！没办法，武松只得再打一轮，把虎打死后又一个亮相。岂知那老虎晃晃悠悠地又爬起来了。

再补充一些这次事件后续的轶事余音：

上述事件结束十来年后，因杭州市政协连年提出《在西湖边恢复或者重建湖畔诗社纪念馆》的提案，2009年市委王国平书记对提案作了批复，市政府通知了飞白，飞白作了回复并附去飞白1998年主持完成的全套湖畔诗社纪念馆设计和布展方案。但结果呢，不是承办的园文局基层单位来与飞白联系协商，而是某诗人打电话来与飞白协商了：

"昨夜我做了一个梦，梦见汪老来找我了。汪老说：你们怎么把我的湖畔诗社搞没有了？我要求你把湖畔诗社和纪念馆恢复起来。飞白先生配合一下吧！我们共同来恢复怎么样？"

飞白回答道："湖畔诗社是二十世纪中国现代文学史的历史存在，现已归入历史档案。此事已经解决，做梦嘛也不必了。办湖畔诗社纪念馆则是杭州市的事，权力不在你、我。如果杭州市需要湖畔诗人的后人协助，包括我在内都会全力协助的，冯夏熊对此的态度表述很明确。"（冯夏熊是冯雪峰之子，当时是中国现代文学馆研究员。）

恢复或重建湖畔诗社纪念馆的事在此搁浅，再无下文。

又有多年时间过去，2016年春节，某诗人给飞白发来了贺年短信：

"飞白先生你好！向你拜年，祝您身体健康，合家幸福！

十年前〔笔者按：实际是二十年前的事了〕由于种种原因，我对您不恭不敬，现在想想十分愧疚，恳请谅解……一笑泯恩仇吧！"

飞白短信回复："你我本无个人恩怨，我从不愿参与诗社事务，但不得不执行家父遗愿。同时在先父去世后，湖畔诗社（与创造社、新月社……一样）必须归入中国现代文学史档案，否则不论你我都担不起历史责任。当时如有言辞过当处，互相不必在意了。飞白祝新春诗祺。"

之后又一段时间过去了。飞白再度收到某诗人的短信：

"飞白老师，您好？我和几位老湖畔诗友发起成立一个诗社，继承和弘扬二十世纪成立的湖畔诗社精神，……诗社就叫湖畔新诗社，我们诚邀您为名誉社长，让湖畔精神代代相传。恭候回信。"

飞白回复："……这事本已妥善了结，并经中国作协和浙江作协明令公告：不赞成再用湖畔诗社名义。现虽加个'新'字，仍带擦边套牌性质，对此不能赞同。例如你成立个'新茅台酒公司'或'茅台新公司'试试？你写诗很有成就，本不需要贴牌，望慎重考虑。飞白诚复。"

对方表示接受飞白意见。飞白再诚意回复："谢谢你的理解。我也是出自善意，祝你们事业有成！"

跨世纪的湖畔诗社纠纷案历时数十年，到这里终告化解平息，尘埃落定。尽管以后其他人还可能用"新湖畔诗社"之类的名义，但与原湖畔诗社已不沾边，不必再为它劳神了。

第五章 回头不是岸

421

还愿之旅

飞白完成《世界诗库》是尽了对国家规划的义务，陪护父亲是尽了对家庭的义务，解决湖畔诗社危机是尽了对前辈和文学史的义务。不过说飞白保家卫国的义务已经尽完，却还为时过早。因为飞白还肩负着父亲又一未竟遗愿：编辑《汪静之文集》。好在这一义务不必争分夺秒赶任务，可以按部就班地完成。

编辑《汪静之文集》是静之在"文革"结束后就想做并经常念叨的一件大事，而且1984年安徽人民出版社就曾派编辑来找他商谈过出版计划，1985、1986年又两次催促。然而湖畔诗社与纪念馆的问题缠身，使静之无暇他顾，只得一推再推并终于放弃了《文集》的编辑，也放弃了自传与回忆录的撰写，他显然是把纪念诗友的重要性放在了《汪静之文集》之上。其次还因为他对自己的诗文并不满意，总是说还需要读书学习提高水平，要先对不成熟的旧作修改加工，才能编入《文集》。因为这需要大量时间，所以只能等纪念馆建设好以后才能做了。纪念馆一直没能建设好，他的《文集》也就一直拖延下来。

飞白知道，这件任务也责无旁贷，只能由他承担了。他对父亲全面修改旧作的计划并不赞同，因为湖畔诗人的文学成就属于二十世纪二十年代，到二十世纪末再来修改世纪初的作品，就不复是历史的原貌了；况且静之修改旧作的想法其实来自他长期所受"突出政治"的巨大压力，他1957年版《蕙的风》的修改情况已说明效果不佳，改革开放之后尤其不再有此必要。所以如今飞白接手来编《汪静之文集》，指导思想就是保持历史原貌。他1998年秋就开始策划《汪静之文集》编辑工程，我为他做助手，汪晴则负责整理《汪静之口述生平》，汪晴和伊虹并准备撰写对父亲的回忆作为《文集》附录。

二十世纪与二十一世纪之交，在策划《文集》和搜集资料阶段，飞白还挤时间做了两件还愿的事：一是出版《勃朗宁诗选》和《古罗马诗选》，两本都是乏人关注的不讨好的冷门书。二是访俄和访欧之行，也都是静悄悄的低调之旅。飞白完成《世界诗库》后不再承担外加于他的任务而只做自己的航行了，他做的这两件事都是还自己的愿。

《勃朗宁诗选》是十年前飞白约请汪晴合作的项目。姐姐汪晴在浙大外文系和飞白本是同班同学，1987年她从文化部外国文艺研究所离休了。她知道飞白在做填补我国译介世界诗歌名著缺口的巨大工程，表示自己现有余力参与，向飞白咨询做什么课题好。飞白建议她研究一下勃朗宁，因为勃朗宁很需要介绍，但译介勃朗宁是需要投入许多时间和精力的，飞白虽已译过一些勃朗宁，但被事务缠身，无法投入和专攻勃朗宁了。汪晴接受了飞白建议，决定来做这项投入多而产出少的工作。

勃朗宁是我国译介世界名著的缺口之一。作为英国维多利亚时代代表诗人，勃朗宁的重要性和对现代诗的影响（尤其是对二十世纪重要诗人叶芝、艾略特、庞德、弗罗斯特等的影响）都决不逊于浪漫派代表诗人。勃朗宁是开拓"戏剧独白诗"领域的大师，但当时其作品译成中文的却只有《海外乡思》等两三首小抒情诗，完全不能代表勃朗宁的成就和特色。为什么会这样呢？原来勃朗宁面向的是爱思考的读者群，他被公认为英语诗歌中最难懂的诗人，英国著名文学评论家罗斯金就曾把读勃朗宁的诗比作"爬冰川"。最难懂，意味着最难译，所以历来无人问津。

在《世界诗库》的总序中，飞白感慨地写道："诗，本应该是全人类的共同财富，但是跨文化跨语种的互相了解又是多么隔膜啊！中国与英美间的诗交流要算是最多的了，然而问问美国学文学的大学生看，他们所知的中国诗人不外是王维、寒山，殊不知除了禅境，中国诗还有其他境界。但请不要笑别人闭塞吧！问问中国学文学的大学生看，他们都知道英国女诗人勃朗宁夫人，却不知勃朗宁先生也是英国诗人而且是大诗人，这好比是知道鲁迅夫人是作家，却不知道鲁迅先生也是作家而且是大作家一样。"

勃朗宁的诗难懂，却并不让人感到索然无味，恰恰相反，他的诗是最能引人入胜而趣味无穷的。汪晴也是一位肯"爬冰川"、做奉献的译者，她从1988年到1998年，以十年之功完成了分工的部分。飞白1996年夏天本来想做的就是这个合作项目，因父病和湖畔诗社危机拖延至今，现在才抓紧完成自己承担的部分工作。两位译者还为每首勃朗宁戏剧独白诗撰写一篇翔实的解析文，以帮助读者找到解读勃朗宁之路。《勃朗宁诗选》于1999年出版，填补了我国译介世界诗歌名著的这一空白。屠岸对此曾三次致函飞白，赞扬说：

《勃朗宁诗选》我时或翻阅，勃朗宁诗难懂难译，吾兄与令姐合作成此一卷，是译坛一大贡献。尊译问世以来社会反响如何？我不知其详。但尊译在中国翻译史上占有重要地位，则可肯定。……我愿代表广大读者向你们致谢！

勃朗宁

其实《勃朗宁诗选》在中国是面向小众的，"广大读者"只能期待于未来时代吧！飞白在给香港《大公报》写的感言中说："出版此书，就跟第一个冒险把螃蟹端上餐桌的人差不多。"他解释道："把《勃朗宁诗选》比作螃蟹是有几分道理的：勃朗宁的戏剧独白诗与我们见惯的诗很不一样，模样有点怪，而且也长着不易解读的硬壳，初读者很可能不得其门而入，不知道怎么个吃法。所以有没有食客是个问题。但是要想找敢吃螃蟹的，首先得有敢把螃蟹端上桌的。"

另一本也属"小众"的《古罗马诗选》（Anthologia Romana），则是飞白应花城出版社要求，在为《世界诗库》译古罗马诗歌的基础上增补而成的单行本。其中增补了若干译诗，特别是在赶《世界诗库》的那时未及翻译的古罗马后期诗歌，并撰写了前言和导论。

飞白2000年访俄访欧之旅也属还愿性质，没带课题没带任务，只为了却欠下的心愿，飞白悄悄地作自己的旅行并体验诗的文化背景。既然《世界诗库》已属过去完成时，他不与国外文学界联系，只见见在各地的亲友，其中一部分行程有小柳从美国来陪他同行。

十多年后我国出国旅游成为常态，一般异国见闻已没什么值得书写，不同之处只是飞白当年出行，每一步手续都极为不便而已。不过飞白这趟自由行中还是有段另类旅途值得一提，那就是他赴俄时不乘飞机，为了向诗人致敬，特意搭乘了跨越漫长的七天时间和九千公里地面的"东方号"北京—莫斯科列车。出国旅游者，大概没人会选择这条既颠簸而票价又比打折机票还贵的路线。飞白作此横贯俄罗斯大地的铁路旅行，是因为他有个久远的心愿，想实地走一遍从小通过俄罗斯文学熟悉的茫茫西伯利亚路，想实地走一遍特瓦尔多夫斯基《山外青山天外天》中抒写的漫漫长路，感受一遍"途中的生活是最好的人生，/路上虽然颠簸，却能治病，/虽然催人老，却又使人年轻。"在那部长诗里，特氏具体描写了"东方号"车厢里的十天旅行生活，同时也象征地描写了二十世纪中叶苏联"解冻"时期的十年历史进程。

费了不少工夫才找到飞白2000年的半个破碎的微型记事本，那里面记有这段旅行的日程，靠片断记录稍微复原了一点途中情景：

飞白于6月24日从北京出发，刚从满洲里出境，就看到了从前流放苦役犯的冰天雪地的茫茫西伯利亚。然而此刻是初夏，是这里气候最好的季节，映入眼帘是一片春色，而且还是早春的青葱欲滴的颜色，车外气候也像是早春，只在十摄氏度左右。这里草原和森林错落，空间辽阔清新洁净，人畜踪迹鲜少，看不到一点暴露的泥土或耕地，在这里每一个人大概可以摊上一万棵树。作为本地特色的白桦林时时映入眼帘，小白桦亭亭玉立，白得耀眼的树干和嫩绿树冠与

飞白在俄罗斯乡间

暗绿色的松林相映成趣，只偶尔见到些全木建筑的农舍。每到一个站却不见有街道，市镇上小木屋星罗棋布，像是随手撒在漫坡草地上的一把豆子，又都是饱经风雨的木原色，只有窗框漆成白色或浅蓝色。北方天际升起雷雨云，这是俄罗斯油画里见过的景象。这之后，飞白在这趟夏季之旅中也多次遭遇突如其来的雷雨，于是明白了俄罗斯风景画为什么常见"雨前""雨后"题材而画面中也常见乌云。

出发第四天，来到了贝加尔湖。飞白少年时就在歌里吟唱的贝加尔湖终于出现在面前，湖面宽广如海但波平浪静。火车沿湖东南岸绕行，湖的北端远在茫茫的六百多公里以外，较近的西岸距离五六十公里，空蒙山色隐约可见。湖南端山脉较高，峰顶隐在云雾间，处处有溪流奔泻而下。火车绕过贝加尔湖的西南尖端后上坡，似乎是为了告别又向东恋恋不舍地回转头来，居高临下鸟瞰了一番湖光山影，才掉头继续它的西行之路。从午时到下午三点半，飞白整个午休时段没有休息，看湖景如在梦幻之中。

飞白的手表指示的暂时还是北京时间，但车站上的钟指示的是莫斯科夏令时，莫斯科时间比北京时间要晚五个小时，夏令时则晚四小时。而所到之处的自然时间则介乎北京时间和莫斯科时间之间。这三种时间造成时间观念错杂不清，乘客们失掉了作息规范各随所意，一天内什么时间吃饭的睡觉的都有。

第五天，接近克拉斯诺亚尔斯克和叶尼塞河了。这里的民居房屋也是全木建筑，但木料新些，有原色的也有彩漆的，不少盖有两层楼，多带有塑料篷的温室。草原上盛开着黄花，也有紫色、红色、白色、粉色的小花，白桦在林中更加鲜明夺目，白色树干上的节疤像睁着的一只只眼。下午很热，颇有夏季的感觉了，很难想象，冬季不断从西北向东南横扫中国全境，而且来势凶猛一波比一波更凛冽的寒潮，居然都是从这片土地推出来的。

约莫斯科夏令时八点日落，但是凌晨一点半又看到了日出。夜间的天色多半呈灰白，只像是暮色苍茫，仅在晚十一点钟前后稍微黑了一阵。

在特氏写作的那时，这趟"几乎横跨半个世界"的列车途中要走整整十天。诗人描写这漫长的旅程说，同一个隔间里，旅伴尽管"色色俱全"也得"像一家人一样"作为室友和睦相处。

每隔间四个铺，飞白同一隔间的旅伴，对面铺位是在北京首都师范大学学汉语的俄罗斯留学生谢尼亚，其上铺是个留长发的日本男生，占着飞白上铺的第三位旅伴呢，是个已发胖并开始谢顶的俄罗斯人，好在此人并非特瓦尔多夫斯基长诗中所描写的"我头顶上的那位"——那个如影随形时时钳制着作家创作思维的"幽灵编辑"。飞白这趟车只行驶七天，但也足够漫长，和睦相处是理所当然了。不过飞白基本上只和谢尼亚交谈，因为共同语言较多，还一同读了一会儿特瓦尔多夫斯基。其余时间，飞白在读德里达，谢尼亚在读贾平凹，日本人在读《日英旅游词汇》，第三位旅伴则把所带的一份俄文报纸读了三天，以至把每个版面角角落落都读完了。日本人英语说不好，基本上不开口，只在过中俄边境办俄罗斯入境手续时，因报关单全是俄文他遇到了语言困难，飞白给予了他帮助。飞白很喜欢这个隔间安安静静的气氛。阵阵喧哗只从隔壁传过来，隔壁一间里的四位全是中国旅客，显然是生意人，他们什么都不读，传来的阵阵喧哗中夹带着不雅用词——满口的"毛子"和"鬼子"。

特瓦尔多夫斯基在《山外青山天外天》中说，旅途总是双向的：铁道一头向东一头向西，旅客在向东的路上同时也在向西的路上，一面在展望一面也在回溯来时路。两个远方同时在向两面伸展……

飞白访美时曾拜访狄金森、弗罗斯特等诗人故居纪念馆向诗人致敬，他2000年访俄访欧之旅中同样的回溯性致敬也在延续。为表敬意和心意，他拜访了众多世界著名诗

飞白在特瓦尔基多夫斯基墓前

人的故居纪念馆，包括雨果、涅克拉索夫、阿赫玛托娃、马雅可夫斯基等，也拜访了许多诗人的墓地，包括海涅和波德莱尔。还愿之旅中他尤须一会的，是曾与飞白鸿雁往来的特瓦尔多夫斯基——这位拥有"平易近人的缪斯"，又因坚持"记忆的权利"而惊世骇俗的诗人。当年飞白与他未能实现的会面如今终于实现，却已是在特氏墓前，面对着诗人的"无字碑"了。——代替墓碑的是一块未经凿刻、无字无语的顽石。

诗人选择承担常常多于逍遥。尽管逍遥是大家的向往，但真的诗人似乎承受不起真的逍遥。飞白听到了特瓦尔多夫斯基的无字无语，也懂得他之所以能无语告别，是因为他已经用诗发言。特瓦尔多夫斯基相信"一切都将逝去，唯有真实留存"，诗即便一时缄默，也凭记忆的权利留诸后世。特氏的最后一部长诗就题为《凭着记忆的权利》，这部诗在他去世十六年后解禁问世：

> 不要以为飞驰的地球
> 自会打发日月和年头，
> 而诗人，在禁令的幽灵背后，
> 对烧心的事保持沉默，
> 将来不会受到追究！……

马雅可夫斯基最终也选择了沉默，但是他已经用诗呐喊，这呐喊尽管当年遭封杀和删改，今日也已恢复原状：

可敬的后代同志们！

当你们在已变成化石的/今日粪堆里/挖掘，

在我们昏暗的现代中探索，

说不定/你们也会/问起我。……

关于时代/和自己，/让我自己说！

哈代在最终选择沉默前，已经用诗交心：

那只是想撒几颗善良的种，心里催逼得紧；

那是从极端艰难困苦中省下的一分银；

那是荒野里发出的呼声，但有谁肯关心？

之后他才宣告：

灵魂啊，把其余深藏心底！

它已太像一声叹息。……

从此刻始，至我末日，

我将不再说我察觉之事。

湖畔梦寻

结束赴欧的还愿和忆旧之旅后，飞白从2000年起全力投入
《汪静之文集》工作。此时飞白年逾七十，他航行中"回溯来
时路"占的成分显然增长，而编辑《汪静之文集》的回溯之路

比飞白的年龄还长。编辑工作掺和着忆旧、寻梦和考古，这是一次穿越代际的忆旧和寻梦之旅。

飞白认为湖畔诗人当年产生了社会影响的作品属于历史，应该忠实地保持其历史面貌，所以《汪静之文集》收入汪静之和符竹因的作品全部保持初版本的原貌，静之后来在1957年版和1992年版中所作重要修改，则用小字录在诗后作为附注。近年来我国出版的现代文学经典类丛书中，汪静之的《蕙的风》采用的也全都是1922年初版本，可见这是当今文学界和出版界一致的共识。

为编辑《汪静之文集》，飞白做了一般人做不到的努力。《文集》中除了静之作品也收入竹因的作品，除了曾经发表过的作品也包括未发表的作品。对已发表的作品需要搜集不同版本，特别是初版本，进行比对、校注，然后录入电脑，工作量

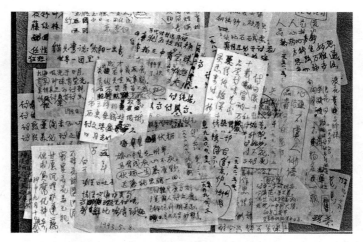

汪静之的诗稿

也很大，而编辑整理未正式发表过的文稿工作量更大。静之保存的此类草稿数量非常多，这是编辑《文集》的好条件，但是草稿杂多而零碎，整理起来有极大难度，需要细致的研究考证。飞白童年曾细细观察星空，在眼花缭乱的万点繁星中找出头绪，整理和识别出了讲述着古希腊神话故事的全天星座。现在他也以同样方式细细整理识别无数纸片，把片纸散页组织成文。我也参与了编辑工作，因我在静之最后十年间为他工作，他的材料我知道线索。

外人无法想象编辑《文集》时我们面对的文稿，实际是一捆捆大小不一，发黄发脆，残缺破损，数以万计的旧纸片。静之留下的资料与众不同，他的书架和木柜里到处塞满了用旧报纸和牛皮纸捆包起来的这种纸片、书信、剪报和小本子。由于过去年代纸张难得，他经济又拮据，从来舍不得买纸，他的诗稿文稿几乎都写在零星的小纸片上。这些纸片包括顶端有空白位置（"天头"）可利用的旧书页、拆开的旧信封的反面、旧单据旧处方的反面、可写字的包装纸，等等。抗战胜利那年在重庆，飞白接受父亲派给的一项任务，就是每晚到街上阅报栏去守候，等到八九点钟再无人看报之时，把那儿张贴的报纸撕回来当纸用。那时张贴在阅报栏的报纸只印单面，尽管纸张又黄又粗，反面还是可以利用来写字的，静之备课、飞白们做作业，大都是用它了。

飞白决定第一步先编辑父母的情书，这些信件反映了他们这对少年先锋于二十年代初冲破封建枷锁，率先自主恋爱的坎坷曲折的过程，所用纸张是原稿中最好的，但经历八十多年沧桑战乱也已陈旧破损。静之还有两个摘记他所寄情书的记事本，题名《漪漪讯》，出自《诗经·淇奥》："瞻彼淇奥，绿竹猗猗"，现就用此作为这卷情书的书名。这些信历经劫难保存至今堪称奇迹。第一次劫难发生在1930年，静之当时辗转各地任教居无定所，书信资料大都存于岳家，1930年被邻居火灾殃及，竹因娘家房屋付之一炬，静之的资料也全部烧毁，包括鲁迅、胡适、周作人、朱自清和其他师长、作家的书信，造成莫大损失，唯独《漪漪讯》得以幸免，因为静之、竹因把它随身带到南京去了。第二次劫难是1937年日本侵略军攻打上海，静之家仓皇出走，全部东西包括《漪漪讯》都未能带出，本已列入了损失清单。但抗战胜利后静之1946年从重庆回江浙后，还是抱着一线希望到浦东去寻找。时隔九年多，他避难出走前塞在房东楼梯底下的书籍资料虽被人完全翻乱和大量毁损，但居然还有大半留存，他惊喜地从中拣回了已有残缺毁损的剩余情书。"文化大革命"本会对这批幸存资料造成又一次毁灭性劫难，但静之却竟躲过了"文革"冲击，这种幸运在中国作家间实属罕见。之后静之把这些幸存的书信一直珍藏到逝世。

这样，我们今日才能面对这些残缺破损而弥足珍贵的旧信纸，其中有素雅的湖绿色的小信笺，有称作"十行纸"的红线直行毛笔书写的对折毛边纸，也有薄薄的像香烟盒般大小的小纸条，在一句句细读中，慢慢进入而置身于二十世纪早期的年代。书信的两位作者静之竹因以纯真少年的形象出现在我们面前——他俩1920年相遇时静之十八岁竹因才十七，天真烂漫如同孩子，而现在主编《文集》的飞白反倒是年逾古稀的老爷爷形象。这真是一种奇特反转的感受，飞白和父母仿佛作了一次代际穿越而调换了位置：飞白有幸与青春年少的作者朝夕相处，满怀怜爱之心，珍惜和爱抚着每张纸片每个字迹以及夹在其间的小花小草，感觉着他们每天的音容笑貌。

飞白和我对《漪漪讯》做了细心梳理。因书信保存不全，又多无日期，署有日期的也全无年代，所署日期有阳历也有阴历，我们得根据信中内容及关联，根据纸张和笔迹，一封封、一页页反复研究，判断其年代和先后，细心比对拼接，基本上理出了次序。这工作很像考古工作者面对数以千计的陶瓷碎片，小心翼翼地用毛笔拭去尘土，一片片比对拼接，复原成一件件器皿。但这工作又是带着温情和暖意的，这些八十年前的书信，仿佛阵阵春风从二十世纪吹来，让我们感受到了现代中国的早春气息。

《漪漪讯》是静之竹因的对话不能分割，竹因的信当然要包括在内。除书信卷外，飞白也把母亲竹因的作品编入《汪静之文集》的诗歌卷和小说卷，他这样做有充分理由。竹因当年出版作品不多。若不是为家庭默默做出牺牲的话，竹因在文学成就上本来也有可能与静之比肩的。

情书集《漪漪讯》先由浙江文艺出版社出了一个单行本，然后收入《汪静之文集》的书信卷。书信卷虽然含有其他书信，题名仍叫《漪漪讯》，因为这是该卷的重点部分。接着我们再逐次编成了《文集》其他各卷：诗歌卷上《蕙的风》，诗歌卷下《六美缘》，小说卷《耶稣的吩咐》，文论卷《诗歌原理》和回忆杂文卷《没有被忘却的欣慰》。

除曾出版和发表过的作品外，《文集》收录大量以前未发表过的诗稿、文稿、讲稿、书信、笔记等作品，全部都要录入电脑。这件工作主要是我承担，我们没有请外人打字，因为纸片太零碎，别人不知哪张接哪张，根本没法打，又全是繁体字草体字，连我都常要请教飞白才能辨认。我也参与了从策划编辑到设计小标题等各个环节，最后由飞白定稿。

唯有排版工作太专业我难以胜任，只得靠飞白完成，这让我惭愧。本来按常规排版工作应该出版方负责，但因文集类书籍的出版不能营利，即便你给出版社经济支持，他也缺乏积极性，于是只好由编者自己多劳了。另外自己排版也认真得多，既能消灭错字，排得也更优质美观。六卷《汪静之文集》是飞白完全排好版才交给出版方去制版付印的，还由妹妹伊虹特邀专家设计了封面和版式。在伊虹和妹夫祝焘经济支持下，《汪静之文集》于2006年初出版，终于协力完成了静之的又一遗愿。虽然是"文集"而非"全集"，但是比静之生前曾想出的"全集"内容还要丰富，因静之自己原只打算编入出版过的书籍。

文集出版后，在静之的家乡绩溪县举行了首发式，接着还要给国内外许多院校和图书馆邮寄，做这件事虽然极其麻烦，但是比较轻松愉快，是在完成一大工程之后收获和分享喜悦。

文学界对《汪静之文集》的出版给予好评，认为《文集》使1957年删改的《蕙的风》和《寂寞的国》恢复初版原貌，收集了久已绝版的二三十年代文献和大量初次公开的作者手稿，为我们保存了一份原汁原味的文学遗产。汪静之是一个非常率真的诗人，你可以感到他懦弱，但是他表现了诗和人生的统一，保持自己的追求和本色走完一生，这却是非常不易、非常

2003年本书作者陪同飞白赴绩溪县捐赠汪静之著作和遗物，
在胡适故居留影

罕见的，《汪静之文集》难得的是真实地还原文学、历史和人。

在一次研讨会上，黄亚洲说："湖畔诗社背离了几千年的封建准则，呼唤人性，张扬个性，掀起的波澜撼动了中国文学界，也撼动了中国的青年一代。汪静之从本能上不是一个激进主义者，但是其实他却更纯粹地继承了五四精神。"徐岱说："我们往往对'不忽悠'的人反而忽视了。汪静之的特色是本色，是常语，是生活，是近人情。我还意外地发现：汪静之当年提出的诗学主张，在经过这么长的起起伏伏之后，竟然正是我们今天在谈论在寻求的主张，他的诗学中有闪光的东西，因为他是一个诗人，一个以诗为生的人。汪静之爱湖畔步行，爱步行的人和爱坐飞机的人真是两样的。"廖可斌说："汪静之八十多年前的'蕙的风'一直吹到我们今天，展现着爱情、人性和真诚的力量。在经过那么多天老地荒之后，最值得回忆的是什么？需要重新思考。许多东西已经发生变异：科学变成了科学主义，民主变成了狂欢，个性解放和个性自尊自觉变成了追求个人利益，爱情和人性受到了冷落和怀疑。现在我们需要的是呼唤真诚。"

飞白、素平选编的六卷《汪静之文集》

　　主编《汪静之文集》和主编《世界诗库》一样，又用去飞白一个五年，他自己的全部选题都为此让路。但好在这件工作没有外在压力也没有意外波折，只是一次温情的回溯之旅。在这期间飞白的健康也在慢慢恢复。

　　编辑出版《汪静之文集》的任务既已完成，飞白于2008年抽出时间来"收摊子"，清理《文集》的原始资料，包括静之留下的书信、手迹等，以便分别捐赠给中国现代文学馆、上海鲁迅博物馆等处。资料太多太杂，需要摊开来才好整理，但他在云大的宿舍小没地方可摊。他的桌面很小而且已被电脑等物占领，他的"迷你"餐桌实为茶几，也只放得下几只碗。相对大一点的面积唯有地面。于是飞白等到云大春季学期结束，家里不再有人来，便把纸张资料全摊在地上，他就在这个满地堆纸的环境里，用插秧割稻的姿势工作了大半个暑假。结果到八月份坏事了，在七十六岁的年龄腰椎本已缺乏弹性，长时间弯腰作农忙双抢姿势又弄伤了腰，得了"腰突"（腰椎间盘突出）兼坐骨神经痛，日夜坐卧不宁。飞白不得不回杭州治疗和卧床休息。飞白的韧性还真不错，有许多得"腰突"的亲友长年卧床并叫苦不止，但飞白治疗三个月后"腰突"居然缓解了，又赶回学校补上完本学期的课程。他在监狱得的风湿好了以后没有再发过，坐骨神经痛之后也不经常发，发起来也没头一次那么重。

遇到点折腾不能叫水手把船拖上沙滩扣翻过来，告别湖畔的水手继续航行。他像候鸟一样每年两次，在杭州和昆明间穿梭来回，专乘火车，只买硬卧票，这比过去昼夜乘硬座或甚至"无座"的时候要强多了，比过去乘着军用吉普车译诗要好多了。吉普车在野外跑起来蹦跳得厉害，根本不可能写一个字。从前在部队时乘火车机会不多，只有碰上跑衡阳、桂林、柳州一线或赴北京等地出差才乘火车。火车上有一段不受打扰的时间，行车又不很颠簸，多少能写几个字，条件特别理想而难得。所以飞白直到如今还留下一个痼癖：写作和翻译都在乘火车时进入最佳状态，当年哪怕杭州到昆明的火车要行驶五十六小时之久，他也一点不嫌长。有乘火车的机会飞白是不肯放弃的：

磕，碰，磕，碰，……韵律在敲……

磕，碰，磕，碰，……诗在舞蹈……

诗海游踪

从1996年汪静之去世到2006年《汪静之文集》出版，飞白全力以赴为父母完成最后的遗愿，用去了他六十六岁到七十六岁这十年精力尚称充沛的时光。他自己的计划不仅推迟了，实际上大部分已经错失了。飞白给姐姐的信上说：他努力不去想错失的计划，他要写要译的东西都是在心中酝酿多年的，若想起来会有失落感。不过只要想通点儿，也没啥。写书么总想写得有点人文内涵，总想对人间多少有点益，但自己力量微薄，其实未必做得到，何况"人一走，茶就凉"呢！

飞白发现，由于他这十年很少动笔和发稿，实际是"人没走，茶先凉"了。渐渐地不大有记者来骚扰他了，这倒还给了他一份清静。许多人离退休后会感觉受冷落，飞白对如今少人打搅却感觉很好很超脱，是他"淡出"带来的意外收获。对他而言社团工作人际关系是个负担，如今躲在校园不参加社交，比父亲静之更像个隐士。当年静之曾正儿八经发过一份《隐居启事》，实际上却还在忙于操办湖畔诗社，结果反倒引出麻烦。

热衷于社团职务的人多，而飞白的兴趣不在社团方面，他来昆明后，对云南作协和云南译协都只做过一次礼节性拜访。他的娱乐就是教教研究生，起初每年研究生人数不多，他都在家里上课，大家围坐一圈，座位不够了就坐在书堆上，因为他的书日渐增多，书架放不下，就又堆积起来了。本来不太爱学习的学生如果在他的课上睁大好奇的眼，他就很高兴，并开玩笑说："我好像是安徒生笔下的小枞树，成不了材去做远洋船上的桅杆，如今却在阁楼上给小老鼠们讲故事。"偶尔他也在家组织一次Scrabble（英语拼字棋）party。他这样凭惯性又上了几年课，直到年满八十。飞白在云大授课的最后这几年，要算他一生中最平稳的一段航行了。

2010年飞白宣布："我再不下课不好意思了，而且要总结出版近年来教的课程也怕来不及了。"飞白要整理总结的是两门主要课程，一门是在尔赛纳斯学院开始讲继而在云大延续的"比较诗学与文化"，一门是在云大开设的"翻译学"。他在任课最后几年中已经在整理打磨这些讲稿，但同时还凭惯性恋着上课。按照飞白的惯例，他每门课的内容都要结了课才整理出版，而一旦出了书就不再上这门课了："既已印成书，你们自己去看看不就行了吗？"这也是飞白与多数教师的不同之处。大多数教师都要先有教材，再按照教材讲课；飞白却是所有的课都是先讲课后写成教材，出版后就不再教。如今既然时间没有了，这两门课不论打磨得是否成熟都该截止了。

最后整理定稿，当然最好要集中点精力和时间。年届八十毕竟不比二十岁的年龄了，虽然"逻辑处理"能力成熟了许多，但"内存"衰减使他的效率降低了，光靠"吉普车上"那样的零星时间已干不成工作，脑子需要安静和专注。因此下课不能再拖，即便现在下课他时间也所剩无几，所以计划必须收缩。本来他这两门课内容都很丰富，如今整理成书也要大为压缩精简。

比较诗学与文化这门课原名Comparative Poetry and Culture，从尔赛纳斯学院讲到云大外语学院都是英语授课，如今在整理成书的同时还要译成中文。本来讲稿、课堂讨论、作业讲评等材料十分丰富，他决心收缩其规模，大刀阔斧地砍掉三分之二，只选出少量较有兴味的内容编成一册。此事他实际上已经做了三年，到结课时书已大体成形，只剩下最后编辑定稿和排版等工序了。这本书就是《诗海游踪》，副题为"中西诗比较讲稿"。

想当年飞白讲《诗海》还基本是单向授业，改革开放之初百废待兴，在那填补空白的年代他首先做的是系统知识的传授。后来他教"比较诗学与文化"就有较多双向对话探讨的成分了。飞白上这门课挺有意思的，学生爱听，他也自得其乐。按他的说法，这门课和《诗海游踪》这本书纯属"东拉西扯"。这既是打趣也是写实，其实用词很准确。因为他正是把东方文化和西方文化中司空见惯的事物随手拈来，拉来扯去进行比较，从而在意想不到之处发现问题，从习以为常的现象中引发思考，探究奥秘。

《诗海游踪》一改通常教材与学术论文的高头讲章面貌，用的全是娓娓而谈讲故事的风格，飞白希望的是在学术性和可读性的两岸间试架大跨度桥梁。比较文学这门人文课程本不同于严格的科学，而飞白讲授时强调师生互动，又增其亲切对话的性质。飞白虽个性内向，其实也很善于交流，这门课

飞白讲稿编成《诗海游踪》出版

程就是这样在交流中不断生长的，他教了十多年，每年都生发出新的研讨题目。

如"比月亮"一章是飞白和尔赛纳斯学院师生们的对话。

这课题是一句中国流行语"外国的月亮比中国的圆"引发的，它说明月亮具有可比性。对话引出了许多问题，包括月意象的文化意义及其演化规律，月意象的"格式塔"或心理完形，诗人如何代表民族的眼睛，审美价值如何与伦理价值挂钩等。课题也引起了尔赛纳斯学院教师的兴趣，请飞白作一次讲座，文科教授们的参与进一步丰富了课题的内容，如法国文学教授卢卡斯以雨果的诗《波阿斯的梦》为例，阐述了和中国月亮意象以满月象征吉祥不同，法国月亮意象以新月象征吉祥，说明不同文化圈的月亮确实不同。结果是作为文化和心理意象，其实是中国月亮比外国月亮圆。但在外国人眼里"月亮圆"不是占便宜的事，因为月圆令人不安，并不会给人带来祥和圆满的感觉。

又如"渔夫和鱼的故事"一章源自飞白给云大研究生布置的一次作业和讨论。在此基础上飞白做总结说，渔夫和鱼在中国和西方都是诗人喜爱的母题，中国和西方诗中的渔夫形象都富于诗意，而且巧合的是都带隐士色彩。文化积淀下，中国和西方的渔夫母题都派生出许多名作，引得无数后人唱和。但是中西文化差异却使双方渔夫诗的情调大异其趣。中国"青箬笠，绿蓑衣，斜风细雨不须归"的渔夫形象及其逍遥闲适情调为我们熟知，但西方渔夫与此相反，一点也不逍遥闲适。以歌德的《渔夫》诗的末节为例：

水声潺潺，水在上升，
打湿了渔夫一双赤脚；
他心中的渴望与时俱增，

恰像是在赴爱情之邀。

她对他说着，她对他唱着，

渔夫已经身不由己；

她半拖半诱，他半推半就——

无人再见过渔夫的踪迹。

　　诗中的"她"是鱼美人，经常把渔夫拖下水，哪怕渔夫是隐士或得道高僧也难幸免。

　　不妨通过此例，看看飞白怎么深入浅出地作文化比较。他解释说，西方渔夫诗的语境是希腊和希伯来的对话、异教和基督教的对话，故其中含有"救赎"和"欲望"的张力。西方渔夫的沉湖、投河，原因与屈原完全不同，是受欲望的驱使和异

西方艺术的典型渔夫形象
莱顿作《渔夫和塞壬》

端的诱惑，背离了救赎的正道，在狂放不羁中又明显带一种沉沦的罪感。而中国渔夫诗尽管情调那么闲适，但背后隐含儒道对话的语境，也就隐含着"承担"和"逍遥"的张力，因为选择独善其身嘛，逃脱了"匹夫有责"的承担，在潇洒中也不免带一点愧疚。

中国艺术的典型渔夫形象　马远作《寒江独钓图》

中西的渔夫诗主题都在理想中寓有矛盾：中国诗人既忧国忧民，又想逍遥，独善其身；西方诗人既想救赎，又想浪漫，难逃诱惑。巧合的是：中国道家取向的渔夫形象出现在强大的儒家主流思想的边缘，并作为其重要补充；西方的渔夫和鱼美人的异教形象则出现在强大的基督教主流思想的边缘，而作为其重要补充。

　　飞白讲课从来不就理论讲理论，而爱把理论寓于生动活泼的意象之中。如他讲解二十世纪语言学转向时讲的是"语言之屋和望星空"，讲生态批评时他用歌德的谣曲《魔术师的徒弟》，讲文化误读时举例"中国屋"和"圣母送子"，讲男性中心语言体系时辨析花语和咏花诗中的"伪男性"和"伪女性"，用"山的吸纳，海的挑战"来对比中西自然观和文化传统，而在为中西诗比较作结语时写道："就个人而言，我深爱'行到水穷处，坐看云起时'的自由，也深爱'我无地可枕我的头'的不自由。"与讲授《诗海》那时相比，由于时间保证与资料条件的改善，飞白航海较为从容，课程质量和学生接受度都有明显提高。

既然飞白讲课另类，他的讲稿编成的书自然也与一般教材两样，我们这些未在课堂听课的人可通过看书得到弥补，但这种书在市场上销路却不会广，《诗海游踪》属学术类图书，是由云大资助出版的。

这里又想插句闲话了：在商业经营的翻译市场上，高水平翻译或稀缺小语种的翻译都索要天价。在文学领域中呢，稿酬标准是每千字二十元，翻译每千字十元，这标准八十年代末一定就几十年不变。而到《诗海游踪》出版之时，印刷厂的排字费已达每千字四十元，遇到外文还要高得多，如录排俄文，每十个字母（相当于一两个汉语词）一元，折合到每千字五百元。而飞白出书，为了精益求精总是自己录入，或由我协助录入他自己排版，都是尽义务。

诗不值钱，因为诗没有实用价值。印证了本书引用的纪录片《探海者飞白》的尾声：

"诗没有用。诗只不过是人的存在。"

孤帆远影碧空尽

在协助飞白清理旧信时，看到杨德豫的来信特别多。这里引用杨德豫2011年7月关于《诗海游踪》的来信片断。深厚的友情使德豫的评价总是不无溢美，然而他是完全真诚的，他俩间从来不需要客套：

六月下旬我因患偏头痛，到长沙去治疗了一段时间。日前回到山庄，收到这一段时间外地寄来的一大堆报纸、杂志、书籍和信件，我首先拆阅的就是你寄来的《诗海游踪》一书。因刚刚收到，尚未遑从头到尾逐字逐句地细读，但粗粗翻阅了一遍，已令我惊叹不已。

你对世界各大洲、各大小国家的诗歌，其涉猎之广，研究之深，论述之精，在当代中国并无第二人。你对中国诗与外国诗的比较研究，也不像某些人那样只从枝枝节节的问题上着眼，而是从根本的社会文化和人生哲学上来分析，也阐述得极其透辟。你的译文也极佳，插图也精美。这些，都是我真诚的感受，决不是空泛的恭维话。……

但飞白有自知之明，他在回信里袒露了内心。他们两位是知心战友，也是志同道合互相切磋的诗友和译友，飞白大概只有与德豫一人会这样毫无保留地说话。虽属私密通信，但我想把飞白的回信也引用在此，从中可以见到两位好友的心境：

我虽宣布下课，但为避杭州之暑，还是到昆明来度夏了（明年可能有家人陪我来，今年还找不到抽得出空的人）。家里有点不放心我，但我独来独往惯了，不太在意。我说，若要出意外在哪里都会出，概率不太高的，当心就是了。

你7月14日的信，家里用e-mail转发给我了，多谢你一如既往地对我鼓励有加，但是未免褒奖过分了。我还有点自知之明，我的强项是思想自主性，加上样样懂一点；弱项则是样样都不专业，只是到处泛舟漫游。给学生讲课时我可以无所顾忌，如今印成文字就颇感心中无底了，特别是书中涉及一些哲学和文论，使我很不放心。——我本来并不敢侈谈哲学，讨论诸如语言、存在这样的宏大主题，正是我力有不逮之处。但是既要讲诗，就不能只讲细部就事论事而言不及义，不得不涉及一点宏大背景；又是面对外语系研究生，他们毕竟比我更外行，我不得不给他们作一点浅近的讲解。这才勉力为之，说得地道不地道也在所不计了。

我已经下课，出版讲稿就不是什么量化指标或项目，而只是"发出自己的声音"了，你可以看得出，我的讲稿本来是有感而发的。我从来不肯上那种统一模式的课，只上我能自由发言的课。我是专为和庸俗作对而到这个世界上来的，尽管这样做很蠢，但是我还是要说，而不管这红尘滚滚的土地上有没有人听、有几个人听。这条主线在本书中是贯穿始终的，从"被说"到黑豹，从蜣螂哲学到望星空，从诗人孤独到无边悲悯，从"任性的心"到"被囚的动物"，从"坐看云起"到"我无地可枕我的头"……

当然，与海上老人Santiago一样，我参与的是一场注定失败的斗争。因为如你所知，即使是在高雅的诗歌界我也常遭"围剿"，幸有德豫兄，我可以特别自豪地引为同道。

谢谢你，多保重！

"我是专为和庸俗作对而到这个世界上来的"——对这种"蠢"事该如何评说是好呢？是知识分子精英意识的清高，还是"脱离群众的毛病改造不好"？是老水手的率性，还是堂吉诃德式的笑话？是如飞白老部下所说"你是一个完全正直的人"，还是如飞白自己评论的"天真时代的残余兼自嘲"？

此刻两位战友都年逾八十，早超过上帝的保修期了，到这一年初冬他们都住了院。飞白下课后，刚来得及出版第一本结集《诗海游踪》和送出最后一批研究生，就在突发情况下做了两次手术：第一次是因前列腺增生突发尿路闭塞，不得不做前列腺剜除。当时判断恶性/良性可能性对半，医生让他签字自负全责，因为如有癌变，这种切法会造成扩散转移，剩下生存期就只有三个月了。开完刀后，主刀医师还直率地告诉他："做的时候手感是不好的。"此外手术后还引发两次心脏危象紧急抢救。时隔不久（应该与术后虚弱有关）飞白又突发阑尾炎坏疽穿孔，再做一次腹部手术，这次术后引发了高血压病，之前他一直不曾有过高血压。继1996年脑动脉意外后，飞白的健康又受了一轮组合拳的重击。

可是飞白的韧性还真不错，他这次又度过考验而晃晃悠悠地爬起来了。而德豫却没有这般好运，一年之后不幸病逝。飞白给德豫的女儿杨小煜发去沉痛的唁电。虽然前面我们已引用两段来往信件，但是这封唁电和小煜的回信仍不能不摘引在此。因为转述文字难以表达其中的情谊，这种古风情谊在当下社会里几乎失传了。

小煜：

惊闻令尊去世，心情如风卷海涛，激荡难平。故迟迟才能发信。

德豫兄是我最相知相投的好友。德豫之为人也，刚正不阿，直言无忌，由此竟导致一生坎坷；德豫之为诗则殚精竭虑，字锤句炼，遂成格律化译诗无可争议的典范；德豫之作风则谦逊朴实，虚己待物，绝不受外界浮躁奢靡之风的影响，无不令人感佩。我与德豫兄虽难得有机会相聚，但二人有太多的共同语言。我们上学都是外文系（虽分别在清华、浙大），又都在大三时离校参加革命；都在二十世纪五十年代中期于广州开始译诗，当时在广州军区就我们两人译诗，也都受到无理压制；我们（先后）都在军区报社工作，也（先后）都在报社蒙受冤案（德豫在反右，我在"文革"，而他在反右前夕发表的文章中，有一篇《我看谁是谁非》就是为我打抱不平而作）。"文革"结束后我们又都重操译事，德豫主持《诗苑译林》时，我与他紧密协作，在诗界前辈卞之琳1982年发表的《译诗艺术的成年》一文里，我们又一同得到他热情洋溢的鼓励褒奖。我们都性喜安静而不爱热闹与张扬，只要抓住点滴业余时间，也都会沉浸于译诗。德豫和我2011年底不约而同都进了医院，我们当时也都被认为有癌症嫌疑，他的嫌疑后竟不幸得到证实。德豫还劝我慎做手术，他说是医生讲的：由于年龄的缘故，"术间不会出事，术后容易出事"，许多人因心脏不能承受而死于心律失常或心衰，后来我的险情果然完全如他所言。我碰上了"猫（有九）命"，我一直在祝祷他也有"猫命"，可惜无端不灵。在最后岁月里，德豫和我不约而同每人都有六本书要出，期盼见到它们出版。于是我去年在给德豫的几封信里写道：

"诚然，对于存在和艺术融为一体的我们，这一页又一页弥足珍贵。在这方面我的形势不如你，你的六本书已经完成，出版也确定无疑了。我在2010年下课后也打算出六本书，但都还是未完成品，每本都有待整理加工。而到去年只出了第一本《诗海游踪》，其他五本，估计出书的希望很渺小了。看着功亏一篑的它们'随风飘落，一页又一页'深感遗憾。所以我才更为欣赏穆旦的'为何你却紧抱着满怀浓荫，不让它随风飘落，一页又一页？'

"这种欣赏是唯美的，唯美是一种拯救，这是人生态度的一方面；与此同时我们的态度当然还有另一面：顽强迎战，不放弃桑提亚哥的硬汉精神：'人可以被毁灭，但决不会被打败'！

"人生得一知己足矣。你是我最尊敬最信任的知友。……虽然我知道我参与的是一场注定失败的斗争，幸有德豫兄，我可以特别自豪地引为同道。

"我有些书大概出不来了，但因我的译稿经你看了，我已可以满足了。"

言不尽意，剩下默默。还盼节哀！

飞白，2013年1月25日

飞白叔叔：您好！

……您的来信字里行间充满了对故人的思念与情谊，晚辈慨叹人间真有超越男女"爱情"的"君子之交"。父亲曾提到您的名字，但我并未细问。读过您的信后，才知昏迷中父亲嘴边常提起的那个"飞白"到底是谁。我想父亲在住院期间是非常想念您的，我只能从生活上照顾他，而您确是在精神上支撑他的。2012年12月21日左右父亲开始说胡话。有一次听得特别

杨德豫在病房度过八十四岁生日

清楚，人物是杨树达、飞白和杨德豫；场景是飞白上门拜访，杨德豫分别为他们两人介绍。我听到父亲闭着眼睛说："飞白，这是我父亲"。之后他就醒了，告诉我飞白来做客了，且再三叮嘱要好好安排招待。我猜测，父亲看到您就在他身边（应该是幻觉），并请您坐下。

往事历历在目，看到父亲的笔记、照片、信件我都非常难过。明知他已解脱，却还是依依不舍，就当父亲离家远行了吧！父亲对我的爱是深沉的，身体好时他从未直接口头表达。2013年1月14日中午医院第一轮抢救，只有我唤他他微微点头示意听到，护士、陪护唤他一概没反应。我意识到自己在父亲心中的位置。晚上6点30左右他苏醒过来，第一句话竟是："小煜，我爱你！我永远爱你和妈妈！"23日，父亲永远的远去了，留下他深深的爱在人间。……

小煜于武汉，2013年1月28日

飞白在哀悼心情中借哈代的"酒杯"浇愁，说也凑巧，1月29日他接到外研社约译《哈代诗选》的邀约，编者知道飞白改革开放初年的《英国维多利亚时代诗选》中含有哈代的诗，但要编一个单行本数量太少，需要新译补充。外研社正在出一套"英诗经典名家名译"丛书，英汉对照本，飞白本来只答应给他们编一本《勃朗宁诗选》，因为在已出版过的《勃朗宁诗选》基础上选编成英汉对照本不会太费工夫。但若要他新译，飞白本来不会考虑。他停课后的设想是不再继续开拓，不再考虑新的稿约，而是要收已经铺得太大的摊子，把以前出的书作一番必要的更新，再就是在讲稿基础上出几本总结性的书。而且"比较诗学与文化"和"翻译学"的成书规模，现在都已不得不大大压缩了。然而译哈代诗对飞白的吸引力非常大，使他发生了根本动摇。飞白以前译哈代作品只有二十来首短诗，若译《哈代诗选》，绝大部分都要新译。可是哈代属于飞白最喜爱的诗人之列，三十年前陈敬容大姐就曾一再鼓励他译哈代："哈代晚期的诗写得真好，但我国还没有多少人知道。"

　　这时飞白沉浸于哈代诗境中，已译了《五同学》，此诗中哈代叙述的是好友们在奋进途中一一凋零。飞白的好友孙万洪是2002年去世的，那年飞白陪同祖莲到广州去办赴美签证，并看望了万洪和其他广州军区的战友，那时，万洪说发现肺部有很小的可疑肿块，决定明天去住院切除。想不到结果为恶性，万洪于两个月后去世，而如今又遇德豫逝去。所以飞白终于决定搁置手中的总结性工作，接受外研社的《哈代诗选》稿约。这既是寄托对知友的怀念，也是偿还长久积蓄的心愿。生命有限而诗海无涯，望洋兴叹是水手的宿命。正如马雅可夫斯基所说"诗人永远是宇宙的债户，对我来不及写的一切都欠债未偿"。虽然要探的海域都超出了续航能力，但是还一个心愿还是做得到的。

飞白的心情与哈代契合，飞白的爱好音乐也与哈代相似。况且哈代放弃小说后专心写诗的年龄是从五十多岁到八十多岁，恰好飞白在《维多利亚诗选》中译哈代诗的时候年龄也是五十多岁，而此刻他续译哈代时年龄已到八十多岁。随年龄增长而来的境遇和感触，都大大增添了思想

哈代

的契合和情感的共鸣。飞白青年时代本已倾心维多利亚诗歌胜于浪漫主义诗歌，但总难免还是"少年不知愁滋味"，如今才真个进入情境之中。2013年春夏之交他深深沉浸于翻译热情，仅用三个月就一气呵成地完成了《哈代诗选》。

每年春秋季飞白在杭州时住父亲留下的曙光新村住房，祖莲跟小闪一家同住杭大新村住房，相距不远常互相走动。飞白在云大下课后在杭州居住时间增多，而祖莲因糖尿病引起的脚部远端神经和血管病变日益明显，走动渐感困难。2014年飞白发觉祖莲脚部溃疡，但祖莲不肯住院，经飞白再三劝说，到2015年初才说服祖莲并把她送去住院治疗，当时小闪出国未回，是儿媳开车送去的。飞白有些患糖尿病的朋友（如柯原）都是进进出出住院多次的，而祖莲患糖尿病二十八年来还是第

一次住院。本来打算的是治疗一段时间，春节前回家过年。谁也料想不到，祖莲入院后糖尿病并发症发展意外迅速，二月间就因心肺功能衰竭转入ICU重症监护病房。

春节快要到了。因气管插管使祖莲难以忍受，ICU病房重病人多，又不让家人陪伴，便要求转回普通病房。八五高龄的飞白这时血压完全失控，但除夕夜还在病房陪伴祖莲。

祖莲说话已非常困难，但当她再一次睡醒过来，见飞白仍守护床边，便勉强说出一句："你……回……去……吧！"这是她的最后一句话。

次夜祖莲逝世，享年七十七岁。可叹其中的大半，即七十七年中四十七年，是在病中度过的。即便是亲情的抚慰，也再难将坎坷抚平。飞白的挽联吐出的是一声深长的叹息：

茫茫六十年岁月风风雨雨折叶摧花忆春日忽忽梦好难留，
漫漫五千里关山暮暮朝朝嘘寒问暖余秋思绵绵诗残莫续。

漂流者也为房累

祖莲的逝世给了飞白沉重打击，还迫使飞白不得不立即处理烦人的房产事务。这是他特别嫌烦而不愿处理的事，但躲不掉。飞白一生漂流，但因不是水上船户，住家还得住在陆上，从而躲不掉很"非诗"的房之累。

如前所述，他漂流中居无定所，居住过一个月以上的房子超过六十处，但都不是自己名下的。作为漂流者，他从来没上心经营自己的房产，就如彷徨者里尔克在《秋日》中所写的那样：

> 今日无房者，不再为自己造房，
>
> 今日孤独者，将会长期这样……

不过，后来里尔克在瑞士瓦莱山区的穆佐古堡获得灵感，在这里完成了《杜伊诺哀歌》和《致奥尔弗斯十四行诗》，他的一位朋友便把这座小城堡买下来赠给了他，于是彷徨者里尔克得以在这里度过最后的岁月。然而漂流者飞白只在"文革"高潮中住过一段城堡，他没想为自己经营城堡。

今天要说的是，飞白虽没经营自己的房子，却也和芸芸房奴一样为房操劳承担房之累。房奴之累在当代已太普遍太平常了，不值一提。值得在此一说是因为飞白操持的房产事务也与众不同。他并非经营自己的房子，而是先努力为父母争取住房，最后又要努力为小辈出售这套住房，而且这两件事都做得格外艰辛，比写两本书累多了。

漂泊者飞白为什么不经营自己的房子呢？

飞白参加革命做了"公家人"后，住了三十年营房，而且不时流动，习以为常。部队要保持轻装，使得他不能有书房，但心底里对小书房还是很憧憬的。他从小就希望有个自己的角落，小时候在绩溪和宜山都用心观摩农民如何用"干打垒"方法夯土造房，打算日后模仿。他的设想非常简单，学农民那样夯土筑墙造一间小屋，可用毛竹做床、小桌和书架，如果房间足够小，可以把大毛竹两头筑进石灰加固的泥墙内，这样做成的床和桌子简单牢靠，连床脚桌脚都不需要。窗口里也筑进两根毛竹作护栏，他们在宜山租住的农家房就是如此。后来他又学会了砌砖墙的泥工手艺，那就能把小屋造得更高级了。可惜始终没一块地方给他做试验。在现实的城市生活里嘛，更挤不出一个书房来，哪怕想布置个小"书角"都没有空间。

那年代人是公家人，住房由单位保障。杭州大学住房紧张，飞白和家属暂住父母家中等了半年，杭大才在学生宿舍8幢给他挤出一间房，这个房间位于筒子楼中段的公用水房对门，一年到头非常潮湿。行李没地方放，放在另一幢学生宿舍一楼的楼梯底下，那儿也非常潮湿，等了两年才终于等到分配教工宿舍时，放在那里的书和物品全都霉坏了。

如前所述，本可优先选房的他选了一套六楼西晒的房，直到飞白退休并赴云大任教时，他才申请换了一套层次较低而面积稍小的住房，方便祖莲上下楼，由小儿子云闪一家在这里陪伴母亲。九十年代"房改"时他买下了这套房子，但这套产权在他名下的房产他自己并没有住过。

住公房的时代有房住就行，那么为什么飞白还要为父母争取住房呢？

汪静之于1954年被无辜解职，停发工资，连返回复旦的路也被堵死。如今作为街道退休者，他的住房和医疗等待遇都属最低档。"文革"结束后杭州市陆续出台多项照顾高级知识分子的待遇，全没有他的份。静之竹因年龄老了，遇到的困难与日俱增。

静之回杭后安置在望江门外工人区的简陋住房里，和一户工人合住一套一楼公寓，条件很差，而且又地处喧闹的车辆要道和农贸市场间，静之数次在街上被人被车撞倒，竹因1978年做过胃次全切除的大手术，术后一直闹病。飞白回杭州的目的本来是照顾父母，可是因工作忙加上杭大到望江门外路途远，只能每周前往探望一次。当时普通百姓家都没有电话，平时老人遇到困难或病痛无法联系飞白，打公用电话到杭大也无法找人，而写信通知则需两天。因此迫切需要把父母的住房调换到杭大附近来。当时一切房屋公有，只能分配、调换，没有买卖、租赁。飞白奔走两年试图调换却无结果。

1982年情况变得愈加紧迫。因住房地势低洼而静之家住一楼，下水道容易堵，一堵家里就发水灾，而且发的还不是一般水，而是卫生间蹲坑里冒出的粪水。

"文革"结束后，汪静之已被外界重新发现，几次有外宾想来拜访他，但在这种情况下不得不婉言谢绝。八十岁的老诗人被逼得写出一首他自己所谓的"臭诗"：

下水道粪管堵塞了，
粪水倒灌，源源不断。
粪水满地面，
粪臭满房间。

我去房管站请求救灾难，
白白跑了几次腿，
说是下水道工人不得闲，
只好自家扫粪水。

我和老伴在粪水里跋涉，
忙着扫粪水出房门。
地上人粪像黄金，
头上白发像白银。

我学下水道工人样，
用长竹片做的通条，
通来通去打不通故障，
腰酸得快要折断腰。

我和老伴用脸盆舀粪水，
一天到晚泼了三百盆。
忙了一天浑身累，
第二天依然满地是黄金。

我本爱唱美人香草、青山绿水，
爱唱山中兰蕙，雪里红梅，
现在家中只有臭风景，臭诗料，
我只好写臭诗臭歌、臭腔臭调。
……

（《粪水之灾》，1982年7月23日，

杭州望江新村5幢2号家中。）

第五章　回头不是岸

当时既没有买房租房的市场化方式也没有经济条件，要想搬迁只能寄希望于调换公房，但是谈何容易！现在的房奴都为房所累，但恐怕难以想象在公房体制下的房之累。

我找到了两幅图，一幅是静之手绘在纸片上的幻想房屋平面图，画上的幻想房屋有一厅三室，其中两室各十二平方米，还有一个五平方米的小间以及厨卫，全套共约六十平方米。图反面有文字注记："无处安身，乃作此图，画饼充饥。"另一幅是飞白手绘的"换房经过路线图"，这张图记录了当年申请换房走过的复杂路线，这是当时体制下办事难的一个典型案例。虽然用了图解形式，但图中十条路线交叉缠绕，错综如蛛网迷宫，看起来还是眼花缭乱。这一团乱麻无法解开细说，简化概括一下是这样：

当时各单位都有自己的宿舍，其余公租房则由房管局管理。因静之没有单位，飞白1980年第一步就找杭州房管局，反映老作家汪静之的住房困难，要求调整调换。房管局答复说："这只能民间协商，互相调换。"但人海茫茫，又没有今日的互联网络，叫飞白到哪里去找换房对象协商啊？只得走"路线"了，即找有关组织和领导机关，请求对老作家给点照顾。

飞白找了作协、文联、省委宣传部等单位，同时静之凭老作家的资格，就自己的困境上书中宣部和浙江省领导，汪晴也在北京四处奔走，还有些有影响的朋友帮静之呼吁。但"文革"撤销的浙江作协分会刚开始恢复，还没有独立编制和宿舍，浙江省文联虽在新建宿舍，但分配给文联在编人员还分不过来呢，文联主席黄源是老作家，对静之深表同情，但分房的事他也说不上话。所走的其他"路线"尽管头绪纷繁，都在空中缠绕而无法落实到房源，汪静之只收获了大量同情话。

最后出现转机还得靠机缘。1983年广州军区《战士报》的老同事来访飞白，得知汪静之住房困境便写成反映稿，刊登在《人民日报》内参《信访反映》上。《人民日报》内参是有影响力的，但还得有人真心关注才能起实际作用。恰巧飞白有位学生邓国华分配到浙江省机关事务管理局，尽管初进机关只是小人物，却是个热心人而又懂办事的路径，她先持这份内参去找杭州市分管副市长请求帮助，再持副市长批示去找市房管局落实，一个个环节推动下去，终于获得两处可供调换的房源，一处在松木场十字路口，一处在曙光新村。飞白选定了曙光新村11幢三楼的那套，虽然比较窄小，实际是一室一厅约四十平方米，而且楼梯结构不好：通常楼梯都有扶手且每层有一个拐弯，这里却是直通通的没有拐弯还没有一处扶手，老人上下很不安全。但这一步已经来之不易并耗了四年工夫，而闹粪水之灾的房子又不能再住，只好先搬过来再说。飞白自己动手打扫清理安装电路，又用所学的泥工手艺砌灶台、贴瓷砖，于1984年7月帮父母完成了搬迁。

飞白继续争取调整改善父母的住房，但下一步改善还要再经八年努力才得到，成功得太迟了。病弱的竹因搬来11幢之后没下过楼，两年后就去世了，而静之的住房到1991年才从曙光新村11幢调换到22幢，在一楼，像静之手绘的理想图一样有一厅三室，面积七十二平方米比他的理想图还大一点。这是省人大、政协新建的宿舍，小部分房源分给了社会知名人士。竹因没有等到，静之等到这套住房时已虚龄九十，他也只住了五年。

第五章　回头不是岸

461

搬来不久后就进行房改，子女帮助出资，汪静之名下也是头一次有了房产。但为时不久，静之1996年去世，飞白替姐妹们办理了继承，曙光新村房子四人共有。飞白作"看守内阁"代管，大家回杭州时都可以住，他自己大部时间住在云大，也只有春秋天气温和时回杭暂住。虽知道共有房产最终还是要处理的，但没有了当初为父母争取时的紧迫感，如今这房产并不急待处理。飞白自己要做的工作太多，样样都比这事紧迫，没工夫考虑这件"额外"的事务。

漂流者解脱房之累

这样，飞白为姐妹们代管了十多年曙光新村22幢的房产，直到2015年响起了警钟。

其实，自从完成平反工作后退出军职，飞白一直在继续他从陆地"退出"的进程。他从系主任职务退出，从各种社会和学术职务退出。社会职务退完之后，还剩下需要退出的就是房产之累，仅因嫌麻烦拖延至今。

实际岁月的流逝比主观想象的快得多。十多年匆匆流逝，他们这代人又老了。在向房产局咨询时，房产局人员好心地督促飞白："你们如再不抓紧处理，这房产就不好处理了。"飞白本以为自己和祖莲既已订有遗嘱，房产的事将来留给子女办就行。经房产局提示才明白，这房产处理推到下一代去实际不可操作：你们四姐妹共有，四姐妹的下一代有九人且多数在国外，要办房产手续极其麻烦复杂，即便不算他们的配偶，要叫这九人齐集杭州来办理继承也是做不到的。可是即便缺一人也办不成继承，这处房产最终就可能沦为"无主房"了。

静之没有其他物质遗产——中华人民共和国成立后实行低工资住公房的制度，房改是对劳动一生而无房者的一次性补偿，他只住了五年的房子成了静之留给后代的唯一物质遗产。加以十余年来房价飞涨，曙光新村靠近浙大、浙大附中和浙大附小，有"学区房"的优越条件，房价尤高。如飞白现在置这套共有房产于不顾，将使大家蒙受损失，飞白作为"看守内阁"要负不可推卸之责。

2014年汪晴严重摔伤骨折，2015年祖莲病故，敲响了警钟。一代人已开始退场，房产处理要争朝夕，无可再拖了。

不同于八十年代房改前求房走的是"路线"，房改后今天房产处理要走的是"程序"。当初的路线非常复杂，如今程序的复杂也毫不逊色。曙光新村房产本来只有一本汪静之的产权证，飞白和三姐妹继承后已变成了四本产权证，其中且都隐含各人的配偶。如今又有了新规定，夫妻共有房产要改办夫妻两本产权证了。因此，不仅首先要办对祖莲的遗产继承，连带姐妹及其配偶也要改办新产权证。完成这些手续后，才能凭新的产权证售房，售房后再四家分房款。因姐妹们及配偶都已年老，不可能来杭州一起办售房手续，又须各自先办委托公证，委托飞白代理全体产权人售房。这些事务办起来出乎意料地烦琐复杂。早在2014年飞白已经请家人协办外地的委托公证，但经过一年多一直没有取得进展，看来事事都得飞白来接手才行。但祖莲病故后，2015年春飞白的健康状况也跌入谷底，他只得先暂赴昆明换环境休养几个月，到9月才回杭来，打起全副精神做他的最后一次"为人民服务"。

从2015年9月起，飞白放下自己的工作，集中了九个月的全部精力，专办他最烦的房产事务，包括继承、卖房和另行买房。他当然也把姐妹们和下一代尽量都动员起来参与了，但飞白是牵头者、策划者、组织指挥者和主要操作者。各部门的职员见白发苍苍的飞白来办这些事务，都大感诧异，他们说：别家房产的事都是年轻人来办的，还真没见过这样的老辈出马操办。但这实在不是飞白有兴趣操办或者自己逞强，而是被逼上梁山。——飞白的子女中小柳小荣都远在国外，小儿子小闪也整年跑国外旅游线路，难得回国也只待上两三天。况且包括姐妹们的下一代一共九人中，也实在无人能把这摊子事牵起头来。即便要他们在各地办理涉及他们家的局部手续，也需要飞白做特别具体的指导。于是飞白又担任了一回参谋长的角色。他每天跑完事务，晚上还要往各地发电邮，指导下一代各人下一步的具体操作，并解答他们提出的种种问题。从他给下一代解答的许许多多问题中，这里仅摘抄两个最简短的以见一斑，可见这位年已八十六岁的参谋长暂时还没痴呆：

问题一："你应该去找房产中介'我爱我家'，把卖房的事完全交给房产中介去办好了！为什么你要自己去跑房产局和公证处，把问题搞得那么复杂？"

解答："房产中介只介绍买卖双方办交易，而前提是卖房方要有完备的法律手续。实际上我从昆回杭后已马上就找了我爱我家房产中介公司。因为曙光新村地段好，他们对这笔交易非常积极，现在每隔三四天都来一次电话催问我们：你们的（继承等）手续还没有办妥吗？

"至于'问题复杂'是由于本身复杂，不是我跑去问了而'搞'复杂的。如果我不查问清楚，谈好了价格却不能过户，岂不是不但卖不成房，还要挨骂吗？"

问题二："既然已经有遗嘱，为什么还要办公证啊？"

解答："遗嘱有法律效力，但并不是'可执行文件'，房产局不能凭遗嘱办理过户。因为房产管理部门无法辨别遗嘱的真伪，他们只认（A）公证，或（B）法院判决书，这二者之一。所以办过户前必须走以下步骤：（A）先查明共有几个继承人，然后，如果继承人一致认可自书遗嘱，由全部继承人到公证处办理遗嘱公证后，凭公证过户；或（B）如果继承人中有人质疑自书遗嘱，则须向法院起诉，经法院审理并作遗嘱笔迹鉴定后，凭判决书办理过户。"

确实是问题本身复杂，而飞白所做的都是努力简化手续。如他办对祖莲的继承时，要求子女暂先表示"放弃继承"，待办好手续卖了房后，再按遗嘱份额分款给他们，为此他做了大量的耐心工作，以消除大家的顾虑。若不是他这样做的话，大家都不放弃继承，那么仅祖莲的一本房产证继承后就要分身换成七本之多。其结果是，区区这一套房子，总共竟要弄出十几二十本房产证，遇见这种局面，任何购房者都要被吓跑了，还有谁敢买呀？

飞白奔走操办继承、换证、公证和买卖房产时，我常尽量陪同协助，因此可对工作量做出粗略的不完全统计，实际数字只会比这个多：

从2015年9月到2016年6月，飞白先后跑档案部门六次，跑公证处十二次，跑房产局十三次，跑土地局三次，跑房产中介公司十五次，跑公安户籍部门四次，跑各家银行九次，对相关手续和相关法律问题调研百余小时，起草委托书公证书等文件十余种，每种都经历几次反复，为卖房而接待中介和买家看房数十次，卖房后为了用自己的份额另行买房，在网上找房源数百小时，到现地看房十三天。看房是我陪同他的，所看的都是"绿色"地带，包括到城南（钱江南岸）湘湖地带六天，到城西闲湖至留下地带两天，到城北体育公园地带五天，考察比较了所看十八个小区的环境和许多房源，测绘备选房源户型图和装修计划图十九种，制图与装修设计用时约八十小时。其他诸如电话、电邮、邮政、复印等事务无法统计，九个月来仅卖房买房的联系电话就终日铃声不断，连睡一个午觉都睡不成。而且因房产事务中诈骗陷阱层出不穷，办这些事还得始终打起精神，认真对待每个环节，不能一刻疏忽大意。对八十六岁的老者实在太劳神了。

为了彻底解除房之累，飞白决定一次性办完祖莲和他自己的遗产分割。他的子女中，定居美国的小柳决定放弃继承，旅居阿根廷的小荣则决定回国定居，于是飞白将自己的房产主要分给了两个儿子：飞白自己名下的杭大新村住房给了一家，曙光新村售房他所得的份额用孙女的名字买下一个小套给另一家。自己在昆明时继续住云大的小套，在杭州时就暂住孙女名下的小套，将来可免除再办遗产继承的麻烦。

这些事统计起来不过是如上的一串数字，做起来却不但烦琐而且艰难，遭遇许多曲折、障碍和反复，这里都略过不提了。好不容易，卖房条款全谈妥了，麻烦的程序也全办下来了，最后签个合同应该好办吧？想不到也签得那么费劲。

4月12日，买卖双方到中介公司签卖房合同时，上海、太原两处按飞白起草文本做的委托书都有效，而北京办来的委托书却无效！签合同只得中途停止，须待卖方重新办妥委托公证后再约时间。

委托怎么会无效的呢？售房委托公证是个并不难办的环节，飞白还事先拟就了委托书，让各地亲属照此办理公证，但结果北京的公证员没有严格按照飞白起草的委托书电子文本打印，而是出自好意，把汪晴原有房产共有证的证号加进了委托书里。他觉得你们自己起草委托书外行了，委托卖房嘛，光写房产地址门牌还不够全面，加上个房产证号才算完备。这想法虽然合理，但在本案里却不行。关于这点特殊性，其实飞白发去委托书文本时早已提醒过："公证书上不要写房产证号。下一步办理对祖莲产权的继承时将要更换房产证的，那时所有房产共有证都要随同一齐更换。委托书上如写上原来的旧证号，与新换的证号对不上，委托就将无效。"可惜没有引起足够的注意。因北京的姐姐八十九岁且视力极差；姐夫年逾九十而又病重，这一个小小的出入就造成了极大的困难和折腾，使整个售房进程几乎功亏一篑。

终于重办了委托公证后，再次约定4月25日到中介公司签订合同，真没想到这天的签字也对精力和体力构成了严重挑战。

我陪同飞白早上八点半就出发赴中介公司，直到当晚八点半才办完回家，竟连续办了十二小时手续，中间一刻都没有休息也没吃午饭，只吞了两口面包凑数。这天走完前面的繁杂程序，轮到最后提笔签字环节已经是下午五点钟了。五点开始，飞白手不停挥地光签字还签了三个半小时！这听起来真有点不可思议，签个字怎么要签几小时呢？原来合同和附件共有七八个文件，每个文件要签一式八份，买方只需签自己的一个名，飞白却是代表八个共有人签名的，在每份文件上都要先为自己签好"产权人汪飞白"字样，然后在签了"代理人汪飞白"字样下面，再代签其他七个产权共有人的姓名，在每个代签名后面还必须逐一签上带括号的"（汪飞白代）"字样。算下来飞白这晚总计签名一千多个，而且每处签名都还要加盖指印，共加盖一千多个指印。轮到签名环节时已经经过一天折腾，大家又累又饿，晚上体力精力已严重不济，作此类重复性操作又是特别容易出差错的。但签名环节却不容有一字差错，错一个字就得报废，只得全神贯注一刻也不能松懈，这对八十六岁的飞白也真成了一场大考验。

把售房的事办完后，接着又办购房手续。事先已跑了许多地方，看了许多房源。如果他住郊区，家人担心就医不方便，最后还是选在城区，在城北体育公园旁选了个小套二手房。房子不怎么好，但是紧挨着城里最大的一块绿地体育公园，绿地边就是上塘河，沿这条河摇啊摇的，就会摇到现只存在于飞白梦中的外婆桥了。房子定下后，办手续相对售房时就简单多了。到六月完成卖房和买房过户手续，售房款也基本到位，给三位姐妹汇出房款和给孙女办好房产证，飞白仿佛是打完了一场不小的战役。终于摆脱房之累的飞白这时才大松一口气，放下肩上的重负，浑身一下子几乎撑不住了。

飞白感到肩上负重由来已久。自从他十六岁和姐妹留守外婆家，而父母双双外出打工时，就把许多责任交付给他，参加革命后他又承担起了主要翻译的重任。之后不知怎的就形成了飞白习惯性的"承担意识"，不论哪里出了岔子或缺口，仿佛总该由他来承担和补救。"文革"后期复出时，部下或受迫害已离队的干部全来找他求助；为解决父母的各种困难，他在姐妹之间总要负主要责任；主编《世界诗库》，各卷出现缺口漏洞，都要靠他填补；他的学生们和教研室教师遇到各种难题，也都要靠他解决。飞白成了解决难题的"万金油"，不仅是学术难题，哪怕是这样的另类难题也会碰到：八十年代在杭大时，有一位他的老同学和一位同行朋友，分别从上海和长沙把自己刚获得硕士学位的女儿托付到飞白的外国文学教研室来任教，并且托他照看。其中一位青年女教师不慎把钥匙反锁在筒子楼的宿舍里了，无计可施。飞白虽年近六十，还是凭他早年障碍赛的矫健身手，从门顶气窗里翻进房内帮她拿出了钥匙。

在自己家里，飞白肩上负荷当然更重，他缺乏可以喘一口气的后方。找他诉苦的人络绎不绝而飞白从不诉苦，但是他作为"支柱"已满布裂纹而摇摇欲坠。他很想放弃这种被众人依靠的"支柱"角色，为此辞去了各种职务，但在湖畔诗社出现危机时，还是不得不担起了责任。他很想把烦人的房产事务置之不顾，但到了最后的危机时刻，还是不得不全力以赴亲自处置。他觉得自己在这负重七十年中，分给子女的关心照顾占比实在太少了，虽然在教育理念上他坚持培养孩子独立自主艰苦奋斗的精神，但心中仍不免负疚。这"最后一次为人民服务"也算是做点补偿吧！

把房产处理完之后，飞白如今住在"小船舱"里，这指的是他在昆明和杭州住的两处小套宿舍。虽然他已在八十岁停课，八十一岁送出最后一批研究生，但云大仍热情挽留飞白。于是，正如1994年与云大校领导协议的那样，飞白继续在云大写作。他喜欢昆明宜人的气候和师生间的气氛，外语学院现任院长又是飞白的弟子徐志英。

飞白像迁飞的候鸟般栖居的两地住房非常相似：同样都在四楼，昆明的宿舍一室一厅四十平方米，杭州的小套二室一厅五十平方米，空间都极为紧凑。巧合的是，两处户型都是贯穿南北长十余米的一个狭长条，造型正像一条小木船。这并不奇怪，因为户型小而飞白又要求南北通透，那就必然是一线式的户型了。

飞白的布置设计与众不同，非常另类：别人家里客厅和沙发是最要紧的门面和布置重点，而飞白的两处"船舱"却都不设客厅、不摆沙发。云大宿舍起初为上研究生课，在书房摆过狭小的拐角沙发，后来不上课就撤掉了。除了缺客厅外，其他设施则是麻雀虽小五脏俱全——说得更准确点儿应该是像蛇的五脏一般，一个个小间都作前后一线式排列。固然飞白还是辟不出专门书房，但房间都兼书房功能，屋里墙上满是书架。为了充分利用空间，两处住房都用全玻璃窗封了前后阳台。飞白的工作位置都设在南端前阳台上即"船头"上。阳台空间狭窄，书桌等物的安装精确到毫米级，而全玻璃窗光线充足，视野开阔居高临下，正像是船长的驾驶舱。

可是，因为飞白拨不出精力和时间来认真抓装修，而装修的事假如不认真抓就必定被坑，所以两处"船舱"的装修他都没幸免被坑的命运。倒不是由于飞白书生气不懂装修业，他帮助人策划和施工的几处装修都做得挺到位，唯独是自己要住的两处他却偏偏没顾得上。弄房子费心谁都知道，例如飞白为小柳在国内选房购房就奔走三十多趟，然后做装修又奔走七十多趟，那是在出版《汪静之文集》之后，他正处于休整放松阶段，所以能这样做。但当1995年他拿到云大宿舍新换房的钥匙时，飞白刚刚赶完《世界诗库》任务真正筋疲力尽，还有许多棘手的善后事宜亟须处理，江枫又正对《世界诗库》大举讨伐，出版社强烈要求飞白撰文应对，云大欠下的课也要补，使他实在没精神再顾监督装修。2016年买下杭州住房时，飞白艰难地处理完房产事务又一次耗竭了全力，恰好暑期来到他急欲赴昆明休整，同时还想在昆明完成他最后一部学术专著《译诗漫笔》，所以就冒险把杭州的装修包给了熟人去做，押宝于熟人情面了。其结果呢，这两次都弄砸了。两次装修相隔很大的时间空间跨度，两位装修老板的表现却如出一辙：拿到的装修款都"落袋为安"，只想尽量找些低价材料来对付，于是弄出了许多"拆烂污"的笑话。这种事不值得费口舌多说，仅略举两个小例以见一斑：昆明那处，装在墙上的大批书架搁板都不用木板而用锯末板制作，而且是废品级的锯末板，还没等往上放一本书呢，每块搁板都已因自身重量而像吊桥般弯弯下坠了。杭州这处，房门及柜门全属废纸制成，徒有其名叫"木门"却不含木质，虽然表面贴膜看起来光光滑滑，但用指甲都能掐破，木工在钻孔安装时就出现了满屋纸屑飞扬的奇观。

不过既是"船舱"嘛，装修成什么样也只好将就住了。装修留下了船舱四处漏水而排水、排风、排烟却"路路不通"（全都没有接入建筑物的排水、排风、排烟管道）等严重后遗症，飞白不断地这里那里修修补补。如果说初入住时这里像是"梅杜萨之筏"海难余生，那么现今已成为较为"宜居"的船舱了。老水手无力再搏风击浪，只图在海上漂泊荡漾，作为水手复有何求呢？毕竟船舱的设计布局是自己的，住着还称心。

水手狭窄简陋的小船舱，与他本该享用的高干离休楼相差千里，那是他凭"老革命"的资历应得的待遇。然而飞白一生漂泊从未上岸定居，已经习惯了。也许是童年爱躲进枝叶丛或窝棚里留下的潜意识吧，若叫飞白住进豪宅广宇，他反倒会像做客住宾馆似的浑身不自在。真不如在小船舱里舒适，这里他根本不会感觉"狭窄"二字。飞白毕生追求的是广阔空间，他在这里反而享有了空间。

自启航至今，他的船舱终于卸下无穷的义务和责任的重负，固然重负本身所含的绵绵情意已为之做出补偿，但是精力和体力毕竟都有极限。今天放下重负，才得以如兰波的"醉舟"一样自由漂流，不但"不留恋信号灯的傻眼睛"，而且让海水"冲掉了我的铁锚、我的舵"，七十年来第一次如此轻松呼吸——

呼吸八方来风，放眼海天之间。

一叶扁舟，广袤诗海……

译诗艺术的成年

飞白译诗受到广大读者欢迎，也得到许多诗家、译家和学者的肯定和赞许。这里从报刊和书信中摘录一些代表性的观点：

蔡其矫：

有个时期，因为兴趣，试着译一些惠特曼的诗，深知这其中的艰辛。看到许多人译诗，大都草率，或本身就不求甚解，对诗的语言特点未能掌握，所以令人满意的少。你的译诗我很欣赏，大约你比较准确，又对语言下过功夫。最喜欢的是你译特瓦尔多夫斯基的一组诗。如有可能，我希望读你全部的译诗。（通信，1978年）

卞之琳：

年尽岁毕，大家结账一看：这一年（一九八一）尽管多灾多难，全国总起来说，却又是个丰年。最近接连读到飞白在《外国文学研究》季刊(湖北)第三期上发表的举例论译马雅可夫斯基诗的文章，杨德豫在湖南人民出版社出版的《拜伦抒情诗七十首》译本和屠岸在上海译文出版社修订新版的莎士比亚《十四行诗集》译本，虽然我还没有见到或注意到其他可能是同样的成就，我惊喜译诗艺术，就质量论，这一年原来也是个新丰年，而且好像一下子达到成年了。

马雅可夫斯基的许多诗，通过一些译者的努力，在中国已

经为大家熟悉了，而且发生了很大的影响，引发了许多自由
体的所谓"楼梯诗"。他的诗据说基本上是格律诗，有规则押
韵，只是往往一行分成几个阶梯而已。飞白在他的《译诗漫
笔》这篇文章里也提到这一点。……他就押韵问题，以自己译
例说明如何大体保持原来面貌、原来神味，极有说服力，非常
生动，使我们耳目一新。他的译本出来，一定会大大修正我们
过去接受的马雅可夫斯基诗的形象。

　　……这三个新实例共同标志了我国译诗艺术的成熟。

　　（《译诗艺术的成年》，载《读书》1982年第3期）

徐迟：

你的译文颇有独特的成功。去年先在一个会上听下之琳说
起，后在余振的文［素平注：指余振批评飞白译诗的文章］中
引用的几条上证实。确译得好，向你祝贺！

　　我在一次会上听同房间的人说我每晨起床前嘴巴有"卜
卜"拨动之声，自己没曾注意，原来我是在造句，这样造，那
样造，造好了才没有声音。后读到你的文章，方知你翻译时也
有这个习惯。余振文，你不辩也可，其实他倒是给你作宣传。
我就是因他的宣传，而发现了你的许多神来之笔的。（通信，
1982年）

吕进：

谢谢您的巨大的创造性的劳动，这套译诗的问世，想必能对
种种对马［雅可夫斯基］诗的误解与隔膜的冰释起到重要作用。

诗歌离不开形式美，没有诗歌形式，还叫什么诗呢？而诗歌的形式美具有强烈的民族性，这也就带来了强烈的抗译性。您的翻译风格正是在这方面给我以启示，您总是用现代汉语灵活地将原诗的抒情美与形式美转达出来，在更高基础上达到对原诗的"信"，而不是局限在刻板的表面的不信之"信"上。（通信，1982年）

陈敬容：

《醉舟》是翻译难度很大的诗篇，因而向来少人问津；如今你发挥大智大勇将它译出，这是很有意义的事。

读你的译诗，在我是一种愉快的精神享受，这是难得的、宝贵的；[《诗刊》]选用你的译诗，主要是想把这种精神享受转赠给读者。（通信，1982年）

彭燕郊：

今年六月，在北京时，陈敬容同志郑重地介绍我给你写信，她在主持《诗刊》译诗编务中认为你是当前最优秀的译诗专家。（通信，1982年）

李治华（法籍翻译家，《红楼梦》法文版译者）：

我在《翻译通讯》上读了飞白先生题名《译诗漫笔——谈谈诗感》的一篇文章。他在这篇文章里把自己译诗的经验、困难和技巧叙述得淋漓尽致，堪称佳作。他举的例子涉及英、俄、法三种文字的诗，并且每篇都附有原著，俾使读者可以同时欣赏原诗的神韵和译文的功力。……［飞白译的法文诗］无论在情调或意境上，都与原诗较为接近。

（《翻译的困难》，载法国《欧洲时报》，1984年）

黄源：

您埋头译著，有分量的译著不断出版，像这册一个时代的系统诗选［指《英国维多利亚时代诗选》］也是创举，我为之高兴而钦佩。（1985）

徐岱：

我国一直未有一本完整系统的外国诗歌发展史。飞白的两大卷《诗海》，以它博采千家的风范、汇集百川的气势，令人欣慰地填补了这一空白。

（载《外国文学评论》1990年）

莫渝（台湾翻译家、诗评家）：

我们除了欣赏他的译诗方法与理论外，更该惊喜他是一位具有世界眼光且集大成的诗歌翻译家。等到《世界名诗鉴赏辞典》和《诗海》二卷本的问世，中文的读者才真正可以沉迷陶醉在诗香里。……这些堆累的成果令我们目不暇视。比起穆旦（查良铮）偏重俄、英，钱春绮专研德、法，飞白给我们的是一坛甜美的世界佳酿。

（《现代译诗名家鸟瞰》，1993年）

刘硕良（出版家）：

飞白，杰出的诗歌翻译家、评论家、教育家、编辑家，十卷本《世界诗库》是他全方位大规模译评诗歌的最新成果。其译介世界诗歌的广度与深度以及传播活动之全面与卓有成效，我国迄今罕有人能出其右。

（《出版广角》编者按语，1995年）

熊辉（西南大学中国新诗研究所所长）：

飞白老师诗歌翻译的数量和质量目前在国内首屈一指。

在多次的访谈与交流中，给人留下深刻印象的固然是飞白老师渊博的学识和丰富的翻译思想；但与此同时，飞白老师谦虚的态度和宽广的胸襟也足以让人肃然起敬。诚然，每个人的内心都有他人无法丈量的高度，有人"一览众山小"，有人淡然视之。事实上，唯有时间可以保留或淘尽人的声名，飞白老师的翻译成就和翻译思想在光阴的冲刷下愈发闪光，他的翻译成就必将进入历史并泽被未来。

（《诗海一生》，载《重庆评论》2012年第1期）

《诗刊》颁奖辞：

飞白先生长期致力于诗歌翻译和研究及教学，是中国译坛独树一帜的楷模与高标。他从十余种原文译诗的能力堪称语言天才的奇迹；他主编、译、介的《世界诗库》《诗海》规模浩大、视野广阔、多开创之功，令人称奇；他多达二十五卷的译（含著）作均做到了译诗准确鲜明、富含文学性，坚持风格译

理念，保持与原诗人风格神韵的和谐，又与当代汉语绝无睽隔之感。（2017年）

当然，也有译家激烈批评飞白的译诗。很引人注目的一次是八十年代以余振为代表的直译派对飞白翻译方法的批评，另一次就是前章所述九十年代江枫对《世界诗库》的批评。

改革开放初期飞白译马雅可夫斯基诗很受读者欢迎，《外国文学研究》编辑部向飞白约专稿，并于1981年刊登了飞白的《译诗漫笔：马雅可夫斯基诗的音韵和意境》一文。正是这篇文章引起了卞之琳的热情赞扬，同时也触发了直译派的激烈反对和系列批评文章，余波几乎持续整个八十年代。

余振：

飞白同志的译文是意译，而且是相当大胆的意译。……惊异于他对原文的处理竟这样大胆。他在翻译时，有的一句分为两句，有的两句并为一句；原文有的，可以删去，原文没有的，可以加添；有的地方近似解释，有的地方简直像是改写；……据飞白同志说，这是模仿马诗原文的奇特的语言。我认为，翻译时使用模仿马诗奇特的语言，似乎不是一个好办法。

（《读飞白〈译诗漫笔〉的漫笔》，载《外国文学研究》1982年第3期）

原文是翻译工作的出发点，原文是白纸黑字，是个实体，是客观事实，是翻译的物质基础。

总起来看：我的译文的大多数是逐字逐句直译的，但是飞白同志这样直译的也不少。飞白同志的译文，改动原文的相当多，但我的译文，改动原文的也有。只是百步与五十步之差。差别大的是对翻译的态度。翻译态度的不同，使表面上量的差别，变成了本质上的不同。

（《读飞白第二篇〈译诗漫笔〉的漫笔》，载《外国文学研究》1984年第1期）

我认为，"神"是主观的东西，甲认为是"神"的，乙也许认为是"鬼"。诗中真地有"神"的话，也一定包含在诗的文字之中，只要把原诗的文字如实地译过来，"神"不也就跟着过来了吗？

（《与姜椿芳关于译诗的通信》，载《随笔》1989年第5期）

直译派对飞白的批评成了八十年代翻译界的引人注目事件。其主要代表余振原名李毓珍，是俄语翻译家前辈，成果甚丰，本是国内翻译马雅可夫斯基的权威。飞白译《马雅可夫斯基诗选》触碰了先译者的"领地"且又得到卞之琳称赞，成为引发这一轮批评的起因，但也反映出直译派强烈反对飞白新倡风格译的观点。飞白并不是听不得批评的人，他觉得对此无须激动，可分两个层面冷静对待：

第一是重译或复译层面。对重译/复译别人译过的诗，有些人看得非同小可，认为这是"侵犯领地"，但飞白从没有把它当个问题（这里说的并不是著作权授权问题），对于漂流诗海的飞白而言，诗海里不存在疆界更不存在封地。固然飞白偏重探寻未知航路，填补未译空白，但诗海漫游无禁区，不能因为这里曾有译者来过就禁止再入。有时飞白并不知道是否有人译过，有时他知道有人译过但不赞同其译法，自己仍有可能再译。没承想这却触犯了"领地"意识强的译家。飞白在访谈中回答西南大学中国新诗研究所熊辉教授的提问时说：

"为什么有时会复译？我若喜欢一首诗，就可能试着翻译，有些诗有人译过而我未见到，也有我见到的，但不太去顾忌是否有过译文。即便形成了复译，不是也可以互相切磋么？好诗是召唤复译的，鲁迅和本雅明都认为应该有复译，鲁迅还曾讽刺反对复译的人说：'他看得翻译好像结婚，有人译过了，第二个便不该来碰一下，否则，就仿佛引诱了有夫之妇似的'，他就要'维持风化'了。以前关于飞白翻译的所有争议，几乎都因飞白复译而触发，这种非学术因素的参与实在令人遗憾。如能心平气和地切磋翻译问题该多么好。"

第二是学术争鸣层面，飞白对此十分欢迎。八十年代直译派的批评涉及直译意译概念等问题，因此具有学术意义。不论对方言辞是否尖刻，飞白认为争鸣对切磋译诗艺术有益，愿与对方探讨。他日后还进一步在论著《译诗漫笔》中对此作理论研究。而九十年代江枫对《世界诗库》的抨击却不涉及学术，也不具学术探讨价值，所以飞白在《译诗漫笔》中没有提及这次争论。

飞白虽一开始就有自己的译诗理念，但起初尚处于理论混沌状态，只凭直觉感受，没注意梳理，所以对卞之琳"成熟"之赞颇感惶恐，这敦促飞白研究译诗艺术。另一方面，余振文反驳卞文，批评飞白译诗，并且提到了"本质上不同"的高度；余文批飞白"意译"，而事实上飞白译诗理念与"意译"并不相干，这也从另一面给飞白出了课题，要求他在理论上做出辨析。这两个方面共同推动了飞白对译诗艺术作思考和探索。

可是弄清译诗艺术却非易事，这件事还从来没有人能说清楚过。

人大致可分两种：不懂诗的人和懂诗的人。这指的不是有没有学过诗，而是对诗有没有感觉，有没有感受能力。这取决于你是多维思维还是线性思维，跟学历和学识高低没什么关系。这两种人对译诗的看法很不同：

不懂诗的人把译诗看得过分简单：诗不就是字吗？译诗有什么神秘？他以为译诗易如反掌，手掌一翻就能翻过来，把字译出来就得了。说得怪轻松。就像从前有的领导，见译员译不出来憋得够呛，他就说："专家说什么，你只要照样译就得了！你憋着干吗？"

而懂诗的人呢，懂得诗不同于字，外国字不同于中国字。因他们读了些译诗大感失望，就归结出"诗不可译"这条简单的真理。懂诗人中的聪明人把这条真理说得格外精彩：

凡是由缪斯调谐的和声，都不能从母语转为别的语言，否则其甜美即被摧毁无遗。（但丁）

从一种语言翻译成另一语言，好比是从反面观赏佛兰芒挂毯。（塞万提斯）

译诗吗？你倒译一曲音乐试试？（伏尔泰）

把诗人的创作从一种语言输入另一语言，其不智正如把一朵紫罗兰投入坩埚，以求找出其色泽和芳香的构成原理。（雪莱）

弗罗斯特还为诗下了个著名定义：

诗就是在翻译中丢失的东西。

但这究竟是为什么呢？却没人解释个明白——缪斯的艺术是无法言说的。

于是"诗不可译"便成了一个谜团。

可是不知为什么，"不可译"的诗几千年来却又一直在被译。中国自古就有《越人歌》《敕勒歌》流传，西方文艺复兴的诗歌繁荣源自古希腊古罗马诗的翻译。许多大诗人虽是聪明人，却也在做这件不智的事。

只有个聪明人本雅明与众不同，他说作品的可译性取决于原作的质量和水平，"一部作品的语言质量和独具风格的程度越低，其作为一种信息的程度越高，则它对于翻译而言就越是一块贫瘠的土地"；反之，"一部作品的水平越高，它的可译性就越高"；"翻译转换永不会全面，但达到此（诸语言协调与完成）境界的，就是翻译中超越内容转达的那种成分。这种核心的最好界说就是不可转译的成分。"但是大家都说本雅明的话不好懂。

飞白译诗，他又不甘心糊涂，他想弄清诗为什么不可译而又为什么可译。做得到吗？

飞白终究是爱挑战。面对直译派的挑战他决定不讨论复译问题，而接受关于"直译意译"和"白纸黑字"问题的挑战，撰文参与争鸣。但因自知理论准备不足，所以只写了三篇"译诗漫笔"就暂告停笔。

他并不想争一日之长短，而是想探索和揭开译诗艺术之谜，这远非一日之功。他要在理论上下大功夫以弥补不足，准备向千古谜团发起攻坚。

惜因航线由不得水手掌控，这件事迁延了几十年。不过水手有韧劲、有策划、有应变、有始有终，所以他积三十四年之功完成论文随笔三十四篇，终于在2016年交出答卷，这就是最后成书的《译诗漫笔》，书后另附访谈答问两篇。

飞白译诗理念的发展成型经历了三个阶段：

第一阶段是1982年以前，那时他还停留在实践层次，明明有自己的美学追求和信念，但要想说出来却又说不清。

1982年的挑战促使他进行理论思考，从而转入了第二阶段，其间他断续写过一些文字，至1994年的长篇论文《论风格译》而集其大成，是该期研究的阶段性成果。这篇论文的写作趣闻也值得在此一说：

1994是飞白航向大变动的一年，飞白刚来云大，可是11月中国译协要在杭州召开第二次全国文学翻译研讨会，会议由浙江译协承办，距第一次研讨会已隔六年了，一定要办好。飞白正在一堆书箱上赶《世界诗库》任务忙得焦头烂额，但他在文学翻译界有重要影响，又是中国译协理事和浙江译协负责人，不论《世界诗库》任务多紧也逃不掉的，他可以不参与会务，但必须回杭参会和递交论文。飞白直到上火车的一刻还没时间写论文呢。好在乘火车对他似乎还有助文思——他仅1994至1995年间为《世界诗库》事务就在杭昆路上跑了六个来回（开紧急会议另乘一趟飞机不计），在火车上度过的时间超过一个月，许多文字都是在绿皮硬席火车上写成的，包括这篇《论风格译》。

这趟列车当年从昆明到杭州的行程是两天，不巧得很，途中偶遇前方铁路发生事故，列车停在半路趴窝不动了，等待处理事故修复铁路，结果造成晚点一天。多出来的这天，全车乘客都怨声载道地吵了一整天，只有飞白不吵而且有活可干。他在两天内本已完成了计划中的论文第一部分"以怎么说统率说什么"和第二部分"论译者的透明度"，论文到此就该写完了。但是现在凭空多出个第三天，他稍微想了想便又续写了计划外的第三部分"论见仁见智之不可怕"。这就是现在《论风格译》长达一万五千余字的缘故。这篇文章集飞白前期翻译思想之大成，旗帜鲜明地提出了"风格译"的主张。

这时飞白在云大外语学院为研究生开设了翻译学课程，标志他转入了译诗思想理论化的第三阶段。飞白在美国任教时就为此做过预备，并特意与麻省理工学院的翻译学教研室作过交流。在云大开课时，全国外语专业中教授世界翻译学的学校还是凤毛麟角，多数高校教的"翻译理论与实践"课程其实并不讲翻译理论，只讲翻译中长句拆分之类常用的小技巧。而飞白一开始就教授现代翻译学的基本问题和各家学说，从雅各布森、本雅明直到功能派、操纵派，并就西方翻译学各流派开展比较研讨，也就中国传统翻译理论与西方翻译学开展比较研讨。这门课程以seminar（研讨课）形式进行，不仅开阔了翻译方向研究生的视野，也帮助飞白了解了学生的难点疑点，学生常在不知不觉间就提供了课题，推进了他的研究，对他后来完成《译诗漫笔》一书作了贡献。

　　飞白通过教授翻译学十五年做好了理论准备，原先只有轮廓的翻译主张已细化和系统化，可以做理论总结了。他积累的资料很丰富，比他的比较诗学课程材料还多得多，原定计划是要整理统合成两本书或教材的。这包括大量讲稿、课堂研讨材料和讲评、总结，还有已发表或未发表的论文、散文、访谈录，写两大本书绰绰有余。计划中第一本是系统性的《翻译学概论》，对现当代翻译学各家学说作梳理点评，对中外翻译理论提出统合的构想，力求在科学与人文交融的基础上，对翻译学的基本问题都阐明自己的观点。计划中规模较小的第二本是诗翻译专论。

　　但是飞白停课后受到两次手术的打击，身体状况下滑。其间又插进了《哈代诗选》的翻译，还有《英国维多利亚时代诗选》的更新——后者是飞白在八十年代初译的，受"文革"刚结束时资料和视野的限制，初版有诸多不如意处，这次飞白在原版基础上更新了百分之四十五，把一册变成了上下两册，前言和说明文字全部重写。接着又是处理难缠的房产事务。此时因眼底黄斑变性，飞白视力开始明显衰退，视力较好的左眼认人的距离从十步逐次降到五步、四步、三步，而且已不能读字，仅剩原视力很差又曾眼底出血的右眼尚可阅读，而且这0.03的视力也不知还能维持多久。飞白意识到自己出海已经太远，不能再打大马林鱼了。和前几年放弃《比较诗学与比较文化》而仅选编随笔式的《诗海游踪》一样，现在他也决心放弃

《翻译学概论》，而仅选若干有意味的片断写成随笔式的《译诗漫笔》（这本小书也长达四百页哩）。飞白熟悉翻译的多种类型，但研究诗翻译毕竟是飞白的特长，他于此更有心得。

放弃构思恢宏备料丰富并已部分完成的《翻译学概论》很可惜，但这才叫面对现实。飞白向原定的《翻译学概论》出版者致歉，集中精力整理和写作《译诗漫笔》，列入外研社的《译家之言》系列。外研社将这套书定位为"翻译家讲翻译、谈译事的随笔文章辑录"，并告知飞白：他的这本一定会"特别重要"。

飞白虽放弃翻译学概论的写作，但他对翻译学基本问题的立场观点也蕴涵于《译诗漫笔》一书中。用散文随笔风格娓娓而谈并"东拉西扯"，则是飞白最乐意的，这样也可与《诗海游踪》一书对接，他这两本都是"悟"性的书。对理论问题，飞白更喜欢用悟性方式来阐释，不爱过多地搬弄术语令人莫测高深。

破解"诗不可译"之谜

在翻译界，翻译（实践）家和翻译理论家通常是两股道上跑的车，还常常互抱成见。

翻译实践家认为文学翻译属艺术领域，靠的是悟性和艺术涵养，妙在不言中，没有多少理论可言。翻译家中造诣高者虽从经验中总结理论，大都也只用"神似""化境""妙手偶得"等融会贯通性的片言只语。翻译理论家们做的一套套的理论、用的一套套的术语，在许多翻译家看来对翻译实践并无实际用处。

翻译理论家则认为，当今已是信息时代，翻译学已是一门现代科学而且是"显学"，不讲理论的翻译已成为过去。翻译就是重写，讲究的不是什么虚幻的灵感，而是异化和归化、渗透和阻抗、功能和操纵、客户和赞助人。固然理论家中也常有人译小说，个别理论家如罗曼·雅各布森与俄国未来派诗人友谊深厚并根据他们的实践总结出了语言的诗性功能，尤金·奈达有大量《圣经》翻译实践经验并总结出了交际翻译理论，但从总体而言，很难改变翻译家和理论家分列两个阵营的局面。

翻译家和翻译理论家的分歧源自前者抱形象思维而后者抱逻辑思维，两种思维方式很难兼容。可是飞白却做到了兼容二者。他译诗时凭形象思维，但他的逻辑思维并未因此受到抑制，这种人比较少见。不知是他生性如此，还是因从小兼有对诗和自然科学的爱好，加上当了作训参谋，经过勘察地形组织协同动作等严格锻炼，养成了逻辑思维的习性。后来飞白又特意教了十五年翻译理论课还教得兴趣盎然。他终于具备了贯通翻译实践和翻译理论两界的条件，可以来梳理翻译学中的乱麻了。

飞白还有个有利条件。本来翻译领域广阔，各类型翻译的功能和要求十分不同，一个译者通常难有多方面的经验。而飞白的经历相对比较丰富，他担任军事翻译多年，有丰富的专业口译和笔译经验；他又经常担任外事翻译，积累了各种正式和非正式场合的外事翻译经验；而他造诣最高的领域则是诗翻译，从1955年至今翻译外国名著六十余年，所译诗歌覆盖许多语种和文化区。跨领域跨语种的经验使飞白对翻译有全面深刻的理解，为理论研究准备了深厚的实践基础，也帮助他避免了以偏概全的弊病。

因此，郭建中教授在《中国翻译》著文评论道：

飞白，人称诗海"老水手"，迎风破浪，畅游诗海一个甲子，游踪遍及世界十余个国家。《诗海：世界诗歌史纲》《世界诗库》《世界名诗鉴赏辞典》等皇皇巨著，可谓译作等身，译界难有人望其项背。但飞白不仅在诗海上航行，还潜入诗海海底，探索译诗的奥秘。他发表译诗论文数十篇，专著《诗海游踪》和《译诗漫笔》，在翻译理论，特别是译诗理论上，有独特的建树。

如我们所知，飞白不只是从事诗歌翻译，实际上如他提出的三种类型的翻译他都做过；他不仅做笔译，还做过口译，并且在各个领域都取得了卓越的成绩，译界很少有人能有他如此丰富和多方面的翻译阅历。

认真的翻译家，往往不会仅仅满足于大量的实践，而会对自己实践中的感悟和遇到的问题进行理性的思考，因而非常自然地走上从实践到理论、理论与实践相结合的翻译和翻译研究的道路。飞白就是这样一位认真的翻译家，从而也成了一位具有独创精神的翻译理论家。

（《飞白"风格译"翻译思想探索》，载《中国翻译》2017年5期）

飞白的《译诗漫笔》研讨的是学术问题，用的却是活泼的散文随笔笔法。飞白在其中讲"韵里情深"，讲"火鸡公案"，讲"碟子和酱油"，讲"戴斗笠打伞"，讲"丈母娘"型译者，讲"用瓢煮饭，用锅洗脸"，讲"诗和猪遇到瓶颈"，讲"戴X光眼镜看芭蕾舞"，讲"亚当辞世"，讲"得鱼不忘筌"之类，亲切有趣，可读性强。但也由于这种写法，作者寓于其中的丰富思想却比较难以归纳。我想理理书中的基本思路，一再请教过飞白，借助飞白的提示和解释，试归纳为以下四条要点：

　　（1）解构直译意译，提出翻译的三分法。

　　为理清翻译领域的乱麻，飞白是从"三分法"入手的。从古以来，人们惯于把翻译分为"直译"和"意译"两类：直译尽量遵循原文词句，比较生硬，意译按译入语习惯灵活调整，比较通融。但这种两分法既含糊又欠科学。飞白在《译诗漫笔》中对直译意译条分缕析，作了彻底解构，同时提出了"信息译""艺术译（风格译）""功效译"的翻译三分法。

　　飞白认为，直译意译两分法是未曾有翻译学前的模糊观念，而对翻译笼统提出的"信达雅"标准，也是经典翻译引领时代的产物。如今到了信息时代，翻译世界已经全球化多元化了，翻译的多功能日益突显，单一标准已完全不能适应翻译多功能的实际，"用瓢煮饭，用锅洗脸，用盆舀汤"之类的乱象由此而生。今日世界的翻译领域广阔多样，必须区别对待。最切合实际而又简明的分类就是三分法：

　　"信息译"适用于翻译信息型文本（以科技类为典型代表），着重于传递文本内容，要求于翻译的标准是"信息的准

确性";

"艺术译（风格译）"适用于翻译文艺型文本（以诗为突出典型），着重于传递艺术风格和形式特征，翻译的标准是"审美的相似性";

"功效译"适用于翻译效益型文本（以宣传广告类为代表），着重于体现文本效益，翻译的标准是"效益的最大化"。

三种翻译的功能，即对读者所起的作用，分别是"使知""使感""使动"（指的是"心动不如行动"的"动"）;

三种翻译对应的人称，分别是"it型""I型""you型";

译者翻译时关注的焦点，分别是"原文文本""作者""读者";

译者扮演的角色，分别是"通讯员""演员""推销员";

三种翻译要实现的价值，分别是"信息价值""审美价值""功利价值"。

不区分三种翻译，会造成种种混乱；按"三分法"明确区分，乱象才得以消除，"诗不可译"的谜团也才有可能解开。

（2）以三分法为钥匙，开启"诗不可译"的黑箱。

飞白提出：位于艺术巅峰的诗，不能用信息译（即常规翻译词义）的方法处理，而要用艺术译（即风格译）的方法翻译。"诗不可译"其实是没有用对翻译方法：诗本不是认知对象而是感受对象，所以译诗方法就不应是"使知"而应是"使感"。假如把杜甫的《闻官军收河南河北》当作一则新闻战报来教给读者，岂不离谱？

可是常规翻译都是专翻译词义信息的，属于"使知"的信

息译范畴。无论直译还是意译，一般都是如此，直译强调译
"字面"，意译强调译"内容"，所说的其实都是词义。可是
诗不同于词义，虽然诗是用字（语词）写成的，但字（语词）
只有在本民族语言文化环境里精巧地编织成富含情感美感的艺
术结构才成为诗，并从而会如中国诗论所说产生"神韵"，或
如本雅明所说散发"光晕"。翻译一首好诗，若仅转述词义而
舍弃原诗艺术结构，则不论传递侧重的是"字面"还是"内
容"，都同样丢失了"神韵"和"光晕"，也就是丢失了诗。
这就如一尊古希腊维纳斯像，如果通过碎石机和输料管道，从
一座建筑物传送至另一座建筑物内，尽管"内容"俱在，石料
没少，但艺术魅力已丝毫不存。所以本雅明认为，单单传递信
息（这是指的直译），或承认所谓诗意但只"对非本质的内容
作不确切的传达"（这是指的意译），都是"拙劣翻译的标志"
（参见《译诗漫笔》中的《碟子和"酱油"》篇）。

可见，"诗不可译"就是说用信息译方法不可译；而许多优
秀诗人仍在译诗，则都是在艺术译（风格译）上下功夫。飞白
提出译诗须用风格译，意思就是译者不能把维纳斯像简单地倒
进信息译的碎石机，转化成一筐碎石交给读者，而必须发挥聪
明才智，在另一座"语言之屋"里模拟原雕像重新塑造一尊，
而且努力逼近原作的艺术风格。

飞白八十年代初在文章里谈自己的译诗体会，引起直译派
译家们批评。批评者从信息译观念出发，指责飞白译文"不忠
实"，不是字字句句都与原文对得上。他们主张凡是原文中的
"白纸黑字"译者都无权变更。他们不明白原文中的"白纸黑

字"是外文，不可能照搬就变成中文。批评者强调"白纸黑字"其实偷换了概念，已通过直译，"调包"为另一种语言的"同义词"了，可是外文和中文的字词实际上却不可能同义。如"goose flesh（鸡皮疙瘩）"不能照白纸黑字译为"鹅肉"，"raining cats and dogs（大雨倾盆）"不能照白纸黑字译为"下猫下狗"，这举的例还仅仅是词语，诗的情况比这还复杂得多。所以无论你怎么说，翻译的实质都不是照搬白纸黑字而是"重写"。

译诗的悖论在于：诗是最精致的语言艺术，"吟安一个字，捻断数茎须"，所以确乎是"一字不易"的；可是翻译时却不但要"易"（变更），而且还要易到（原文）"一字不剩"。所以译诗是艰难的重写艺术，并不是查查词典照搬"白纸黑字"那样简易的搬运技术。

双方观念的分歧点在于：直译派认为只要你按词典译出"字"，诗就"跟过来"了；飞白认为若这样译字，诗肯定不会"跟过来"。为什么呢？这就引出下面的第三条要点。

（3）语言的单息复息和翻译信道的容量。

飞白在《译诗漫笔》中说明：语言并不是一种机械的符码系统，而是一种"生命体"，像生物一样有骨骼也有血肉，各有不同功能，这就是语言的两重性。语言的单义性为骨骼，语言的复义性为血肉，若缺其一语言就不能存活。其单义性传达明确的信息，复义性承载生动丰富的情感和审美功能。语言的两重性不仅分别突出地表现在科学和文艺两大领域，同时也充溢于日常生活之中。人们在生活中固然要表达明确的信息，但更常见的是人们使用生动、灵活、模糊、不精准的语言和一词多义、多词一义现象，表现出感受、期望、哀叹、赞美、遗憾、宽恕、责骂、玩笑、亲昵、埋怨、问候、幽默、讽刺等丰富多样的情感。

语言既有二性，翻译也就有二性。信息译传递的偏重单义信息即语言"骨骼"，翻译时要剔除赘余的"血肉"即语言的情感、联想、文化等信息以及艺术形式，凡遇到有复义或歧义处也都得剔除，把活的语言变成单义语言。

艺术译偏重的却是语言的复义性，即其丰富性、情感性、审美性，而诗翻译是其最顶尖的代表。诗之有诗意，有魅力，能感人，能调动读者想象，都依仗其复义性。如果是单义直白的"大白话"，传达完信息毫无余味，就成了通知而不是诗了。诗中虽也常含有单义信息的成分，但这类内容占比稍大就会使诗枯燥僵化，成为"非诗"或蹩脚诗。

如用信息译的老办法来处理诗，把"血肉"即语言的艺术风格、多义性和微妙之处剔除，那么如弗罗斯特所说诗也就被翻译剔除了，因为诗就存在于"微妙"之中。飞白举例说，"微风燕子斜"是好诗，可是换一个同义词而说成"微风燕子歪"（按信息译要求衡量，传递的信息完全合乎标准），马上就变歪诗了。

诗的艺术是独创的，微妙而"风格化"的。而人们习用的信息译方法是"标准化"的，"去微妙"和"去风格化"的。把诗译为千人一面标准化的翻译腔时，诗人的风格和带给读者的诗意感悟都已消失无遗。

可是为什么人们常把信息译视为翻译的常规标准不二法门呢？主观上当然是因为它简单易行，客观上也因为翻译的"信道"容量狭窄：只容单义信息通过，而像诗这样的复义信息因"流量"巨大而遭遇了瓶颈。这就像电话电报能通过传统电话线路而一部视频难以通过，蛇能钻进狭小管道而一头猪难以通过是同样道理。"诗不可译"正是对这一困境的概括。

翻译信道的"瓶颈"是客观存在的，既不能装光纤宽带扩容，又无法从旁绕过。那么飞白主张的风格译又如何破解这道难题呢？剩下的办法，就只有"精选"和"重建"：

"精选"说的是在跨国境过翻译关前，"精选行李"——不要按常规信息译法剔除语言"血肉"（复义信息）带"骨骼"过境，而要精选最能代表这首诗艺术风格的元素，即"使诗成为诗"的最重要成分携带过关，而舍弃一些次要元素，包括在词义信息上的略微通融。

"重建"说的是在跨国境跨语种后，要发挥译者的艺术功力，千方百计模拟原作艺术风格，重建译文语言的诗性功能和文化链接。

这就是风格译者过翻译信道关的两个关键。无论是"精选"或"重建"，都不以死背词典为准绳，而应以诗歌美学为准绳。

"精选"着重原文，"重建"着重译文，分别处于翻译跨境"海关"前后两端。但实际操作起来往往是同时进行的。译者"精选"原诗风格要素时需要体验、感悟，在这过程中译者同时也在酝酿译文中如何"重建"逼近原作形式的方案。这与诗人的创作过程非常相似，诗人在酝酿一首诗的过程中，同时也已在推敲诗眼和关键字句了。风格译者的角色好像演员，他要"入戏"，要把自己代入原作者，就也应有诗人"两句三年得"那样的诚心。飞白在书中通过许多译例，对此作了具体演示。

（4）融通中西：言筌、留白、境界和光晕。

特别值得注意的是在《译诗漫笔》中，飞白作了融通中西诗歌美学和翻译学的破冰尝试。他认为诗最基本的艺术特性，是吸引读者在最大程度上参与想象和创作。这是"诗性"的实质，扩大一点说，在稍浅稍淡的层次上也是"文学性"的实质。干巴巴的思想概念或命题都不成为诗，诗的语言特征是有情感、有意蕴，有隐喻性、意象性和音乐性，有文化背景和艺术形式，有互文性、传承性和新颖性，并由此而产生了"可拓展性"。诗如果是单义直白，说完其"意义"随之而尽，毫无余音余味而不可拓展，就不成为诗。信息型语言和诗歌语言的区别，简单说来就是：信息型语言"说一是一，说二是二"；诗歌语言却"说一不等于一，说二不等于二"，或"说一不限于一，说二不限于二"。中国诗歌美学的"境界"说和"言筌"说，本雅明的"光晕"说和"显现意味的样式"说，无不与此相关。

飞白认为，风格译的前提是要充分感受诗，像树在风中簌簌颤动，船在浪里颠簸起伏。译者遇到好诗，他的感受就开始动荡，发热发酵，要求重塑为另一语言里的新字而仍不失其情感的魅力和光晕。正如本雅明所说，译者的任务决非传达"内容"或者"意义"之类非本质的东西，而是模拟原诗"显现意味的样式"（Art des Meinens）。飞白指出这可对应于中国诗歌美学里的"言筌"说。《庄子·外物》说："筌者所以在鱼，得鱼而忘筌；…… 言者所以在意，得意而忘言。"严羽《沧浪诗话》说："诗有别材，非关书也；诗有别趣，非关理也。然非多读书，多穷理，则不能极其至。所谓不涉理路，不落言筌者，上也。"说的都是目标和手段的关系问题。筌是渔具，一种用以捕鱼的竹篓，它一端开口，口子外大内小，有一圈尖端向内的竹片，使鱼一旦被诱入筌内就逃不出来。庄子以制筌者编织渔具喻诗人编织词句，而严羽把编织的词句称为"言筌"（语言编织的捕鱼篓），提醒诗人不要自己陷于辞藻之筌中而忽视了其捕鱼/得诗功能，而且筌/言筌还必须制得巧妙而不露形迹，否则鱼/诗都会避而远之。

尽管"得鱼忘筌"和"不落言筌"，得鱼毕竟要靠筌，得意毕竟也要靠言。渔者无筌则无鱼，译者无言筌则无诗。所以译者身为制筌者，必须专心在制筌上下功夫。本雅明要求译者千方百计把译文"亲爱地在最细微的程度上纳入原作显现意味的样式"，这样才能散发出艺术品的"光晕"，飞白要求译者模拟原作，千方百计地编织精巧的"言筌"，这样才能捕获诗意之鱼。

译者若把原诗"言筌"视作简单的"白纸黑字"，把诗的"言筌"或"显现意味的样式"拆解成一堆断竹片（字，词义），诗的功能就丧失无遗。所以飞白强调的是：译诗是仿制原诗"言筌"，不是译"字"即搬运"断竹片"；译诗者要做制筌的能工巧匠，不要做简单粗暴的拆筌人。

在强调"言筌"编织工艺的同时，飞白也把诗艺中的"留白"（或"飞白"）提到了空前高度。"言筌"是中空的，它的开口是隐秘的，译诗的精妙之处正是留有空白。假如译者不经意地堵塞留白也就堵塞了诗意。在飞白看来，诗歌美学的灵魂就是"留白"，广义的留白就是给诗留下呼吸的空间，或敞开邀请读者参与自由创作的空间。从广义的留白或"意在言外"拓展开去，不难推导到王国维的"境界"说和本雅明的"光晕"说。

《译诗漫笔》涉及的面很广，对不少翻译学基本问题及我国翻译界的争论议题，飞白都阐明了自己的观点，但书的重点应当在于这条思路。上述几点，应当也就是飞白对翻译学和比较诗学的主要贡献了吧。

继理论总结性的《译诗漫笔》之后，飞白于2018年出版了新编马雅可夫斯基诗选《穿裤子的云》，航海日志目前记到这一页。所以诗海水手的故事说到这里该告一段落了。不过本书只按年代顺序讲了个飞白的故事梗概，却还没机会停下来为飞白拍几幅"生活照"。其实关于飞白的点滴印象很多，说说应该也挺有趣。

那么不妨就缀个第六章吧，那将是由零碎点滴凑成的一章，便称之为《海之沫》。

第六章

海之沫

　　草叶被人称为饲料、原料、燃料、肥料，但其实它只是草叶。

　　飞白被人称为参谋、政委、专家、教授，但如飞白说的：

　　"其实我是海之沫。虽然微小，却含有大海的全部咸味。"

水元素

　　湖畔诗人汪静之与诗海水手汪飞白之间的父子传承关系是大家感兴趣的话题。采访飞白者总要问他诗人父亲对他的影响，但飞白自感独立性很强，觉得并没受父亲多大的影响。他出书署笔名"飞白"而隐去汪姓，也是独立性的表现。确实，飞白从无名小兵成为译诗名家，一点也没借助父亲的影响。他在五十岁辞去军职回到杭州前已出版译著九本，但除了整他材料的"文革"专案组外，还几乎无人知道他父亲是湖畔诗人汪静之，连为他出书的编者也不知道。1980年飞白离开军队回到杭大时，恰赶上隐居杭州的汪静之"文革"后被公众重新发现。于是一下子大家都知道了他们的父子关系。

飞白在八十年代又出版著译八本，包括《诗海》这样厚重的著作。这时校里有人感到不服气了，议论说：别人出书这么难，而飞白接连不断地出书是"全靠他父亲的关系"。他们有所不知，其实当时飞白还正在为他父亲重版《蕙的风》而多方设法。虽然"文革"已经结束，对汪静之的评价却还迟迟未能排除极左影响而恢复公正，所以汪静之当时出书比飞白难得多。

飞白的独立性归独立性，但其实父子间的一脉相承是不可忽视的。在《诗刊》2014年3月刊登的采访录中，飞白才对这个问题做了认真回答：

我父亲的用意是要我当诗人，但他的耳提面命造成了我的逆反，所以坚决不走"家传"诗人的路。这样，我对诗的爱好后来就导向译诗了。

我译诗主要是从爱好出发，并不想给自己安上"使命感"之类的宏大话语，但鲁迅的教导和《摩罗诗力说》总是在暗中引导着我，与远方诗海的呼唤合而为一。

至于家传的问题呢，我历来就独立性强，同时对我爸的诗也不太买账，不承认自己受到父亲什么影响。加之我爸的教育方法有点失败：他不是通过诗的魅力来感染子女，而是一味地做"万般皆下品，唯有写诗高"的说教，命我"立志当诗人"。结果我就暗自立志"此生决不当诗人"，这时我十二三岁。我小时候赶上抗日战争，随全家避难到后方，我爸初期找不到工作，生活压力大，曾经打我出气，所以我不服气他。小时候我妈教我的诗（如杜甫、岑参）我全会背，很对不起我爸的是他虽然也教过我几首唐诗，我却连一首也记不得。至于他自己的新诗，他自己也认为写得不好，不叫我看。尽管如此，不过冷静地想想，出生在诗人家庭总有些潜移默化的影响，起码在心理上会有较强的暗示。不知从何时起，我在不知不觉间已形成了对诗的爱好。

飞白和父亲1989年的合影

如飞白所说，"飞白"意象里包含了"汪"姓的水元素，对诗的爱好当然是他们根本的共同点。但他这样说还嫌笼统，他们间的继承关系其实远不止此，作为一名旁观者，我哪怕从一些细处也常能看到父子的相似点。例如他们都有大量记事小纸片，他们的工作习惯都是把随时想到的点点滴滴记在小纸片上。这些小纸片并非别人系统使用的资料卡片，而只是利用各种零星废纸如旧信封、发票、药品说明书等的空白反面来写字，这是纸张紧缺时代养成的习惯，虽然如今不缺纸张，但老习惯难改。静之积累纸片和剪报非常多，他会用旧报纸分门别类地包起来，不过包上以后就束之高阁，基本上再不会打开了。其中最多的一类，他标作"沙海淘"的，里面都是他抄录的诗文片断，也不见他打开来看。唯有标为"锦囊"的一类是他写作真正要用的，纳入"锦囊"的小纸片是他偶有所得的一两行诗句。他像李贺一样，"遇有所得即书投囊中"，日后再集句成诗。飞白记在小纸片上的有许多是备忘，但他写作或翻译也常用此法，他步行或乘车时，不时地会想到点什么而"书投囊中"。以前他惯于在"马背上"译诗，现在有书桌/电脑桌了，在途中遇到的灵感还是大大多于坐在书桌前所得。我陪伴他外出走路锻炼，就常见他突然停步，掏出小纸片记几个字。他的电脑边每天都摊着一批这种小纸片，等待录入文本中的合适位置。

静之和飞白都上学不多，没受格式化教育模塑，保持着完全自主的另类学习方式，任意读书，任意走自己的路。论他们的学历，静之如不计私塾的话，只上过浙江第一师范学校两年半，加上茶务学校和英文专修学校，共四年；飞白上过浙大两年半，加上小学中学七八个月，华大人大不足一年，一共也是四年。静之因自己没学历也教大学，思想上看不起学历，这对飞白有影响。

不上学不考试的自主学习方式，促成了他们与众不同的知识体系、思维和行事方式：感受方式的诗性，文学艺术的悟性；敢闯敢创新，思想无拘束。静之写诗，如胡适所形容的，像是"真正天足的女孩子们跳来跳去"；飞白教课，不讲师承不拘一格，"东拉西扯"自成体系。

传承关系的主线当然是诗，对此静之和飞白都锲而不舍，一生没有离开过诗。静之少年时代不遵父命做生意人，坚持要读书并终生献身于诗，他日后虽也有几次热心做生意，但那是副业，是想为"做诗人"提供吃饭的保证。静之献身于诗，是为了抒发内心漫溢的热情；他老年热心于纪念和恢复湖畔诗社，是为了普及诗教和纪念情同手足的诗友。飞白也把译诗这件"边缘小事"当作了一生事业，他献身于诗，是为了对诗海即意义之海的探寻，对存在、对人性、对命运的探寻。

他们把自己拿得出的所有时间和精力投入诗中。当然能拿出多少时间是受客观制约的。

静之在抗战时期为生活而经商，曾经"只打归除不写诗"；他在大学任教时也在中学兼课，奔忙于学校间，只在电车上吃烧饼当午饭，也使他没时间写作。不过大部分时候，静之读诗作诗的时间还是比较充裕的，尤其是他五十多岁离职以后更有闲暇，所以常可看到他终日读诗和吟哦。飞白则忙碌一生，连业余都没时间可挤，即便如此飞白也从不放弃诗。尤其是他"文革"时期损失了三十六岁到四十六岁精力充沛的十年，为完成父亲遗愿又贡献了六十六到七十六岁成熟收获的十年，使他不得不更加珍惜时间。这之后他终于有条件做自己的事了，但正如飞白常引用的狄金森名言"上帝真是个嫉妒的上帝"：他2010年八十岁下课打算专心著译，2011年两次手术就及时而至给他沉重一击，他的身体状况、精力和视力都迅速下滑了。其实这事怪不得上帝，除损失十年贡献十年外，还得怪他留恋与青年学生共处的课堂，最后多上了几年课，下课晚了。

情况开始急转直下，但水手对风浪仍抗争不止。他庆幸自己尚未痴呆，在血压不稳和视力衰退的不利条件下，下课后六年间完成和出版了十多本专著和译著，平均一年两本。但到年近九旬时，曾助飞白观测天文和赢得射击比赛的左眼视力已向受伤的右眼看齐，随即就远远次于右眼，剩下分量最大的《诗海》更新和出版"飞白文集"工作，看来完成无望了。

对静之和飞白而言，诗不但是他们的事业，也是他们主要的业余生活。

在杭大时，曾有记者采访飞白，登门说明来意，是采访"名人业余生活"的。没承想飞白说："我是时间贫困户，看来很可能会辜负你的期望。"

"您钓鱼吗？"

"抱歉，我坐都坐不下来，更谈不上静坐了。"

"您玩扑克吗？"

"上大学时打过桥牌，不过那是四十年前了。以后没有打过。"

"您养鸟、养金鱼吗？"

"我讨厌狭的笼。"

"那么您业余的爱好是？"

"基本就是译诗。偶尔也干些修修补补的杂活。"

这令记者非常扫兴，暗想活该倒霉，碰上这么个没情趣的人！幸亏他当时忽然发现家里有猫，才算给他解围填补了个空白。殊不知猫是祖莲养的，飞白只在她给猫洗澡灭蚤时予以协助。

其实飞白的兴趣倒是非常广泛，他是博物天文爱好者和生态爱护者，他爱玩桥牌、围棋和Scrabble即英语拼字棋，爱好音乐和美术，玩过手风琴和摄影，参加多种体育项目，也喜欢工艺制作。只是在时间贫困的条件下，许多爱好不得不为译诗让

第六章　海之沫

路，毕竟译诗在他的业余爱好中排列第一位。可惜记者不承认译诗算得什么业余爱好。只有钓鱼养花养宠物打麻将才够格。

静之和飞白都嗜书而不嗜烟酒。静之抽过烟，烟瘾不大，后来就戒了。喝一点小酒，瘾也不大，平生只有抗战胜利日一次大醉。飞白比其父更远烟酒，他说他似乎天生有"免瘾力"，因为从少年时起他对别人给烟并未抵制，前后抽过几百支，但没品尝出什么好滋味。对喝酒也"免瘾"，他当翻译在宴会上接触许多名酒好酒，但都只沾唇而已，以翻译责任为由婉拒了，从未干过整杯。也是因为当主要翻译的年代，在宴会上尤其是国宴上担子重，形成了飞白日后对酒宴的拒斥心理，早年间广州酒宴以珍稀动物做食材，也是他心理抗拒的原因。当翻译年间，记忆里留下最佳印象的宴请，只有他陪同苏联各军兵种元帅访华团品尝广州早茶的那次。十元帅访华是非正式的，译员轻松自在没有压力，而长堤老字号大同酒家的茶点精致绝伦，令人真为广州早茶自豪。当年的大同酒家小百姓们可是不大敢问津，能在小街小铺吃个肠粉或馄饨面就很不错。听说最近大同酒家在天河体育中心北侧复业（就是飞白当年扬场晒谷的机场跑道北段），顾客盈门，吃早茶排队一直排到下午，其实已非当年的老字号。

静之和飞白都不擅交际。静之性格并不孤僻，但他不了解也不会处理复杂的人际关系，天真轻信，容易受骗吃亏。飞白工作中磨炼多，处理人际关系有经验有原则，不易上当受骗。他与人相处非常友善，但从不热心交际，尽管也算不上孤僻，但要比其父更内向，这是继承自母亲的。因为与继承"水元素"同时，飞白也继承了"竹元素"，性格和母亲竹因的相似程度要大大高于他和父亲的相似。竹因为人虚心朴实，宽容，坚忍；性情内向而不喜张扬，与人为善而只怕麻烦别人；爱读书不偏科，样样功课优秀，短板就是不擅社交，甚至很怕出头露面，所以胡适想见她一面都未能如愿。

远离仕途也是父子的共同点。静之虽在两次国共合作时都由友人介绍参加过军政部门，却始终只做一个文化人和边缘人，在黄埔军校时谢绝为校长做秘书工作，并在抗战胜利前及时脱离军校，得以免祸。飞白当翻译之初，军区翻译科的第一任科长曾想培养重用飞白，但考察一段时间后发现飞白有负他的期望。这位杨科长对飞白说："你的弱项是耳朵软，手软，将来很难担当领导重任。"耳朵软，指的是一听到别人委屈就于心不忍，手软是指缺乏斗争性，对人下不得手。没有强硬手腕你怎么压得住台呀？科长一语中的，飞白听了心悦诚服。反正他也没有想当领导的心思，十多年后他调到报社是"被"当上领导的。"文革"末期复出，他恢复处团级职务后，主要做的是平反冤假错案这件事，这大概是最适合"耳朵软"的领导做的事了。不过他也只是对受迫害者"耳朵软"，做平反工作却态度硬，既不手软也不让步。一般做过官的人，即便退休了也总看得出来，说话的口气一听就不太一样的。"文革"前已是团级干部而"文革"后确定晋升师级的飞白却与众不同，接触过飞白的人都知道他不沾丝毫官气。

还债儿子

想到父子还有一个相似点要说，那就是静之和飞白都当了"还债儿子"。

儿子有"讨债儿子""还债儿子"之分，这是竹因的话。她没有做进一步的说明，但是别人听了就明白：

"讨债儿子"是觉得父母应当为我准备好一切，我要什么就满足我什么，否则，若是我感觉哪方面条件不如别人家儿子了，那就是父母对我的亏欠。有的儿子甚至可能强势向父母讨债。

"还债儿子"则觉得我的一切是父母给的，父母把我养大已负重过多，令我深感亏欠。以后我的成长该我自己负责，如果父母身上还负有债务，则该我还债，责无旁贷。

竹因说起这个话题并不是想教育子女，而只是想到了静之"当了半辈子还债儿子"的历史。事实上竹因赴武昌结婚时明知静之的父亲破产负债，她此去就是准备陪静之常年同挑重担，完成还债儿子的责任。

静之小时候作为宠儿，曾得到父母经济上全力支持，他出门求学的头几年不知节俭，在同学间出手阔绰。但他在上海学英语时父亲遭遇破产，不但对静之的经济供应完全断绝，还因借款垫还全村乡亲茶农的茶叶钱，背上了一千多块银圆的高利贷，这至少相当于一个勤朴人家的十年生活费。所以静之师范未毕业就不得不到外地谋职，从此踏上为父亲偿还高利贷的漫漫还债路，因利息太重，直到抗日战争当中才还清。

静之后来虽当教授，经济条件可谓不错，但也常有困难时期。因日本加紧侵华，他从1935年起辞职专编《爱国诗选》和《爱国文选》。我们在旧资料间发现抗战初期竹因记的两页残存的收支记录，从中看出：1937到1938年逃难中因静之无工作，曾向浩川和叔桓借款二百二十元；1938年秋到军校后，静之每月工资约百元，而极低水平的生活开支要六十元，还要寄绩溪约五十元，这样就每月都超支。超支部分和归还借款，都要靠《爱国文选》的千余元稿费陆续贴补进去。存有记录的从1938年秋到1939年底这一年多时间内，家用开支共计一千余元，而汇绩溪的款额也高达一千元。这是"还债儿子"的小照。

　　飞白继承了父母的这种负责精神。不同的只是他父母并不要他还经济债，飞白把他出版第一本书《瓦西里·焦尔金》的稿酬两千余元给了父母，父母却只存入银行，尽管生活拮据也没动用，后来仍旧还给了他。飞白辞去军职回乡照顾父母，帮父母改善住房，以及做做修理水电之类的杂事，这都还称不上"还债"，他知道自己还债是还不尽的。

　　飞白得自父母的馈赠太多。他特别感谢父亲的是他有不随大溜的另类思考，虽然往往天真，可能无理，甚至荒诞，但说明常规是可以被打破的。其中对飞白很关紧要的是父亲同意飞白失学在家不上学，这作为家长实在太不寻常。再一条对飞白更关紧要的是，静之自己是独子和家中宠儿，但他因受五四思想熏陶，却没有在飞白身上复制宠儿模式，甚或对待飞白不太公正，这也极不寻常。虽然飞白小时候觉得受了歧视，但这样却培养出了飞白独立自强的精神和能力。第三是静之当图书馆主任时，不断给飞白供应可读的书，这在战乱环境中实在宝贵，简直可说是得天独厚了，他的"不上学"和"有书读"是相辅相成的。飞白特别感谢母亲的，是她润物无声的感化教育，舍己为人不辞辛劳地付出，以身作则地为飞白做了为人的榜样。同时母亲又是飞白的启蒙老师，飞白自学中的疑难问题靠她指点解决，查词典等基本自学能力也是靠她教会的。

后来飞白从军工作太忙，对父母照顾不到，使他觉得自己永远是"欠债儿子"。特别是当年祖莲孩子带不过来，把不足周岁的小荣送到北京给年已六十的竹因增添辛劳和负担，更感到债上添债。"文革"后飞白虽然回到杭州，但也只能每周看望两次父母，为他们解决些生活上的问题而已。直到父母相继离世，飞白在浙大退休转赴云大并完成《世界诗库》的艰巨任务后，他的工作重担大为减轻，在此太迟的时刻"欠债儿子"才真正开始做"还债儿子"的工作——完成父母遗留的未竟事业。

飞白知道他父亲去世时深深牵挂的是两件事：一是对湖畔诗社的声誉能否得到保护忧心忡忡，二是为自己的文集未能完成心存遗憾。飞白在父亲去世后竭尽全力处理纠结的湖畔诗社善后事宜，终于把父辈的湖畔诗社完整地归入中国文学史档案，接着又完成《汪静之文集》的编纂并把母亲的作品也编入其中。从1996年到2006年，飞白为这两件大事耗费了整整十年精力，这时他才终于称得起一个"还债儿子"。他以父母的事为重，把自己的全部计划都推延让路以致最后无力完成，这不是经济上而是文学上的"还债"，同时也是为中国现代文学保留了一份文学史料，两方面的意义同等重要。

飞白在文学上的还债可算对得起父亲，但对母亲他仍陷深深的债务之中。竹因本是浙江女师的高才生，在艰难的生活中她为静之和子女放弃教职来承担家务，也埋没了自己的创作才能。虽然时而惋惜喟叹，但她说只要子女有出息，她的付出就值得了，她从来一心付出不求回报，绝不想叫儿子"还债"。但其结果却使飞白在多年后深感亏欠：相对于母亲的牺牲，自己的补偿实在微不足道，而未能腾出更多精力来关心母亲的健康，留下的债更无可补救，使他永感"欠债儿子"之痛。

课堂上的水手

回顾前面的叙述似乎还有个大漏洞：只顾讲飞白的探海和海难，却几乎忽略了他六十多年本职工作的业绩。这当然有其缘故，因为这本书记叙的主题是"诗海水手"，而不是军人或教授。

不展开讲述，并不意味着飞白本职工作业绩平平，否则无法解释他当兵三次立功四次获军区司令部政治部嘉奖，教书又成为有突出贡献专家获国务院特殊津贴。他做每份工作都非常投入而且一定做到最好，如飞白所说：这是本分，尽力而已。

对飞白的本职工作讲述不详的又一原因是：上班下班、上课下课的事缺乏故事性。若想描述一下现场景象呢，我又缺乏现场的直接感受。飞白六十多年的本职工作，前半是在马背上，后半是在课堂上。马背上的故事前面多少还讲了一些，但若想补充一点飞白课堂上的风貌，那就得借助于飞白学生们的描述了。

虽然飞白貌似很不合群，其实那只是在社交应酬、人情关系、出头露面和作秀的层面上，而在朋友、学生和青年读者间他是极好相处和随缘的。他喜欢上课，上课满怀热情，对学生关怀有加，平等交流，而讲课风格又很另类，跟其他老师都不一样，这给他的学生们留下深刻印象。

关于他自己教书的"另类"，飞白对研究生们曾这样解释：

在这课堂里我是唯一没有学历没有科班出身的人，要不"另类"怎么可能啊？你们都是高学历，而我一共才上过四年学。读书不读教材而一味读杂书，最高学历是本科大三。但是我干过的活很多，当兵做过军政文，副业做过农林牧也捎带捕鱼，种田种过粮棉油，还客串点儿泥工电工木工钳工，是个泛指的"工农兵"或英语说的"a Jack of all trades"。说好听点儿算个杂家，说不好听点是上海话的"三脚猫"。

别人教课都有所本，师承衣钵，一系相传，我教课没有所本，东拉西扯，天南地北。不论教什么课都要讲过之后才能成"本"。"A Jack of all trades"的下面还有半句是"but master of none"，我样样都懂点儿但样样不是专家，这有弊也有点利，A Jack of all trades有时候也是有用的。

飞白做工作从来认真，而他只要一认真，做出的事就不跟别人一样而成为"另类"了。他讲课的另类并不是一味曲高和寡，其实完全从实践出发并深入浅出，因飞白知识广博横向贯通，讲的既是专业又带通识性，既跟上学科发展又开阔眼界。他出考试题也另类，把需要的参考资料都提供给你，考只考你的分析论辩能力。他极力反对高校考试中的背书倾向，在杭大和云大任教三十多年中为教改做过许多努力，如在教学中推行讨论课（seminar），在考试中废除背诵式，试图促成从背书向主动学习研究的转变。可惜因惯性强大，他费尽气力也收效甚微，而他一旦停课就又都恢复常态了。

可是飞白讲课因其新鲜另类而对学生有吸引力，常吸引系外、校外的人来旁听和"蹭课"。飞白对选课学生不点名，对旁听也来者不拒，"愿者上钩"。所以时隔几十年后常有教授、翻译家或企业主管来找飞白自报"门下"："我是当年旁听蹭过

飞白和尔塞纳斯师生在课堂上。左三飞白，左四迪凯特教授

你课的编外学生。"

他的编内或编外学生们对飞白讲课有许多生动记叙，可以弥补我不在课堂听课缺乏直接体验的缺憾。限于篇幅，这里仅摘引两段。第一段描写的是八十年代初刚来杭大时的飞白老师：

当他第一次走上大学讲坛时，学生们都惊讶了：难道他就是著名诗歌翻译家飞白吗？他身着绿军装，肩上背着一只洗得发白的军用挎包，脸上带着亲切的微笑，有时甚至还显得有些腼腆，仿佛在说："对不起，打搅了。"除了他那副眼镜和已经斑白的两鬓透露出他属于长者层的信息之外，没有丝毫专家学者似乎应有的那种风度和姿态。

是的，虽然飞白摘下了领章和帽徽，个子有点瘦小，但他的神情举止依然使人感到他是一个真正的军人：他朴实、热诚、坦率、真挚和耿直，有军人的利索和毅力。

然而，飞白的身上又分明具有一种诗人的气质。这倒并非因为他的父亲是我国五四运动时期湖畔诗人汪静之，而是由于他的心里总是充满着一股激情。在课堂上，他常常喜欢挑选一些精彩的诗章，亲自给同学们念上几段。由于一辈子做的都是费嗓子的工作，他的嗓音有点儿沙哑，但吐字清楚，富有旋律感，常常使同学们不知不觉跟随着他沉醉于诗的王国。

（山河《海之沫》，刊《翻译通讯》1985年3期）

"山河"是徐岱和潘一禾合署的笔名，杭大中文系77届里，这两位富有才华的同学结为伉俪，徐岱专攻文艺学和美学，一禾跟飞白研读外国文学，后来都是浙江大学传媒与国际文化学院教授，徐岱还任学院院长和浙大人文学部主任。他们的观察很细腻，归纳出一句"仿佛在说：'对不起，打搅了'"十分传神，因为实际上飞白不论何时不论何事，总怕给人添麻烦。他到哪里都只为帮人解决麻烦，而不肯给人添一点麻烦。可惜制造麻烦的人多，他怎么努力也解决不完。

第二段的作者安晓敏现在云南财经大学任教，她描写的是21世纪初在云大外语学院授课的飞白老师：

翻开《诗海游踪》，思绪不由得回到了在云大读书的岁月，感觉像是在飞白的小客厅听他娓娓道来，因为此书本是由飞白开设的《比较诗学和文化》课程的讲稿整理而成。每周两个下午，我们会敲响先生家的房门，围坐在他家非常简陋的沙发上。是老房子，客厅很小，光线也不大好，顶到天花板的书架没有留下任何多余的空间，书架上放不下的书几乎堆到了客厅的中央，不大的阳台也有一半堆了书，阳台是先生的电脑房和工作区。有时座位不够，我们只好把书摞起来当凳子坐。

飞白是个很有意思的老者，一点都没有大师的威严和令人生畏的架子。平时很少说话，甚至很缄默，但授课时却很投入，尤其是朗读诗歌的时候，飞白经常会进入情境，处于一种陶醉状态之中。他的声音总是从朝向阳光的那个角落响起，很美，有时凝重有时飘逸，有时悲伤有时愤怒，但总是那么从容而坚定，把灵魂引向壮丽的精神世界，向善，向美，向真，点亮一个个生命。我们会惊叹于他的声音的爆发力，一个白发苍苍的老者怎么会有如此充满激情而富有磁性的声音?

　　飞白是英文授课,但在诵读诗歌的时候,一会儿用法文,一会儿用俄文,还有我们听不懂的拉丁文,以及荷兰语、西班牙语、挪威语,等等,我真不知道还有哪个诗的国度没有留下他的航迹。我们默默地倾听着,他像一位老船长,带着我们航行在茫茫的诗海,有惊涛骇浪汹涌澎湃,也有风平浪静光景无限。飞白被媒体称为水手,其实他是航海家,胸中怀有诗海的辽阔疆域……

　　和其他的课程不一样,飞白从来不照本宣科,授课的所有教材都是自己编写,而且非常认真。现在重新翻阅飞白当年的讲义令我感慨万千,年近八旬的老者,一只眼睛眼底动脉破裂,还将繁复零散的资料认真裁剪,粘贴,整理成册,亲自去复印好发给大家。其他课程的讲义多是零散的,课前发给班长,由学生自己去复印,这些资料我如今已找不到了;而飞白的讲义(事实上就是未出版的书)我保留至今,还经常翻阅引用。书中每一章节里提出的思考题更是最好的导读。现在我家里还存着飞白给我批阅的作业,一张张信签纸上写着大段大段的评语,工工整整,很漂亮。错误的地方用绿色的水彩笔认真地勾画出来,还在旁边加上正确的答案。如果他认为我们有不对不妥的地方,他从不以学者的"权威"来压制我们,更不会厉声批评我们,好像怕熄灭了我们每一次稚嫩的思想火花。对于他来说,每个学生都值得尊重,每个青年都有闪光点。

　　(安晓敏《飞白,仍在航行》,刊《浙江作家》2012年11期)

这两段描写中都提到了飞白在课堂上朗诵诗歌。飞白认为诗是有声的艺术，音律发自心声，而且音乐与内容不可分割。他对外语语音也十分重视，学每种外语都要求发音到位：千万不要用英语语音语调去读法语，不要用法语语音语调去读俄语。随便学哪种语言，他都要求按"严式"音标学会它的音素，不可按"宽式"音标把一种语言的音位套用到其他语言头上。他的丹麦留学生塞安·达维森说，丹麦语发音是世界最难的，因为丹麦语里含有大量喉擦音、小舌音和浊擦音，说起话来有点像"口里含了个烫嘴的土豆"。就连毗邻的德国人住在丹麦多年，只要考他学一个"rød grød med fløde på"也会马上露馅。——飞白说他这里拼写得可能不准确，因为时隔二三十年了，这是一种丹麦的奶油八宝粥，名称说起来像个绕口令，可是飞白却能学说。而且只要跟塞安读两遍，他也就能朗诵丹麦诗，并在晚会上多次朗诵过这种安徒生的语言，或丹麦王子哈姆雷特的语言。至于飞白诵诗的嗓音沙哑与否，得看他咽炎是否发作。从当译员时代起，咽炎发作就给他造成很多困扰，医生开药也不见效。后来他自己研究了多年中草药配方，才控制住了咽炎。

二十年前的研究生今日来访，见飞白虽已白发苍苍，但在小船舱里航行一如昔日。老学生说："我每次走进云大北院，向左拐，下台阶时，就已经感到了我们当年在船舱里上课时的温馨亲切。"许多老学生反映：时光不断流逝，大学时代上过的课全都没有印象了，唯一留下鲜明的记忆就是飞白老师的课，无法忘怀的，不仅是他广博的知识和生动幽默的讲解，还有他无形中的一股人格的力量。

能工巧匠

飞白感谢父亲没有把他当宠儿，不过因慈母总是情愿自己辛苦而不忍多叫子女分担家务，飞白小时候干家务活不多，缺乏锻炼，但另一方面，由于小时候物资匮乏，一切都得自己想办法，大如兔棚鸽舍小至钢笔墨水都得自制，所以若论设计和动手能力他还是有点基础的。当兵后，飞白开始自觉全面锻炼，解放军是"工农子弟兵"，学生出身的飞白非常要强不甘示弱，一参军就学老八路传统，工农兵的活样样干，终于成为多面手。例如，凡住在农民家时，飞白总按老八路传统帮老乡挑水，把水缸挑满，他干这类活锻炼得很在行，每挑来一担水扁担不离肩，左右两手轮流提起满满的水桶注入缸里，这要靠很好的腰功和平衡能力。不熟练者则必须先把担子放下地，抽出扁担，再笨拙地双手来提每个水桶，费时好久还弄得地面皆湿。有些学生出身的干部连挑水都始终不会，傻呆一旁就大为尴尬了。

那时代，人民生活还没沾汽车的边，搬运东西全要靠肩挑三轮车拉，对锻炼身体倒很有益。飞白会挑担又会蹬三轮，是管用的看家本领。他当团领导时有个学生出身的参谋搬家，从这边山坡搬到那边山坡，一筹莫展不知如何搬运是好。身为团领导的飞白一根扁担就替他把全部家当挑过去了。飞白本来没蹬过三轮，在军训部当参谋时，一次工间休息，恰好院里放着一辆拉货来的三轮车，他们便试骑着玩，飞白骑上就走，绕了两个圈回来停稳。随后一位王参谋骑上去，车子却不听他驾驭，对准了电线杆一头撞将过去，他越想避开电线杆，越像制导导弹似的瞄得越准。慌张间又找不到刹车扳手，只得跳车而逃。这是怎么回事呢？原来，由于自行车转弯时车体会倾侧而三轮车则不会，二者的操控方法便恰好相反。用骑自行车的方法驾三轮你就必定撞墙。飞白骑上三轮车稍稍拐弯就感到强大离心力，瞬间悟到其力学与自行车不同，果断抛弃自行车经验以适应新情况，所以能顺利骑行。飞白由此又掌握一种实用技能，1978年母亲竹因手术后出院，是飞白借三轮车放上藤椅接回家的，那时中国还没有出租车。

飞白当然不是样样在行，例如他插秧不够整齐，踩缝纫机也针脚不匀，因为这两样技术活全靠熟练程度，你锻炼少，手不熟，就必定不能生巧。但是总的说来，经当兵三十年锻炼的飞白动手能力特强。他虽忙，但要动手维修的活他总乐意做。在部队能做枪支分解结合，在家保养自行车就能做全车拆卸组装、清洗上油、换轴承滚珠。1995年云大北院宿舍装修遗留问题很多，如卫生间没装热水管道，后来想装热水器时，请水电工补装个管道，水电工要价三百六十元。飞白因房改、装修、购电脑已用尽积蓄，便不请水电工而自己动手安装，向云大后勤借来水管扳手，购买龙头、水管一共只花二十元。还有微波炉因厨房狭小没地方放，请人以壁挂式装到墙上去，人家要价一百元。飞白也没叫他装，自己动手居然也稳稳地安装在墙上了。

在家里飞白堪称能工巧匠，他补鞋比鞋匠摊子牢靠得多，他备有焊枪和电钻，用品坏了都自己修理，生活中遇到小问题也都能自己解决。家里不论什么设备或用品坏了，一听得叫唤"爸爸，坏了！"或简单的一声"坏了！"自然就轮到飞白接盘保修，而且他多半能想出办法来修好补好。这就像长诗《瓦西里·焦尔金》里说的："瞧咱们当兵的，到底有能耐！"不过近年来不比从前，家电集成化程度高了，飞白对家电问题已无能为力。

回顾飞白带自己孩子的年代即二十世纪六十年代，儿童玩具是稀罕物。但一无所有激发了创造，飞白带着孩子自制玩具：到锯木厂拣小木块做积木，把鸡蛋抽出蛋黄蛋清，用空蛋壳制作不倒翁、不倒娃、不倒兔，旧袜子里塞破布做毛绒玩具，他还做了T-54式坦克和炮艇等模型玩具，材料用纸质，局部竹木质，内有铁丝做骨架，炮塔、履带都能转动，最后刷上油漆就看不出纸质了。这两件"作品"幸存至今，经历了五十年时间剥蚀，摸上去比现买塑料坦克还坚固，不禁为他的手艺赞叹。

但这还不是他动手能力的突出案例，最精彩的得数他自制的一款照相机了。那是飞白"文革"复出，工作还不太紧张的时候。飞白从杭州接回了孩子想给他们拍照，而乐维亚金送他的卓尔基相机已在"文革"中失去，他就决定自制一架。为此他搜罗了一堆废品废料包括空子弹箱、罐头盒、瓶

飞白"文革"复出时手工制作的照相机。此次找出来制插图时，已在废物堆里尘封近五十年，当年光彩虽已不见且快门锈坏，仍可想见制作手艺之精巧

盖、眼镜片、弹簧等，居然制得像模像样，装有8、13、22三档光圈，拍摄非常自如。虽是手工土制，但相机机身顶部和底部呈银色，拦腰一圈裱糊装饰纸（旧本子撕下来的封皮纸，疙疙瘩瘩鳄鱼皮状的）刷上黑漆，油光锃亮焕然一新，还挺像回事儿。中国"文革"前照相机原不多见，经"文革"扫荡已经绝迹。所以这时飞白在公园给孩子拍照必然引来众人关注，纷纷向他打听照相机是"哪国造的，什么牌子"，飞白笑着让他们看，只见相机机身上有凸起的字母标着"Zhaohua"和"中国制造"字样。"文革"后飞白买到一架真"海鸥"牌，才替换掉他土制的"朝花"牌。

飞白注意到我老是低头看书，根据他自身的教训提醒我这会伤害颈椎，他的颈椎骨质增生已给他造成了莫大麻烦。但我却总改不掉老习惯。飞白出于关心，有一天就找来个旧鞋盒加固一下做成底座，又拿老虎钳把粗铁丝熟练地弯成支架安装在底座上，托起一块斜面放置的木板用以搁书，支架上还附有能把摊开的书页按住的杠杠，和合拢书本时备用的书签。这个阅读底座和支架的功能，不仅是保持书本能放得稳定，还可把书抬升到合适的高度，使阅读者不必低头而用平视目光看书。同时阅读者的双手也得到解放。要不然，若要用手把书捧到这个高度来读，捧上一分钟就不能坚持了。

我说："你每次都是只一会儿工夫就弄出一个小设计，可是市场上就见不到这样人性化的产品。你好像该到制造业公司去做创意设计才对。"

飞白却说："在古希腊人心目中'制造者'和诗人本是同一

概念，都叫作ποιητής（即poet）。制造者就是匠人，匠人的好坏全要看创造性，小气是匠气，大气是匠心。我只不过弄点雕虫小技，宏大不起来，所以我只适合译诗而不当诗人。"

记得我儿子小时候，飞白见桂果核侧扁而形状似鱼，就把许多桂果核洗净晒干，涂上各种热带鱼的斑斓彩色，又在每条鱼的鱼嘴部位安上个小小的铁丝环。用个大铁皮月饼盒充当池塘，把一批这种小鱼放在饼盒里，孩子就能用带钓丝钓钩的小鱼竿玩钓鱼游戏了。另外我还保留着飞白为我儿子做的一本"怪物书"，是一叠画纸合订而成，每页上都画了一种动物如猴、熊、狗、鳄鱼等，还有其他形象如飞机、火箭等，所画的形象大小和位置都要匹配。再把这本书的书页从侧边剪开两个口子，只留下靠近书脊部分不剪，这样把全书书页剪成了上中下三等份的三段：上段是所画形象的头部，中段是身体，下段是后肢或尾巴。翻书时，上中下三部分可以分别翻到不同的书页，随机搭配的三部分便能组成一个匪夷所思的怪物，对孩子特别逗乐。

飞白因为脑筋没有被"格式化"而不拘一格，他随时随地都会弄出创意设计来。难怪他虽没学过平面设计，对封面设计、电脑排版却都无师自通运用自如，这些技术我就不行。

飞白不但在家喜欢修修补补，对公共设施也很热心。八十年代他住在杭大校内8幢学生宿舍，那是老式筒子楼，他家房间正对着公共水房。水房有十多个水龙头，学生们不经意，常常不关或弄坏龙头，造成水房里流水、漏水之声不断。于是飞白变成了宿舍修水工，天天在那里关龙头和修龙头。这次他于2017年搬到杭州城北居住，飞白见单元的公用楼道里楼梯的木扶手拐角破损，已有两处拐角没有了扶手。找物业，答复是现在找不到会做榫头的木工，所以拖了多年无法维修。现在的木工只会用枪钉，啪啪啪扫射一排钉子了事，想等他们哪天学会做榫那是白搭。但扶梯不

飞白修好的楼梯扶手

能扶，这个样子既不安全也实在有碍观瞻，飞白看不下去了，便发挥他的一贯风格和才智，用替代材料做了巧妙修补。他利用国庆节假日干这件活，干得像译一首难译的诗一样自得其乐，做成的楼梯扶手拐角还相当结实，外观上几乎看不出修补痕迹。这里的住户国庆假后回来，一定想象不到为本单元修楼梯者是新搬来的九十老翁，退休教授。

飞白修理用的材料全是替代品，没一样是正经的。他有收集废品的癖好，一些抽屉满装着废铁皮、碎布头、木工剩下的零星木料、电工剩下的零星电料、小五金、塑料管、旧运动鞋的鞋底，破雨伞的伞骨，以及许多匪夷所思的东西。这是他制作修补的材料库。问他贮存废料做什么用？他说这些废品好比《史记》里讲的"鸡鸣狗盗之徒"，如在战术上则叫"预备队"，一旦用得其所就可变废为宝。若用在刀刃上，就好比球

队主帅关键时刻换上奇兵。

虽然飞白小时候唱的歌词是"我愿当个水手出海去航行。当个耕田郎、裁缝、补锅匠，那都不够劲"，但后来他除诗海航行外，诸如耕田补锅之类的杂活也样样都干，他裁缝活虽不怎么高明，但缝缝补补从没少做。关键在于：以诗海之航为前提，干什么杂活也是"诗意栖居"的一部分。在飞白眼里，修补制造手艺与诗翻译几乎没有区别：二者都需要创造性思维，都需要发挥聪明才智，寻找解决症结问题的巧妙途径，也需要一点儿灵感，而且连工艺都很相似。因为诗在跨语言跨文化翻译的"过关"过程中必被挤破乃至完全损毁，译诗者的工作其实就是修补匠，要寻找最合适的替代材料，修补再造，以求修复其原有诗意。而且每首诗、每个个案的情况都是独特的，修补再造的办法也是独特的，只能每次现找而每次都得别出心裁，没有到处通用的"万能胶"。飞白修补家用物件，没有原装配件，同样是每次现找合适的替代材料，每次都得设计巧妙方案。诗人和匠人真有灵犀一点通，所以飞白做这两件事同样兴味盎然。若丢掉诗意领航的前提去当职业补鞋匠补锅匠，那就没有多大意思了。

和他收集备用工艺材料相似，为了译诗飞白也时刻收集零星的备用语言材料。前面说过飞白喜欢上北京天桥搜集民间文学语言素材，他学外语也热衷于语汇储备，当俄语翻译时他在苏联顾问团图书室里找到一套苏联电影脚本共一百本，这套无人问津的冷门书使他如获至宝，常利用顾问上班前时间，捧一本在园子里朗诵电影台词。电影台词是经艺术提炼的口语，朗朗上口的文学语言，比空军翻译们熟悉的粗口强得多。这对他提高口语水平起了显著作用，当时他俄语口语水平就大大超越了英语。平时储备语汇也好比是鸡鸣狗盗之徒，用得其所使翻译大为生色。

飞白学的知识杂，干的活杂，收集的材料也杂，真是个杂家。但如果专做小零小碎当然也不成气候，还得有把细部统合成全局的能力才行。亏得他也有参谋长的组织策划能力。飞白《译诗漫笔》中就有前后呼应的两篇短文《诗是用词儿写成的》和《词儿是为诗服务的》，说明了二者的辩证关系。

做杂家的不利之处是精力分散，换来的收益则是知识和经验得以跨学科跨领域运用。这样，军事素养就成了飞白应对一切风浪的重要储备条件。他在部队有丰富的战术训练和野战参谋勤务经验，做过战术、战例、战史等研究课题，养成了军事思维习惯。凡遇上重要的事，他一定事先赴现地勘察，缜密调查，全盘策划，分辨主次，并做一个以上的预备方案；他也一定会做换位思考，推断对方（"蓝军"）思维和准备己方应对。

《世界诗库》遭遇重重困难，若换别人主编早就会中途夭折，飞白却一再调用二线预备方案，堵漏补缺，而他自己则做填补缺口的最后一道闸门。在杭州处理房产事务时，年轻人办事都不如八十五六岁的飞白细致缜密，因为作为军人的飞白懂得一个细节的纰漏就可能导致战役失败，一个细节的纰漏也可能使整个房产处理功亏一篑。在他担任翻译期间，总参谋部首席顾问乌尔班诺维奇曾对飞白说起过苏德战场上的一件往事：在一次指挥的关键时刻电话线路失联，身为四十一军军长的乌尔班诺维奇怒不可遏，把他的通信处长毙了。这事很粗暴鲁莽，但也说明战场的残酷和细节的不可忽视。

在旁人看来或许奇怪，而在飞白自己却绝对合乎逻辑的是，他的军事思维和翻译理论是可以无缝对接的。译诗时，他会全面考察和感受原诗的各种信息，选择性地抓住其中最能代表诗人风格的要素，正像在军事上权衡全盘（不漏细节）而选择关键的突破口一样。而别人翻译时通常都只按自己的习惯，若直译就自顾自直译文字，若求美则自顾自润饰押韵，都不会费事去理会原诗的真实风格。

冒险和傻劲

打莽撞仗和不打莽撞仗这对辩证统一的关系是对指挥员的最大考验。这一对关系飞白迟迟未能掌握好，年轻时总倾向于莽撞冒险，甚至爱做不必要的冒险事。英国维多利亚时代诗人斯温本个性好强，他是海军将军之子，却偏偏生得瘦小，为补偿先天的不足就特爱冒险，如骑马、攀岩、在危险海域游泳等，以显示其勇气。飞白的情形大概与此有点类似。他父亲静之个子就矮，而母亲怀他时又遭静之婚外恋的沉重打击，以致飞白先天不足发育不良，个子瘦小。但因个性好强，他不但训练、劳动都要身先士卒不落人后，又偏爱做冒险兼冒失的事以显示勇气。如早在学生运动中他就爬到国民党杭州市公安局的大门顶上去刷写大字标语，另一个突出事例是，军区工程兵部因缴获的美制定时炸弹和防化设备里里外外都是英文标志，不敢贸然对付，请飞白来帮助研究。飞白一看，干脆就自告奋勇，自己动手分解拆卸。他这个外行又不是炸弹专家，做这种事太危险冒失，这样"逞英雄"纯属幼稚。

飞白特别爱下水，凭这一条倒很够水手资格。在华南地区飞白为防务和训练工作常年要跑部队，部队大都驻扎在南海沿岸，从广州出发不论往东走或往西走，都要跨越许多大大小小的河口海湾。那时还没建桥梁，过海全靠拖轮驳船摆渡。当汽车在每个渡口排队等候渡轮时，飞白把军衣往车上一甩，自己就先跳入水中泅渡过海，然后躺在对岸，一面等吉普车渡海，一面曝晒和译诗，悠闲潇洒。而九次赴海南岛给他留下了尤为美好的记忆：清澈湛蓝的海水，茂密婆娑的椰林，昼夜不歇的涛声。最好不过的还是那年头没有一个游客，一切都保留着原生态没受到人为干扰和污染，灌木草丛间遍布着一窝窝原鸡，啼鸣声此呼彼应生机盎然。尽管工作忙，飞白不会轻易放过每次在那里游泳的时机。

其实论水性他根本没有自诩的那么好。他虽会游泳但身体瘦，浮力耐力都不强，手小脚小也是对游泳不利的条件，独自泅渡河口海湾都是冒险行为。他也从不顾及不明水域的鲨鱼、漩涡、暗流、礁石等险情。直到近五十岁他即将离开部队前，一次在水库游泳，由于水库水冷加以身体缺钙，发生抽筋几遭灭顶，在返回杭州后又远离了自然水域，他这习惯才不得不改。不过放弃游泳爱好后他继续保持着冲冷水浴的习惯，冬季温度到达零下也每天坚持风雪无阻，这对他身体大有好处，所以他以前从不感冒。直到陪护病危的父亲过劳而出了脑动脉意外后，七十岁才遵医嘱停止。

飞白是"曾经沧海难为水"的人，回杭州后对游泳池根本看不上眼也没工夫去。在杭大时他锻炼以慢跑为主，每天清晨从杭大（现浙大西溪校区）跑到植物园或苏堤中段，来回五千至七千米，有时也跑古荡城西方向，那时那边比较荒凉，杭徽公路上车辆也很少。假如上午工作不太紧，则也可能一直跑到灵隐寺或花港观鱼，来回约一万三千米。这样坚持到六十岁，因工作和家庭环境压力太大睡眠严重不足，才被迫停止。后来他逐渐以快走替代了慢跑，仍是每天五千至七千米，而且直到老年，飞白走路仍几乎保持着行军速度和训练参谋应有的军人姿态。

飞白一生历险甚多，直到老年才终于改掉年轻的冒失蛮干。尽管内心爱挑战依旧，行为却越来越稳重，思考也越来越全面了。他开玩笑说：

"我是属猫的。传说猫有九命，还果真不假。我家住杭大新村六楼上的时候，祖莲养的一只黄猫名叫皮皮。皮皮抗不住屋顶上喳喳叫的麻雀诱惑，爱从厨房窗口作惊险特技式的九十度垂直跳跃，蹿上屋顶去捉麻雀。但混凝土板的屋顶边缘很难抓住，垂直跳跃稍有失误，抓不牢边缘，就会从高空坠落地面而遭受重创。如此摔伤多次后皮皮大致估算了一下：'猫有九命，已丢其八。'于是它终于不做这档子冒险事了。"

这是飞白的幽默。实际情况大概是：皮皮因腰腿屡次重伤，已没有这种弹跳能力了。

论水手性格，除了冒险就是"韧性"或"傻劲"了，飞白做起事来总让人觉得"傻劲"十足。"诗不可译",又不赚钱,译诗是件吃力不讨好的傻事,一字一字推敲还总是差强人意,这样千行万行地码下去,一件傻事做六十多年,岂不是一股"傻劲"?在早期,译诗因属"不务正业"而屡屡获罪,到了高校,译诗虽与正业挂了钩但也不算正宗科研项目。而且只有理工科的科研项目是生产利润的,文科项目和理科基础理论项目需要大量投入却全不生产利润。想当年飞白为排印《诗海》在车间埋头挖补修版三个月,为配上精美合适的插图冒烈日骑车四处奔走千余里,又参与制版全过程,而最后得到三十六元翻拍费的酬劳,正是"傻劲"的充分表现。

他这股傻劲大概是从小在细节里逐渐养成的。其中一个细节是"阿波肯吃药",这是他母亲竹因在飞白小时候夸奖他的话。带过孩子的人都知道小孩普遍不爱吃药,捏住鼻子强行灌药也会吐出来,喂药成了最难的事。飞白大概是表现相对勇敢一点吧,由于竹因正面强化,给予飞白不怕吃苦的心理暗示,不但培养了飞白连难吃的药都肯吃的习惯,在广义上也强化和巩固了他不怕吃苦的个性。

关于什么是吃苦,每个人的概念不同。飞白由于耐受力强的缘故,对许多别人以为苦的事丝毫不以为苦。如上述的译诗、找画,他显然乐在其中,他干工农兵的活也会很开心。而少年的静之是家中宠儿和五谷不分的书生,老年的静之不需要丰富物质,需要的只是手持诗章一卷,在吟哦间享受他的半日闲适,所以他体会不了劳动的甘苦。我常听得静之谈话中对人家说:"我儿子是大学教授,但'文革'时天天挑粪上山,要挑一百多斤，多么惨啊！"假如飞白听到此话必然失笑。飞白"文革"中虽受苦不少，但干农活却恰好是他"文革"岁月里最阳光的一面，他也庆幸当时有干活的体力，能借田间劳动一舒闷气，恢复生机，不但与整天蹲学习班有天壤之别，甚至比整天蹲办公室都强得多。

　　静之念叨的情节是飞白在攸县干校挑肥上茶山。擅长挑担的人都懂得一支好扁担是多么贴心的伙伴，飞白刚弄到的大毛竹扁担又宽又柔韧，令他爱不释手。直到如今，飞白对往昔岁月里最怀恋的两种感觉，一是泅渡海湾时南海清澈浅蓝的层层海波在身上抚爱的冲激，二就是挑担时井冈山区柔韧的毛竹扁担在肩上润滑的颤悠。这两种律动都完美地诠释了生命的韵律，是连吟诗的韵律都难以企及的。他那时每担挑肥百余斤上山坡，感到活力充沛神清气爽。尽管传统农业生产方式原始落后，但施农家肥是绿色种植，而亲近自然却是办公楼里享受不到的福气，真没法和"苦"字联系起来。不得不整天坐班八小时才叫苦呢！事实上他当时常常在想："今后假如能每天做半日脑力劳动搭配半日体力劳动，那可就算共产主义理想生活了！"可惜他终究没遇上过如此福气，如此简单的理想，不知为何要实现却难于上青天。所以工作压力稍微减轻时，他就自己插空子找活干作为调剂。

　　飞白凡事都自己做不怕麻烦。他的书、资料、衣物都收拾得井井有条，比别人整齐。缝缝补补的事他也常谢绝我的帮助，并辩解说："我自己用又不拿给别人看，缝得差点儿没关系的。不能一天到晚都看书译诗，脑子也需要调剂啊！"每当遇到麻烦事我劝他放弃，他就说："活着总有麻烦的！自然界里生物的日子比我们难多了，你看它们下雨下雪天都没处躲也没处找吃的，真让人为它们担心。人如果怕麻烦的话，到动物园去做被囚的动物好了。"

　　　我们是被囚的动物，
　　　会用各腔各调叫唤。
　　　凡是门，都不供出入，
　　　打开门吗？我们岂敢。

　　　若是说心还忠于传说，
　　　我们就吠，以吠叫自慰。
　　　若是说动物园污臭龌龊，
　　　我们久已不闻其臭味，

　　　只要长期反复，心就能习惯，
　　　我们一齐无聊地唱着"咕咕"。
　　　动物园里没有个性只有平凡，
　　　我们早已不把自由思慕。……

　　　　　　　　（［俄］索洛古勃《我们是被囚的动物》）

　　大麻烦，飞白当然也怕遇到，但一旦遇上了也只好韧性应战。若是真正重要的事，飞白决定做了就一定坚持到底。他很明白实施过程中必会遇上种种困难，而许多困难和变故是不可预知的，你既然要做，就得有韧性战斗的准备。如平反"文革"冤狱、《世界诗库》危机、湖畔诗社危机等大麻烦，换了别人恐怕都会中途放弃。

飞白的"韧性"如表现在小事上，就是一股"傻劲"。他在云大宿舍里凿墙洞是个有趣的典型实例。1995年他选中的云大北院宿舍位置很便利，但面积偏小，必须把前后两个小

飞白凿墙用的自制凿子

阳台都充分利用起来。又因宿舍产权不属于自己，他装修时没改动房屋结构，没敲掉阳台隔墙。这就给装修造成了一点小麻烦：因飞白把自己的工作位置安在南阳台，就需要把电话线和网线穿墙拉上阳台去；因厨房太小没地方放冰箱，他就把燃气炉灶安到了北阳台，这就又需要把燃气管道穿墙通到阳台去。装修老板彭师傅用电钻打墙洞，遇到这两处墙内都有大量水泥非常坚硬，他打断两根钻头后就死活不干了。装修队草草了事，留下许多弊病走人了。怎么办呢？面对两处钻不通的拦路石飞白不服气，顿时"傻劲"发作，就自己动手来凿墙洞。当时他既没有电钻也没有凿子，要买凿子也不够长。于是他弄了一根廿八寸自行车的后轴，长度达二十多厘米，又是硬质钢材的，便用笨办法把它改制成凿子。——他在楼下混凝土地面上把后轴的一头两面磨扁，磨成凿口，再以愚公移山的傻劲来凿

墙洞。也是由于这时他刚从《世界诗库》任务解放出来，才能如此浪费时间放松自己。每天凿上两小时，凿口秃了又到地上磨，如此凿了多天竟然被他凿通，并按原设计装好了信息线路和燃气管道。装好时他真的非常开心，电脑、电话、燃气炉都用得很方便，辛劳也就得到了回报。

飞白卷入前面所述那些较大的事，说白了其实也是"傻劲"发作而自找麻烦。这就引出了一个悖论：飞白不是与世无争吗？飞白不是个怕惹麻烦的人吗？他怎么偏又喜欢自找麻烦甚至找上大麻烦呢？

像湖畔诗社遭遇危机，一般人都不会置理，关心者也都只能表达看法而不能真管，你何必那么不自量力？

像《汪静之文集》，连汪静之自己都编不成，他那些未发表的原稿只不过是一屋子的破纸片，别人看来，连送给废品收购站都不会收，靠你岂能编缀成集？

像人家翻译中出了差错，不论错得多离谱、酿成多大后果，又"干卿底事"？你一旁暗自窃笑不就得了，去管它干吗？

像乐维亚金生病，这也许会导致演习改期进行或马虎了事，你当译员的还省了点力，这又没有译员的责任，要什么紧？

像《世界诗库》既然断粮，人家都扔下不干或在等待观望，你何苦自我牺牲去一肩承担？

像别人蒙受冤狱，要你去打抱什么不平，还卷入个什么右倾翻案风？你自己出了狱，很想再折腾进去吗？

遇上这类大麻烦别人都会绕道走，躲都躲不及。

你本来最怕惹麻烦又老要"发傻"自找麻烦，像雨燕似的，哪里酝酿着雷暴就偏冲哪里飞，真是个怪哉的水手。莫非你把别人都当作了"同舟"，见船里哪处漏水你都憋不住非去堵漏不可？

海纳百川

小小一粒沙能让人见到大千世界，海之沫也能传出海的气息。

来到滨海地区的人都有这种体验：离海还挺远呢，从充满风中的海之沫已经感知了海的咸味和海的宽广。

水手身上满是海沫的味道。

飞白是包容的，不囿于一家一派。他出版《诗海》显出了无门户局限的广袤眼界，由此而被推上《世界诗库》主编的位置。飞白认为：翻译类似演员，能演各种不同角色的"性格演员"才是最高造诣，读诗译诗也需要海纳百川。当然这只是他的个人选项，飞白说："我不是个'做学问'的人，我做傻事做杂家漂流诗海是自己的事，并不建议徒弟们也涉猎太广。专家很可贵，但就我而言四海漫游很快活，不当专家有什么要紧？"

但如果做诗人就必得有一家一派，不能像这样四海为家了。汪静之是诗人，百年中国新诗的早春时节有静之书写的一页，他的诗聚焦"湖畔"，他的成就有鲜明的个性标记，可谓独此一家。静之的主题与风格都浸透了"湖畔"的天真烂漫，而且这种风格也贯串于他一生的思维和行事方式。他常脱离现实耽于幻想，他的计划常是建在想象里的空中楼阁，到老不变。天真轻信使他在生活中容易受欺，却有助于他成为浪漫主义诗人。静之老年时给人题词，多次写的一句话是"诗人者，永保赤子之心者也"，可说是他自己的写照。因此"湖畔"作为静之的标志非常恰当。

而飞白呢，虽说从小也爱耽于幻想，但很快就懂得了人们生活的陆地紧邻诗海却不等同于诗海，他不得不练出一副面对现实的参谋长性格。在文学上飞白对浪漫主义也从无偏爱，却更喜欢继浪漫主义兴起的象征主义和现实主义倾向的诗。飞白干活杂，读书杂，爱读文学也爱读自然科学，加以熟悉战役战术和野战参谋勤务，惯于全面客观调查分析和多角度（包括从对方角度）思考问题。这绝对会妨碍他做一个浪漫主义诗人，却有助于他成为翻译家。因此"诗海"也是飞白的恰当标志。

静之自己是一门心思读诗而崇奉浪漫主义的，飞白却当了杂家，这曾使静之十分恼火，责骂飞白"变成一个垃圾桶了"！直到飞白在杭大当教授才不说这话。后来静之接过十卷《世界诗库》之时感到震撼，终于对"杂家"飞白转怒为喜，以飞白为傲逢人便夸，对我也说过好多次"我儿子出的书可以挑一担了"！

飞白面对世界诗歌，胸怀广阔海纳百川，而且这种风格也贯串于他一生的思维和行事方式。他这种胸怀是基于对人的尊重。即便是别人对他不友善，他也仍十分包容大度，这常使我感到惊奇。如上海那位编辑翻译家，由于他的选题和飞白相同，他1956年把飞白的《瓦西里·焦尔金》译稿扣押了大半年留做参考，等自己译完该书出版之后才退稿而不附说明，固然是基于行业之争，但这样做至少也是有点欠妥的。飞白却对他不存芥蒂，"文革"结束后为《谁在俄罗斯能过好日子》出版事宜应邀来上海译文出版社，得知这位编辑退休后身体欠佳，便专诚登门探望。相信这是很多人做不到的。

又如他在翻译科的同事，每逢政治运动大家都要批判飞白，当然多数人是运动大势所趋不得不然，飞白对他们并不见怪。1959年恰在苗苗不幸夭折后，飞白的一位同事兼邻居的孩子也发高烧，当时孩子的父母都出差不在家，保姆没了主意。飞白得知后不顾自己的伤痛虚弱，连夜带这孩子看病并要求门诊部介绍住院。门诊部的诊断是老一套的"上感"，不叫住院。恰巧给苗苗看病的那位女医生走进诊室，并问起苗苗病好了没有。飞白告诉了她实情，并说一五七陆军医院里并没有儿科，该院一内科主任说：根本就不该把苗苗送来一五七医院，应该直送广州军区总医院的。此时看病的医生才终于同意介绍孩子去军区总医院。

飞白带着孩子，要二所派了小汽车，赶到他极不愿再来的伤痛之地，诊断结果是肺炎，因治疗及时而治愈了。这是从苗苗的死里吸取的教训。上次如果飞白能像这样处理苗苗就不至于死。但飞白为别人的事才会坚决交涉和要求，却不会为自己的事如此打搅别人。像叫招待所派汽车这样的事，他为自己的孩子就做不出来。因此飞白的孩子病重夭折了，翻译科的同事们都还浑然不知。而且飞白心里清楚：下次政治运动来袭时，得他救助的孩子家长不会因此而手下留情，"阶级斗争"从无情面可讲。

飞白对江枫宽容大度，不计较他言辞无礼，也是一例。飞白和江枫不同，他不需要用强势和张扬来彰显自己的存在。如今学术界健康的批评不易开展，教授与学生间互相尊重平等切磋的就更为罕见，《译诗漫笔》出版后飞白给同行和学生们写信，曾谈过他对批评的看法和态度：

盼望对拙著批评，——这决不是客气话。有同道者互相切磋是一大幸事，如你也漫笔而谈写些评点，我会很高兴很感谢的。

我这本书里有些篇目带答辩性质，但望读者不致误会我是不爱听批评的人。其实我很喜欢批评和讨论，即便是对我的研究生们，我也屡屡拿草稿请他们先提意见，且往往得到许多启发帮助，哪怕他们光是提问题对我也大有帮助，这曾催生出本书中的好些篇目。

虽然过去有许多对我的批评并不是从同道切磋、学术讨论出发，但是我对那样的批评者仍很尊重友好，我的答辩也从不抱意气用事态度，只望通过讨论问题，对争议有所厘清，对翻译学有所建树。熊辉在采访我时感慨地说，翻译界颇有人抱"一览众山小"的态度。所幸我们不在其列。

飞白在杭大时要担负许多社团工作任务，要他调解的矛盾中包括一些师生纠纷，涉及导师署名占用研究生科研成果问题。这种现象现已相当普遍，有些教授做项目全靠学生出劳力，飞白很不以为然。他历来只有自己真实执笔的文章才参与署名，并且定有量化标准：飞白执笔或修改的文字少于四分之一的，他一律不署名；执笔或修改文字在四分之一到三分之一之间的，飞白署名在后；在三分之一到二分之一之间的，根据实质内容的分量，才考虑自己署名在前。

然而飞白带研究生初期曾有几本小型诗集，是飞白与学生合译，飞白译诗在其中占比小，出版方却把飞白列为第一译者，以此形式让他"带一带"年轻译者。但这是"师父带进门"的权宜措施，此后飞白再也没有用这种形式。唯有一本书例外，这本书情况特殊，实质是合作成果，飞白却"被署名"为唯一译者，使他感到非常尴尬，特别交代我在此替他做一郑重说明：

这本书是深圳海天出版社2014年出版的《法国名家诗选》，选题是飞白的弟子胡小跃策划的。小跃原在海天出版社任国际部主任，此时已移居加拿大，因2014年逢中法建交五十周年，海天特邀小跃回来组编出版一批法国文学书籍，《法国名家诗选》是其中一个选题。小跃要求飞白把所译的法国名诗都发给他，飞白照办了。但是飞白译的诗对法国名家覆盖面不全，他近年来新译法国诗也不多。小跃为了要覆盖法国主要诗人，便自己补译了许多诗放进去，数量稍超过全书百分之五十，前言也是小跃执笔的。这样一本合作成果，按飞白常规必须署名"小跃、飞白译"的，然而封面上只署了"飞白译"。

看到校样，飞白当然不答应，要求署名合译，但小跃解释道，出版社编辑不能在本社出书；飞白要小跃署笔名，小跃也说不可以。经反复商讨，最后小跃只在前言末尾注了一句"本书由飞白翻译，伟川补充"。木已成舟，飞白就这样"被署名"了。飞白收到的稿酬已按翻译比例返还小跃，但署名含僭越成分沾小跃的光，飞白终感不安。

对比许多互掐的师生关系，他们间的关系完全属于另类。原因很简单，因为他们是"诗海"和"伟川"。

我们知道，作/译者和编辑间是容易发生矛盾的，但飞白历来和编辑合作良好，对编辑提的意见他总是衷心感谢，哪怕是并不合适的意见，只要能促使他再琢磨一下，都很值得感谢。双方意见分歧时飞白会不厌其烦地细加解释，对青年编辑他会耐心帮助他们熟悉业务。关于飞白与编辑的关系，请允许我摘引一段湖南文艺出版社耿会芬的感言。

拿到飞白先生寄回的清样，我惊呆了。我从来没有想到，一位名满天下的大翻译家会这样修改书稿清样。这份五百多页的清样简直可以当作翻译和编辑作业的学习范本。每首诗都被先生仔细改过，文字有修改的地方，都用工整的小字写出了修改理由；缩进符号旁边全部用红笔仔细地标明了字符数；在改动比较复杂的地方，怕看不清再改错，先生仔细地在本页背面不厌其烦地把整段文字抄写一遍；有疑问的地方，都写上了诗句的英文原文和自己的用词建议；还有不少地方，修改的笔迹被划掉两三次，反复就一个字眼、一个词推敲。八十六岁高龄的先生，是怎样戴着老花镜、拿着放大镜，翻阅了多少英文原版书，查了多少资料，耗费了多少心血和时间，才能这样修改啊！

4月中旬，我正在北京出差，因为第二天要拜访汪剑钊老师（北京外国语大学教授、翻译家、诗人，是飞白先生的高足之一），晚十点的时候，我还在上网做拜访汪老师的准备功课。这时手机突然提醒，有一封来自飞白先生的新邮件。

我至今仍然无法描述看到那封邮件时的感觉——震惊、悲伤、后悔、愧疚、自责、无地自容，想狠狠地抽自己两个耳光……先生说，刚过去的冬天对他来说非常艰难：比他年轻很多的妻子第一次住院，完全没有预料到会病危去世，对他造成巨大冲击，以致心力交瘁，身体也顶不住了，好在事情已经过去两个月了……

看完这封邮件后，我几乎喘不过气来，半夜跑到酒店外面泪流满面地大口大口深呼吸，看了好多遍邮件地址才敢确认这真的是飞白先生发的。只有我知道，两个月前，是我把那份排版错误百出的清样寄给他，他拿着放大镜，一首首、一行行、一字字修改的时间呀……我无法想象，那五百多页一丝不苟地写满了蓝色红色小字的清样，是先生在哪里、什么状态下修改的……所有这些，先生只说了一句话："现在我才努力镇静下来，情况在好转中！"

第二天中午，汪剑钊教授深情地跟我讲了一些飞白先生的故事：先生惜时如金，说话做事绝不含糊半点，干净利落；先生严格认真，翻译的每一句、每一个韵脚都反复推敲；先生物质要求极低，装修简陋的家里是书的海洋，给学生讲课时直接摞书当凳子坐；先生关爱年轻人，心疼和帮助八十年代为买书省下饭钱的学生；先生谦虚低调，偶尔涉及往事的时候，才会波澜不惊地讲一点一般人会大吹特吹的经历。

从1984年《英国维多利亚时代诗选》的初版，到现在内容更新一半的新版，飞白先生以86岁的高龄，为本书付出了无数的心血和精力。何其有幸，我能在这套书的编辑过程中望得这位精通十多门外语的大翻译家、出版家的吉光片羽！一封封邮件、一件件小事、一个个侧面，给晚辈勾勒了飞白先生的形象：先生高山仰止，先生虚怀若谷……

（《翻译家飞白二三事》，载《湖南日报》2017年7月7日）

因飞白不爱社交兼视力欠佳，不太熟悉的人往往觉得他很难接近，但熟悉了就知道其实飞白平易近人，最好相处，而且对人总是有求必应，因此还常常耽误他自己的要紧事。所以徐岱在《杭州日报》上著文，不由得感慨道：

上帝可以作证，每一个飞白的学生和朋友都可以而且曾经从他那里得到过无须付税不算利息的帮助。飞白具有水手的筋骨和胸襟，但糟糕的是，他同时还热衷于扮演圣诞老人的角色，殊不知自己面对着的早已是乞力马扎罗山的雪和桑地亚哥的海。作为学生，我很想劝他放弃这个角色，但作为朋友，我只能放弃这种劝说。

因为对于他，回头不是岸。

诗海无涯，老人与海。

回顾飞白一生，人们不禁要问：你这样过活是不是太累了？一生奉献也不歇一口气，简直太不会过日子！你做的一切，到底是对还是错？到底是成功还是失败？到底是有益还是无益？……但这些问题对飞白并不适用。飞白早已言明在先："诗没有用。"那么再提这些问题岂非无的放矢？自古以来诗不是盈利的工具，而且为了诗往往要付出代价。

也亏得飞白有"猫命"，得以正式工作（算到下课之年）六十二年，达到一般人的两倍。若算到他"仍在航行"的今天，已和共和国一样航行了七十周年。中央军委给他寄来建国七十周年纪念章对他可谓合适：新中国成立前曾为建国全力奋斗，新中国成立后连续工作贡献七十年直到今日——达到这个纪录的人大概不多。也许是由于另类价值观念的缘故吧，飞白才会如此坚持不懈而从容坦荡，尽管白发苍苍一身风霜和伤痕，却从来没有成功/失败、有益/无益的纠结。

诗海水手终究是不会把小舟拖上沙滩扣翻过来的，他继续漂流，后撤的方向是从海向洋，一步步远去，一步步淡出人们的视野。小约翰的终极憧憬是火云掩映下的海天相接之处，基督山伯爵完成使命后扬着一片白色的大帆驶向海天之间的蓝线，桑提亚哥么，不消说是要出海的，不论打不打得到鱼。

1992—1993年中美制片人合作录制了纪录片《探海者飞白》，录制完成后中方导演提出，片中仅录制了杭大课堂、吉隆坡诗歌节和飞白访美等镜头，作为一部"人物纪录片"似乎不大符合规范，而且缺少飞白生平的介绍。为了弥补，要求飞白补写一段生平简历。飞白于是匆匆起草了几行"简历"。导演看后说："这怎么看也不像一篇简历，不过倒也挺传神的。"于是用作了片尾字幕。

现在这本传记也已到片尾，却不知如何写结语。那么还是引用飞白起草的那几行吧：

　　诗不可译，
　　飞白不自量力，
　　在数十年行军尘土中
　　译介各种语言的诗——
　　从拉丁到挪威。
　　自讨苦吃，沟通诗海航路。
　　诗不可译，
　　心可通。

　　诗不可教。
　　飞白决意不当诗人，
　　却意外地并带反讽意味地
　　当了诗教师——
　　但上课必先声明：
　　诗不可教，
　　只可感。

　　诗没有用。

人纷纷下海。

飞白的海是诗海。

"诗没有用"——

这是真的！

诗只不过是人的存在。

写作缘起

书稿完成了，再来回溯一下写这本书的缘起。

我根底浅，写这么大的题目，本来觉得自己是没资格的。因少年丧父，我中学时期就得种田砍柴支撑家用，替代参加高考追求理想的则是进城打工。在艰难的漫漫维生路上，尽管努力学习，也只通过自学考试考了个浙江师大的小学教育专业大专文凭。我之前只在报刊上发过些零星散文，除了协助飞白老师编辑《汪静之文集》外，没出版过著作，所以不敢冒昧。

然而有利条件是我曾在静之和飞白身边工作生活多年，了解他们的情况是别人都比不上的。因此我又似乎负有义不容辞的责任。

凡事有来龙去脉，我是如何与湖畔诗人汪静之、诗海水手飞白熟识的呢？

相识湖畔与诗海

我与静之和飞白相识是由于外婆的关系。讲写作缘起，就得从我外婆的故事说起。

1981年春节期间，外婆带我从安徽绩溪家乡第一次来到杭州，看望了静之公公和飞白老师。外婆是他们家老相识，我是初相识。那时飞白才从军队转业到杭州大学，暂住在校园内学生宿舍一间狭窄房间里。飞白在杭大校园里为我和外婆拍了照，那是我这个农村孩子的第一次拍照。不久后，我高中毕业来到杭城打工。1986年飞白的母亲竹因去世，我外婆来到静之家帮他管家务，静之邀请我也搬来和外婆同住，我按家乡对长者的尊称称他静之公公，渐渐地我也帮静之公公做些工作。这全是由于我外婆和汪家的长久缘分，她是早在1924年从汪静之的岳父母家来到汪家的，那年她只有十三岁。

仿佛是印证着王尔德所说的"不是艺术模仿生活，而是生活模仿艺术"，我外婆的命运简直像是从哈代的小说《卡斯特桥市长》里拷贝出来的：醉酒的父亲赌博赌输，把妻女作为赌资输给了人家，我外婆就是那个被输给了人家的小女孩。同样的荒唐故事，一个发生在农村衰败的多塞特郡，一个发生在连年遭灾的东阳县。在前一个故事里，女孩伊丽莎白·简和母亲一同落到了赌博的赢家水手手里；在后一个故事里，赌博赢家是个光棍农民，他赢回母女俩后，只留下女人归自己，而卖掉了七八岁的小女孩，女孩许爱莲经新安江上的水手（船家）倒手，被转卖到距杭州五十里地的临平镇。

我的外婆坎坷一生，她一生中撞上的也许算唯一的好运，就是遇到了好人符德胜并接着又来到汪静之符竹因家中。当爱莲被船家贩卖命运凶险时，住在码头边的符德胜做好事赎买了小姑娘。这事发生在哪年我说不准，外婆已去世无法再问，只能说大约在新文化运动到五四运动年间，距今已满一个世纪了。

"世纪"概念本来只在历史课本里见到，不想就发生在我们身边。

符德胜是个好人，他在临平镇上开个杂货店，但这么个寻常的小店主其实很不寻常，堪称是个奇人。他虽穷苦出身从小当学徒没上过一天学，却热衷于读书学习，并居然关心并读革命家秋瑾1907年创办的《中国女报》，从而有了女权思想。他让爱莲和自己的孩子们一起认字读书，而比爱莲大八岁的大女儿竹因已被他送到杭州城里去上新学堂了。当时社会认为女孩子"无才便是德"，何况还是乡下姑娘，怎么会去上省城新学堂？这在乡镇人家可是绝无仅有的新潮事。不久后符竹因以优异成绩考上浙江省立女子师范——当时女师和一师（浙江省立第一师范）都是浙江省最高水平的学校。那时实行的还是男女分校制，是"男女授受不亲"的。碰巧竹因有个来自安徽绩溪的同学好友叫曹珮声，她把自己从小熟知的同乡，一师男生汪静之介绍给了竹因。

汪静之从黄山脚下负笈来杭，就读于有新文化运动南方中心之名的浙江一师，在五四精神熏沐下，他开始以天真烂漫的风格写白话新诗，并于1922年年仅二十岁时出版了新诗集《蕙的风》，发出个性解放恋爱自由的呼声，引起全国关注，同年与诗友结成新文化运动的第一个新诗社——湖畔诗社。竹因被静之诗情磅礴的追求打动，给予了响应，经过几年曲折的历程，他们终于冲破旧礼教的重重封锁拦阻，于1924年成婚，成为自由恋爱成功的破冰人。

后记 写作缘起

545

静之竹因婚后外出谋生，家务需人帮忙，尤其是在有了孩子后。符德胜便让爱莲随静之竹因家做了个小帮手。本来当时社会等级森严，用人对东家都称呼"老爷太太""少爷小姐"，但作为五四青年的静之竹因绝不容忍这种贵贱等级观念。他们从不把爱莲当用人看待，也教育孩子们以爱莲为家人而绝非用人。爱莲在汪家十三年，享有家庭成员的平等地位，从未受过一点不平等待遇。

　　静之在一封家信中这样描述过："爱莲是我和竹因教育长大的，是在平等相处的环境中长大的，因此她不知道低三下四，她也习惯了以平等的态度和我们相处。她帮我们做家务十三年，每天买什么菜都由她做主，日常家务事也由她做主。三个孩子是她抱大的，她是我们家的忠臣也是功臣。我和竹因十分信任爱莲，也十分感激她。"此信静之还特意抄录保存，以示郑重。我外婆也一辈子总在说："静之、竹因是好人。"我看见外婆当年给静之竹因写信时称呼"静兄、竹姐"，也能感受到他们间令人生羡的亲切。由于竹因教她文化，所以我外婆不仅会用繁体字写信，也受汪家文学素养感染，性情温和善良，特别像高尔基在《童年》中描写的他那位无比慈爱宽厚的外婆，永远令我爱戴和怀念。

　　抗日战争全面爆发前夕，静之的亲戚为爱莲说媒，介绍给老家绩溪余村的本家青年，当时在上海做茶叶店伙计的汪春和。由于爱莲有曾被转卖的历史，竹因担心她被婆家视为"丫头出身"而遭贬辱，受欺负，便介绍爱莲为自己的小姨母之女，把爱莲以表妹身份许给男家。

546

战争爆发后汪家从上海避难回到绩溪，爱莲同到余村并和春和完婚。遗憾的是婚后我外公春和外出多年不顾家，外婆的日子过得十分艰苦。而静之竹因对我外婆却比真表亲还要亲。后来在编《汪静之文集》时，我协助飞白翻查了所有留存的静之竹因旧资料，发现几页竹因1938、1939年记的账目，其中可见到他们除给静之父母汇款外，也

我的外婆许爱莲

经常给我外婆汇款。当时他们自己经济也很紧张，抗战逃难的第一年静之失业，1938年夏他才在黄埔军校找到工作，而当时公教人员生活非常艰难，据飞白姐姐汪晴的日记记载，他们在贵州时连青菜豆腐都吃不上，生活已到"猪狗不如的地步"，而他们还在帮助更加困难的我的外婆。战后在六十年代的经济困难时期静之竹因也给爱莲寄粮票、布票和药品。

这种情义是五四精神，也是古道热肠，当今世上真是难得一见。年老后，静之卖掉了家乡祖屋，所得房款并没有分给自己子女，而是把一半给我外婆，一半分给静之的外甥们。有些亲属不服，静之写信向他们说明道："房款在扣除修理和卖房法律手续费用后，一半归我，一半分给各位外甥。因为我的姐妹都没有供养过父母，我独力供养父母数十年，每月汇家大洋三十元。所以房款一半份额归我是应得的。许爱莲是我妻子符竹因的表妹，我应得的份额请（全部）交给许爱莲。"

1986年春我外婆来静之处帮忙，星期天我去看望，静之公公得知我因父亲亡故家境贫寒，高中毕业后放弃升学而来杭打工，就鼓励我看书自学。我说我现在住在大伯家，我下班后要做家务和抱堂姐的孩子，既没有书也没有看书时间。静之立即邀请我搬到他家来和外婆一起住，这里有条件看书，也可以帮他和帮外婆跑跑腿，我很高兴地接受了静之的邀请。

　　静之公公对人平等尊重，生活简单朴素，崇尚知识，只要一有空就读书。他家里除了桌凳床铺外全是书箱书柜，书多到书柜里装不下，便把许多旧肥皂箱摞起来，堆叠在过道边充当书架。我从小学到高中都没有零用钱，没买过一本课外书，乡下连报纸和广播都没有。我书包里除了课本就是作业本，眼界太闭塞了，看见静之家有这么多书惊讶钦羡不已。他为我找出适合我看的书，放在我桌上，隔一段时间又找出另一批书放到我桌上，仿佛在催我快点阅读。我有时帮他家拖拖地，静之看到了就要制止我："拖地一星期一次就可以了，不要浪费时间。"在静之的鼓励和督促下，我阅读了一些五四以来的诗歌小说，补了点文学课。

　　当时静之正以全副精力办后期湖畔诗社，飞白担心他重办湖畔诗社被人利用，希望父亲把精力放在写回忆录和自传上，但静之已一心一意投入诗社事务了，尤其是他与老一辈作家共同发起建湖畔诗社纪念馆而又得到胡耀邦、陈云题字支持后，更加热情百倍。他不断给省市有关领导写信，要求拨房拨地解决社址馆址，每封信写好后都要跑一里多路到浙大复印店去复印，又拿回家来，凑齐有关资料剪贴到一块儿再去复印，然后到邮局去寄也要跑一里多路。一个八九十岁的老人，白发苍苍，背都略有点驼了，我见他这样来来回回地跑实在太危险，就主动要求陪他去，静之非常高兴有我陪他。经过几个月，他觉得我诚实可靠办事认真负责，就放心让我单独为他办一些事，又邀请我帮助湖畔诗社做秘书工作。于是我便一面在外打工，一面义务帮静之公公做些诗社事务，包括管理资料、抄抄写写、回复社员来信等。另外我也陪静之上医院看病，星期天陪他散步上植物园或苏堤。

1987年春静之按湖畔诗社规章审阅作品后吸收我加入湖畔诗社，聘我任诗社秘书，他还给我起笔名"方亦园"，后来我在报刊发表散文作品一直用的是这个笔名。静之把湖畔诗社文件、社员名单和诗稿、交费记录等资料都交给了我，让我整理、装订、归档、列账，因当时诗社缺乏经费，湖畔诗社给我的工资三十元暂由社长垫付。

1988年底我外婆生病被儿子接回老家，我责无旁贷，便接替外婆为静之做饭。静之公公对我说："你外婆是我家的功臣，我和竹因都把你外婆当自己人，你外婆出嫁前没给她发工资。解放后我和竹因认识到：没给爱莲发工资是不应该的，这是剥削，必须补偿你外婆，我要给你外婆养老。"外婆回乡后静之就每月给外婆寄生活费。静之病故时，因外婆身体不好我们没有通知她，她后来知道了竟颤巍巍地拄着拐杖，从绩溪来到杭州，对着静之遗像大哭一场。她是个非常讲感情的人，虽然幼时被她亲生父亲卖了，她在杭州时年已七十六岁，还不顾我们劝阻，坚持回老家东阳去了一趟，经由亲戚的指引，在乱草堆间找到父亲的坟墓祭奠一番。她说怨只怨赌博害人，她对父亲并不怨恨。我的外公因生平境遇不顺心，常会把一股怨气都出到善良宽厚的外婆身上，她也宽容忍耐。外婆在世时简直天天挨骂受他的气，但外婆离世后，外公只捱了一年也随之郁郁而终，人们发现他珍藏于床头边的，是特意放大了的外婆的照片。

因为要我为湖畔诗社管账，静之叫我去读会计夜校，我考到会计资格证后，他聘我兼任了湖畔诗社会计；1992年湖畔诗社纪念馆开馆，他又从几个竞争者中选聘我为湖畔诗社纪念馆管理员。这样我就不再外出打工，全职为湖畔诗社工作了。

虽然我早已认识飞白，后来见面也多，但起初较少机会交谈。我到静之家后，飞白每周来看望父亲一两次，此外静之一有事也会写信传呼飞白上门。但飞白那时特别忙，他接信后匆匆赶来，一进门就径直奔向静之的书桌，站在那里和父亲交谈，受领了交代的事务又匆匆离去。直到1996年夏天静之公公病重住院，飞白和我同在病房陪护了三个月，在那段最艰苦的日子里我们交流才增多，我也才渐渐了解飞白的往事和经历。静之去世后，被湖畔诗社危机所迫，我凭着道义和对静之的尊敬，协助飞白投入了保护湖畔诗社历史声誉的两年苦斗。接着为编辑《汪静之文集》六卷，我又和飞白合作了六年。

在静之身边的十年让我入了文学的门。但是静之日夜操心湖畔诗社的事，没有给我讲解过文学。他只为我从书架上找书，拿书来给我读，我读得怎么样他并不过问。飞白说，静之从前也是如此，他当图书馆长时就常常下班带书回家给子女，飞白读得怎么样父亲从不过问的。而我协助飞白工作时，飞白与我交流则深入了文学层面，飞白知道我爱好文学，就帮助我学习理解文学和诗歌艺术，特别是西方文学的基本知识。飞白总是夸我悟性好，夸我有主见和出众的鉴赏力（这显然是过分褒奖），他译诗时总要征求我的意见，我是他的第一个读者。每译成一首外国诗，他就会带着解决了难题的兴奋，招呼我来电脑前看最新成果并吸取我的意见。他会把中外文两个文本对照着朗读给我听，让我一边看译文一边听音韵效果。飞白曾耐心辅导过我学英语，他给我读外国诗时（其他语种不论）凡遇到英语诗也会给我讲解。当然他明白以我的英语水平要听懂英诗还很困难，他读原文首先是让我感受原诗韵律以便与译文效果比较（从这也可见出飞白译诗观念之与众不同）。我提出的意见或感觉飞白都非常重视，凡是我听了质疑之处，飞白都会重新琢磨进行修改，他说我不理解之处都是因他译得不到位。

在多年相处中，我和飞白建立了相互信任和深厚友谊，也更酝酿了我要写飞白传的心愿。

飞白遇到了"飞白"

我动手写此书，还因为飞白对外来的采访有难以消除的"隔"。

尽管飞白性格内向，但对采访起初还是配合的，毕竟他为人随和，生性不会拒绝别人，而探求事实真相的记者又是一个如此值得尊敬的职业，他这个"水手"绰号也是记者们为他起的。但不巧的是，飞白碰上了多次与记者配合不好的经历，弄得他越来越不想配合了。也许是飞白太咬文嚼字吧？他本来认为"访谈""访谈"，应该是受访者谈而记者记。可是实践起来满不是那么回事，飞白所谈的，来访记者们常常不爱记——大约是觉得飞白谈的话上不了台面，因而也上不了版面吧？他们出自好心，得替受访者打个圆场，美言几句，以便完成采访任务。

岂知他们好心的"美言"，竟憋得飞白睡不着觉。飞白说："我挨人谩骂扣帽子都能一笑置之，怕就怕记者妙笔生花。"他耿耿于怀的是记者不报道他的实话实说，却要自编一套吹嘘话塞进受访人口中。如某报用受访人飞白之口形容自己"生平坎坷"而"铸就了诗海般的胸怀"，别一刊物则用受访人飞白口气自称"我作为一个大作家"怎么怎么的，如此等等，而且对飞白提出的更正要求根本不屑理睬。记者心里肯定寻思："真是不上台面的家伙，好心替他修饰一下他还不买账！"

2016年飞白出版翻译学专著《译诗漫笔》里有一节描写"译者的角色"，其中说，有一种"丈母娘型译者"。他们对待原作者的态度好比是"管教者"对待"不好管教的家伙"，"丈母娘"对待"出身低微的女婿"。他们嫌乡下女婿（原文的）实话实说土气，在社交场里为他深感尴尬，觉得必须先好好调教调教，（把译文）粉饰打扮一番，才能让他粉墨登场。飞白在以讽刺笔调形容"丈母娘型译者"的时候，心目中一定也有"丈母娘型记者"的身影吧！说是"访谈"，受访人却被剥夺话语权而哭笑不得。

我在飞白的废稿中，发现他曾在对记者恼火时写下了两页游戏小品，信笔写时大概只为出口窝囊气，写过出了气就扔一边了。他这段小品是无话语权者的抗辩，写于九十年代初，其中所引"报道"全部录自报刊，都是真实的，只是飞白把报道中的"飞白"都加了引号。这篇小品文既点明了矛盾所在，又反映了飞白性格，我觉得有趣。弃之可惜，将《飞白遇到了"飞白"》照录于此：

记者们给我介绍了一位名叫"飞白"的奇葩人物。这位老兄碰巧与我同名，可是却十分了得，样样比我厉害（只可惜欠缺点儿幽默感）。我哪里敢和他比呀？尤其是他有报刊传媒撑腰，实在神气得很。我没有话语权，没地方去说话，自知处于下风，不过由于生性不愿服服帖帖任人摆布，忍不住还是要找他理论几句。

报道："飞白"安详地坐在书房柔和的灯光之下……

飞白：瞧，老兄的条件、风度都令人称美，而我的一生直至今日还不曾有过书房。书上不了架，只好全部堆积地上，我座椅背后的角落已堆成了山，想翻找随便哪本书都得拿出愚公之力，还未必找得出来。心焦都来不及，哪里还能"安详"？

我不服气！也得下决心为自己建个书房了。

报道："飞白"已六十岁了，然而他说："我不服老，也不相信老。"

飞白：其志甚为可嘉，但是不相信不行，老兄啊，我劝你面对现实。

我可从没想到过说"我不服老"之类的豪言壮语。一来我是个忙人没工夫说，二来因为我欠缺点儿豪迈，一听豪言壮语就想发笑。（对不起）

报道："飞白"博览群书，他的读书方式是"反复阅读，细细品味"。

飞白：非常钦佩！值得学习！而我已对记者反复说过：最近八年要算我工作最繁忙时期，连一小时完整的读书时间也没有呵。别提"品味"了（还谈什么"细细"哩），我的读书方式是"水过地皮，沾湿而已"——每次拿到一本书，匆匆翻阅一遍，如觉得此书不错，就准备找时间好好读。可惜善良的愿望几乎从不兑现，而暂时搁置的书却渐渐被积压而沉降到书堆下层去了。

"水过地皮"的方式糟糕得很，充其量只能溶解一点盐分、一点微量元素。但是每当别人追究出处，问我这是从哪儿溶解来的，我总说不清。

由于我读书习惯如此不良，记者当然愿意报道你而不肯报道我喽。但是在人群之中，没条件"安详地坐在书房里反复阅读细细品味"的读者恐怕还是大多数，我作为大多数的一员，也认命了。"水过地皮"的读书方式虽糟糕，总比"水过鸭背"好点儿，是不是？

报道："飞白"一直在寻觅着美，寻觅着心中夜莺的歌唱。

飞白：你的浪漫又非常可爱可美。我心中呢，不知怎的就漏装了这个夜莺唱歌的装置，寻觅也是白费。看来我非得买个一打开盖就会唱歌的音乐盒。

报道："我作为一个大作家……有过几十年的革命生涯……打抱天下不平事……当过兵，种过地，坐过牢……"

飞白：啊哟哟，失敬失敬！可吓死我了。您简直够"接班人"条件了，不过也很令人起疑：像您这种"大人物"是怎么出炉的呀？

报道："……尝尽人间况味，铸就我诗海般的胸怀……"

飞白：哟，这可了不起！恕我根底浅薄，您这"况味"令我莫测高深，能否浅显些给我传授点"铸"胸怀的经，例如加什么合金之类？

报道："我与诗相通，……当我翻译的外国诗一部部地出版时，则要归功于诗神对我的厚爱了。"

飞白：我真有点吃醋了，不过想一想也就释然：全怪我小时候逆反，还赌咒说了句"立志不当诗人"的蠢话，缪斯小姐一气之下就把"厚爱"全给您了。我活该！我活该！决不自作多情。我和她嘛，别听信谣传，纯粹只有清水一杯的交情。

这里说的一些记者当然不牵连其他记者，不待说更不牵连飞白的学生和亲友，他们撰写过许多关于飞白的文字，情深意切，十分感人，我从中受益匪浅。飞白和他的门生弟子关系非同一般，在师生关系日益淡漠和利益化的今天是罕见而珍贵的。

但实际情况是飞白越来越不肯接待采访了。实在无法谢绝时，要预先再三敲定：未经受访者审阅把关不得发稿。大约七八年前吧，他还是接受过两次重点访谈，访谈者不是一般记者而是学者、诗人，对访谈录飞白不仅审阅初稿还做了认真修改。一篇是西南大学中国新诗研究所熊辉教授的访谈《诗海一生》，内容主要探讨译诗艺术；一篇是诗刊社编辑、诗人赵四的访谈《远航诗海的老水手》，内容主要关注飞白生平。这两次访谈通过双方充分交流，达到了较好效果，飞白为此也投入了大量精力。后来均收入飞白的《译诗漫笔》一书作为附录。他宣布，有这两篇较详实的报道就够了，他再无须多回答记者了。而且随着年龄增长他血压控制不好，已经连接见谈话半小时也难再承受，即便是对国外著名学者来访也只得婉言谢绝。

况且现在涉及的话题是撰写传记，这不是三两次采访就能成书的。显然，通过别人采访撰写飞白传没有可行性。

这件事看来该我做了

前面说过，飞白早就声明不写自己的故事，加以如今他的视力也不允许他多写东西了。译诗他还行，因为他译诗是口译为主，琢磨良久录入一行，但若遇篇幅大的录入任务，如编辑《汪静之文集》，就得靠我协助。

飞白的父亲是很乐于讲述生平故事的，当时有许多人热衷采访和报道汪静之的生平故事，也曾有一位作家决定写汪静之传，并且已认真做了几次访谈和记录，不过最后却无果而终。静之自己也写过多篇回忆录，1992年静之又曾答应安徽人民出版社和纽约圣约翰大学东亚研究所李又宁教授两家的约稿，决定自己来写自传，准备在中美同时出版，但他毕竟年老了，心有余而力不足，写作计划也未实现。幸亏他曾趁子女来杭州团聚的机会细说过家史。女儿汪晴是有心人，为他认真做了录音，不过静之只讲了两个半天，因家人分散就没继续讲下去。过了几年，汪晴再从北京来杭州，坚持催他继续，才终于讲完。录音由汪晴整理成《汪静之自述生平》，收入《汪静之文集》，从而为我们留下了一份宝贵的传记资料。

飞白的性格比他父亲内向，缺乏讲述生平的积极性。假如家人或学生要求他讲，他最多也只简单地讲一两个片断，不会像静之这样细说。但我与飞白相识四十年，协助飞白工作也二十五年了，通过日常交流，我对他的性格、言行也有了更深程度的了解。飞白把一生奉献给了保家卫国，奉献给了他热爱的诗歌事业和教育事业（看到这两句"宏大话语"飞白肯定要失笑，他忍受不了宏大话语或豪言壮语，不过这里我要说两句，顾不得他了）。他对身边的每个学生和素不相识的读者都给予了无微不至的关心和帮助。飞白从来都是先人后己，他不写自传不觉遗憾，但我若不记叙飞白的故事却感亏欠，并将毕生抱憾。我作为数以千计受过飞白帮助的人之一，一定要做点什么才对得起自己。

尽管我的文学理论水平和外语水平太欠缺，但我有丰富素材，我能如实记述，不会把他捺入任何标准化框框。遇到我不了解的情况和需补充的细节，可以在闲谈中随时询问，不会叫飞白像对一些记者那样勉强应付，而且费老大的劲结果还"鸡对鸭说"。有如此方便条件，这件事看来还是该我做的，起码

557

可以给后人留下些真实史料。

感谢飞白对我的信任，本书写作得到了飞白难得的许诺。"就我自己而言，"飞白说，"我认为人的生平犹如船行海上的浪迹，旋生旋灭，记叙它并无意义。但意义因人而生，如果你认为记叙有意义，我可以配合你。你多年以来支持了我爸和我的工作，我支持你一次义不容辞。"他想了想又添一句："再说，把资料记下来，也可作为我与后代的对话。"

自2005年完成《汪静之文集》编辑工作后，我一面协助飞白收拾静之资料，一面就转而全面积累"飞白传"的资料。我需要做的是发掘和钩沉，即引起飞白对已经埋藏地层深处的往事的丝缕回忆。在主观上，飞白一心想把往事弃诸脑后，只顾荡漾诗海。但他这种想法有点一厢情愿。其实人到老年还是会有浓厚的怀旧之情，完全弃诸脑后是难以做到的。怀旧是一个夜夜回巢的梦，怀旧是一种永远揪心的痛，怀旧是一首萦绕不散的歌。我得像地质勘探者那样寻找矿脉，探查泉眼，只要找准了，触一下就能唤醒丝缕旧事，只是要小心不触碰他的伤口。

记忆十分宝贵，时间不容错失。尽管飞白记性好，但感觉得到他记忆正在衰退的迹象，为我敲响了警钟。值得庆幸的是许多细节记录得早。

我水平低就以勤补拙，若说我也是"采访"的话，那么这采访已持续二十多年，积累了足够丰富的材料。而我也于2017年办成了社保退休，传记转入整理定稿阶段。2018年春我陪同飞白赴重庆作怀旧之旅时，在朝天门登上长江轮的感觉，就像是满载一船历史，汽笛响处，看到水手的航程一幕幕重现眼前。

本书的基本内容是飞白口述历史。飞白也让我从他的杂记、书信、残稿和其他历史资料中选录任何所需段落。我写出每段草稿都与飞白核对以消除差错，初稿的语言加工也随时商讨，得到飞白帮助，引用外语处我请飞白帮助录入。我实际上当不起"作者"之名，所起作用只是"推动者"，"勘探者"，"记述者"。

最后，有几个具体问题在此说明：

第一，关于名字。虽然"飞白"之名是报考浙大时才起的，但为了免于给读者添乱，全书中统一用"飞白"之名。他姐姐小时候叫汪伊甸，后在人民大学时改名"汪晴"，本书中也统一用"汪晴"之名。

本书作为口述历史的记录，对事实不加掩饰。但为保护隐私，谈及有些人不点名，也有个别人用了代名（括号注明）或略作移位。

第二，关于称呼。飞白给我规定：作为记述文字，对静之、飞白等人一律称其名，不加"先生"之类称号。

第三，关于授权。母亲竹因保存下来一些飞白少年时代的文字，飞白存有不同时期的书信、杂记等资料和大量草稿，从中选材用入本书得到飞白授权，谨此表示衷心谢意。收入本书的飞白文稿用楷体字标示。

第四，关于引诗。本书中引的译诗均为飞白译。

这本传记，从积累勇气、积累资料到整理加工，历经二十

后
记
写
作
缘
起

559

多年。2017年夏我办完了退休手续，本当可以集中时间和精力，专心完成这本书了，岂知拿到退休证后只隔一天，安徒生的鹳鸟就意外送来一个小宝宝——我的孙儿前来报到，分去了我的一大半时间。于是，预计2018年完成的书就延迟到了2019年末。但也好，正赶上诗海水手的九十岁生日。

这时，诗海水手的帆影已在人们视野里渐去渐远。飞白辞谢了弟子们集会祝贺的提议——十年前弟子们集会时他就宣告了"下不为例"；飞白也辞谢了家人同上餐馆的计划——五年前送孙女出国留学是他最后一次上餐馆。飞白和儿子儿媳们在家简朴地过九十岁生日，只分切了一个生日蛋糕。

谨以这本书稿作为给飞白低调生日的一份谦卑贺礼吧：

"生日快乐！
辛苦了，水手！"